『징비록』 관련 발굴자료집
근·현대 영국·일본인 역사가들이 본 『징비록』

이종각 역편·감수

근·현대 일본에서 간행된 『징비록(懲毖錄)』

1695년 교토의 출판업자 야마토야 이베에(大和屋伊兵衞)가 류성룡의 『징비록(懲毖錄)』(2권본)을 네 권으로 나누어 원문(한문)에 일본식 훈점(訓點)을 붙여 발행한, 일본에서의 첫 번역본인 『조선징비록(朝鮮懲毖錄)』 제1권 표지.

_ 일본국회도서관 https://www.ndl.go.jp 소장

이 『조선징비록』은 첫 간행 이후 에도시대 말기(1866년)에 이르기까지 백 70여 년 동안 최소 10여 종 이상이 꾸준히 간행되어, 베스트셀러이자 스테디셀러로 널리 읽혀졌다. 이에 따라 에도시대 중기에는 일본 사회에 '징비록 현상'이 나타나기도 했으며, 이 책은 19세기 말에는 일본에 체류한 청나라 학자에 의해 중국에도 소개되었다.

야마토야 이베에가 역시 같은 해(1695년) 발행한 4권 번역본의 책 이름은 『조선징비록(朝鮮懲毖錄)』이 아닌 『징비록(懲毖錄)』으로 된 것도 있어, 같은 출판사에서 여러 종을 발행했음을 말해준다. 사진은 제3권 표지.

_ 와세다대학도서관 www.wul.waseda.ac.jp 소장

역시 교토에서 1695년 『出雲寺泉掾後印本』으로 간행된 『조선징비록』 전 4책 중 제1책 표지.
제목 밑에 〈元錄八年刊〉, 즉 겐로쿠 8년(1695년)에 간행되었다고 쓰여 있다.

_ 日本の古本屋 https://www.kosho.or.jp 매물

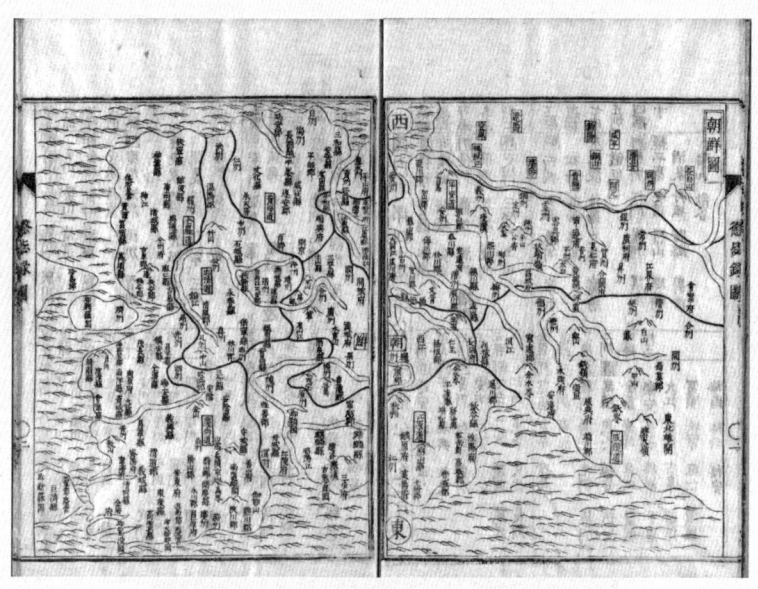

1695년 교토에서 간행된 『조선징비록』에 수록된 조선 지도.

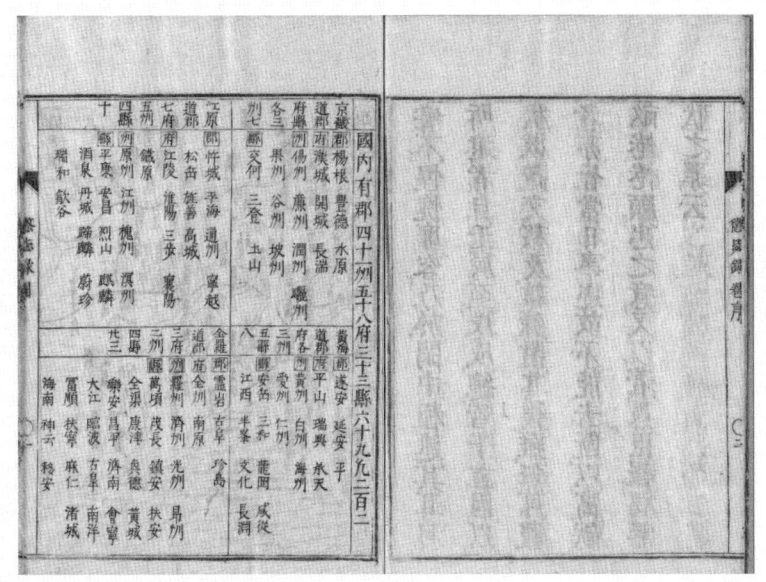

『조선징비록』에 수록된 조선 행정구역에 대한 설명 (1)
맨 앞부분에 '[조선] 국내에는 41군 58주 33부 69현 도합 202개의 행정구역이 있다'고 설명하고, 조선8도의 행정구역 명칭을 각 도별로 두 쪽에 나누어 적었다.

『조선징비록』에 수록된 조선 행정구역에 대한 설명 (2)

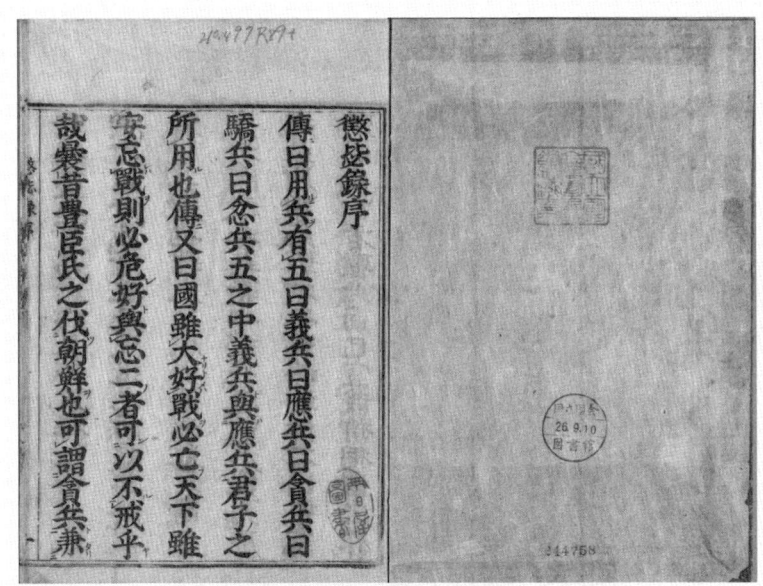

『조선징비록』에 실린 에도시대 저명한 유학자 가이바라 에키켄(貝原益軒)의 서문.

원문이 한문인『징비록』을 1783년 히로시마(廣島) 번 유학자 가네코 다다토미(金子忠福)가 최초로 일본어로 번역, 간행한『통속징비록(通俗懲毖錄)』제1권 표지.
이 책은 1945년 8월 히로시마 원폭투하로 소실된 것으로 알려졌으나 히로시마 도서관에서 원폭투하 직전 옮겨져 2015년 원본을 촬영한 필름이 공개되었다.
_ 사진은 김시덕교수(서울대)가 국내 언론에 제공

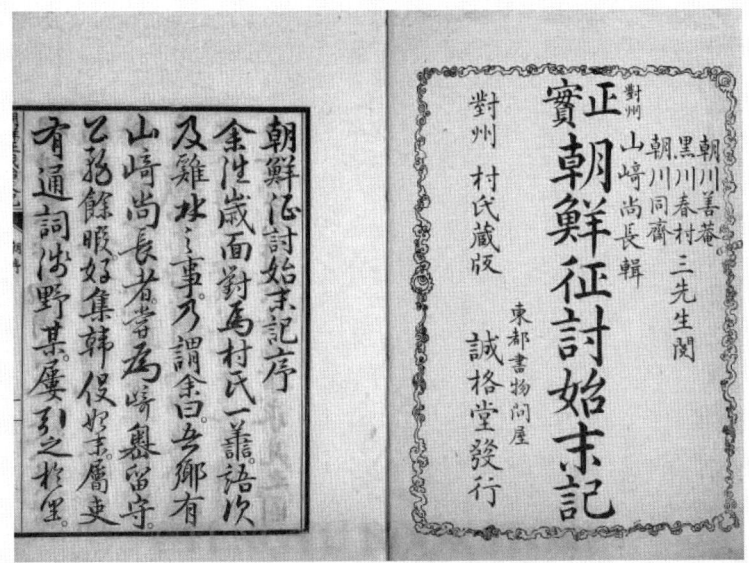

일본에서 정한론이 일어날 무렵인 1854년, 쓰시마 번의 관리들은 류성룡의 『징비록』을 번역, 소개한 『양국임진실기(兩國壬辰實記)』(1796년 발행)란 책의 제목을, 조선에 적대적인 『정실 조선정토시말기(正實 朝鮮征討始末記)』로 멋대로 바꾸고, 류성룡의 저술임도 삭제해서 재발행했다.

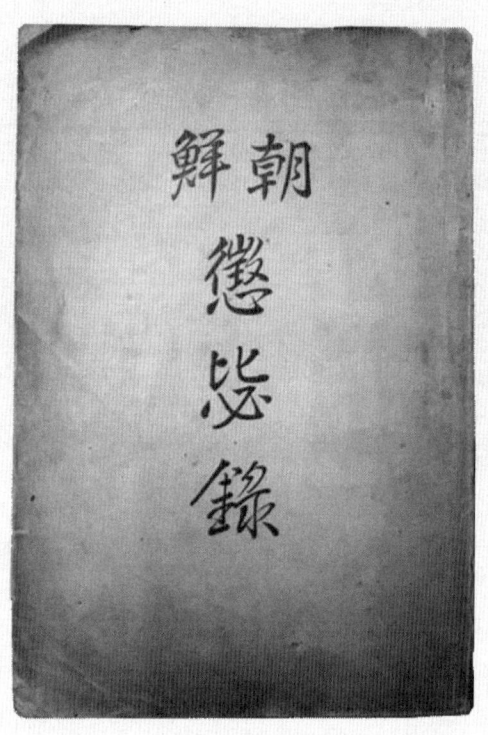

1894년 야마구치 쓰토무(山口勗)가 곳곳에 자신의 소감을 넣어 발췌 번역한 『조선징비록』.

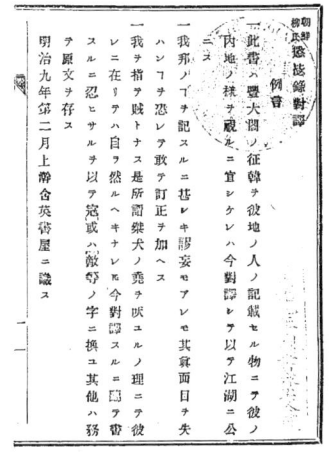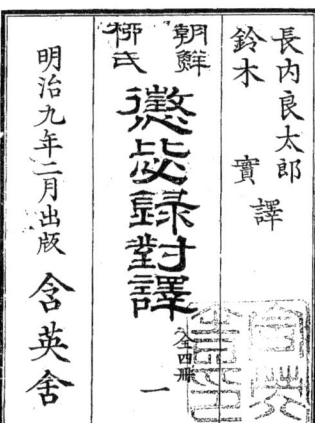

1876년 간행된 오사나이 료타로(長內良太郎), 스즈키 마코토(鈴木實) 역, 『조선류씨 징비록대역 권지일(朝鮮柳氏懲毖錄對譯 卷之一)』.

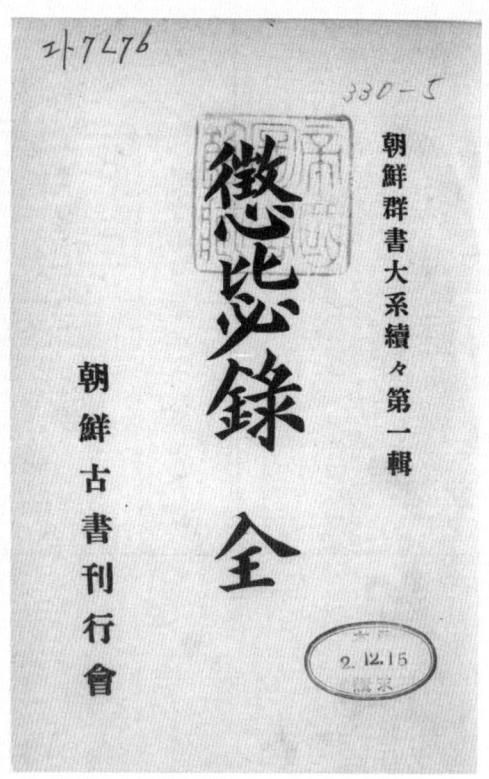

한일합방 직후인 1913년, 서울의 일본인 모임인 조선고서간행회에서 『조선군서대계 속속(朝鮮群書大系 続々)』 제1집으로 발행한 『징비록』.

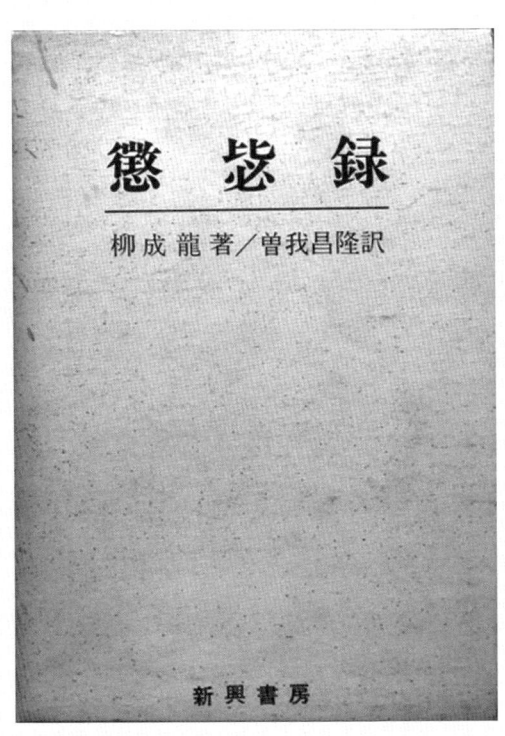

1966년 소가 마사타카(曾我昌隆)가 처음 현대 일본어로 발췌 번역한 『징비록』.

1979년 한국인(재일조선인 박종명朴鐘鳴)이 사상 처음 일본어로 주석을 달아 번역한 『징비록』. 일본에서 간행된 가장 최근의 번역본이다. '2006년 초판 9쇄본'이 확인되므로, 현재까지 일본에서 가장 많은 부수가 발행된 『징비록』 번역본인 듯하다.

근·현대 일본인이 그린 류성룡 모습

에도시대 초기(17세기 중반) 일본에서는 임진왜란을 다룬 전기, 소설류 등의 조선군기물(朝鮮軍記物)에 문자해독률이 낮은 서민 등을 위해 삽화를 곁들인 책(에혼 繪本)이 유행하기 시작해 메이지 시대 중기(19세기 말)까지 이어졌고, 『징비록』의 일본 전래로 일본인들에게 널리 알려진 류성룡, 이순신의 모습도 다양한 작품에 등장한다. 이들 작품에서 류성룡이 가장 많이 그려지고 있는 장면은 〈명나라 장수 영접〉, 〈울고 있는 류성룡〉, 〈왜군첩자 문초〉 등이다.

임진왜란 중 정무, 군무를 총괄하며 국정을 이끌었던 전시재상 류성룡(맨 오른쪽)이 명나라 장수들을 영접하고 있는 모습.
『에혼다이코기(繪本太閤記)』 하권, 오카다 교쿠잔(岡田玉山) 글, 그림, 1886년.
_ http://school.nijl.ac.jp/kindai/KGTU/KGTU-00049.html#193

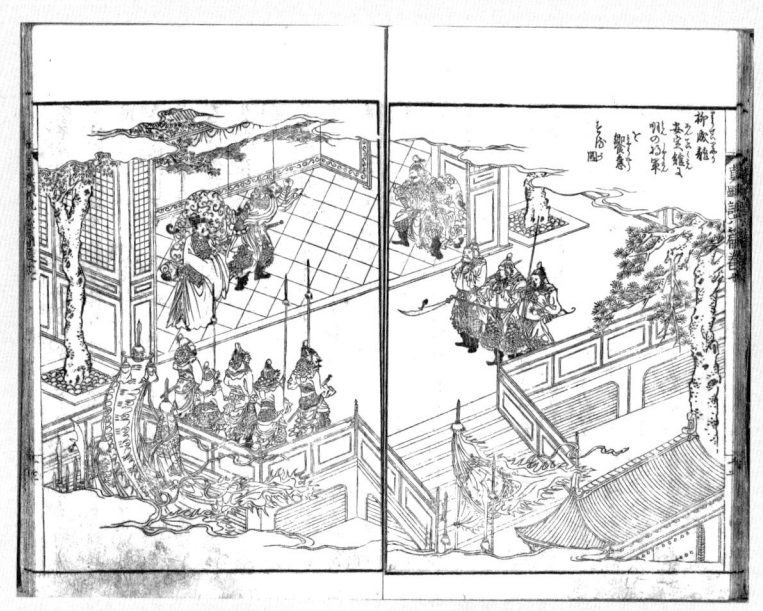

조선을 지원하기 위해 온 명나라 장수들을 안정관(安定館)에서 영접하는 류성룡(왼쪽 상단). 『에혼다이코기』 6편 권7, 1894년.

'조선인민 아사의 그림' - 임진왜란 중 류성룡(가운데)이 길가에 버려진 죽은 어미의 젖을 빠는 아기를 보고 슬퍼하는 모습.
『에혼조선군기(繪本朝鮮軍記)』, 후지타니 도라조(藤谷虎三) 저, 1888년.
_ http://dl.ndl.go.jp/info:ndljp/pid/880161 322-306

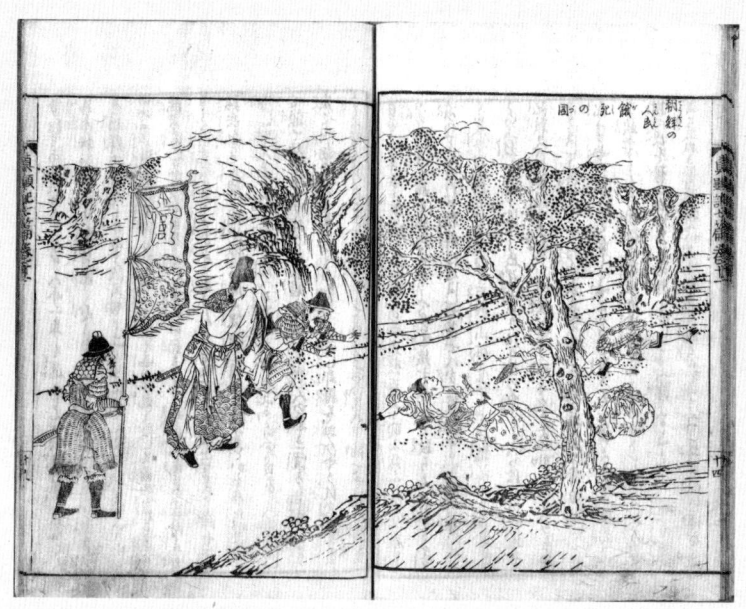

에도시대 임진왜란을 다룬 대표적인 조선군기물은, 죽은 어미의 젖을 빨고 있는 아기를 보고 울고 있는 류성룡(왼쪽 가운데)의 모습을 임란의 참상을 그리는 대목으로, 빠짐없이 다루고 있다.
『에혼다이코기』(7편 권1)의 한 장면, 1894년.

류성룡(오른쪽 가운데)이 왜군 첩자(왼쪽 아래)를 문초하고 있는 모습.
『에혼조선군기(繪本朝鮮軍記)』, 아키자토 리토(秋里籬島), 1800년.

류성룡(그림 왼쪽)이 평양 인근의 안주 진영에서 군관들과 일본군 간첩 김순량 처리 문제를 논의하는 장면.
그림 오른쪽 글은 '류성룡 간첩을 잡은 일(柳成龍獲反間事)'이라는 제목으로 『징비록』의 관련 내용을 설명하고 있다.
『조선군기(朝鮮軍記)』, 노무라 긴지로(野村銀次郎), 1885년.

『조선징비록』(야마구치 쓰토무(山口 羆) 역, 1894년) 표지에 그려진 류성룡의 모습. 표지 왼쪽 하단의 '류상국원저(柳相國原著)'의 '상국'은 재상의 의미.

류성룡은 임진왜란 발발 전 정읍현감이던 이순신을 일곱 계단을 뛰어넘어 전라좌수사로 파격 발탁하였고, 『징비록』에서는 상당 부분에 걸쳐 임란 중 이순신의 활약상 등을 서술하고 있다. 『징비록』이 일본에 전해져 베스트셀러로 널리 읽히면서, 이순신도 일본인들에게 널리 알려지게 됐다.
그림은 『에혼조선정벌기(繪本朝鮮征伐記)』(쓰루미네 히코이치로(鶴峯彦一郞) 교정, 하시모토 교쿠란(橋本玉蘭) 그림, 1853년)에 그려진 용감무쌍한 모습의 이순신.

책머리에

『징비록』사상 첫 영문 번역 및 『징비록』에 관한 첫 논문 등 희귀 자료 발굴

 이 자료집은 임진왜란(1592-98년) 7년 동안 전시재상으로 정무, 군무를 총괄하며 미증유의 국난을 헤쳐나간 서애 류성룡(西厓 柳成龍, 1542-1607년)의 임란에 관한 회고록 『징비록(懲毖錄)』을 19세기말 주일 영국인 외교관이 사상 처음 영어로 번역, 인용한 저술과 일제강점기 일본인 관학자들의 『초본징비록』에 관한 사상 첫 논문 및 해설 등 5편의 『징비록』 관련 국내 미공개 희귀(稀貴)자료를 전문 번역하고, 해제 및 원문(전문)을 별첨하여 간행하는 것이다.

 역편자는 『징비록』이 일본에 어떻게 수용되었는가에 관한 연구 과정에서 일본에 묻혀있던 근·현대 영국·일본인 역사가들이 쓴 이들 귀중자료의 존재를 알게 되었고, 이들 자료가 국내에는 거의[1] 알려져 있지 않은 만큼 이를 한 곳에 모아 자료집으로 간행하는 것이 류성룡과 『징비록』, 나아가 임진왜란 연구자 및 관심 있는 일반인 등에게 긴요하다고 생각하였다. 이들 논문 등이 발표된 지 길게는 백 사십

---

[1] 이 자료집에 수록하는 5편의 자료 중 「역사가로서의 서애 류성룡」(강연수기)은 1984년 일본에서 발표된 후 국내에서 발췌번역(『담수회지』 제13집, 200-209쪽, 1984년 10월, 류종하 역)이 나왔다.

여 년에서 짧게는 삼십여 년이 경과한 오늘에야 국내에 소개되는 것을, 만시지탄이지만 다행이라고 생각한다.

먼저 『징비록』은 어떤 책이며, 『징비록』이 일본에 전해진 과정, 일본에서의 평가 등을 간단히 설명하는 것이 이 자료집을 이해하는데 도움이 될 것이다. 류성룡은 임진왜란이 끝난 뒤 낙향(안동 하회마을)하여 임란에 관한 회고록을 처음 『난후잡록(亂後雜錄)』이란 이름으로 쓰기 시작하여 사망(1607년)하기 3년 전인, 1604년경 현존하는 『징비록』(국보 132호) 초본을 완성한 것으로 추정된다. 징비록 초본(초본 이외에 미현존 사본이 있었을 것으로 추정하는 국내, 일본학자의 견해도 있으나 확인 불명)을 바탕으로, 1647-8년 『징비록』(권1-2), 『근폭집(芹曝集)』(권3-5), 『진사록(辰巳錄)』(권6-14), 『군문등록(軍門謄錄)』과 『녹후잡기(錄後雜記)』(권15-16)로 된 16권본 『징비록』이 간행된 것이다. 이 16권본은 류성룡의 외손 조수익(趙壽益)이 경상도 관찰사로 재직할 때인 1647-8년(인조 25-26년) 류성룡의 손자 류원지(柳元之)의 부탁을 받아 간행했으며, 류성룡 자필의 서문이 있다. 16권본 중 권 1-2의 협의의 『징비록』과 권16 말미의 『녹후잡기』만을 모아 간행한 것이 2권본 『징비록』이다. 현재 한중일 삼국에서 흔히 부르는 『징비록』은 바로 이것이다. 류성룡 스스로는 『징비록』 집필 이유를 다음과 같이 밝히고 있다.

징비록이란 무엇인가? 난리가 발생한 후의 일을 기록한 것이다. 그중에 난리 전의 일도 가끔 기록한 것은, 그 난리가 그로부터 비롯되었기 때문이다. … 시경에 "내가 지난날의 잘못을 징계하여, 뒤에 환난이 없도록 조심한다(予其懲而毖後患)"라고 하였으니, 이것이 『징비록』을 지은 까닭이다(『징비록』 서문).

류성룡은 『징비록』에서 조선이 그야말로 국가존망의 기로에 섰던 임진왜란 7년 동안 좌의정(병조판서 겸임), 영의정(도체찰사 겸무) 등의 중책을 맡았던 최고위 관료로서 자신이 직접 경험하고, 또 전해들은 임란 1년 전부터 7년간의 전쟁 전 과정을 생생하게 기록하는 한편 임란의 발생원인, 배경 등을 나름대로 분석한다. 『징비록』은 류성룡이 국왕을 지근 거리에서 보필한 전시재상으로서 겪고, 알고 있는 조선정부 내의 움직임을 비롯해 자신이 직접 나선 조-명 간 비밀교섭 등의 극비자료를 사용해 기술하면서 임진왜란의 전체상을 다루고 있다는 점에서 단편적인 여타 기록과는 비교할 수 없는, 높은 사료적인 가치를 지닌다. 또한 류성룡의 높은 유교적인 식견과 유려한 필치가 『징비록』을 사서일 뿐 아니라, 전쟁문학서의 반열에 올려놓았다고도 할 수 있다. 그리고 류성룡은 『징비록』에 어린시절 같은 동네(서울 인현동)에서 자랐고, 자신이 임진왜란 직전 정읍현감에서 전라좌수사로 일곱 계단을 뛰어넘어 과감히 발탁한 이순신(李舜臣, 1545-98년)의 임란 중 활약상, 원균(元均)과의 갈등, 인품 등등을 상당한 분량에 걸쳐 기술하고 있다. 현대의 한국인들이 이순신에 관해 알고 있는 지식은 이순신의 진중비망록인 『난중일기(亂中日記)』보다 대부분 『징비록』을 통해 얻은 것이라고 해도 과언이 아니다. 류성룡이 낙향하여 『징비록』을 탈고한 지 40여 년 후, 그의 외손에 의해 처음 간행된 『징비록』은 조선 식자층에 널리 읽혀졌다.

『징비록』, '옛 적국' 일본에서 베스트셀러로 …
류성룡은 '명재상'으로 인식돼

　『징비록』은 임진왜란이 끝난 지 약 백년 후인 17세기 후반, 조선 통신사를 수행한 역관들에 의해 일본에 밀반출되어 교토(京都)에서 원문(한문)에 일본식 훈점(訓點)을 붙여『조선징비록(朝鮮懲毖錄)』이란 이름의 번역본으로 간행(1695년)되었다. 이후『징비록』은 현대에 이르기까지 약 3백년간 일본과 일제강점기 서울에서 번역, 영인본 등으로 최소 30여종 이상 발간되는, 베스트셀러이자 스테디셀러가 되었다. 에도시대에『징비록』은 임진왜란을 다룬 전기, 소설류인『조선군기물(朝鮮軍記物)』등에도 그 내용이 빈번히 인용됨으로서 일본의 식자층뿐만 아니라 서민들에게도 널리 알려졌다. 이에 따라 에도시대 중기에는 유학자들의 한시(漢詩)를 비롯하여 대중소설 등에『징비록』의 이름을 붙이거나 그 내용이 다루어지고, 전통공연에 류성룡이 등장하는 등 일본사회에 '징비록 현상'이 나타나기도 한다.

　『조선징비록』은 19세기말 일본에 체류중이던 중국인 학자에 의해 청나라에 전해지고, 메이지(明治, 1868-1912년) 초기에는 주일 영국외교관이『조선징비록』의 내용을 사상 처음 영어로 번역하여 임진왜란 관련 영문저술에 인용하는 등『징비록』은 임란을 다룬 문헌으로서는 현재까지 동서양을 가리지 않고 가장 높이 평가되고, 가장 널리 알려진 명저, 고전이 되었다.

　참고로 근·현대 일본인 학자 등의『징비록』에 대한 평가를 들어보자. 에도시대의 유학자로부터 일제강점기를 전후한 근·현대의 일본 역사가들에 이르기까지 '임진왜란에 관해 이보다 더 나은 사서(史

書)는 없다'고 입을 모으며, 특히 『징비록』이 류성룡의 체험에 바탕한 풍부한 사료를 구사하여, 기술한 점을 다음과 같이 높이 평가하고 있다(〈해제〉, 표 1 참조).

'조선 정벌을 말하는 자는 이 책을 근거로 삼는 것이 좋다 … 실록이라 할 만하다'(가이바라 에키켄貝原益軒, 『조선징비록(朝鮮懲毖錄)』 서문, 1695년), '당시 일본에서 나온 여러 책이 조선의 류성룡의 징비록과 명의 제갈원성(諸葛元聲)의 『양조평양록(兩朝平攘錄)』에 필적할 만한 것이 없음은 심히 유감이다'(도쿠토미 이이치로德富猪一郞, 『근세일본국민사 ; 풍신씨 시대, 정편近世日本国民史 ; 豊臣氏時代』〈丁篇〉, 1922년, 223쪽), '류서애의 명저 징비록은 … 분로쿠의 역(文錄 の役)에 관한 기록으로는 우리 독서계에 가장 널리 환영받았다. … 행문(行文)은 유창하고 기사는 요체를 짚고 있으며, 거기에다 지식이 풍부하여 … '(이나바 이와키치稻葉岩吉, 「초본징비록에 대하여(草本懲毖錄に就て)」, 『사학』 제6권 1호, 1927년 3월, 1쪽, 6쪽) '[징비록이] 일본에서 널리 읽힌 것은 … 전체 전국(戰局)을 꿰뚫어 보는 탁발(卓拔)한 사필(史筆)이 높이 평가된 결과일 것이다. … [임진왜란에 관해] 서술한 사서는 많으나 이보다 더 나은 것은 드물 것이다.'(나카무라 히데타카中村榮孝, 「류성룡가의 임진·정유왜란사료(柳成龍家の壬辰·丁酉倭亂史料)」『일선관계사의 연구(日鮮關係史の研究)』〈중〉, 1969년, 514. 544쪽) '겐로쿠(元錄, [1688-1704년])기에는 조선 측 사료 징비록의 일본에의 소개가 있었지만 그 이후에는, 내가 알기로는, 막말(幕末)기까지 새로운 사료·사실의 발굴은 거의 없었던 것으로 생각된다'(기타지마 만지北島万次, 『도요토미정권의 대외인식과 조선침략(豊臣政權の對外認識と朝鮮侵略)』, 1990년, 84쪽).

"임진왜란에 관해 이보다 더 나은 사서는 드물 것" …
일본 역사가들『징비록』절찬

이처럼『징비록』이 에도시대 일본에 전해진 이래 수백 년간 꾸준히 읽히면서, 임진왜란에 관한 가장 뛰어난 '명저'라는 평가와 함께 저자인 류성룡과『징비록』에 상당한 분량으로 서술된 이순신의 활약상 등도 일본인들에게 널리 알려지게 되었다.

이에 따라 근·현대에 들어와 일본인들로부터 류성룡은 '조선의 명재상', '현상(賢相)', '역사가' 등으로, 이순신은 '조선 구국의 영웅', '세계 제일의 해장(海將)' 등으로 평가받으면서, 특히 이순신은 1980년대 이후에는 일본 각급 학교 교과서, 참고서에도 일제히 소개되는, 아마도 류성룡과 이순신은 꿈에도 생각지 않았을 현상마저 나타났다.

그러나 정작 조선(한국)에서는『징비록』은 첫 간행(1647-8년)부터 해방(1945년)까지 약 3백 년간 단지 수종(4종 추정)이 발간되는 데 그쳤다. 조선(한국)보다 일본에서『징비록』이 최저 수배, 최대 열배 가까이 더 간행된 것이다.

『징비록』을 읽고, 앞날에 대비해야 할 조선(한국)보다 뜻밖에도(?) '옛 적국'인 일본에서 더 많이 간행되고, 더 많이 읽힌 기현상이 벌어진 것이다. 이 기막힌 아이러니는 무엇을 의미하는가?『징비록』이 조선(한국)보다 일본에서 최저 수배, 최대 열배 가까이 더 많이 간행됐다는 사실은 바로 한일양국의 지력(知力), 나아가 국력의 차이를 그대로 보여주는 것이라고 해도 과언이 아닐 것이다. 류성룡이 '과거의 잘못을 반성하여, 앞날의 환난에 조심해야 한다'고 절규했건만, 대비하지 못한 조선은 결국 일본의 식민지로 전락(1910년)하여 35년간 질곡에서 신음해야 했다.

    국내에서 처음 소개되는 이 자료집이 향후 『징비록』 등의 관련 연구에 작은 기여가 되기를 기대해 본다. 번역 작업은 관계전문가들이 분담하여 진행했으며, 감수는 역편자가 맡았다. 강호제현의 일독과 질정을 바라마지 않는다.

코로나 창궐로 춘래불사춘인 2020년 봄

이 종 각 (전 동양대교수, 한일관계사)

일러두기

- 번역은 평이한 현대어로써, 가급적 원문의 뜻을 살리는 방식으로 했다.
- 본문에 실린 주요 원전의 번역은 『징비록』의 경우, 『징비록』(이재호, 서애선생기념사업회, 2001), 『교감·해설 징비록』(김시덕 역해, 아카넷, 2013)을 위주로 인용했으며, 『선조실록』을 비롯한 각종 조선왕조실록 기사는 국사편찬위원회 홈페이지(http://www.history.go.kr) 조선왕조실록 국역 사이트에서 인용했다.
- 한자, 한문은 맨 처음 나올 때 우리말로 표기, 번역하고 한자, 한문은 괄호 속에 넣었다. 그 다음부터는 한자, 한문을 생략했다. 의미가 어려운 한자는 그 한자 앞 또는 괄호 속에서 뜻을 풀이하거나, 각주에서 설명했다. 다만 논문 필자가 강조, 설명하기 위해 표시한 부분이 있는 인용문은 첫 번째 이후에도 생략하지 않았다.
- 일본어 인명, 지명 등은 맨 처음 나올 때 일본식 발음을 우리말로 표기하고, 괄호 속에 한자를 넣었다. 그 다음부터는 한자를 생략했다. 원문의 일본식 한자 약자(예를 들면, 柳成竜·倭乱)는 번역문에서는 정자(柳成龍, 倭亂)로 고쳤다.
- 논문, 해설 중에는 필자가 같은 경우와, 후일 자신의 원고를 개고

(改稿)한 경우도 있어 일부 중복되는 내용도 있으나 각 논문 등의 집필에 상당한 시차가 있어 그 사이의 연구성과 등이 반영되어 있기도 한 만큼 원문을 그대로 살렸다.
- 번역문 중의 [ ] 부분은 역편자가 설명한 것이다.
- 원문 중의 '경성(京城)'은 문맥에 따라 '한성' 또는 '서울'로 표기했다.
- 영어 논문, 「히데요시의 조선침략」(「Hideyosi's Invasion of Korea」)의 일러두기는 해당 번역문에 별도 표시하였다.

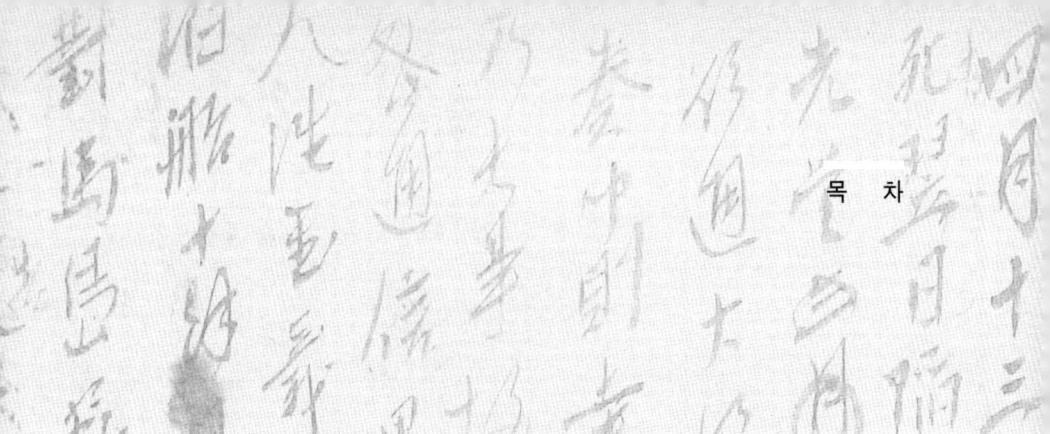

목 차

책머리에 … 1
일러두기 … 9

1장 해 제 … 13

2장 번역문 … 49

   1. 히데요시의 조선 침략 [1878-83년] … 51
   2. 초본징비록에 대하여 [1927년 3월] … 111
   3. 『초본징비록』 해설 [1936년] … 153
   4. 류성룡가의 임진·정유왜란 사료 [1969년] … 171
   5. 역사가로서의 서애 류성룡 (강연수기) [1984년] … 235

3장 원 문 … 263

   1. Hideyosi's Invasion of Korea [1878-83] … 265
   2. 草本懲毖錄に就て [1927年 3月] … 333
   3. 『草本懲毖錄』解説 [1936年] … 365
   4. 柳成龍家の壬辰·丁酉倭乱史料 [1969年] … 381
   5. 歴史家としての西厓·柳成龍 (講演手記) [1984年] … 435

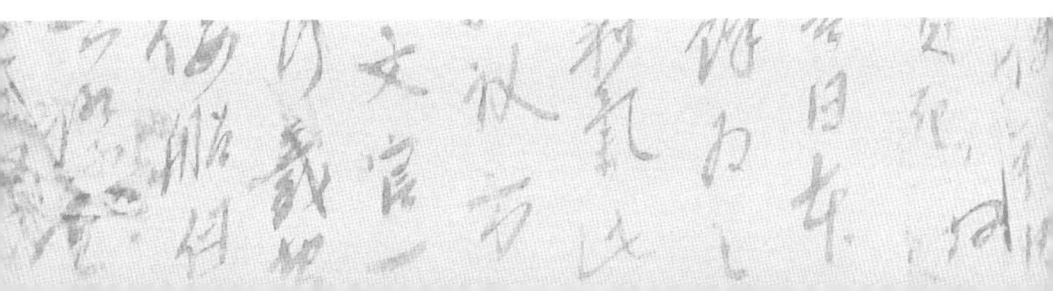

1장
—
해제

이 자료집에서 다루는 5편의 논문, 해설 등의 목록은 아래와 같으며, 이들 자료에 대한 해제에 이어 한글 번역문, 원문을 발표시기 순으로 실었다.

#자료목록

1. 윌리엄 조지 아스톤(William George Aston), 「히데요시의 조선침략」(「Hideyosi's Invasion of Korea」), 『일본아세아협회지(日本亞細亞協會誌)』(『Transactions of The Asiatic Society of Japan』), 1878-83년
   *아스톤의 이 영문저술은 1907년, 와세다대학교 교수 마스다 도노스케(增田藤之助)가 일본어로 번역, 『영화(英和)대역 풍태합정한사(豊太閤征韓史)』(pp. 1-64)란 이름으로 도쿄 류분칸(隆文館)에서 간행되었다.

2. 이나바 이와키치(稲葉岩吉), 「초본징비록에 대하여(草本懲毖錄に就て)」, 『사학(史學)』제6권 1호(pp. 1-37), 1927년 3월

3. 조선사편수회, 조선사료총간(朝鮮史料叢刊) 제11, 『초본징비록(草本懲毖錄)』해설 (pp. 1-7), 1936년

4. 나카무라 히데타카(中村榮孝), 「류성룡가의 임진·정유왜란사료(柳成龍家の壬辰·丁酉倭亂史料)」, 『일선관계사의 연구(日鮮關係史の研究)』〈中〉(pp. 511-546), 요시카와 고분칸(吉川弘文館), 1969년

5. 스에마쓰 야스카즈(末松保和), 「역사가로서의 서애·류성룡(歷史家としての 西厓·柳成龍)」, 『조선학보(朝鮮學報)』제110집(pp. 1-19), 1984년

사상 처음 『징비록』을 영어로 번역, 인용한 임진왜란에 관한 논문, 「Hideyosi's Invasion of Korea」(「히데요시의 조선침략」)을 도쿄에서 발표(1878-83년)한 주일 영국외교관 윌리엄 조지 아스톤(William George Aston, 1841-1911년).

(1) 「히데요시의 조선침략」(「Hideyosi's Invasion of Korea」)

사상 처음 영어로『징비록』인용 … 메이지시대, 주일 영국인 외교관 영문 저술에

　　에도시대『조선징비록』이 일본에 전해져 교토에서 처음 출간(1695년)된 이래『징비록』이 일본에서 수백 년간 널리 읽히고 있는 가운데, 메이지(明治)유신(1868년) 직후 도쿄에서, 서양인이 원문이 한문인『징비록』의 내용을 영어로 번역, 인용한 영문저술을 발표하는,『징비록』연구사에서 특기할 만한 일이 일어났다.

　　1860-80년대 주일, 주한 영국외교관으로 근무한 윌리엄 조지 아스톤(William George Aston, 1841-1911년)이 1878년부터 1883년까지 네 차례 도쿄의 일본아시아협회(The Asiatic Society of Japan)에서『징비록』과 관련 일본자료들을 영어로 번역하여, 저술한 임진왜란에 관한 영어논문, 「Hideyosi's Invasion of Korea」(「히데요시의 조선침략」)을 발표한 것이다. 이 논문은 발표 후 동 협회의 잡지『Transactions of The Asiatic Society of Japan』(『일본아세아협회지日本亞細亞協會誌』)에 네 차례에 걸쳐 게재됐다.

　　이 논문은『징비록』을 영어로 번역, 인용한 사상 첫 저술이라는 기념비적 의미를 갖는다. 류성룡이 임진왜란이 끝난 뒤 낙향하여『징비록』을 저술(1604년으로 추정)한 지 2백 70여 년 만의 일이다.

　　이 논문은 〈서론(INTRODUCTION)〉, 〈제1장 침략(THE INVASION)〉, 〈제2장 후퇴(THE RETEAT)〉, 〈제3장 화의(NEGOTIATION)〉, 〈제4장 재침(THE SECOND INVASION)〉으로 구성되어 있다. 전체 분량(64쪽) 3분의 2 이상에서『징비록』을 인용, 참고하고 있는데 이 가운데는『징비록』

의 내용을 그대로 옮겨 소개한 부분도 보인다.

이 논문에서 아스톤은 『징비록』이란 책 제목2을 명기하지 않은 채 '그 전쟁에 관한 조선 역사서(the Korean history of the war)'로, 류성룡은 '대신(大臣) 류(minister Riu's …)', '조선의 역사가 류(the Korean historian Riu)', '그 전쟁에 관한 조선 역사가(the Korean historian of the war)', '한 조선 작가(A Korean author)' 등으로 기술하고 있다.

아스톤, 비교적 객관적인 시각으로 임진왜란 다루고 있어

전술했듯이 『징비록』은 조선에서 출간(1647-8년)된 이후 일본에 전해져 1695년 교토에서 『조선징비록』란 이름으로 처음 번역, 출간된 이래 임진왜란에 관한 책으로는 '이보다 더 나은 사서는 없다'는 평가를 받으며 수백여 년간 꾸준히 일본 지식인층에 널리 읽힌 베스트셀러이자 스테디셀러였다. 아스톤은 이 일본판 『조선징비록』을 주로 인용, 참고하면서 제3자의 입장에서 비교적 객관적인 시각으로 임진왜란을 다루고 있다. 히데요시를 미화한 일본자료도 이용하고 있지만 그의 침략행위를 긍정, 칭송하는 식의 서술은 별로 눈에 띄지 않는다. 주로 『징비록』을 인용하고 있어서인지 임진왜란 당시 조선과 조선백성이 처한 참상을 약간은 동정적인 논조로 서술하고 있다.

이 논문은 고대이래의 한일관계사 개요, 임진왜란발발 전 양국간

---

2 '징비록(懲毖錄)'이란 한자의 일본어 발음은 '초히로쿠(ちょうひろく)'이나, 아스톤은 이 논문에서 책 이름을 한 차례도 표기하지 않고 있다. 그 이유는 알 수 없다. 그는 상당한 한문 실력에 조선어, 일본어 독해능력도 일정 수준에 있었던 것으로 알려져 있는데, 류성룡이 『시경』에서 따와 '앞의 잘못을 징계하여 후의 환란을 조심한다(懲毖)'는 뜻에서 지은, 『징비록』이란 책 제목의 의미와 발음을 영어로 설명하고, 표기하는 것이 곤란했을까?

의 움직임, 전쟁발발, 부산진·동래성 함락, 조선국왕의 피난, 한산도 해전, 평양성 전투, 벽제관 전투, 류성룡의 강화교섭 반대, 명일 양국의 강화교섭, 정유재란, 남원성·진주성 함락, 코무덤, 칠천량해전에서의 원균 패배, 이순신 재기용, 일본군 남해안으로 퇴각, 울산전투, 노량해전, 히데요시 사망 이후 도쿠가와 막부 출범, 조일양국 국교회복 등을 대체적으로 『징비록』에 서술된 내용을 중심으로, 시대순으로 다루고 있다.

아스톤의 이 논문을 읽어보면, 그는 서양인으로써 상당한 수준의 한문독해능력을 갖추고 있으며 임진왜란 당시의 동아시아 역사에도 어느 정도의 지식을 가지고 있어 이를 바탕으로 『징비록』과 여타 일본 자료를 나름대로 분석, 임진왜란사를 기술하고 있음을 알 수 있다.

1907년, 일영대역본 『풍태합정한사(豊太閤征韓史)』로 출간돼

아스톤은 아일랜드 출생으로 퀸즈대학 졸업후 1864년 영국문관(극동근무)시험에 합격하여 주일 영국공사관 통역생으로 내일, 1882년 나가사키 영사 등을 거쳐 1884년 초대 주한 영국총영사로 부임했다. 같은 해 12월 김옥균(金玉均, 1851-94년) 등이 주도한 갑신정변 때에는 그도 우정국 낙성 축하 연회 현장에 있었는데, 사건발생후 황급히 일본공사관으로 피신해 화를 면했다. 아스톤은 다음날 미국공사와 함께 경복궁으로 가 고종을 알현했다. 이에 앞서 그는 1882년 임오군란과 관련해 일본에 사과하기 위해 수신사로 파견된 박영효(朴泳孝)가 민영익(閔泳翊) 등 일행과 함께 도쿄에서 영국공사(해리 스미스 팍스)와

면담할 때 조선어 통역으로 배석하기도 했다. 아스톤은 1886년 주일 영국공사관 서기관을 지낸 뒤 지병으로 퇴직(1892년), 귀국했다.

그는 주한 및 주일외교관으로 약 30년간 근무 중 조선어 및 일본어 연구에도 관심을 기울여 「일본어와 조선어 비교연구」 등의 논문을 발표하는 한편 일본사 연구의 일환으로 임진왜란에 관한 이 논문을 쓴 것으로 보인다.

아스톤은 귀국 후 일본의 언어, 문화 연구에 전념하여 영문으로 쓴 『일본서기(日本書紀)』, 『일본문학사(日本文學史)』, 『신도(神道)』 등의 저서를 남겼다. 그는 어네스트 메이슨 사토우(Sir Ernest Mason Satow, 1843-1929년), 바질 홀 챔벌레인(Basil Hall Chamberlain, 1850-1935년)과 함께 메이지시대 영국인 '일본학 3대 학자' 가운데 한 사람으로 꼽힌다.

한편 아스톤이 영국으로 돌아간 이후인 1907년, 그의 이 논문을 와세다대학 교수 마스다 도노스케(增田藤之助)가 일본어로 번역, 『영화(英和)대역 풍태합[3]정한사(豊太閤征韓史)』란 이름의 영어학습 교재로 도쿄에서 출간(류분칸隆文館)되었다. 역자인 마스다는 서문에서 "저자 아스톤씨는 본방 [일본] 재류 다년간 충실히 우리 국어, 국문을 연구하여 조예가 깊으며, 서양인 사이에는 일본 및 조선 등의 일에 관한 권위자로 인정받고 있었다. … [이 논문의] 서술은 공평, 온당하며, 문장은 또한 평이하고 품위가 있다. … 풍태합의 조선정벌을 기술함에 있어 이같이 질서정연하고 조직적으로 잘 요체를 갖춘 것은, 본방에서 일찍이 본 적이 없다."라고, 높이 평가하고 있다. 이어 마스다는

---

3 태합(太閤)의 관직에 있었던 도요토미 히데요시(豊臣秀吉)를 말한다.

"아스톤 씨는 이 글을 쓰는 데 있어, [일본자료인]『정한위략(征韓偉略)』, 『징비록』, [일본자료인]『조선정벌기(朝鮮征伐記)』,『조선군기대전(朝鮮軍記大全)』,『조선물어(朝鮮物語)』,『일본외사(日本外事)』… 등을 재료로 하였다"고 밝히고 있다.『징비록』을 인용하여 쓴 첫 영문 저술인 아스톤의 이 논문이 나온 후 사상 첫『징비록』완역 영역본4은 2002년, 한국인 학자에 의해 미국 대학에서 출간되었다.

(2)「초본징비록에 대하여(草本懲毖錄に就て)」

이나바 이와키치, 1927년 일본 학술지에 사상 첫『징비록』에 관한 논문 발표

　머리말에서 잠깐 언급했듯이『징비록』이 17세기 말 일본에 전해진 이래 수백 년간 일본인들의 관심이 지속되는 가운데 1910년, 일본의 한국강제병합 직전 서울에 있는 일본인들은 한국역사를 알고, 연구하려는 목적으로 조선고서간행회(朝鮮古書刊行會)라는 민간단체를 만들었다.

　이 단체는『조선군서대계(朝鮮群書大系)』시리즈로『삼국사기』,『용비어천가』등 다수의 조선전적을 차례로 간행했고 1913년, 그 시리즈의 하나로『징비록』(16권 8책)이 간행되었다. 이 무렵을 전후하여 일본인 사이에도 안동 하회마을 류성룡 종가에 보관 중이던 문헌의 존

4　The book of corrections : reflections on the national crisis during the Japanese invasion of Korea, 1592-1598 / Yu Sŏngnyong ; translated by Choi Byonghyon. Institute of East Asian Studies, University of California, c2002.

재가 서서히 알려지게 되었다.

류성룡 종가에 전해져 내려오는 문헌의 사료가치를 일본사학계에 처음 제창한 사람은 조선총독부 산하기관인 조선사편수회의 수사관(修史官)으로 임명돼(1925년) 편수사업을 주관하던 이나바 이와키치5 (稻葉岩吉, 1876-1940년)이었다. 그는 조선사편수회에 관계하기 이전 만철(滿鐵)조사부에서 만선사(滿鮮史)연구에 종사한, 당시 일본의 만선사 연구의 중심인물이었다. 이나바는 조선사편수회 수사관으로 임명되기 전인 1919년, 류성룡 종가를 처음 방문했을 때 우연히 류성룡 자필의 『징비록』 등을 살펴본 이래 기회 있을 때마다 이 문헌의 중요성을 강조했고 1927년, 일본에서 발행되는 학술잡지(게이오慶應대학 미타 三田사학회)에 「초본징비록에 대하여(草本懲毖錄に就て)」(『사학(史學)』 제6권 제1호, 1927년 3월)라는 논문을 발표하였다.

이 논문은 류성룡이 『징비록』을 탈고(1604년 추정)한 이래 삼백 수십 년 만에 나온 최초의 학술논문이라는, 의미를 지닌다. 조선이 일본의 식민지로 전락한 지 17년이 경과한 이 시기에 일본 대학으로 유학 가 근대역사학을 전공한 조선인은 있었지만, 조선인이 쓴 『징비록』에 관한 논문은 없었고, 『징비록』에 관한 최초의 논문은 조선총독부 산하 연구기관의 일본인 관학자6에 의해 작성된 것이다. 이나바는 37쪽

---

5 이나바 이와키치는 도쿄외국어학교(현 도쿄외국어대학) 중국어학과를 졸업한 뒤 중국 북경으로 유학, 1908년부터는 일본이 만주에 세운 철도회사인 만철(滿鐵)의 역사·지리조사실에서 만주 및 조선 역사를 연구하였다. 1922년 조선사편찬위원회 위원, 1925년 조선사편수회 수사관으로 『조선사』 편찬사업에 참여했고 1932년 교토(京都)제국대학에서 『광해군시대의 만선관계(光海君時代の滿鮮關係)』로 박사학위를 받은 뒤 1937년 만주 건국대학교수가 되었다. 저서로 『조선문화사연구(朝鮮文化史研究)』, 『청조전사(淸朝全史)』 등이 있다.

6 당시 일제 관학자들은 일본과 조선은 같은 조상을 두고 있다는 일선동조론(日鮮同祖論), 한국사에 있어서의 정체성론, 타율성론 등을 주장하는 '식민사관'으로 한국사를 왜곡하는데 앞장섰다. 이들

분량의 이 논문에서 『징비록』에 대한 평가와 함께 내용, 구성을 설명하는 한편 자신이 직접 확인한 초본징비록과 간행본 징비록의 차이 등을 실증적으로, 치밀하게 분석하고 있다. 그는 이 논문에서 △『서애연보』를 중심으로 류성룡에 대한 비교적 자세한 소개 및 평가 △『징비록』의 일본 전래과정 및 일본에서의 평가 △ 18권본[7](당시 조선총독부 소장본)의 존재를 처음 소개, 분석하면서 초본과 18권본, 2권본과의 차이 비교 △『징비록』이란 책 이름이 처음 언급된 정경세(鄭經世)가 지은 서애행장에 대한 분석 △일본과의 화친을 강조한 신숙주의 유언소개 △『징비록』의 일본유출을 알게된 조선정부(숙종대)의 조선문헌 대일 수출금지 조치 △『징비록』이 서애연보에 기재되지 않은 이유 등등을 논술하고 있다. 『징비록』 연구에 있어 가장 선구적인 업적이라 할 이 논문은 후세 일본인 학자들의 『징비록』 및 류성룡 연구의 가이드라인 역할을 하는 한편 해방 후 한국의 『징비록』 연구에도 일정한 영향을 미치고 있다고 해도 과언이 아니다.

특히 이 논문에서 주목되는 사실은 류성룡 자필의 초본징비록과 간행본 징비록의 내용과 체재에 상이한 부분이 매우 큰 사실을 처음 지적하고 있다는 점이다. 이나바는 「4月 13日, 왜병 국경을 침범하여 부산성을 함락하다.(倭兵犯境陷釜山城)」조 등 4개 문장과 여타 기사 속

이 수행한 가장 대표적인 사업으로는 조선총독부가 산하에 조선사편수회를 두고 벌인 『조선사』(전 37권) 편찬을 들 수 있다. 식민사관은 해방 이후에도 한국사학계에 상당 기간 영향을 미쳤고, 오늘날에도 논란이 계속되고 있다.

7 『징비록』 간행본으로는 16권본과 2권본이 널리 알려져 있으나 이나바는 이 논문에서 조선총독부에 소장된 4종(18권본 8책본, 18권 6책본, 2권본, 분리되지 않은 단권본)을 소개하면서 "나는 18권본 8책본을 현존하는 간행본 가운데 가장 오래된 판본으로 추정하고 싶다."(14쪽)고 말한다. 18권본의 존재에 대해 언급한 경우는 역편자가 알고 있는 바로는, 현재까지 이나바의 이 논문이 유일하며, 여타 일본인 및 한국인 연구자의 이와 관련한 언급은 없다.

의 표현 등을 비교, 대조하면서 "[세상에 전해져 내려온] 세전본(世傳本)과 초본 사이에, 커다란 차이가 있음을 알 수 있을 것"(26-27쪽)이라며, "근폭집, 진사록 및 군문등록은 각각 단행본이 될 체재를 갖추고 있는데 이를 찢고 나누어서(割裂) 서애집 및 징비록에 삽입한 것은 고인의 유지라고는 믿을 수 없다. … 세전본에는 서애 서거 이후 수많은 사정이 가해진 것으로밖에 생각되지 않는다."(30쪽)고 지적한다.

일본관학자들, 『징비록』을 '명저,' 류성룡을 '품격 있는 역사가'로 높이 평가

이나바는 이 논문에서 『징비록』과 류성룡을 다음과 같이 평가하고 있다.

> 서애의 명저 『징비록』은 분로쿠(文錄, [임진왜란]역(役)의 기록으로는 가장 널리 우리 [일본] 독서계에 환영받은 것이라고 생각한다. 서애 그 사람은 당시 수상(영의정)이었으며, 전후 7년에 걸쳐 친히 전쟁의 고통을 맛보았다는 점은, 이 저서에 대한 유일한 신뢰와 흥미를 야기하는 것이 틀림없으며, 또한 이 기사는 비교적 정확하며 풍부한 사필(史筆)의 태도를 지니고 있다는 점이 많은 존경을 받은 이유이기도 할 것이다. … 이 점에서 볼 때 『징비록』은 망국파가(亡國破家)의 위기에 봉착했던 정치가의 일대수기라고 할 만하며 동시에 불우, 기구한 체험을 했던 사가(史家)의 저록(著錄)이라고 해도 좋을 것이다. … 나는 여기서 그의 일면에는 의연한 사가의 품격과 용의를 구비한 점, 아울러 남인들 사이에 종래 많은 저서를 낸 것은 그의 스승인 퇴계 이황의 감화에 의한 것이라고 할 수 있지만, 또한 그(서애)에게 힘입은 점도 매우 큰 것임을 믿고 싶다(1-2쪽, 36쪽).

이나바가 이 논문을 쓴 시점(1927년)은 조선이 일본의 식민지로 전락한지 20년이 가까워지던 때로, 당시 그는 조선을 보다 효율적으로 통치하기 위한 식민사관을 뿌리내리는 데 앞장서고 있던 일본인 관학자이지만『징비록』을 명저로, 류성룡을 정치가로서 만이 아니라 '의연한 품격을 지닌 역사가'로 높이 평가하고 있는 점이 특이하다.

에도시대『징비록』이 일본에 전해져 한문에 일본식 훈점을 넣어 번역한『조선징비록』이 간행(1695년)된 이래 일본인 학자 등은『징비록』번역본의 서문 등에서 대체적으로 류성룡을 명재상으로,『징비록』을 명저로 높이 평가하고 있지만, 본격적인 학술 논문에서 이 같은 평가는 이나바가 처음이다. 이나바의 이 같은 언급은 그가 일본인이라는 사실과, 당시 한국이 일본의 식민치하에 있었다는 시대상황을 떠나 한 사람의 역사가로서 객관적이자, 공정한 평가라고 할 만하다. 만약『징비록』이 한·중·일 삼국을 통틀어 임진왜란에 관한 가장 빼어난 사서로서의 가치를 지니지 않았다면, 이나바가 일본이 한국을 식민지배하고 있던 그 시기에 굳이 수백 년 전 일본과 처절하게 맞서 싸웠던, 조선 전시재상의 회고록을 이같이 높이 평가할 이유는 없었을 것이다. 이나바가 이 논문에서 언급한 자신의 첫 번째 류성룡 종가 방문 회고담을 잠시 살펴보자.

나는 다이쇼(大正)8년[1919년] 가을철에 하회 류씨가를 방문했을 때, 그 사당에 배알하고, 객청(客廳)[손님을 거처하게 하는 대청]에서는 이 집안에 전해오는 많은 고문서, 고기록을 볼 수 있었다. … 그때 뜻밖에 이들 서류 중에서 서애가 직접 쓴 것으로 믿어지는『초본징비록』일부를 본

것이다. 여행지이기도 했고, 세전본과 일일이 대조할 수도 없어서 다만 내 기억을 더듬어, 초본은 세전본과 어떻게 들고나는지(出入)에 주의했지만, [그 후 조선사편수회가 이들 자료를 류씨 문중에서] 빌리는 수속을 끝내고 난 뒤, 직접 대비해 보니 과연 기억이 틀리지 않았던 점, 아울러 이 초본이라 칭하는 것의 본질을 드디어 알 수 있었다(15쪽).

이후 조선사편수회 수사관이 된 이나바는 류성룡 후손들의 동의를 얻어 『초본징비록』 등의 임진왜란 관련 귀중자료를 빌려 영인 작업을 하는 과정에서 하회마을을 두 차례 더 방문하고 있다. 그는 후일 자신의 회갑기념 논문집인 『이나바박사환력기념 만선사논총(稻葉博士還曆記念 滿鮮史論叢)』(쇼와13년, 1938년)에 실은 「나의 만선사연구과정(予が滿鮮史研究過程)」이란 글에서 두 차례 하회방문에서 느낀 소회를 다음과 같이 적고 있다.

다이쇼10년[1921년] 가을,[8] 나는 중추원[조선총독부 자문기관]의 촉탁으로 임명되어, 경성(京城, [서울])에 들렀다가 돌아가는 길에 경상북도 안동군 하회의 류승우(柳承佑)씨 댁을 방문한 적이 있다. 나의 지방 옛 명문가(舊閥) 방문은 이것이 처음이기도 했고, 특별히 사료채방(採訪)계획이 있었던 것도 아니고, 다만 서애의 고택이 어떠한가를 알아보기 위한

---

[8] 이나바는 이때 하회마을의 풍경을 다음과 같이 적었다.
"나의 족적을 하회에 남긴 것은, 지금으로부터 5년 전의 일인데, 백 여호에 가까운 검푸른 기와색은 보기에도 정숙 그 자체를 연상케 했다. 그[류성룡]의 고택이나 사당, 그리고 살아생전 유람했던 물가의 정자 터는 지금도 변함없다. 백여 호 중 류씨 이외의 사람들은 얼마 되지 않으므로, 하회라고 하면 바로 류씨로 알아듣는다는 것은 당시 면사무소에서 직접 들은 이야기였다. 총독부는 앞서 서애 후손의 후의에 힘입어, 집에 전해져 내려오는 문서를 빌렸는데, 나는 임시로 이를 하회류씨세가문서(河回柳氏世家文書)로 이름 붙였다"(「초본징비록에 대하여」, 1927년, 8-9쪽).

것이었기 때문에, 치제문(致祭文) 한 장을 짓고, 한편으론 약간의 음식을 휴대해 들렀는데 치제문은『징비록』에 관한 소년시절 이래의 감상을 적었던 것으로 기억한다. 나는 서애 류성룡의 말년을 조금 알고 있기 때문에, 그 후손의 생활을 어느 정도 상상하며 왔는데, 사당과 생활이 이렇게도 질소(質素)한 것은 오히려 의외였고, 더구나 이 집안에서는 징비록 자필 초본이 발견된 것이 아닌가, 발견된 여러 가지 각종 문서는 능히 한 편을 이룰 만하며, 평생 그가 아끼던 것이 아닌가. 나는 무한의 경이와 감탄을 금하지 않을 수 없었으며, 이와 함께 반도문화의 유래를 깊이 생각하게끔 되었다. … 이 하회방문은 그 후의 반도 사료채방에 있어 자신과 계기를 준 것이 틀림없으며, 그리하여 이 사업은 동료의 뜨거운 지지에 의해, 점차 발전하여 이와 같은 성과를 거둔 것이다. 그리하여 나는 쇼와11년[1936년] 여름 제2차[9] 하회방문을 실행하여 사당에 인사드리고, 문중 어른들과 함께 뜰안에 가득한 배꽃을 감상했다. 아마도 이것이 최후의 방문으로, 머지않아 종생(終生)의 추억이 될 것이다(23-24쪽).

이 회고담에서 관심을 끄는 대목은, 이나바가 류성룡 사당에 인사를 올리면서 치제문을 지어왔다는 부분과 치제문에 그가 소년시대에『징비록』을 알고 있었다고 적은 부분이다. 1876년생(니이가타新潟현 무라카미村上시 출신)인 그의 소년시대는 1880년대 중반 – 90년대 초반에 해당한다고 볼 수 있는데, 소년인 그가 이때『징비록』에 관심을 가지고 있었다고 말하고 있는 만큼, 이는 그 시대에『징비록』이 일본에 상당히 알려져 있었다는 하나의 방증이기도 하다. 물론 그가 소년

---

[9] 이나바는 이 글에서는 1919년 여행차 들린 첫 번째 하회방문을 자신의 하회방문 횟수에 넣지 않고 있다.

시절부터 『징비록』에 관심을 가지게 된 것이, 도쿄외국인학교에서 중국어를 배우면서 『징비록』을 접하게 되어서인지, 아니면 그보다 더 어릴 때부터 역사와 조선에 흥미를 가진, 순전히 개인적인 취향 때문인지는 알 수 없다.

어쨌든 이나바가 소년이었던 그 시대가 조일수호조규(강화도조약) 체결(1876년)에 이어, 청일전쟁(1894-5년) 발발 등 일본에서 조선에 대한 관심이 크게 고조되던 시기인 점을 감안하더라도 중국어를 배우는 그가 소년시절에 중국 경전이나 소설류가 아닌 『징비록』에도 관심을 가졌다는 사실은, 이채롭다. 이나바의 회고담에는 공사(公私)에 걸쳐 세 번 류성룡 종가를 방문했고, 그때마다 사당에 들러 예를 차린 것으로 되어있다.

왜 이나바는 류성룡 사당에 들러 인사를 올렸을까? 물론 류성룡 종가를 방문한 만큼 집 안에 있는 사당을 그냥 지나칠 수 없어서 올린, 의례적인 인사라고도 볼 수 있다. 그러나 그가 1921년 하회 방문 때, 치제문을 지어 휴대하고 약간의 음식까지 장만해 갔다는 것은, 나름대로 의미가 있다고 해야 할 것이다. 이는 그가 당시 식민지 조선을 통치하는 조선총독부 산하기관의 대표적인 관학자(만선사연구의 중심인물) 중의 한 사람이었던 만큼 매우 이례적이라고 할 만하다. 그가 치제문과 음식까지 장만해 간 것은 자신이 조선사편수회 촉탁으로 정식 발령받은 만큼 격식을 갖춰 예를 표하면서, 이를 류성룡 영전에 보고[10]한 것으로 풀이할 수 있다. 이나바가 이처럼 류성룡에 예를 차린

---

10 이나바보다 약 30년 연배가 뒤지는 스에마쓰 야스카즈(1904년생) 전 경성제대교수는 1984년 행한 강연에서 "이나바 씨는 1936년(쇼와11년) 여름의 두번째 류가(柳家) 방문을 하시면서, 류

것은 류성룡이 임진왜란 중 일본군에 맞서 혼신의 힘을 다해 싸운 조선의 최고위관료이면서도, 『징비록』이란 귀중한 사료를 남긴데 대해 국적, 신분을 떠나 한 사람의 역사가(그는 1937년 만주 건국대교수로 부임)로서, 특별한 관심과 나름대로 존경의 뜻을 표한 것으로 해석해도, 큰 무리는 아닐 것이다.

(3) 『초본징비록(草本懲毖錄)』 해설

"『징비록』보다 나은 사서는 드물어"

조선사편수회는 1936년 『조선사료총간(朝鮮史料叢刊)』 제11로 『초본징비록(草本懲毖錄)』 영인본을 간행했는데, 권말에 해설(쪽수는 7로 되어있으나, 한쪽이 두 면으로 실제는 14쪽 분량)을 실었다. 이나바 이와키치가 일본 게이오대학 학술지에 징비록에 관한 첫 논문인 「초본징비록에 대하여」를 발표(1927년)한 지 9년 만이다.

조선사편수회는 『조선사』 편수와 병행하여 『조선사료총간』 간행 사업을 벌여 1932년 『고려사절요(高麗史節要)』를 제1로, 1944년 『통문관지(通文館志)』를 제21로 간행했다. 그 가운데 류성룡 관계 사료는 『군문등록(軍門謄錄)』(1933), 『당장서첩, 당장시화첩(唐將書帖, 唐將詩畵

서애 사당에 치제를 하셨습니다. 내가 살펴본 바로는, 류서애 관계 사료 6종 가운데 마지막 『초본징비록』의 간행이 이 해 3월로 되어 있는 것과 아울러 생각해 보면 이나바 씨의 치제는, 그 보고를 의미하는 것이 아니었는가, 생각되어집니다."(「역사가로서의 서애 류성룡」〈강연수기〉, 『조선학보』, 제110호, 1984년, 3쪽)라고 추론하고 있다. 그러나 이나바의 회고록에는 1921년 치제문을 지어 류성룡 사당에 참배했다고 적고 있는데, 『초본징비록』 영인본이 간행된 1936년 하회 방문 때는, 치제에 관한 언급은 없다. 따라서 이나바 본인의 기술이 정확하다면, 스에마쓰의 1936년 치제 관련 언급은 시기를 착각한 것이 아닌가 여겨진다.

帖)』(1934), 『정원전교(政院傳教)』(1934), 『난후잡록(亂後雜錄)』(1936), 『진관관병편오책잔권(鎭管官兵編伍冊殘卷)』(1936), 『초본징비록』(1936) 등 총 6종이다. 이때 조선사편수회는 류성룡 후손이 대대로 소장하고 있던 이들 6종의 자료를 '풍산류씨 종가의 후의에 힘입어'(나카무라 히데타카,『일선관계사의 연구日鮮關係史の研究』〈중〉, 1969년, 510쪽) 영인작업을 했는데, 그 중 류성룡 친필의『징비록』을『초본징비록』이란 이름으로 간행한 것이다.

이에 앞서 조선사편수회는 1928년 충남 아산의 이순신 종가를 방문해 이순신 친필의『난중일기초(亂中日記草)』[11] 등을 후손(당시 종손은 이종옥李種玉)의 협조를 얻어 1935년『조선사료총간』〈제6〉으로 간행했다(나카무라, 위의 책, 514-517쪽).

류성룡이『징비록』을 탈고(1604년 추정)한 지 3백 30여 년 만에 사상 처음 초본을 사진으로 찍은『초본징비록』이, 조선총독부 산하 단체의 일본인 손에 의해 출간된 것이다. 이 책의 말미에 붙인 해설은 당시 조선사편수회 수사관으로 근무하고 있던 이나바 이와키치와 나카무라 히데타카(中村榮孝, 1902-84년)[12]가 공동 집필[13]한 것이다.

---

11 이 책은 영조 대에 간행된『이충무공전서』중『난중일기』를 이순신 친필 초본과 대조, 보완하여 활자로 인쇄한 것으로 정식명칭은『난중일기초, 임진장초(亂中日記草・壬辰狀草)』이다. 일본에서 제대로 된『난중일기』번역본은 2000년대 초 간행된, 기타지마 만지(北島万次) 역주의『난중일기(亂中日記)』전3권, 2000-2001년, 헤이본샤(平凡社)가 처음이다.

12 나카무라 히데타카는 도쿄제대 국사학과 출신으로 1926년 조선사편수회의 촉탁, 1927년 수사관, 1945년 교학관 등으로『조선사』,『조선사료총간』등의 편찬작업에 참여했다. 1945년 일본 패전 후 귀국해 1948년 나고야(名古屋)대학교수, 정년퇴직 후 1966년 덴리(天理)대학교수를 지냈으며, 전후 일본의 한국사 연구의 권위자로 불리었다. 저서로『일선관계사의 연구』,『일본과 조선(日本と朝鮮)』등이 있다. 전 3권의 방대한 분량의『일선관계사의 연구』는 1970년 일본의 가장 권위 있는 학술상으로 알려진 일본학사원상(日本學士院賞) 및 은사상(恩賜賞)을 수상하였다.

"'懲前毖後'의 국책을 강조한 저자의 면목은, 이 책에 있어 약여하는 감개 있어"

『초본징비록』 해설은 앞서 설명한 이나바의 논문 「초본징비록에 대하여」를 중심으로 되어있어, 그 내용은 중복되는 부분이 많아 상세한 설명은 생략하기로 한다. 다만 이 해설은 앞서 이나바의 논문에서 언급했듯이, "초본 징비록과 간행본(초본에 상당하는 부분)과를 비교, 대조하면 먼저 첫 번째로 각 조의 분합, 배열의 변개(變改)가 있으며, 두 번째로는 기사내용에 첨삭가감이 심하다."면서 "고쳐 쓴(改竄) 흔적이 가장 심한 예 두 세 개를 들자면, 〈9. 세자책봉의 청원은, 광해군으로 후사를 삼았다〉조와 같은 경우 단순히 〈대신들 세자책봉을 청하다. 인심에 연계되므로 이에 따르다〉, 한 행이 있을 뿐이며 … 〈30. 기요마사, 함경도에 들어가다〉조는 배치 순서가 완전히 바뀌어져 있으며 〈46. 48. 50. 52〉의 이순신에 관한 여러 조는 상당한 가감첨삭이 가해져 있으며 … 또한 간행본에는 경기감사의 전사(40), 간첩 김순량의 포획(46) 등 초본에 보이지 않는 수개 조가 첨가되어 있으며(초본 책머리 부분에 빠져 있는 약 8개 조는 별개로 하고), 초본에 보이는 … 〈66. 원균의 공죄〉조 … 〈68. 정릉(靖陵)의 일을 적다〉조와 같은 경우 수록되어 있지 않다. 전체적으로 이를 볼 때, 초본에 있어 가장 힘을 들인 기사의 배열, 체재에 대하여, 간행본에는 전혀 그 뜻이 몰각되어 있다."(5쪽)고 지적한다.

---

13 해설자 이름은 적혀있지 않으나 나카무라가 후일 자신과 이나바 이와키치의 공동집필이라고 자신의 저서(『일선관계사의 연구』〈중〉, 546쪽)에서 언급. 한편 『조선사료총간』 각권에는 상세한 해설이 붙어있는데, 이는 대부분 나카무라 히데타카가 집필한 것(스에마쓰 아스히로, 앞의 논문, 3쪽)이라고 한다.

아울러 이 해설은 "간행본 징비록에 수록된 군문등록, 근폭집 및 진사록을 류성룡이 편집, 수정한 원본과 대조해 볼 때, 글을 고친 흔적이 현저하며, 거의 당초의 모습을 갖추고 있지 아니하다. 원래 세 책의 원본이, 각각 독립된 목적으로 모아진 것은 의심할 바가 없기 때문에, 종류가 다른 것을 모아 개편(類聚改編)한 것은, 저자의 본지를 몰각한 것이라는 생각이 들며, 특히 세 책과 초본 징비록을 한 권에 묶어야 한다는 취지는, 전혀 찾아볼 수 없다."(3쪽)고 개탄하고 있다.

징비록 간행본이 초본 내용과 크게 바뀐 이유를, 이 해설은 "간행본은 당쟁이 점차 심해지면서, 정치·사회 전반의 정세가 일변한 후 이에 대응하기 위해, 후대사람이 개수(改修)하여 출판한 것과 관계가 있는데, 그에 관한 여러 가지 비평이 있음도, 또한 여기에 유래한다고 하지 않으면 안 될 것"(6쪽)이라고 주장하고 있다. 간행본 징비록이 후대사람에 의하여 초본과 내용이 크게 바뀌어진 이유가 이 해설이 주장하듯이 당쟁 때문인지, 또는 다른 이유가 있는지 등을 명확히 밝히는 것은, 향후의 연구과제라고 생각한다.

『초본징비록』 원고 완성연도를 1603-4년으로 처음 결론 내려

그런데 이 해설의 특기할 만한 사실 가운데 하나는, 『징비록』 초본이 쓰인 연도를 특정 짓고 있다는 점과 『징비록』이 언제 간행되었는지를 처음 언급하고 있다는 점이다.

이 해설은 『초본징비록』의 〈(65)종묘사직재변(宗廟社稷之災變)〉조 뒷면에 적힌, '종송(種松, 소나무를 심고)'라는 제목의 시에 류성룡이 63세

(1604년)가 된 이 해 정월, 제자들과 소나무를 심었다는 대목이 있고, 류성룡이 명나라 달력에 일기를 기입한 『구주대통력(具注大統曆)』에도 이해 1월 29일 '능파대 서쪽 골짜기에 소나무를 심었다.'는 내용이 있으므로, 징비록 원고는 "[류성룡이] 졸거(卒去)하기 수년 전, 즉 선조 36-37년[1603-4년] 사이에는 완성되어 있었음이 틀림없다."(6쪽)고 결론을 짓고 있다. 『초본징비록』의 원고 완성연도를 처음 밝히는 연구 성과다. 아울러 『징비록』의 초고인 『난후잡록』의 제작연대에 대해서는 "『[서애] 연보』에 의하면 『난후잡록』의 제2책에 쓰인 『시교설(詩敎說)』이 선조 37년[1604년]의 저술이므로, 거의 지은 연대를 미루어 알 수(推察) 있다."(6쪽)고 적어, 역시 1604년 경에 완성되었을 가능성이 큰 것으로 보고 있다.

한편 『징비록』이 언제 간행되었는지는 16권본이나 2권본 징비록에도, 다른 기록에도 정확한 기술이 없다. 이 해설은 영조 때 사람, 이의현(李宜顯)이 무신년(영조4년, [1728년]) 유배 가 있는 동안 쓴 『운양만록雲陽漫錄』(『도곡집(陶谷集)』 수록)의 기사14를 인용해 류성룡의 외손 조수익이 영남감사로 재직한 인조 25년-26년(1647-48년)에 『징비록』이 간행된 것으로 추정한다(4쪽). 간행본 징비록의 발행연도를 처음 언급한 논문이다.

당시 조선사편수회는 『초본징비록』과 『난중일기초』를 각각 3백 부 영인발간했는데, 조선총독부는 조선사료총간으로 간행한 21종의

---

14 "서애 류성룡이 임진왜란의 일을 기록하여 징비록이라 이름하고, 또 왜란 때의 여러 가지 일을 기록한 것도 지금 그 문집 속에 실려 있다. 그 문집과 징비록은 오랫동안 간행하지 못하고 있었는데, 인조 때 그 외손인 조수익이 영남감사로 있을 때, 안동에 있는 서애의 후손이 간행을 부탁하므로, 그 청을 승낙하였다."

자료 중 임진왜란과 관련된 이 두 책에 대해서는 열람 제한조치를 내렸다. 현재 일본국회도서관 등에 소장되어 있는 두 책 앞부분에는 붉은 색의 '비(秘)'자 도장이 찍혀있어, 임진왜란이 끝난 지 삼백 수십 년이 경과했는데도 비밀문서로 통제하고 있었음을 말해준다.

이 해설은 『징비록』과 류성룡에 대해, 다음과 같이 절찬하고 있다.

> 행문(行文)은 유창하고, 기사는 요체를 짚고 있으며, 거기에다 지식이 풍부하여, 전후 7년간에 걸친 일본, 조선, 명 삼국 교섭의 경위와 전국(戰局)의 추이를 명쾌하게 추출, 부족함이 없다. 임란·정유의 전역(戰役)을 서술한 책은 많지만, 이보다 더 나은 것은 아마도 드물 것이다. 저자는 전쟁중 국가의 중추에 참여하여, 안팎으로 출입하며 난국에 처한 체험을 바탕으로 스스로 정리하여 기록한 풍부한 사료를 구사하였다. 번화한 서울의 풍진세상에서 멀리 떨어져, 오로지 성패의 흔적을 성찰하고, 왕년 종횡하던 능력은, 이제 바뀌어 사필(史筆)에 경도하여, 생각을 가다듬으며 수차례 원고 작성을 거듭하여, 결국 이 책을 완성한 것이다. 산야에 은거하며, 궁핍에 처한 가운데도 오로지 지난날의 잘못을 반성하여, 앞날에 환난이 없도록 조심해야 한다(懲前毖後)는 국책을 강조한 저자의 면목은, 이 책에 있어 약여하는 감개가 있다(6쪽).

이 해설은 말미에 『초본징비록』 영인본 간행의 의의를 "이처럼 내외에 보급되어 있던 징비록은, 다만 많은 첨삭이 가해진 간행본만이 알려지고, 그 원본은 지금까지 세상에 알려진 일이 없었다."면서 "지금 본회 [조선사편수회]가 풍산 류씨 종가의 호의에 의해, 전해 내려오는 초본징비록을 영인하여, 저자 류성룡 필록의 원본을 간행한 할 수 있게 된 것은, 실로 흔쾌한 일이다. 오랜 기간 동안 묻혀져 있던, 광채가 처음 발휘되어, 선조조를 중심으로 하는, 조선사 연구에 있어 크나큰 기여를 할 것을 믿어 의심하지 않는다."(7쪽)고, 적었다.

(4) 「류성룡가의 임진·정유왜란사료(柳成龍家の壬辰·丁酉倭亂史料)」
이 논문은 『징비록』 등에 관한 가장 상세하고, 뛰어난 연구업적으로 평가할 만 …

　일제강점기 조선사편수회의 『조선자료총간』 간행을 주관하면서 동회가 간행한 『초본징비록』(1936년) 등 주요자료 대부분의 해설을 집필한 바 있는 나카무라 히데타카는 1945년 8월 일본패전 후 귀국, 대학교수로 재직하면서 1930년대 자신이 쓴 임란관련 자료 해설을 수정, 보완한 「류성룡가의 임진·정유왜란사료(柳成龍家の壬辰·丁酉倭亂史料)」라는 논문을 자신의 저서(『일선관계사의 연구』〈중〉, 511-46쪽, 1969년)를 통해 발표했다. 36쪽 분량의 이 논문은 「1. 류성룡의 생애와 종손가의 문헌전래」, 「2. 구주대통력(具注大統曆)과 정원전교(政院傳敎)」, 「3. 당장시첩(唐將詩帖)과 당장시화첩(唐將詩畵帖)」, 「4. 군문등록(軍門謄錄)과 진관관병편오책잔권(鎭管官兵編伍冊殘卷)」, 「5. 징비록(懲毖錄) 초본과 난후잡록(亂後雜錄)」으로 구성되어 있다.

　이 논문은 앞서 언급한 이나바 이와키치의 징비록관련 첫 논문(1927년) 이후의 연구성과 등을 반영하여 더욱 치밀하게 비교, 분석하고 있다. 나카무라의 이 논문은 류성룡과 그가 남긴 『징비록』 등 임진왜란 관련 자료에 관해, 현재까지 일본인 학자가 쓴 가장 상세하고, 뛰어난 연구업적으로 평가할 만하다.

나카무라는 이 논문에서 류성룡의 은퇴 후 자가 보존의 고문서, 고문헌류 정리를 다음과 같이 설명하고 있다.

류성룡의 관심은 임진·정유 전란기에 집중되어 있었음은 의심할 나위가 없다. 왕명을 전달받은 승정원의 문서를 성첩한 것이『정원전교』2책이며, 중국에서 출동해 온 명나라 여러 장수에게 받은 편지 등을 성첩한 것이『당장서첩』2책이다. 또한 경기·황해·평안·함경 4도의 도체찰사 재임중의 장계·문이 등을 필록시킨 것이『군문등록』1책이다. 거기에 시무를 논하고, 정책을 진언한 계사류를 집록한『근폭집』2책을 만들고, 전국(戰局)의 중추를 맡아 군정과 전략의 지도에 임해, 그 실정을 보고한 장계류를 모아『진사록』3책을 편성했다. 거기에다 이러한 문헌정리에서 나아가 전란이 유래하는 바를 규명하고, 체계 있는 역사 서술에 뜻을 두고, 우선『난후잡록』2책을 짓고,『운암잡록』1책을 쓰고, 나아가『징비록』의 원고를 짓기 시작해 그 초본의 퇴고를 거듭했다. 이 원본들은 다행히 후손가에 전승되어 소중히 보관되었다 ⋯ 또한 류성룡 생전의 여러 초본을 개편하여『징비록』16권이 만들어졌는데, 모두 다 간행되어 유포되고 있다. 다만『징비록』개편에 이르러서는 오늘날, 원본 여러 책과 비교해 보면, 저자 자신의 뜻과는 상당한 차이가 있다 ⋯『징비록』초본은 대체적으로 저자의 자필 - 표지 뒤의 서문('序')이 의심할 바 없이 류성룡의 필적이며, 본문 대부분은 이와 일치한다 - 이며, 약간의 다른 사람의 필사도 있는데, 종이 뒷면에는 거의 표면 기사에 상당하는 곳에 보완(補遺)한 것이 추기되어 있으며, 또 시문 원고를 필록한 것도 적지 않다. 표지는 파손이 매우 심해서 희미하게 후세 사람이 쓴 '懲毖錄'이라는 제목만 읽을 정도이며, 또한 책 앞부분 약 13장은 잘려나가고, 90장이 현존하고 있다. ⋯ '초본'을 '간행본'과 대조하면, 각 조 기사 내용은 물론 배열에 이르기까지 현저하게 들고 남(出入)이 있다. 게다가 조선 간행본에도 수종이 있는데, 체재에 따라 16권본 및 2권본 두 계통으로 나뉜다. 둘 다 권두에 『징비록』의 유래를 말하는 같은 글의 서문이 있지만 – 2권본에는 '懲毖錄序'라는 제목이 있고, 16권본에는 없다 – 상호 관계나 간행 연대 등에 대해 알만한 단서가 없고, 이를 기록한 문헌도 전혀 찾아볼 수 없다. 류씨 가문에 같이 소장돼 있는, 류성룡의 손자 원지(元之, 호는 졸재拙齊, 1598-1674)가 삭제, 보완, 정정한 『서애연보초기(西厓年譜草記)』를 비롯한 연보 원고본이 수종 현존하지만, 『징비록』 저술에 대해서는 아무것도 전해지지 않는다(나카무라, 위의 책, 517-8쪽, 536-7쪽).

"『초본징비록』 등 류씨가 소장 고문헌, 사료가치로 말하자면 보물 제1호에 적합"

나카무라는 『징비록』이 일본에서 널리 읽힌 데 대해 "일본의 조선출병에 관해 국내에서는 전쟁이야기(朝鮮戰記物語)류의 기술이 일반적이었던 때에 전체 전국(戰局)을 꿰뚫어 보는 탁발(卓拔)한 사필(史筆)이, 높게 평가되었을 것", "일본에서는 임진왜란에 관한 명저이기 때문일까, 상당히 널리 보급되어, 이 무렵 만들어진, 여러 종류의 조선 전쟁 이야기류에 절호의 자료를 제공한 것 같다."(나카무라, 위의 책, 514, 536쪽)고 분석하면서 "임란·정유의 전역을 서술한 사서는 많지만, 이보다 더 나은 것은 드물 것"(나카무라, 위의 책, 544쪽)이라고 격찬한다.

나카무라 역시 한 사람의 역사가(일본 패전 후 1948년부터 나고야대학 교수 등 역임)로서 류성룡과 『징비록』을 높이 평가하고 있는 것이다.

나카무라는 자신이 1935년 조선의 제1회 보물지정과정에 『초본징비록』 등이 지정되도록 노력했다는 사실 등의 다음과 같은 '비화'도, 후일 자신의 저서에서 밝히고 있다.

필자(나카무라)는 다이쇼15년[1926년], 학창 [도쿄제대 국사학과]을 나와 조선사편수회에 부임하여, 지방채방(採訪)사료의 조사와 이씨조선의 태조로부터 선조에 이르는 시대의 편수 등을 담당하게 되었다. 곧 [이나바]박사로부터 류씨 가에 소장돼 있는 사료에 대한 교시를 받았다. 그런데 얼마 후, 류승우(柳承佑), [당시 류성룡가 종손]씨 등 서애 후손 수명의 내방을 받아, 선대 사적에 대한 정사(精査) 희망을 수용하여 『이조실록[조선왕조실록]』 열람의 편의를 꾀한 적이 있다. 류씨 문중 사람들과 서로 알게 되는 시초이었다. 류씨 문중 제씨는 수개월에 걸쳐 연일, 기사 발췌를 계속했지만, 생각지도 못한 장애가 일어났다. 어느 날, 사무담당의 조선출신 중추원서기관으로부터 『실록』 열람승인 중지의 요청을 받았다. 이유는, 당시 아직 조선사회에는 사색당파의 인습이 남아있어, 『실록』의 공개는 서로 숨겨진 일들을 찾아내어 분쟁을 일으킬 위험성이 있으므로, 자유열람은 인정하지 않는 것이 총독부 방침이라는 것이었다. 그러나 필자 [나카무라]에게는 경험이 일천하고, 세상물정을 모르기 때문에 생긴 과실이라며, 책임을 묻지 않았다. … 그 후 쇼와7년[1932년]부터, 조선사편수회에서 필자의 기획에 따라 『조선사료총간』 간행이 시작되었을 때, 류씨가에 소장된 자료 중 주요한 것을 더하여 제3『군문등록』(쇼와8년[1933년] 간행 … 제11『초본 징비록』(쇼와11년[1936년] 간행)을 순차적으로 영인 발간하여 출판사료 20종의 중핵으로 된 것은, 필자 한 사람만의 기쁨이 아니었다. 다만, 유감스러운 것은 전부 임진·정유의 난에 관계된 사료라는 것이 이유가 되어, 반포에 대한 제한이 지시되었다 … 그 사이 필자는 쇼와10년

[1935년] 2월, 경북 안동일대의 구가(舊家)를 역방할 때, 처음 하회동의 류승우씨 댁을 방문하여, 『조선사료총간』의 해설에 참고할 수 있었다. … 이 해 8월 〈조선 보물, 고적, 명승, 천연기념물 보존령〉이 공포되었을 때 … 필자는 제1회 보물지정에 이것[류성룡가 고문헌]을 포함시킬 것을 제창해 심의위원 구로이타 가쓰미(黑板勝美, [1874-1946년]), 이케우치 히로시(池內宏, [1878-1952년]) 박사 등의 지지를 얻어 실현시켰다. 당시 일반의 이해로는, 고고학적 출토품이나 미술공예품에만 관심이 쏠려, 문헌에 대하여는 다만 전남 송광사에 소장되어 있던 고려판경전(高麗版經典) 일부만이 채택되었을 뿐일 때, 매우 유니크한 사례였다. 그러나 그 사료가치로 말하자면, 보물 제1호에 적합함은 굳이 말할 필요도 없을 것이다. 오늘날 한국정부도 이 문헌들을 국보로 지정해 보전에 만전을 기하고 있다(나카무라, 위의 책, 516-7쪽).

위 문장 가운데 나카무라의 언급대로, 조선총독부는 임진왜란이 끝난 지 이미 3백 수십 년이 지났는데도 단지 '임란·정유 관계 사료'라는 이유만으로 조선사료총간으로 발행한 임란관련 자료 전체의 반포를 제한하면서, 앞서 『초본징비록』 해설에서 언급했듯이 『초본징비록』, 『난중일기초』에는 붉은 색 '秘'자 도장을 찍어 열람을 제한한 것이다. 이는 3·1만세운동(1919년)이 일어난 지 10여 년이 경과한 시점인 당시 조선총독부가, 이들 자료가 혹여 한국인들의 항일, 반일운동을 고취시키는 것이 아닐까하여 신경을 곤두세웠음을 말해준다. 나카무라 역시 이 논문에서 조선사편수회의 편수관으로 재직중이던 1935년, 하회마을을 방문했다고 밝히고 있는데, 류성룡 사당 참배에 관한 이야기는 없다.

(5) 「역사가로서의 서애 류성룡(歷史家としての西崖·柳成龍)」

"『징비록』은 해방 이후 남북한에서 사서, 문학서, 사상서로, '민족의 책'으로 살아있어"

일제강점기 경성제국대학교수를 지낸, 당시 조선사연구의 중심인물 가운데 한 명이었던 스에마쓰 야스카즈[15](末松保和, 1904-92년)는 1984년 10월 일본 조선학회(朝鮮學會)[16]에서 행한 「역사가로서의 서애 류성룡(歷史家としての西崖·柳成龍)」(『조선학보朝鮮學報』, (제110호), 1-19쪽, 1984년) 강연에서 류성룡을 〈정치가〉, 〈군략가〉 등으로서 뿐만 아니라 〈역사가〉의 면모를 가지고 있다며, 〈역사가로서의 류성룡〉을 논하는 한편, 『징비록』은 해방 이후 남북한에서 사서로서, 문학서로서, 사상서로 평가받고 있다고 강조한다.

스에마쓰의 이 강연은 류성룡과 『징비록』 등에 관한, 일제강점기에 활동한 일본역사가들 가운데 시기적으로 가장 마지막 연구물로 1927년의 이나바 이와키치 논문(「초본징비록에 대하여」)부터 80년대까지를 총괄, 정리하면서 자신의 견해를 피력하고 있다. 그는 이 강연(19쪽 분량)에서 류성룡에 대한 자세한 소개 및 평가, 『징비록』 간행본의 문제점, 『징비록』의 일본전래 및 일제강점기의 번역 출간, 해방 이후

---

15 스에마쓰는 도쿄제국대학 국사학과를 졸업한 뒤 1927년 조선사편수회 수사관 등을 거쳐 1935년부터 경성제대 교수를 지냈다. 일본 패전 후 귀국해 각슈인(學習院)대학 교수를 지냈다. 일본에서는 고대 한일관계사 등을 중심으로 한 한국사연구의 기초를 닦은 인물로, 평가받는다. 주요저서로는 『임나흥망사(任那興亡史)』, 『신라사의 제문제(新羅史の諸問題)』 등이 있다. 그는 『임나흥망사』에서 고대시대 한반도 남부를 지배하기 위해 임나(가야)에 일본의 식민지가 존재했다는 '임나일본부설'을 주장하는 등 식민사관 주입에 앞장선 인물이다.
16 1950년 일본 덴리(天理)대학에 설립된, 현대일본의 가장 오래된 한국·조선연구단체로 학회지 『조선학보』를 간행하고 있다.

남북한에서의 『징비록』 및 류성룡 연구 상황 등을 소개하고 있다.

스에마쓰 강연의 요지를 잠시 살펴보자.

> … 역사가로서의 서애의 술작(述作)의 대표로 『징비록』을 드는 것은 누구라도 이론이 없을 것입니다. 그러나 이 책은 여러 가지 문제점이 있습니다. 간본의 문제, 간본과 자필원고와의 문제 등 … (10·11쪽) [1960년대초 서울과 평양에서 징비록 번역본이 잇달아 발간된 사실은] 『징비록』이 사서로서, 문학서로서, 사상서로서, 총체적으로 '민족의 책'으로서, 서애의 정신이 남북을 불문하고, 현대에 살아있음을 말하고 있음에 다름 아니라고 생각합니다(14-5쪽). … 일본에 있어서 『징비록』은 1695년 일본판 번역으로부터 시작하여 1910년에 이르는 2백 년, 그 사이 여러 차례 일본어 번역이 거듭된 것은 전술한 대로이지만, 징비록의 본지(本旨)로부터는 점차 멀어지고, 류서애 저술의 진의에 대해서는 거의 이해되지 않았을 뿐만 아니라 일본병사, 일본군의 무용담을 뒷받침해 주는 것으로 역용(逆用)되었다고 말할 수 있습니다. 임진란에 대한 연구, 역사적 비판의 일단으로 『징비록』을 일본인이 어떻게 받아들였는가, 어떻게 이해했는가, 또는 오해했는가를 반성하는 것의 중요성은 더 이상 말할 필요가 없을 것입니다. 〈징비〉, 즉 '과거를 반성하여, 앞날을 조심한다.'가 요청되는 것은 일본인입니다. 일본인이야말로 『징비록』을 쓰지 않으면 안 된다고 생각합니다. 여러분들은 어떻게 생각하시는지요?(18-9쪽)

"일본인이야말로 '징비'해야 하고, 『징비록』을 써야 한다"

일제강점기 대표적인 식민사학자의 한 사람이었던 스에마쓰가 이 강연 당시(1984년), 일본인이야말로 '징비'해야 하고, 『징비록』을 써야 한다고 강조한 부분이 이채롭다. 스에마쓰는 이 강연에서 이처럼 강조하면서도, 일본인이 반성해야 할 일이 임진왜란인지, 구 일본제국의 조선침략인지는 분명히 하지 않았다. 그러나 강연 전체의 맥락을 살펴볼 때, 그는 이 강연에서 일본의 한국강제병합을 앞두고 징비록 번역본(『조선징비록』)을 간행한 일본인(야마구치 쓰토무)이 책의 모두에서 "우리나라 사람이 유의해야 할 일 역시, 생각건대 이 책에 있어 크게 분발해야 하는 바가 있다" 운운한 것을 비판하고 있으므로, 어쨌든 그는 일제의 조선침략 행위를, 일본인들은 '징비'해야 한다고 강조한 것으로 해석된다. 그가 강연한 시점은 일본 패전 이후 약 40년이 경과한 1980년대 중반이고, 당시 일본은 경제대국이자 민주화된 선진국이었다. 또한 그는 80 고령이었다. 이 같은 환경, 시대적 변화가 대표적인 식민관학자였던 그로 하여금 공개강연에서 과거 일본의 잘못을 이 정도라도 지적하는 용기(?)를 갖게 했는지도 모른다. 스에마쓰는 경성제대 교수로 재직중이던 1944년 봄 하회마을 류성룡 종가를 방문했었다고, 이 강연에서 밝히고 있다.

(6) 맺는 말

영국·일본 역사가들의 『징비록』 극찬은, 『징비록』이 '불멸의 기록'임을 웅변

　이상에서 살펴본 바와 같이 이들 일본인 역사가들은 직접 확인한 『징비록』 초본과 간행본과의 차이를, 그리고 류성룡의 여타 임진왜란 사료와의 관련성 등을 그야말로 치밀하게 비교, 분석하면서 검증하고 있음을 알 수 있다.

　이들은 일제의 조선통치를 위한 식민사관 주입에 앞장선 관학자들이었지만(일본패전 후에는 일본 각 대학의 역사학교수로서), 1920년대에서 80년대까지 저술, 강연 등을 통해 입을 모아 류성룡을 조선의 명재상으로서만이 아니라 품격을 갖춘, 뛰어난 역사가로서 높이 평가하고 있다. 이들의 글에는 국적과 당시 그들의 직책을 떠나 류성룡을 존경하는 대목이 곳곳에 보인다. 예를 들면, 조선사편수회 수사관이던 이나바는 하회방문(세 차례)시 매번 류성룡 사당 참배, 치제문 작성(한 차례)(이나바, 앞의 논문, 9, 15쪽 등)을 비롯하여, 명나라 장수들이 류성룡에게 보낸 편지(『당장서첩(唐將書帖)』)에는 "의례적인 말(文辭)을 넘어 류성룡을 공경하고 소중히 여기는(敬重) 것도 있어서, 임진·정유의 국가적 위기 시에 그에 대한 안팎의 기대와, 수행한 역할이 얼마나 컸는지를 잘 알 수 있다."(나카무라, 앞의 책, 528쪽)는 분석, "『징비록』은 … 총체적으로 '민족의 책'으로서, 서애의 정신이 남북을 불문하고, 현대에 살아 있다는 것을 말하고 있음에 다름 아니다."(스에마쓰, 앞의 논문, 15쪽)는 해석 등등이다.

　만약 『징비록』이 한·중·일 삼국을 통틀어 임진왜란에 관한 가장 빼어난 사서로서의 가치를 지니지 않았다면, 그리고 이들이 임란 중 류성룡의 국난극복을 위한 헌신적인 노력에 공감하지 않았다면, 일본이 조선을 식민통치하고 있던 시절은 물론 그 후 한국이 독립한 시기에, 굳이 류성룡과 『징비록』을 극찬할 필요는 없었을 것이다.

　이처럼 『징비록』이 에도시대 '옛 적국' 일본에 전해진 이래 수백년간 베스트셀러이자 스테디셀러로 널리 읽혀지는 가운데, 19세기

말에는 일본주재 영국인 외교관이 『징비록』을 임진왜란 관련 영문저술에 대폭 인용하고, 일제강점기 이래 현대에 이르기까지는 일본의 만선사, 한일관계사, 한국사 권위자들이 류성룡 연구와 함께 『징비록』에 대한 치밀한 분석, 검증을 통해 『징비록』을 이구동성으로 명저, 사서로 인정하고 있다. 이는 『징비록』이 동・서양, 시대를 넘어 임진왜란에 관한 '불멸의 기록'[17]임을 웅변해 주고 있는 것이라고 하겠다. 한편, 이 자료집에 수록된 근・현대 일본인 역사가들의 실증적인 학술 논문 4편은 류성룡 및 『징비록』에 대한 국내연구가 거의 전무했던, 1945년 해방 이전의 공백을 보완해 주는 측면도 있다. 향후 국내의 관련 연구에 참고가 되었으면 한다.

---

17 저명한 한국사학자 이선근(李瑄根, 1905-1983)은 자신이 성균관대학교 총장시절 펴낸 『서애문집(西厓文集)』(1958) 서문에서 『징비록』을 '불멸의 기록'(2쪽)이라고 격찬한 바 있다.

표 1 _ 임진왜란 관련 일본문헌의 류성룡 및 『징비록』에 대한 평가

연도	이름	출처	내용
1695	가이바라 에키켄 (貝原益軒)	『조선징비록(朝鮮懲毖錄)』 서문	이 책은 기사가 간결하고 말이 질박하니 … 다른 책들과는 다르다. 조선 정벌을 말하는 자는 이 책을 근간으로 삼는 것이 좋겠다. … 실록이라 할 만하다.
1705	세이키 (姓貴)	『조선군기대전(朝鮮軍記大全)』	『징비록』에 실린 바는 간명하면서도 요령 있고, 그 문장은 소박하고 평이하다(소제목에 '류성룡이 영웅을 천거하다'라고 적어 이순신을 영웅으로 묘사).
1854	아사카와 도사이 (朝川同斎)	야마자키 히사나가 (山崎尙長), 『조선정토시말기(朝鮮征討始末記)』 서문	당시 중책을 맡고 있으면서 나라를 그르치고 백성에게 해를 입힌 죄를 스스로 깨달았기 때문에 거짓을 적어 사람들을 속였다.
1892	세키 고세이 (惜香生)	『조선이순신전(朝鮮李舜臣傳)』	이순신을 발탁하여 중용한 류성룡의 선견지명 … 이순신의 용약을 세상에 드러낸 사람은 바로 류성룡이다. 류성룡은 당시의 명재상.
1902	오가사와라 나가나리 (小笠原長生)	『일본제국해상권력사강의(日本帝國海上權力史講義)』	재상 류성룡이 [징비록에서] 논한 그대로, 실로 우리 수군은 훈련을 게을리 한 것이 승리를 얻지 못한 주원인이다.
1918	아오야기 난메이 (靑柳南冥)	『선인이 기록한 풍태합정한전기(鮮人之記せる豊太閤征韓戦記)』	태합[히데요시]의 정한에 조우하여 직접 체험한 참담한 패배를 반성하는 총리대신 류성룡 외 12명의 문사가 … 패전의 원인과 방전(防戰)의 실황을 기탄없이 직필한 한편의 애사(哀史).

연도	이름	출처	내용
1921	나가노 나오히코 (長野直彦)	『통속조선문고(通俗朝鮮文庫)』(제5집) 『징비록』	전시재상으로서, 체찰사로서 전쟁의 경과를 숙지하고 있었으므로 신뢰할 만한 기록이다. … 다소 자화자찬의 경향도 보이지만 어쨌든 그 인물을 말해도, 걸출한 기량을 가진 사람이었던 같다.
1922	도쿠토미 이이치로 (德富猪一郎)	『근세일본국민사 ; 풍신씨시대 - 조선역 (近世日本国民史 ; 豊臣氏時代 - 朝鮮役)』 (정편丁編)	당시 일본에서 나온 여러 책이 조선 류성룡의 『징비록』과 명나라 제갈원성의 『양조평양록』에 필적할 만한 것이 없음은 심히 유감이다.
1927	이나바 이와키치 (稲葉岩吉)	「초본징비록에 대하여(草本懲毖錄に就て)」(『사학』, 제6권 제1호, 쇼와昭和 2년 3월)	서애의 명저 징비록은 분로쿠(文錄, [임진왜란]) 역(役)의 기록으로는 가장 널리 우리 독서계에 환영받은 것. 그 기사는 비교적 정확하며 풍부한 사필(史筆)의 태도를 지니고 있어 많은 존경을 받는 소이다.
1928	나카무라 히데타카 (中村榮孝)	「충무공이순신의 유보(忠武公李舜臣の遺寶)」(『조선』, 쇼와3년 5월호)	성룡과 순신은 실로 수어(水魚)의 관계임과 동시에 조선역(朝鮮役, [임진왜란])의 쌍벽이라 해도 과언이 아닐 것이다. … [징비록 등과 난중일기 등]은 조선역의 사료로서도 피차 또한 쌍벽이라고 해도 좋을 것이다.
1930	사토 데쓰타로 (佐藤鐵太郎)	『대일본해전사담 (大日本海戰史談)』	당시의 현상(賢相) 류성룡은 징비록을 지었는데, 당대의 일을 서술함에 극히 자세하며 특히 이순신의 사람됨을 높이 평가하고, 그 전사 상황을 적으면서 …

연도	이름	출처	내용
1936	조선사편수회 (朝鮮史編修會)	『초본징비록(草本懲毖錄)』해설 해설자 이름은 적혀 있지 않으나 조선사편수회의 수사관으로 조선사료 영인작업을 주관했던 이나바 이와키치, 나카무라 히데타카의 공동집필이라고 후일 나카무라가 자신의 저서『일선관계사의 연구(日鮮關係史の 研究)』(중)에서 언급	저자는 전쟁 중 국가의 중추에 참여하여, 안팎으로 출입하며 난국에 처한 체험을 바탕으로 스스로 정리하여 필록한 풍부한 사료를 구사하여 … 이 책을 완성했다. 산야에 은거하며, 궁핍에 처한 가운데도 오로지 앞서의 잘못을 반성하여, 앞날의 교훈을 삼아야 한다는 국책을 강조한 저자의 면목은, 이 책에 있어 약여하는 감개가 있다.
1969	0나카무라 히데타카	『일선관계사의 연구』(중)	전체 전국(戰局)을 꿰뚫어 보는 탁발(卓拔)한 사필(史筆) … 임란·정유의 전역을 서술한 사서는 많지만, 이보다 더 나은 것은 드물 것이다.
1983	기타노 쓰기오 (片野次雄)	『이순신과 수길 ; 분로쿠·게이쵸의 해전(李舜臣と秀吉 ; 文祿·慶長の海戰)』	상황을 파악하는 능력은 적확하기 그지없고, 거기에다 표현력의 깊이는 발군이어서, 읽는 사람을 놀라게 하지 않을 수 없게 한다. 류성룡은 영의정이란 지위까지 오른 대정치가이다.
1984	스에마쓰 야스카즈 (末松保和)	「역사가로서의 서애 류성룡(歷史家としての 西厓·柳成龍)」	[1960년대 초 남북에서 징비록 번역본이 잇달아 발간된 것은 징비록이 사서로서, 사상서로서, 서애의 정신이 남북을 막론하고, 현대에 살아있다는 것을 증명하고 있다.

연도	이름	출처	내용
1990	기타지마 만지 (北島万次)	『도요토미정권의 대외인식과 조선침략 (豊臣政権の対外認識と朝鮮侵略)』	겐로쿠(元錄, [1688-1704년])기에는 조선 측 사료 징비록의 일본에의 소개가 있었지만 그 이후에는 내가 알기로는, 막말(幕末)기까지 새로운 사료·사실의 발굴은 거의 없었던 것으로 생각된다.

2장

번역문

자료 1. 윌리엄 조지 아스톤(William George Aston), 「히데요시의 조선침략」(「Hideyosi's Invasion of Korea」), 『Transactions of The Asiatic Society of Japan』(『일본아세아협회지日本亞細亞協會誌』), 1878-83년
- 이 논문은 1907년, 와세다대 교수 마스다 도노스케(增田藤之助)가 일본어로 번역, 영어원문을 별첨하여 『영화(英和)대역 풍태합정한사(豊太閤征韓史)』(pp. 1-64)란 이름으로 도쿄 류분칸(隆文館)에서 간행되었다.

자료 2. 이나바 이와키치(稻葉岩吉), 「초본징비록에 대하여(草本懲毖録に就て)」, 『사학(史學)』, 제6권 1호(pp. 1-37), 미타사학회(三田史學會), 1927년 3월

자료 3. 조선사편수회(朝鮮史編修會), 조선사료총간(朝鮮史料叢刊) 제11, 『초본징비록(草本懲毖録)』해설(pp. 1-7), 1936년

자료 4. 나카무라 히데타카(中村榮孝), 「류성룡가의 임진, 정유왜란사료(柳成龍家の壬辰・丁酉倭亂史料)」, 『일선관계사의 연구(日鮮關係史の硏究)』〈中〉(pp. 511-546), 요시카와고분칸(吉川弘文館), 1969년

자료 5. 스에마쓰 야스카즈(末松保和), 「역사가로서의 서애 류성룡(歷史家としての西厓・柳成龍)」, 『조선학보(朝鮮學報)』제110집(pp. 1-19), 1984년

자료 1

히데요시의 조선 침략
Hideyosi's Invasion of Korea

윌리엄 조지 아스톤(William George Aston)
『Transactions of The Asiatic Society of Japan』
『일본아세아협회지日本亞細亞協會誌』, 1878-83년

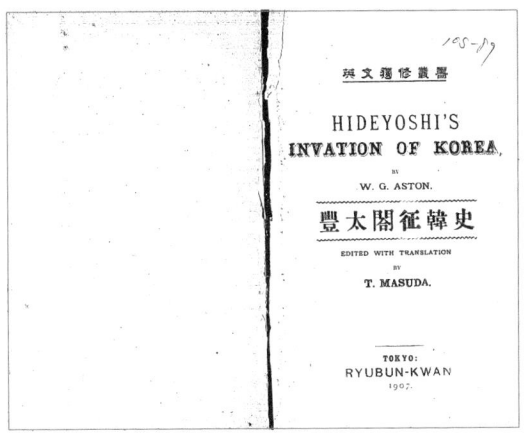

히데요시의 조선 침략(Hideyosi's Invasion of Korea) 표지[1]
_ 일본 국회도서관 https://dl.ndl.go.jp/info:ndljp/pid/993642 소장

---

[1] 이 책의 표지에는 제목이 『HIDEYOSI'S INVASION OF KOREA』가 아니라 'invasion'과 같은 '침입, 침략'이란 의미의 'invation'을 사용하여 『HIDEYOSI'S INVATION OF KOREA』라고 되어 있다. 책 안의 원문에는 제목을 『HIDEYOSI'S INVASION OF KOREA』으로 표기.

일러두기

1. 원문 중 류성룡의 『징비록』을 인용, 참고한 부분은 이탤릭체로 표시하였다.
2. 원문의 'Korea', 'korean'은 문맥에 따라 '한국(인)' 또는 '조선(인)'으로 표기하였다.
3. 인용문 등의 [ ] 부분은 역편자가 설명한 것이다.

"The Great Taiko ⋯ a son of peasants, an untrained genius who had won his way to high command by shrewdness and courage, natural kill of arms, and immense inborn capacity for all the chess – play of war ⋯ he had proved himself one of the greatest soldiers ever born. Perhaps the issue of war in Korea would've been more fortunate if he could have ventured to conduct it himself"

"위대한 태합(太閤) ⋯ 소작농들의 아들(이며), 기민함과 용기, 무력의 태생적인 기술, 모든 전쟁의 대국자들의 엄청난 태생적 능력으로 높은 자리에 오른 훈련 받지 않은 천재 ⋯ 그는 자신이 불세출의 무사들 중 하나라는 것을 증명했다. 어쩌면 만약 그가 직접 지휘하기 위해 떠날 수 있었다면, 조선에서의 전쟁문제는 좀 더 행운이 따랐을 것이다."

서 론

1. 한국과 일본의 관계는 기원전 1세기부터 히데요시[2]의 시대에 이르기까지 크나큰 변천을 겪었다. 초기에 한국은 일본에 한학과 선진 문물을 전해준 교사로 등장한다. 1281년에 한국인은 쿠빌라이 칸의 휘하에서 헛되이 끝난 일본 상륙을 시도한 군대의 수를 늘렸다. 다른 어떤 시기에, 우리는 한국이 일본의 침략군들에게 장악되거나, 부분적으로 일본 관료들에 의해 관리되거나, 혹은 일본에 상당한 공물을 복종의 표시로서 바친 것을 확인할 수 있다. 중국(명나라)의 보호하에 조선이 하나의 국가[3]로 통합된 14세기 말 이후, 일본과 조선은 그 후 약 2백 년 동안 대등하고 우호적인 조건으로 서로 교류했다. 두 나라의 사절들은 서신과 선물들을 가지고 정기적으로 왕래하였으며, 무역은 조선에서 일본에 가장 가까운 도시인 부산에 근거지를 가지고 있던, 쓰시마의 일본상인들에 의해 행해졌다.

1-2.[4] 히데요시가 권력을 장악하기 전 몇 년 동안, 조선 관리들이 당시에는 오래 걸리고 위험했던 일본으로의 항해를 꺼려한 것 때문에 조선 측의 사절파견이 중단되어 있었다. 이러한 상태를 일본에 대한 모욕으로 여기고 해외 정복에 대한 비밀스런 야욕에 의해 확

---

2 도요토미 히데요시(豊臣秀吉, 1536-98년).
3 이 논문의 필자인 아스톤(W.G. Aston)은 1392년 이성계가 고려를 멸망시키고 조선을 창건한 것을, 하나의 국가로 통합한 것으로 잘못 인식하고 있다.
4 김시덕, 『교감, 해설, 징비록』(이하『징비록』, 아카넷, 2013년), 〈일본국 사신 다치바나 야스히로가 히데요시의 국서를 가지고 오다〉(pp. 99-102)를 인용.

실히 자극받은 히데요시는 이러한 무시에 항의하고 앞으로 예전처럼 사절을 보내야 함을 주장하기 위해, 당시 쓰시마번 다이묘의 가신 유즈야 야스히로(柚谷康廣)[5]를 조선에 파견했다. 명나라 천자와 자신을 동일하게 여기는 것으로 보였을 것이 틀림없는 '짐(朕)'이란 문자를 사용한 히데요시의 건방짐을, 조선 조정은 불쾌하게 여겼으며, 야스히로의 품행은 조선의 불만을 가라앉힐 기미를 보이지 않게 하였다. 그는 수도로 가는 길에 최고의 숙소에, 최고의 방을 요구하였으며, 조선 병사들의 창이 짧음을 조롱하고, 백발의 조선 귀족에게 "내 머리는(당시 그는 50세였다) 수년 동안의 전쟁으로 백발이 되었는데, 음악과 춤을 즐기다 늙은 그대의 머리는 무엇으로 백발이 되었는가?"라고 말하며, 모욕했다는 이야기들이 그와 연루되었다. 그러한 성격의 사절이 임무에 실패했다는 것은 그다지 놀라운 것이 아니다. 조선은 [히데요시가] 원했던 사절파견을 항해의 위험함을 핑계로 대며 거절하였고, 일본에 돌아온 야스히로는 그의 [임무] 실패에 대한 책임으로 그의 모든 가족과 함께 처형되었다.

2.[6] 첫 번째 목표의 실패에 전혀 굴하지 않은 히데요시는 얼마 후 쓰시마의 다이묘이자 명성 높은 어린 귀족이라는 평판을 받던 요시토시[7]와 그의 두 부하를, 일본에 다시 통신사를 보낼 것을 요구하

---

[5] 쓰시마 번에서 대 조선교섭 역을 맡았던 다치바나 야스히로(橘康廣)는 후손의 성을 따 유즈야 야스히로(柚谷康廣)라고도 불리었다. 아스톤은 '유즈야Yuzuya'가 아닌 '유야지Yuyaji'로 달리 표기하고 있다.
[6] 『징비록』, 〈일본국 사신 소 요시토시가 오다〉(pp. 107-109)를 인용.
[7] 당시 쓰시마 도주 소 요시토시(宗義智, 1568-1615년).

기 위해 조선의 수도로 파견했다. 요시토시의 협상은 성과 없이 여러 달을 소모했는데, 그는 개인적인 경로를 통해 조선조정이 결정하는데 있어 어떤 방해요소로 인해 어려움을 겪고 있으며, 이 방해물들이 해결된다면 그들이 원하던 대답을 더 이상 지체 없이 줄 수 있을 것이라고 전해 들었다. 몇 년 전 몇몇 왜구들이 조선의 여러 지역을 침략하여 마을들을 약탈하고, 한 지역의 무관을 죽이고, 여러 곳의 백성들을 일본으로 납치하기도 하였다. 이 조선인들은 왜구들의 침략적인 항해의 앞잡이들이 되었으며, 이에 대한 조선조정의 분노가, 그들이 사절들을 일본에 보낼 것을 거절한 진짜 이유라는, 것이었다. 이를 들은 요시토시는 일본에 있는 조선인들을 자국으로 데리고 오기 위해, 곧바로 그의 부하 중 한 명을 일본으로 보냈으며, 곧 그 중 11명을 데리고 와서 조선 당국에 넘겼고, 조선 당국은 이들을 한차례 재판한 후 처형하였다. 이 협상의 결과에 조선 조정은 매우 기뻐하였다. 조선 국왕은 그의 마구간에 있던 말 한 필을 요시토시에게 하사했으며, [일본 측] 사신들은 연회에 초대 받아 왕을 알현할 기회를 얻었다. 이어 조선통신사들의 일본 파견이 정해졌고, 1590년 봄에 그들은 조선에서 요시토시 및 그의 부하들과 함께 일본으로 향했다.

3.[8] 세 달간의 항해 끝에 그들은 교토에 도착하여 다이토쿠지(大德寺)에서 머물렀다. 히데요시는 일본 동부에서의 전투 때문에 자리를 비운 상태였다. 그는 가을에 돌아왔으나 먼저 적절한 예식으로 사

---

8 『징비록』, 〈일본국 사신 소 요시토시가 오다〉(pp. 107-109)를 인용.

신들을 맞이하기 위해서 정전을 수리해야 한다는 이유로, 조선통신사들의 접견을 미루었다. 도착 후 다섯 달이 지나서야 마침내 사신들은 그들의 방문 목적을 공식적으로 밝힐 것을 허락받았다. 사신들은 그들이 볼 때, 히데요시의 자신만의 다른 목적으로 인해 촉진된 것이 너무나도 뻔했던 이 지연에 짜증을 냈고, 히데요시가 다른 이들과 다름없는 신하에 불과하다는 사실에 대한 발견은, 그들의 짜증을 해소시키는데 도움이 되지 않았다. 그[히데요시는 그의 나라에서도 왕이라 불리지 않았으며, 칸파쿠(関白)라는 그의 관직은 중국의 관직명인 'kwakko'(關白, 관백)에서 유래한 것이며, 이는 왕이나 황제가 아닌 섭정을 의미한다. 그들[조선 통신사들]이 받은 대우에 대한 불만은, 그들이 히데요시가 베푼 연회에 대한 다음과 같은 조선 측의 기록에서 찾아볼 수 있다.

4.[9] "사신들은 가마를 타고 궁의 문으로 입장 하는 것을 허락받았다. 그들은 악단이 줄 서있는 길을 앞질러 갔다. 그들은 당(堂)에 들어가 절을 했다. 히데요시는 험상궂어 보이고 야비해 보이는 사람이었으며, 얼굴은 검고, 이목구비가 뚜렷하지 못했다. 그러나 그의 눈에서 나오는 불빛은 사람을 뚫을 정도였다. 그는 세 겹의 방석 위에 앉아 남쪽을 향하고 있었다. 그는 무명베로 만든 모자를 쓰고 검은 관복을 입고 있었다. 그의 신하들은 그의 주변, 각자의 자리에 앉아 있었다. 통신사들이 소개를 받고 자리에 앉으니, 그들이 받은 다과는 가장 간소한 것이었다. 그들 앞에 찐 떡 한 접시를 담

---

9 『징비록』, 〈신묘년 봄에 통신사 황윤길·김성일 등이 돌아오다〉(pp. 113-116)를 인용.

은 쟁반이 놓여졌고, 옹기 사발에 따라진 급이 낮은 술이 몇 차례 매우 예의 없이 돌려졌다. 서로 같이 마시는 예절은 볼 수 없었다. 얼마 후 히데요시가 막 뒤로 들어갔으나, 그의 모든 신하들은 그 자리에서 움직이지 않았다. 얼마 안 가, 일반 복장을 한 남자가 팔에 아이를 안고 나타나 당안을 거닐었다. 그 남자는 다름 아닌 히데요시였으며, 그리고 그곳에 있던 모든 이들은 바닥에 머리를 조아리고 있었다. 히데요시는 당 안의 기둥 사이를 바라보며, 조선의 악단을 불렀다. 그는 그들에게 가장 크게 음악을 연주할 것을 명령하였고, 음악을 듣고 있던 중, 이때 아기들이 행사를 다른 왕자들처럼 〈싫어할 수〉 있음을 갑작스럽게 〈다시 한 번 깨닫게〉 되었고, 그는 웃으며 그의 하인에게 [오줌을 싼 자신의 아들인] 아이를 건네주며, 새 옷을 가져올 것을 명하였다. 그는 자신이 내키는 대로 마음대로 하는 것처럼 보였으며, 그 주변에 아무도 없는 것처럼 신경을 쓰지 않았다. 통신사들은 절을 하고 돌아갔다, 그리고 이 접견이 히데요시를 대면하는 것이 허락된 유일한 순간이었다."

5. 다음과 같은 서신이 조선국왕으로부터 히데요시에게 통신사를 통해 전달되었다.

조선의 국왕 이연(Ri Yen)[10]이 일본 국왕전하에게 다음과 같은 편지를 보냄.
부드럽고, 따뜻한 이 봄 날씨는 쉬는 데나 운동하는 데도 매우 좋을 것입

---

10 선조(1552-1608년)의 이름은 이연(李昖). 재위 1567-1608년.

니다. 멀리서 위대한 왕께서 60주(州)를 그의 통치하에 통일하였으니, 우리는 관계를 시작하고 그와의 교우를 견고히 하여 이웃 간의 선의의 관계에 더욱 가까워지기를 줄 곧 갈망하였습니다. 그러나 우리는 항해의 어려움과 위협이 우리의 사신들과 그들이 동봉한 글들이 목적지에 도착하는 것을 가로막을 것이 두려워, 우리를 여러 해 동안 기쁘게 할 이 시도를 포기하게 된 것입니다. 이제 우리는 귀하의 존경스러운 사신들의 일본으로의 귀환에 같이 동행토록 한 우리의 세 명의 사신들, 황윤길, 김성일, 그리고 허성을 보내 축하를 드리고자 하며, 훗날에도 우리의 우정이 온전하다면 그보다 기쁠 수 없을 것입니다. 우리나라의 볼품없는 선물 명단은 다음과 같으며, 부디 부적절하게 웃는 것을 삼가해 주실 것을 부탁드립니다. 나머지 사안은 후에 적합할 때에 논할 것입니다. 그동안 몸을 진중히 하시길 바랍니다.

조선의 이연

만력(萬曆)[11] 18년(1590년) 3월

6. 보낸 선물은 말, 매, 말 안장, 마구, 여러 종류의 옷들, 가죽, 인삼 등으로 구성되었다.

7.[12] *히데요시는 통신사들에게 답변을 듣지 않은 채 조선으로 귀국하기를 종용했지만, 이에 대해 그들은 당연히 이를 따르기를 매우 꺼려했다. 어쨌든 그들은 교토에서 출발하여 자국으로 출항하기로 예정된 사카이(堺)항에서, 히데요시의 답변을 기다렸다. 상당히 오*

---

[11] 명나라 제13대 황제 신종(神宗)의 연호(1573-1620년). 당시 조선은 종주국 명나라 연호를 사용했다.
[12] 『징비록』, 〈왜의 국서에 "군대를 이끌고 대명국으로 뛰어들어가겠다"라는 말이 있었다〉(pp. 120-121)를 인용.

래 기다린 끝에 답변이 왔으나, 그것은 그 어조가 너무나도 무례해서 통신사들이 수용할 수 있을 때까지 반복하여 수정을 위해 돌려보내야 했었다. 서신은 다음과 같다.

8. "이 제국은 근래에 내부의 분리로 폐허가 되어 잠시라도 갑옷을 내려놓을 새가 없었습니다. 이와 같은 상태는 나를 분개하게 만들어, 몇 년 사이에 나는 이 나라에 평화를 되찾아왔습니다. 나는 그저 보잘것없는 혈통의 자손이지만, 나의 어머니께서는 나를 낳기 전 태양이 그녀의 품에 들어오는 꿈을 꾼 적이 있었습니다. 그때 거기에 관상을 보는 이가 있었는데 '해가 비추는 곳마다, 그의 지배를 받지 않는 곳이 없으리라. 훗날 그의 권세가 제국을 팽창시킬 것임에 의심의 여지가 없다'라고 했습니다. 그리하여 좋은 기회를 놓치지 않고, 용처럼 날아가 동쪽을 정복하고, 서쪽을 응징하고, 남쪽을 벌하고, 북쪽을 강타한 것이 나의 자랑거리입니다. 신속함과 큰 성공이 나의 경력과 함께해오니, 이는 마치 온 대지를 비추는 떠오르는 태양과 같습니다.

사람의 한 평생이 백년을 넘지 못함을 생각할 때, 어찌 내가 나의 일생을, 단 하나만을 위해 슬픔 속에서 보내야 합니까? 나는 대군을 집결하고, 대명국을 공격하여, 나의 칼의 서리로 4백주 위의 온 하늘을 채울 것입니다. 내가 이 목적을 행할 때, 조선이 나의 선봉이 되기를 소원합니다. 귀하의 고명한 나라와의 우애는 내가 명나라를 향해 군대를 이끌 때 귀하의 처신에 달린 만큼, 부디 이를 [조선이] 행하지 않는 일이 없도록 해야 합니다."

9.¹³ 교토에서의 체류기간 동안 형성된 그들의 견해로 보았을 때, 이 서신의 어조는 일본과의 전쟁은 불가피하다는 것을 조선통신사들에게 확신시켰으며, 귀국하여 이 확신을 그들의 조정에 보고하였다.

10.¹⁴ 이러한 엄포들에도 불구하고 히데요시가 비교적 보다 합리적인 정책을 실행하려 했던 몇 가지 조짐들이 있었다. 요시토시의 동료들은 조선과 관련한 그 후의 임무에서 조선통신사들의 귀국길에 그들과 동행하고, 오랫동안 가로막힌 중국(명나라)과의 관계를 새롭게 하기 위해 조선이 히데요시에게 도움을 주도록 설득을 시도하라는 명령을 받았다. 하지만 조선 조정은 모든 동맹이나 중재 제안들을 거절했다. 그들에게 있어 중요한 문제는 오직 명나라가 이 모든 협상들을 보호국이 자의적으로 다른 독립세력과 단독적인 대화를 했다는 사실에, 분노를 표할 수도 있다는 두려움 때문에 명나라에 비밀로 할 것인지, 혹은 예상되는 [일본의 침략에 대해] 주의를 보내야 할지에 대한 것뿐이었다. 상당한 망설임과 지연 끝에 후자가 결정되었지만, 그 정보를 가진 전령이 북경에 도착하기 전에, 히데요시의 목적에 대한 소식은 이미 다른 정보통을 통해 명나라 조정에 전해져 있었다.

11.¹⁵ 류큐의 조그마한 섬 왕국은 히데요시의 탐욕의 이목을 끌어,

---

13 『징비록』, 〈신묘년 봄에 통신사 황윤길·김성일 등이 돌아오다〉(pp. 113-116)를 인용.
14 『징비록』, 〈왜의 국서에 "군대를 이끌고 대명국으로 뛰어들어가겠다"라는 말이 있었다.〉(pp. 120-121)를 인용.
15 당시의 류큐(琉球)국으로 현재는 일본의 오키나와 현.

조선통신사를 맞은 같은 해에, 사쓰마의 다이묘를 통해 류큐의 왕에게 일본에게 앞으로 조공을 바칠 것을 명령하는 위압적인 서신을 보냈다. 전시에 강대한 두 이웃을 감당할 능력이 없음을 알고 있던 류큐국은, 육군이나 수군을 보유한 적이 없었던, 이 작은 나라의 전통적인 외교정책은 '선의와 예'라는 단어들로 구성되었다. 왕은 어렸으며 왕좌에 오른 지 얼마 되지도 않았기에, 그는 국제적 마찰에 휘말리는 것보다는 내치에 집중하기를 갈망했다. 그렇기에 평화를 위해, 그는 사신과 함께 선물로 가득찬 배를 히데요시에게 보냈으며, 이를 후자[히데요시]는 기꺼이 받아들였다. 승려였던 사신은 매우 정중하게 대접받았으며, 히데요시는 류큐국이 일본의 보호하에 편입되고 명나라에 조공을 바치는 것을 중단할 때 취할 수 있는 이익을, 사신이 명심토록 하기 위해 그 자신이 거들먹거렸다. 그는 그 나라[명나라]에 대한 계획에 숨김이 없었으며, 류큐국의 왕은 그의 사신이 귀국하자, 히데요시의 야욕을 명나라 조정에 [일본의 의도에 주의하라는] 알리는 서신을 보냄으로 보답하였다.

12.[16] *요시토시는 그의 전 동료 두 사람을 통해 조선이 히데요시의 희망에 응하도록 설득하려던 시도가 실패하였다는 소식을 듣자 그 스스로 앞으로 일어날 것으로 보이는 전쟁을 막아야 한다는 결론에 이르렀다. 그는 양국의 군사적 자원에 대해 잘 알고 있었으며, 조선과 일본의 전쟁이 조선의 파멸을 의미한다는 것을 알고 있었고, 그러한 결과는 [그의] 조선과의 개인적인 우호관계 때문에 그*

---

16 『징비록』, 〈4월 13일에 왜군이 국경을 넘어 부산포를 함락시키다〉(pp. 148-152)를 인용.

는 결코 목도하고 싶지 않은 것이었다. 한편으로는 설령 일본군이 조선의 북쪽 경계 끝까지 점령한다 하더라도 결국 명나라와의 혈투에 빠지게 될 것이었으며, 이에 요시토시는 결단코 그의 주군만큼 낙관적으로 보지 않았다. 이에 따라 그는 1592년[17] 여름 부산포에 도착했다. 그는 조선조정에 히데요시의 준비에 대해 알려주었으며, 명나라와 일본 사이의 화해를 이끌어 내기 위해 중재해 주는 것이 전쟁을 막을 유일한 방법임을 그들[조선 조정]에게 설득시키기 위해 노력했다. 이 방안을 진심으로 권유한 그는, 마지막으로 떠나기 전 10일 동안 긍정적인 답변을 기다리다, 배를 타고 떠났다. 어쨌든 이는 부질없게 되었으며, 결국 불쾌해하며 쓰시마로 돌아간 요시토시는 얼마 안가 히데요시에게 보고하기 위해 교토로 향했다. 그의 접근에 대한 조선 측의 무관심에 히데요시는 격분하였으며, 요시토시가 가져온 히데요시의 서신에 대한 답변 중 그의 명 정복 계획을 '새조개 속에서 대양을 측정하는 것'이라거나 '등딱지를 뚫고 거북이를 쏘려 하는 벌'과 비교하는 구절에 특히 격분하였다.

---

[17] 소 요시토시가 조선과 중재하기 위해 마지막으로 부산에 온 것은 임진왜란 발발(1592년 4월) 전 해인 1591년 여름이었다. 논문 필자가 연도를 틀리게 적었다.

제1장 침략

13.[18] *1591년 양측은 전쟁 준비를 하였다. 조선은 2백 년 동안 평화를 누렸고, 백성들은 조정의 명령에 마지못해 응하였다. 성벽 증축 군역은 너무나도 지겹게 여겨져서, 이 방어를 위해 중요한 조치는 많은 경우 무시되었으며, 의용군의 조직은 해이한 상태에 빠져 이미 손을 쓰기에는 늦은 상태에 있었다. 예전에는 각 구역의 능력 있는 장수 휘하로 전반적인 군대소집이 있었지만, 이 시스템은 좀 더 지방적인 성격으로 변하여 가까운 도시나 마을에 가끔 모이기만 하면 되도록 되었다. 게다가 소집령에 의해 비록 상당한 병력을 모은 것처럼 보였지만, 소집된 무장 병력은 매우 비참할 정도로 빈약했다. 무기는 부족하지 않았지만 매우 치명적인 결함이 있었다. – 조선은 화기를 가지고 있지 않았으며 그 나라에서 이전에 볼 수 있었던 유일한 화승총은, 요시토시가 가장 최근의 사신 활동 중 왕에게 바친 것이었다.*

14. 한편 일본은 [조선에 비해] 매우 다른, 보다 나은 상황에서, 전쟁에 돌입했다. 국가의 군사적 덕목 향상에 매우 적절한 봉건제는, 당시에 매우 번성하고 있었으며, 얼마 전에 마무리된 오랜 기간 동안의, 여러 내전을 통해 전쟁에 단련된, 그[히데요시]의 지도하에 승리에 익숙해진 베테랑들을 히데요시에게 제공해 주었다. 원정 자체가 조선보다는 명나라를 겨냥한 것이었던 만큼, 전쟁에 관련된 일본의 모든 역량을 전쟁을 준비하는데 쏟아붓는 것이 필요하

---

18 『징비록』, 〈정읍현감 이순신을 전라좌수사로 발탁하다〉 (pp. 135-138)를 인용.

다고 여겨졌다. 규슈(九州)의 다이묘들은 지행(知行)[19] 각 만 섬(石) 당 6백 명의 병력을 제공할 것을 명령받았으며, 시코쿠(四國)와 혼슈(本州)의 다이묘들은 출발 항구까지의 거리에 따라, 보다 적은 병력차출을 부과 받았다. 연해안의 모든 다이묘들은 지행 십만 섬 당 큰 배 두 척을 만들어 바쳤으며, 병력을 제공하기 위해 모든 어촌은 각 백 가구 당 십 명의 수군을 제공하도록 강요받았다. 이러한 방식으로 병력은 규슈 섬의 북쪽에 있는, 당시는 나고야(名護屋)[20]로 불린, 가라쓰(唐津)에 집결하였는데, 그 병력은 수군과 군속을 포함하여 삼십만 명에서 사십팔만 명의 병력으로, 다소 다양하게 추측되고 있다. 이들은 모두, 어쨌든 훈련된 사람들이었으며, 이 중 몇 천 명은 포르투갈인을 통해 얼마 전 일본에 전래된 화승총으로 무장하고 있었는데, 이는 이 전쟁에서 매우 중요한 역할을 하게 된다. 본래 히데요시는 본인이 직접 진두지휘를 하고 싶어 했으나 결국 이를 단념하게 되었고, 가라쓰에 가서 전황을 보고 받기 위해, 근처의 아름다운 만에 연회를 열기 위한, 파빌리온을 짓는 것에 만족했다. 이 장소는 그 후 가리야(假屋), 혹은 임시거처라는 지명을 지니게 되었다.

15.[21] *현지 [일본] 저자들의 가장 낮은 예상 수치에 따르면, 실제로 조선으로 파병된 병력의 수는 13만 명이며 몇 달 후 5만 명의 지원군*

---

[19] 근세 일본 막부나 번이 가신들에게 봉록으로서 토지를 지급한 일, 또는 그 토지.
[20] 히데요시는 조선침략을 앞두고 전진기지로 규슈 사가현 가라쓰에 거대한 나고야성을 만들었다.
[21] 『징비록』, 〈4월 13일에 왜군이 국경을 넘어 부산포를 함락시키다〉(pp. 148-152), 〈동지중추부사 이덕형을 왜군에 사신으로 보내다〉(pp. 189-190)를 각각 인용.

이 보내졌다고 한다. 수장은 고니시 유키나가[22]와 가토 키요마사[23]였다. 고니시의 부대가 가장 먼저 조선에 상륙하였다. 그는 1592년 4월 13일 부산포 부근에 상륙하여 순식간에 부산과 근처에 위치한 동래성을 점령했다. 파견대의 다른 배들이 도착하자 고니시와 가토는 수도로 향하는 두 도로를 따라 북서쪽으로 진군하였으며, 동시에 다른 장수들은 좀 더 우회하는 길들을 따라가거나 이미 점령된 도시들을 차지했다. 고니시와 가토는 진군 중에 심각한 저항을 받지 않았다. 그들의 진군에 성들이 줄줄이 버려지거나 미미한 저항 후에 항복됐으며, 전장에서 일본군을 만나도록 유발된 그러한 [조선] 군대는 큰 어려움 없이 해산되었다. 고니시의 가장 중요한 성공 중 하나가 경상도 북서쪽 끝에 있는 상주의 점령이다. 여기에서 오순[24]이라는, 일본말에 능통했던 조선인을 생포했다. 고니시는 이 남자에게 히데요시가 쓴 편지를 가지고 조선의 수도로 가 조선의 예조판서에게 전하도록 했다. 이 일은 다음과 같이 진행되었다.

"동래에서 사로잡은 울산군수를 풀어주면서, 그에게 편지를 [조선 조정에] 전하라고 했는데 아직 답장을 받지 못했다.[25] 조선이 만약 화친을 원

---

22 小西行長(1558-1600년). 임진왜란 발발시 일본군 제1군 대장으로 선봉에 섰다. 대마도주 소요소토시는 그의 사위.
23 加藤淸正(1562-1611년). 당시 일본군 제2군을 이끌고 함경도 방면으로 진출했다. 그는 고니시와 사이가 아주 나빴다.
24 『징비록』에 따르면 일본어 통역 경응순(景應舜).
25 〈원문 주 1〉 군수는 석방된 포로라는 것 때문에 그의 조정 앞에 서기를 두려워했다. 그리하여 그는 그저 도망쳤다고만 말할 뿐, 전하라고 명령받은 서신에 대해 언급하지 않았다.

한다면 이덕형(李德馨)을 보내어 28일 충주에서 [나와] 만나야 한다. 이덕형은 전에 선위사(宣慰使)로서 일본사절을 접대한 일이 있기에, 그의 이름이 거론된 것이다. 그는 그 어명을 수행하고자 하였으며, 수도에서 이미 절망적인 상태에 있던 만큼, 딱히 다른 방도가 없었기에, 고니시의 제안에 응하기로 결정되었다. 이덕형은 이에 따라 예조의 서신과 통역 오순을 데리고 출발하였다. 그는 가는 길에 충주가 함락되었다는 소식을 들었고, 이에 오순을 보내 이 소식의 진위를 확인하고 오도록 했다. 이 불운한 통역은 가토군의 손아귀에 빠졌고, 그들에 의해 스파이로 처형되었다. 이덕형은 이에 그의 임무를 포기하고 조선의 궁정으로 돌아갔다.

16.[26] 충주는 조선의 가장 강력한 요새 중 하나로 여겨졌으며, 이 함락소식은 수도를 엄청난 혼란에 빠뜨렸다. 백성들은 사방으로 도망쳤으며, 심지어 병사들마저 그들의 초소를 버리고 달아났으며, 약간의 망설임 끝에 왕 또한 명나라와 마주한 지역으로 피신하기로 결정했으며, 왕자들을 그들의 존재감이 백성들을 더욱 강력하게 저항하도록 자극하기를 희망하여 아직 점령되지 않은 지역으로 보냈다. 왕의 피난은 일본군이 조선땅에 상륙한지 겨우 17일밖에 되지 않은 4월 30일, 수도로부터 출발했다.

한 한국인 작가[27]는 북쪽으로의 여행의 참담함에 대한 가슴 아픈 서술을 제공한다. 위기와 불행의 시간 속에서의 서글픈 피난 이야기를 말해주는 부족한 [상태의] 수행원들과 함께 피난길에 나선 왕

---

26 『징비록』, 〈적병이 충주에 들어오니 … 아군은 크게 무너졌다〉(pp. 198-201), 〈4월 30일 새벽에 어가가 서쪽으로 피난을 떠나다〉(pp. 204-211)를 각각 인용.
27 류성룡을 말한다.

은 첫날 행군을 하였는데, 그가 지나가는 길에는 침략자들에게 내던져진 것을 불평하는, 백성들의 원망이 뒤따랐다.

궁궐 사람들은 농가의 말을 탔으며, 그 여행에 어떤 음식도 주어지지 않았으며, 하루 종일 비가 쏟아졌다. 피곤함과 배고픔에 비참해진 그들은 늦은 밤에 개성의 묵을 곳에 도착하였는데, 일본군이 도시의 남쪽을 흐르는 강을 건너기 위해 사용될 뗏목의 재료들을 없애라는 왕의 명령에 따라, 불타는 공공건물의 불빛이 비춰졌다. 음식이 왕과 그의 신하들을 위해 준비됐지만, 주방엔 굶주렸던 경호병과 수행원들이 난입했으며 왕의 식사를 위해 충분한 양 만이 간신히 비축되었다. 그의 운이 없던 궁중 사람들은, 그 다음날에 몇 병사들이 가지고 있던 찐 쌀을 나눠 먹는 것을 허락받기 전까지, 음식을 먹지 못했다. 이연[선조]은 평안도에 있는, 대동강변 북쪽에 위치한 요새화된 도시인 평양에 도착하기 전까지 불안에 떨었다. 여기서 잠시 머물며 전황을 기다려 보기로 했다.

17.[28] 왕이 떠나고 사흘이 지난 뒤, 고니시와 가토가 수도에 도착했고 얼마 안가 그들은 병력을 합쳐 북진하여, 큰 저항을 받지 않고 임진강에 이르러, 길목을 막기 위해 모인 조선군을 발견했다. 어떠한 배도 발견되지 않았으며, 그에 따라 일본군의 진군은 며칠 동안 저지되었다. 한참 후, 일본군의 거짓 후퇴는 상당수의 조선군을 추격하도록 하였고, 이들은 일본군에게 너무나도 거칠게 다루어져서

---

28 『징비록』, 〈한흥인과 김명원의 군대가 임진에서 무너지고, 적은 강을 건너다〉(pp. 232-234)를 인용.

전군이 곧바로 후퇴하였다.

18.[29] 고니시와 가토의 관계는 시작부터, 사이좋음의 정반대였고, 얼마 가지 않아 그들의 반감이 너무 커져서 다시 군대를 나누어야 했다. [각 장수의 군대가] 어느 길로 갈지는 유서 깊은 방법인 제비뽑기로 결정되었다. 가토에 의해, 3백마일에 걸쳐 일본해에 접경한, 북동의 함경도가 점령되었다. 가토는 격전 끝에 두 왕자와 고관들을 사로잡았으며, 이 거대한 지역을 거의 모두 가로질렀다. 그는 마지막에, 그의 군대를 유럽인들에게는 브로튼 베이(Broughton Bay)[30] 라 불리는 작은 만을 감싸는, 비옥한 지역에 주둔시켰다.

19. 평안도가 고니시의 일당들에게 점령되었고, 그는 대동강을 따라 위로 진군하였으며 여기서 조선은 평양의 북쪽 강변에 병력을 모아 침략의 물결을 막기 위한 마지막 시도를 준비하였다. 고니시는 5월 말 쯤에 평양 앞에 도착하였다. 그는 이 무렵 구로다[31]와 다른 길로 북진한 대마도의 다이묘인 요시토시와 합류했다.

20.[32] 그리고 세 번째 협상시도가 있었다. 무장하지 않은 한 일본인이 홀로 강변에 나타나 모래 위에 그가 소통하기를 원한다는 표시로, 종이가 달린 나뭇가지를 꽂았다. 그는 일본군의 위치를 정찰하기 위해 탑 위에 올라갔던 몇 명의 조선 군관들에 의해 목격되었

---

29 『징비록』, 〈적병이 함경도에 들어오니 두 왕자가 적중에 억류되다〉(pp. 236-238)를 인용.
30 당시 가토군은 본부를 함경도 함흥에 두었다.
31 당시 일본군 제3군 대장, 구로다 나가마사(黒田長政).
32 『징비록』, 〈조정이 좌의정 윤두수에게 김명원 등을 이끌고 평양을 방어하게 하다〉(pp. 255-260)를 인용.

고, 그리고 병사 한 명이 그의 목적이 무엇인지를 알기 위해 배에 태워져 강 건너로 보내졌다. 일본군은 이덕형에게 보내는 편지를 썼고, 이를 조선 전령이 가지고 왔다. 이 편지는 평화조건을 협상하기 위한 대면을 요구했고, 이에 따라 이덕형과 요시토시[33] 간의 대면이 마련되었다. [쓰시마 번의] 대 조선 임무에서 요시토시의 동료였던 승려인 겐소 또한 참석했다. 서로 의례적인 인사를 나눈 후, 겐소는 조선이 일본군이 명나라로 가는 길을 열어주지 않은 것이, 현재의 전쟁이 일어난 원인이라고 말하면서 회담을 시작했다. 하지만 조선 측 협상가는 이를 인정할 시, 명나라로부터 빠른 지원을 기대하고 있던 희망에 치명적임을 알고 있었고, 정당한 이유 없는 침략은 평화스러운 일본의 공언과 일치되지 않는다고 대답하였고, 만약 진정으로 평화를 원한다면 협상을 더 진행하기 전에 군사를 퇴각시켜야 한다고 답하였다. 요시토시의 호통으로 대면은 끝났고, 양측의 배들은 각 진영이 있는 강변 쪽으로 돌아갔다.

21.[34] 협상이 실패로 돌아가고, 조선군이 강력한 저항을 분명히 의도하자, 고니시는 잠시 더 이상의 시도를 멈추고 군사들로 군막을 짓도록 하였다.

22.[35] 평양은 충분히 방어되어 있었고, 군량들도 풍부하게 지원되어

---

33 『징비록』에는 이때 이덕형이 작은 배를 타고 나가 대동강 가운데에서 만난 것은, 요시토시가 아니라 쓰시마번의 가신인 야나가와 시게노부(柳川調信)와 외교승 겐소(玄蘇)로 되어 있다.
34 『징비록』,〈조정이 좌의정 윤두수에게 김명원 등을 이끌고 평양을 방어하게 하다〉(pp. 255-260)를 인용.
35 『징비록』,〈평양이 함락되다〉(pp. 278-280),〈어가가 정주로 향하다 …〉(pp. 283-287)를 각각 인용.

있었다. 적군이 쳐들어온다는 첫 경보에 피난 갔던 백성들은 도시가 굳건히 방어될 것이라는 장담에 의해 다시 집으로 돌아오게 되었다. 그리고 성공적인 저항의 가망이 있어 보였다. 그러나 어떠한 좋은 정황의 조합도 그 우유부단함과 전 계층에 퍼져있던, 극심한 자신감의 부재를 만회할 수는 없었다. 6월 11일 일본군은 도시를 공격했지만 배도 없고 강의 여울에 익숙하지 않았기에, 어떠한 영향도 미칠 수 없었고, 결국 후퇴할 수밖에 없었다. 하지만 같은 날 [조선]왕은 다시 북쪽으로 떠나 이번에는 명나라 국경과 마주한, 요새화된 도시 의주까지 피난을 계속했다. 가는 도중 그는 평양이 함락되었다는 소식을 들었고 이 소식은 그의 조정에 새로운 도망을 일으켰으며, 그가 거쳐 간 도시의 백성들은 그 소식을 듣고, 군량미로 사용하기 위해 정부가 모아둔 쌀 창고를 약탈했다.

23.[36] 평양의 함락은 다음과 같이 진행되었다. 일본군이 감시의 경계를 푼 것을 목격한 조선 장수들은, 일본군 진영을 야습하기로 결정하였다. 하지만 그들의 계획은 차질을 빚어, 거의 동이 틀 때쯤에야 강 건너편 일본진영에 모였다. 첫 공격은 성공적이었으며 고니시도 이 기습으로, 그는 심각한 병력과 군마의 손해를 입었다. 후자 [군마] 3-4백 마리의 손해는 조선군에 의한 것이었다. 하지만 구로다의 부대가 구원하러 왔고, 끈질긴 저항 끝에 조선군은 강기슭으로까지 밀려났고, 그곳에 그들이 타고 온 배들이 이제는 강 중간에 정박되어 있는 것이 목격되었으며, 이 배들에 타고 있던 사람

---

[36] 『징비록』, 〈평양이 함락되다〉(pp. 278-280)를 인용.

들은 자국민이 적군에게 크게 밀리고 있던 기슭으로 접근할 엄두를 내지 못했다. 많은 사람들이 익사하였으며 비록 군대의 상당수가 여울을 건너왔지만, 이는 그들의 위치를 일본군에게 알려주는 손해를 내포했으며, 일본군은 이들의 정보를 사용하는데 주저하지 않았다. 그들은 당일 저녁에 그 여울을 통해 건너왔으며, 지난밤 작전의 실패에 사기가 꺾인 [조선] 수비대는 평양성을 버리고 바로 달아났다. 많은 무기들이 조선군에 의해 성 안의 연못에 내던져졌고, 곡간은 일본군의 손아귀에 떨어졌다.

24.[37] 조선과 국경을 마주하는 명나라 성인 요동성의 총독은 일본 침략의 진행상황을 세심히 지켜보고 있었다. 그는 처음에는 조선 조정이 협조하지 않고서야 일본군이 이토록 빠르게 진군할 수 없다고 생각하여, 그는 평양에 특사를 보내 [조선이] 일본군과의 반역적인 이해관계가 없음을 확인하기 전까지 만족하지 않았다. 명나라 조정도 마찬가지로 조선 측의 신의를 확신하기가 어려웠지만 얼마간의 망설임 후, [조선] 왕을 보호하기 위한 소수의 병사를 보내는데 동의하였다. 파견군이 조선에 들어와 평양으로 가고 있었지만, 일본군에 의해 평양이 함락되었음을 전해 듣고 곧바로 다시 국경을 접한 도시인 의주로 퇴각하였다. 어쨌든 조선 조정은 더욱 [명군의 지원을] 간곡히 청하게 되었다. 그들은 일본군에 맞설 지원에 대한 대가로 명의 속국이 되겠다고 제안하였으며, 명나라 조

---

37 『징비록』, 〈어가가 의주에 도착하다〉(pp. 290-291), 〈7월에 요동부총병 조승훈이 원군 5천을 이끌고 오다〉(pp. 301-304), 〈7월 19일에 조승훈의 군대가 평양을 공격하였지만 이기지 못하고 후퇴하였으며 …〉(pp. 308-310)를 각각 인용.

정은 마침내 요동에서 5천명의 병력을 지원하도록 결정했다. 이 군대는 7월 초에 조선에 도착해 평양으로 진격하여 16일 평양을 공격했다. 일본군은 이들이 도시로 들어오도록 유인하여 좁은 길들에 얽매이게 하였고, 그들이 전에 점령한 유리한 위치들에서 공격하였다. 명나라 군대는 큰 피해를 입고 패배하여, 사망자 중에는 그들의 장수도 있었으며, 이에 명나라 군은 완전히 사기가 떨어져 그들의 본거지인 요동성으로 안전하게 돌아가기 전까지, 후퇴하는 것을 단념토록 설득하는 것은 불가능했다.

25.[38] 이 무렵, 조선 남부에서 가장 중요한 결과를 가져오는 한 사건이 일어났다. 일본 함대는 전쟁 발발 이후 부산의 약간 왼쪽에 위치한 거제에서, 별다른 사건 없이 주둔하고 있었다. 이제 고니시는 함대를 평양에서 육군과 합동하기 위해 서부해안으로 옮기기로 결정했다. 하지만 바다에서 일본군을 성공적으로 저지하는 것을 비관하며 자신들의 함대를 침몰시키거나 파괴한 조선군은, 다시 용기를 내어, 새로운 함대를 모아 일본군이 정박해 있던 좁은 만의 입구에 나타났다. 거짓 퇴각으로 따라오던 일본군을 넓은 바다로 이끌어냈고, 그다음에 사전에 약속된 신호에 따라 추격자들에게 뱃머리를 돌렸다. 그다음 이어진 전투에서, 수군들을 적의 사격으로부터 널빤지들로 막아준 새로운 범선과 더불어 조선군의 우수한 화포는 완승을 확실하게 했다. 일본군은 부산으로 퇴각하여, 한반

---

[38] 『징비록』, 〈이순신이 원균 등과 거제도 앞바다에서 적병을 크게 물리치다〉(pp. 311-314)를 인용.

도 북서쪽에서의 육군과 수군의 합동군사작전 실행은 포기하게 되었다. 이 결정적인 견제가 일본군의 더 이상의 진격을 막았을 뿐만 아니라 명나라가 침략받는 것으로부터도 막아주었다고 할 수 있다. 이는 또한 왕조의 다른 조선인들이 더 대담하게 저항하도록 고무시켰다. [조선] 군대는 평양으로 모여들었고, 평양을 탈환하려는 시도는 결국 실패하였지만 고니시의 움직임을 멈추도록 하는 것은 가능했으며, 조선 중부와 남부의 조선군들도 일본군에 비록 모두 성공적인 것은 아니었으나, 전쟁 초기 때처럼 예외 없이 패배하지는 않은 공격들을 하였다.

26.[39] 명나라 조정은 요동의 군대가 평양에서 패했다는 소식을 접하자, 제2차이자 가장 큰 규모의 조선 지원군을 준비하기 시작했는데, 준비가 되기까지 몇 달이 걸렸기 때문에, 고니시에게 사신을 보내 강화제안을 했다. 이 사신은, 해적에게 잡혀 일본으로 끌려가 몇 년간 억류되었던 한 남자로부터 어느 정도 일본과 일본 문제에 관한 지식을 얻은, 방탕하고 쓸모없는 작자인 심유경(沈惟敬)이었다. 심유경이 조정으로부터 어떤 권한을 위임 받았는지, 혹은 일본과 화평을 하고자 한 의도가 실제로 있었는지도 확실치 않다. 전반적으로, 심유경의 임무는 명군이 조선에 도착하기 전까지 시간을 벌기 위한 방편에 지나지 않았다는 것이 타당해 보인다. 심유경이 평양 북쪽 수 마일에 위치한 도시인 순안에 있는 조선군 총사령부에 도착한 것은 9월 초쯤이었다. 그는 곧바로 일본 측과의 대화에

---

39 『징비록』, 〈9월에 명나라의 유격장군 심유경이 오다〉(pp. 328-330)를 인용.

들어가, 그 도시(순안)으로부터 멀지 않은 지점에서 고니시, 요시토시, 겐소와 만나 의견을 나누었다. 단, 서너 명의 수행원들과 함께 일본군 사이를 지나간 심유경의 용기는 조선 측의 존경을 받았고, 고니시로부터 의심의 여지가 없는 찬사를 이끌어냈다. "일본인마저도," 그가 말하길, "무장한 적군들 사이에서 그보다 더 용감하게 행동할 수 없었을 것이다." 일본 병사가 그를 호위하여, 그가 살아 돌아오리라고는 생각하지 않았던 조선의 동료들에게, 인계해 주었다. 이때 양측은 50일간 휴전하기로 합의하였으며, 심유경은 북경으로 가 양측에 만족스러울 강화안을 만들어 돌아올 것을 약속했다. 이 제안된 합의는 고니시가 심유경에 전달한 문서로부터 비롯된 것일 수도 있다. 그 문서에는 조선침공은 일본 조정이 조선에 파견한 이들이 인정하는 바처럼 해당 국가의 통신사 파견 거부에 원인이 있다고 명시되었다. "심유경의 임무"는, 그 고니시가 말하길, "평화를 조성할 좋은 기회를 창출하였다. 그가 그의 조정이 일본에 우호의 상징으로서 사신을 보내도록 설득하도록 하자. 그는 그들의 방문을 가장 큰 만족으로 여길 것이며, 그들의 도착을 예상하며 50일 동안 기다릴 것이다." 심유경은 합의한 시일 내에 답변을 가져올 것을 약속했으나, 북경으로 돌아가는 길에 그는 진군할 준비가 된 4만 명의 군대를 보았다. 그의 일본과의 협상에 대한 권위는 의심받았으며, 다시 말해 그의 협상은 급작스럽게 끝났다. 50일간의 휴전을 제외하면, 그들(일본)의 [강화에 대한] 취지는 조선 조정에 전달되지 않았다.

27.[40] 1592년에 해당되는 일본식 연도의 남은 달 동안 약간의 변화만이 양측에서 일어났다. 얻은 이점은 전반적으로 조선 측에 있었다. 전국의 각지에서 의병이 일어나 게릴라 전투를 벌여 일본군에게 엄청난 타격을 가했고, 부산-평양을 연결하는 길목에 위치한, 일본군에게 함락된 요충지에서, 멀리 나가는 것을 막았다. 조선군은 이전에 언급한 장소에서 일본군에게 고용된 첩자들을 찾아내어 처형하는 중요한 일을 수행했다. 겨우 도망간 첩자들은 그들의 동료들이 맞은 운명을 보고는 그 위험한 직책을 계속 수행하는 것을 단념하게 되었으며, 일본군은 그로 인해 명나라가 그들과 맞서기 위해 보내는, 가공할만한 군대의 접근에 대한 정보가 없었다.

28.[41] 이 군대를 지휘하는 제독의 이름은 이여송(李如松)이었다. 그는 한국 전쟁사에서 약자를 괴롭히는 자이자, 허풍쟁이, 그리고 무엇보다 철저한 겁쟁이로 나타난다. 그가 그의 군대와 함께 12월 말, 순안에 도착한 뒤, 일본군이 그들을 위협하는 위기 [명군의 도착]를 인식하지 못하고 있음을 알게 되자, 이여송은 본격적인 전투 작전에 공개적으로 돌입하기 전, 속임수를 시도하기에 좋은 기회라고 생각했다. 고니시에게 심유경이 도착했으며 몇 달 전에 있었던 강화 협상을 계속하기를 희망한다고, 넌지시 알려주었다. 이 소식은 일본 측에 새해 첫날에 전달되었다. 일본군은 이 상황을 좋은

---

40 『징비록』, 〈이때 각도에서 의병을 일으켜 적을 토벌한 사람들이 매우 많았다〉(pp. 328-330), 〈적의 간첩 김순량을 잡다〉(pp. 369-370)를 각각 인용.
41 『징비록』, 〈12월에 명나라가 대군을 보내다〉(pp. 373-378)를 인용.

징조로 보고 새로운 평화의 전망에 매우 기뻐했다. 고니시는 2-30명의 병사를 심유경을 맞이해 일본 측 사령부로 호위하기 위해 보냈지만, 명나라 측 지휘관이 준비한 매복에 당하여 2-3명만을 제외하고 모두 죽었고, 생존자들은 명나라 군대가 도착했다는 첫 정보를 고니시에게 알렸다.

제2장 후퇴

29.[42] 1593년에 해당되는 명나라 연도의 1월 6일 명나라군은 평양을 향해 진군했다. 일본 수비대는 방어를 준비할 시간이 적었다. 주변의 자국 군인들에게 지원을 요청하기에는 너무 늦었지만 말뚝 울타리를 만들어 그들의 진지를 견고히 하고, 소총 사격을 위해 흙 벽을 쌓고 구멍을 뚫는 등 그들은 가능한 수단들을 매우 능숙하게 사용하였다. 공세는 이틀 동안 지속되었다. 양측 모두 대단한 결단으로 싸웠지만, 명나라 측이 수적으로 훨씬 우위였으며 일본 측은 천 6백 명의 병력손실을 입은 채, 결국 성 안에서 버티었다. 명나라 측 장수[이여송]는 패배한 적군이 결사적으로 저항하는 것에, 지나치게 조심스러워 했다. 그는 "쥐도 궁지에 몰리면 고양이를 문다"라는 속담을 기억했고, 전투 두 번째 날 저녁에 그의 군대를 평양성 밖으로 퇴각시켰으며, 의도적으로 [평양성의] 한 쪽을 방어하지 않았다. 그날 밤에, 일본군은 얼어붙은 강 위를 건넜고 어쩔

---

42 『징비록』, 〈12월에 명나라가 대군을 보내다〉(pp. 373-378)를 인용.

수 없는 행군은, 모든 당면한 추격의 위협보다도 더 어려웠다. 실은, [명군은] 그들을 가까이 따라갈 의도는 거의 없었다. 지치고, 아픈 발, 추위와 배고픔으로 인해, 굶주리던 일본군은 방해받지 않고 남쪽으로 갔다. 이여송은 그들을 추격할 시도를 하지 않았으며, 일본군의 경계 근처의 위치에 있던 조선장수들은 일본군의 후퇴를 차단할 것을 강력히 권고 받았음에도 불구하고, 그 중 누구도 침략자들이 거의 절망적인 상태에 있음에도 불구하고, 그들을 공격할 정도로 대담하지 못했다. 그러나 질병과 피로로 인해, 본대와 같이 행군하지 못했던 약 60명의 불운한 [일본군] 병사들을 사로잡고, 처형하는 것으로 만족할 수밖에 없었다.

30. 평양 함락은 일본의 조선침략의 전환점이었다. 일본군은 많은 곳을 점령하고 있던 황해도의 모든 곳에서 퇴각하고 좀 더 남쪽에서, 그들의 병력을 집중하는 것이 필요해졌다. 늦겨울에, 그리고 전쟁으로 황폐화된 나라에서, 이 작전은 엄청난 어려움을 수반했다. 본래는 개성에서 지키려 했으나 전략적인 이유로 이 계획은 무산되었으며 수도가, 그 도시 위에 있던 모든 일본군의 합류지점으로 설정되었다. 평양에서의 패배로 인해 진지를 사수하는 것이 불가능하다고 여겨진 장수 중 한 명이 나베시마[43]와 함께 함경도 북동쪽을 차지하고 있던 기요마사였다. 이 남자[기요마사]에 의해 방어되던 남동쪽의 도[경상도]의 많은 성들이 새롭게 조직된 조선의 모병방식에 의해 공격받았으며, 이는 기요마사가 북쪽의 주둔지를 포

---

43 鍋島直茂(나베시마 나오시게). 당시 가토 기요마사가 이끄는 제2군에 속해 있었다.

기하게 된 또 다른 이유였다. 그는 곧장 지원하기 위해 진군하였으나, 일본군의 조선에서의 상황을 그 어느 때 보다 더욱 불안하게 만든 참사를 막기에는 너무 늦었다. 새롭고 인기 있는 장수 밑에 다수로 모인 조선군은 이미 이 도의 가장 중요한 요새들을[44] 차지하는데 성공하였고, 이는 조선 육군이 성취한 결과 중 최초의 성공 사례였기에, 그것이 군 사기에 미친 효과는 적지 않았다. 그들은 심지어 기요마사의 남진을 차단하고자 하기도 했으나, 그는 이를 뚫었고, 고니시와의 합류를 이끌어냈다.

31.[45] *보급 문제, 나쁜 도로 상태, 그리고 이 같은 문제를 더욱 증폭시킨 이여송의 기질로 야기된, 얼마간의 지연 후에 명나라군은 조선의 예비병력과 함께 한참 후에 남쪽으로 이동하여 1월 24일에는 행군하면, 수도에 하루 만에 도착할 수 있는 파주에 도착했으며, 같은 날 이 도시에서 일본 장수들의 전쟁 대책회의가 열렸다. 대부분 부산으로 후퇴하는 것을 지지했으나 기요마사와 몇몇 다른 자들, 용감한 이들은, 승리의 과실을 따기 위해 시도해 보지도 않고*

---

44 〈원문 주 2〉 이 공방전 중의 하나로 일어난 다음 사건은 이 전쟁에서 폭탄이 조선군에 의해 사용되었었음을 보여준다.
   "[이] 장손이라는 사람이 그의 기술로 진천뢰(비격진천뢰), 혹은 천상을 흔드는 번개라는 대포를 만들어 그것을 몰래 성 바로 밑에 가져왔다. 이는 작전에 투입되어 성에 발사되어 성 앞의 뜰에 떨어졌다. 일본군은 그것의 구조에 무지하였으며 어떤 신기한 발사체가 그들의 적군에 의해 그들에게 발사되었는지를 보기 위해 앞으로 달려나가고, 이때 마치 천지가 흔들리는 듯한 굉음과 함께 화약이 터지고 철 파편들이 되어 흩어지니, 이에 맞은 모든 이들의 즉사를 야기했다. 30명이 이상이 이렇게 사망하였으며 파편들에 맞지 않은 이들도 바닥으로 던져졌다.
   (『징비록』, 〈좌병사 박진이 경주를 수복하다〉(pp. 348-349)를 인용).
45 『징비록』, 〈제독 이여송이 벽제관 남쪽에서 싸웠으나 이기지 못하고, 개성으로 돌아와 주둔하다〉(pp. 385-390)를 인용.

포기하는 것은 수용할 수 없었으며, 결국은 명나라 군에 저항하여 싸우기로 결정되었다. 성벽을 두지 않고 싸울 시 아직 수도에 남아 있는 백성들의 반란을 두려워하여, 일본군은 짐꾼이나 진영의 잡부로 쓸 만한 이들을 제외하고 모든 성 거주자들을 학살하고, 도시에 그나마 남아있던 것들을 불태워 버렸다.

32.[46] 파주에서 일본군과 명나라군은 전장에서 처음으로 만났다. 명군과 조선군이 우위에 있던 이 피튀기는 전투는 이여송에게 공세를 취하도록 고취시켰다. 그는 상당한 병력으로 수도를 향해 진군하였으며, 그곳 약간 북쪽 [벽제관]에서 일본군의 부대와 마주쳤다. 그다음에 일어난 교전에서 명나라군은 큰 피해를 입고 밀려났고, 이 일본군의 성공은, 부분적으로 그들의 우월한 전략과 또 부분적으로는 그들의 유명한 일본도(가타나, katana) 덕분이었다. 이 전쟁에 관한 조선의 사학자[47]가 말하기를, 이 전투에서 "명나라군은 화기를 보유하지 않았고 – 오직 짧고 무딘 칼만 가지고 있었다. 반면 일본군은 보병이었으며 3, 4피트 길이의 칼들로 무장하였다. 이 칼들로 찌르거나 베었으니, 그들[명나라군]은 이를 당해 낼 수 없었다." 많은 이여송의 추종자들이 이 교전에서 죽임을 당했으며, 이여송도 사기가 크게 떨어져 곧바로 동파로 후퇴하고, 거기서 개성으로 퇴각했다. 그는 명나라 조정에 보낸 보고서에서, 일본군이 20만 명에 이른다고 했으며 그의 건강이 좋지 않기에 후임

---

46 『징비록』, 〈제독 이여송이 벽제관 남쪽에서 싸웠으나 이기지 못하고, 개성으로 돌아와 주둔하다〉 (pp. 385-390), 〈제독 이여송이 평양으로 돌아가다〉(pp. 401-402)를 각각 인용.
47 류성룡을 말한다.

을 보낼 것을 요청하고, 이 군사작전의 어려움을 더 이상 버틸 수 없다고 적었다. 개성에는 기요마사가 함경도에서 평양을 공격하기 위해 진군하고 있다는 루머가 들려왔다. 긔[이여숑]는 그와 일본군 사이의 거리를 늘리기에 좋은 핑계를 갖게 되는 것을 기뻐하며 평양으로 후퇴하고, 수백 명의 병력을 개성을 지키기 위해 남겨두었다.

33.[48] 이 시기에 조선은 확실히 가련한 상태에 있었다. 두 외국군이 주둔하는 부담에 중압을 받고 있었으며, 그 중 동맹군마저도 적군에 비해 크게 덜 억압적이지 않았으니, 생존하기 힘든 최대의 궁핍으로 인구는 줄어들었다. 수천 명이 기아로 사망했으며 조정의 대신인 류[성룡]의 숙사는 아사직전의 군중으로 둘러싸였고, 긔[류성룡]는 그들에게 쌀가루 1홉에 솔잎을 빻아 만든 가루 10의 비율로 섞은 것을 조금씩 나누어 주었다.

34. 전국이 황폐된 상태인데다, 겨울비로 인하여 걸어갈 수 없게 되어버린 길에서 군사작전은 거의 실행이 불가능해졌으며, 명나라 군과 일본군은 이 기간 동안 활동하지 않았다. 하지만 후자[일본군]의 상태는 나라[조선]의 자원이 고갈되어, 일상적으로 방어할 수 없는 상황이 되었으며, 그들의 사방에서 몰려오는 조선의 비정규 군대[의병]는 일본군이 주변 도시에 식량을 찾기 위한 파견단을 보내는 것을 시도하지 못하게 하고, 그들이[일본군이] 도시 내부에

---

48 『징비록』, 〈군량미의 남은 곡식으로 굶주린 백성을 구제할 것을 청하니 임금께서 허락하시다〉 (pp. 413-415)를 인용.

모아둔 식량에 만족할 때까지, 날마다 대담해졌다. 질병이 양측 군대 모두에 만연했으며, 양측 진영의 다수의 말들이 전염병으로 죽었다.

35.[49] 명나라군과 일본군 모두 평화를 갈망했다. 일본군 장수 중 한 명이 앞서의 화의(和議)에 대한 희망을 위협하자, 심유경은 지난번의 배반에도 불구하고 일본군 진영에 가서 협상작업을 다시 시작할 용기가 있었다. 이때에 논의한 요점들은 다음과 같다고 전해진다. : 명나라와 일본의 평화 ; – 히데요시를 일본왕으로 책봉, 조선의 영토를 일본에 양도, 조선이 일본에 조공을 바칠 것. 또한 명나라 공주를 일본 천황의 비로 보내는 것에 대한 이야기도 있었다. 심유경이 주로 주장한 것은 사로잡힌 조선의 왕자와 관료들의 인도, 그리고 명나라 군의 조선에서의 후퇴와 동시에, 일본군의 부산까지의 후퇴였다. 하지만 이 협상을 성사시키기에는 심각한 장애물들이 있었다. 기요마사는 그의 포로들을 히데요시의 분명한 언급없이 풀어주고자 하지 않았으며 그의 나라에서, 일어난 잘못된 일들에 대해 복수심으로 불타오르던 류(성룡)는 이여송에게 일본으로부터의 도적들과 어떠한 협의도 하지 말 것을 종용했다. 양측 진영은 서로에 대해 최소의 신의를 지닌 것도 아니었고, 심유경은 이 어려움을 해결하는데 적합한 인물도 아니었다. 그리하여 그는 다시 소환되었고, 그의 자리를 대신하여 다른 사신들이 파견되었

---

49 『징비록』, 〈유격 심유경이 다시 한양에 들어가 적에게 철군하도록 권유하다 …〉(pp. 423-428)를 인용.

지만, 이들 또한 딱히 더 나은 결과를 내놓지 못했다. 이 협상에서 유일하게 실제로 일어난 결과는 4월 19일에 일본군이 수도에서 떠나기로 한 조항뿐이었다. 명나라 군이 그 다음날 수도로 들어왔다. 그들은 협상진행 중 서서히 더 가까이 오고 있었던 것이다.

36.[50] 또한 이 휴전의 성격에 대해 일본과 명나라 사이에, 아마 어느 정도의 이해가 있었을 것으로 보이는데 왜냐하면 우리가 보다시피 후자는, 류[성용]의 반대에도 불구하고, 그들이 요새화된 군사진지에 자리잡은 부산인근으로 평화롭게 후퇴하는 것이 허락된 점과, 이들이 히데요시가 머물던 나고야(현재의 가라쓰)로 향하던 심유경과 그의 동료들과 함께 갔기 때문이다. 명나라군은 몇 주 후 일본군을 쫓아가 거창의 막사와 그 주변의 다른 지역들을 차지했다.

37. 명나라 사신들은 5월 23일 나고야에 도착했고, 히데요시에게 매우 우호적으로 그리고 대대적인 환영을 받았다. 7월 초까지 그들이 머무는 동안, 히데요시 조정의 최고 귀족들이 이 이방인들의 이목을 끌기 위해 경쟁하였다. 매일 그들을 위한, 새로운 접대가 행해졌다. 히데요시 스스로가 그들이 도착하자마자 연회에 초대함으로서 모범을 보였고, 술을 순배하는 예 – 이것을 하지 않으므로 조선 사신들이 불평하였던 – 또한 잊지 않았다. 비단 물품들과 예복, 돈, 그리고 칼들이 그들에게 후하게 주어졌다. 그들은 이 이웃 간의 정의에 매우 기뻐했으며, 일본사에서 오늘날의 우리에게까지

---

50 『징비록』, 〈5월에 제독 이여송이 적을 추격하여 문경까지 갔다오다〉 (pp. 444-448)를 인용.

전해 내려오는 찬송의 시를 썼다. 그들에게 기쁨을 더해 주고자, 히데요시는 축연을 벌였는데, 이 축연에서의 가장 주요한 특징은 배들의 행렬이었고, 우리에게 자세한 기록으로 전해지고 있다. "산들바람에 흔들리는, 여러 다이묘들의 군기와 문양을 그린 깃발을 단, 수백 대의 배들이 바다 위로 질서정연하게 지나갔다. 선장과 그들의 동료들이 노를 저으면서 노래를 불렀고, 수백 명에 이르는 선원들의 우렁찬 목소리가 바다 넘어 멀리 울려 퍼졌고, 파도가 부서지며 화답했다" 히데요시는 사신들과 같은 배에 동승했다. 그 배는 최고의 우아함과 웅장함으로 장식되었다. 호랑이 꼬리의 창집을 지닌 2백 개의 장창과 금으로 상감한 창 수십 개가 뱃머리 위에 설치되어 있었다. 그곳에 붉은 외투를 모두 똑같이 입은 백 명의 보병이 의장병을 구성했다. 술이 제공되었고 그날의 흥은, 저명한 두 개 학파의 가수들이 참석함으로 더해졌다.

38.[51] 이때 강화조약을 맺은 것으로 주장되어 왔으나, 히데요시와 명나라 사신간의 정치현안에 대해 논의한 회담에 관한, 전해오는 실제 기록은 최종적인 강화조건들이 만들어지지 않았음을 보여준다. 양측은 매우 우호적인 확언을 교환하고, 발생한 모든 일에 대하여 평소처럼 모든 일들에 대해 잘 알지 못했던, 조선에 책임을 전가하자는 데에 동의하였다. 그러나 이 사절단은 한 가지 중요한 결과물을 얻었다. 명나라와의 화친에 대한 의지가 진심이었던 히데요시는, 기요마사에 의해 사로잡혔던 [조선의] 왕자들과 신하들을 풀어

---

51 『징비록』, 〈5월에 제독 이여송이 적을 추격하여 문경까지 갔다오다〉(pp. 444-448)를 인용.

주는데 동의했으며, 심유경은 자신의 동료들에 앞서, 그들에게 포기할 것을 종용한 지시사항을 가지고 조선으로 돌아왔다. 이 친화적인 조치들이 그 이상의 것을 의도한 것이 아니라는 점은, 이와 거의 동시에 일본군이 히데요시의 명령으로 이미, 함락시키는데 실패한 전력이 있는, 부산에서 50마일 정도 떨어진 성인 진주를 향해 진군한 것에서 나타난다. 조선군은 진주 동쪽에 있는 마을에 집결하여, 일본군의 진군을 견제하고자 했지만, 그들 장수 중 한 명의 말을 빌리자면, 일본군은 군대라기보다는 차라리 새떼에 가까웠으며, 미약한 저항만 할 수 있었다. 그들[조선군]은 대학살을 당하며 패배하였으며, 일본군은 곧장 성을 포위하였다. 이 포위에서 바퀴로 성벽 기반을 향해 밀 수 있는 틀 위에 늘어진, 황소가죽으로 만든 거북 등 모양의 큰 방패를 기요마사가 사용했다고 전해지고 있다. 그것의 호위 하에 성의 주춧돌을 쇠 지렛대로 제거하고 성벽을 무너트려, 돌격로를 만들어 일본군의 진입이 가능해졌다. 류[성룡]에 따르면 조선 측의 전사자는 6만 명에 이르렀고, 이는 전쟁 발발 후 가장 큰 피해였다. 이것이 바로 '첫 침략'[임진왜란]이라 불리는 시기의 마지막 전투였다. 일본군은 성을 바닥으로 무너뜨리고, 부산과 그 부근의 막사로 돌아와 그곳에서 명나라와의 협상 결과를 기다렸다.

제3장 협상

39.[52] 세 나라의 외교전문가들이 공식적인 강화조약을 위해 협상하고 있을 때, 그들은 몇 년 간의 위태로운 고요함을 향유했다. 명나라와 일본은 진심으로 전쟁에 종지부를 찍고 싶어했으며, 조선만이 그들이 격렬하게 증오한 적과 어떠한 합의에 이르는 것에 주저했다. 그러나 협상의 성공에 더 심각한 방해물은 〈히데요시와 당시에 그리고 지금 시점에서도, 국제 관계에 대한 유일한 견해가 외부 오랑캐들의 경의와 조공을 기꺼이 받는 것과 반항적일 경우 이들의 버르장머리를 혼내주는 것뿐이었던 [명나라] 조정의 오만함이었다〉. 히데요시를 겸손한 조공국의 위치에 놓는 것만큼이나 명나라 측을 만족시킬 것은 없었으며, 심유경은 조선 측에 의해 일본이 복종을 청하고 용서를 비는 탄원자라는 허구를 견지함으로서, 그의 조정의 존엄을 체계적으로 욕보였다는 혐의를 받았다.

그)심유경는 그의 조정에 보낸 보고서에서, 일본 측이 실제로 사용한 '평화'라는 표현을 '복종'으로 항상 바꾸어 왔다고 전해졌으며, 심유경과 일본으로 동행한 고니시 히다노 가미[53]라는 사신이 가지고 온 문서는 조선 측에 의해 히데요시의 '항복문서'라고 불리었다. 고니시는 이 편지를 가지고 요동까지 갔으나 그곳에서, 진주성 공격에 대해 듣고 난 후 히데요시의 평화적인 확언을 받아들일 수

---

52 『징비록』, 〈10월에 어가가 한양으로 돌아오다〉(pp. 461-467)를 인용.
53 고니시 유키나가의 가신이면서 고니시라는 성씨 사용을 허락받은 나이토 조안(内藤如安, 1550?-1626년). 기독교 무장으로서 고니시 조안(小西如安) 또는 고니시 히다노카미(小西飛彈守)라고도 불리었다.

없었던 명나라 조정의 명령에 의해 구금되었다. 그가 지니고 있던 문서는 전쟁에 지치고, 그들의 나라로 돌아가고 싶어하던 몇 명의 일본 장수들의 위조였다고 [명나라 측에 의해] 의심되었다. 심유경은 이 문제를 원만히 해결하고자 최선을 다했고, 그의 노력들은 계속 심각해지며 일본과 명나라군 모두 조선에 주둔하는 것을 매우 어렵게 한 기아 덕분에 동의되었다. 1594년 말에는 명나라군 모두가 조선에서 철병하였다. 대부분의 일본군 또한 약간의 방어병력만을 부산에 남긴 채 재소환 되었으며, 조선의 왕은 마침내 수도로 돌아와 다시 머물 수 있게 되었다. 이 무렵 조선의 왕은 조선 조정에 화친의 필요성을 이해시키기 위해 온 명나라 사신을 맞이하였다. 이 관리가 보인 어투의 특징적인 견본은 조선의 역사가인 류[성룡]의 책 [『징비록』]에 보존되어 있다.

40.[54] "왜적들이 너희 나라를 침략했을 때의 기세는 대나무를 가르는 것과 같았다. 그들은 평양, 개성, 그리고 수도에 자리를 잡았다 : 그들은 너희 나라 왕자와 대신들을 잡아갔다. 우리의 천자께서는 분노하셔서 군사를 일으키시어, 한 전투에서 평양을 함락시키고, 다시 진군하여 개성을 차지하였다. 마침내 왜적들이 수도를 버리고 도주하였으며 잡은 왕자와 대신들을 돌려 보내왔다. 그들은 또한 너희 나라 영토 2천리를 되돌려주었다. 우리의 지출금은 가늠할 수도 없으며, 우리측의 병사와 병마 손실은 매우 컸다. 더 이상의 속국을 위한, 비호가 황실조정에 의해 제공되지는 않을 것이다.

---

54 『징비록』, 〈10월에 어가가 한양으로 돌아오다〉(pp. 461-467)를 인용.

: 우리 천자의 지극한 친절은 과분하다 하겠다. 더 이상의 물자수송이나 전쟁을 벌이는 것은 필요치 않다. 왜적들은 우리의 힘을 두려워하여 평화를 구걸하며, 조공을 허락해 주기를 부탁해왔다. 천자께서는 기꺼이 그들의 조공을 받는 것을 허락할 것이며, 그의 다른 속국 중 하나로 받아주는 것을 용납함으로써, 그들(일본군)은 모두 바다 밖으로 쫓겨나, 너희 나라를 공격하기 위해 돌아오지 않을 것이다. 너희 나라의 가장 멀리 내다보는 계책은 전쟁을 끝내고, 혼란을 바로잡는 것이다. 너희 나라는 식량이 다하여 사람들이 서로 잡아먹고 있다. 전쟁을 원한다면, 무엇에 의지하고자 하는가? 우리는 너희 나라를 더 이상 지원할 수 없는데, 우리가 왜적으로부터 조공을 받는 것을 그만둔다면, 그들은 필히 그들의 분노를 조선에 돌릴 것이며, 너희 나라를 망치게 할 것이다. 그 전에 충고를 받아들이는 것이 낫지 않겠는가? [옛날 춘추전국 시대에 월나라] 구천(勾踐)이 회계(會稽)에서 패배했을 때, 그의 원수인 부차(夫差)의 살을, 기뻐하며 씹어먹고 싶어 하지 않았겠는가? 그러나 그는 수치를 견디고, 그의 치욕을 억누르며, 복수의 시간을 기다렸다. 이때 그는 [부차의] 신하가 되고, 그의 아내는 [부차의] 첩이 되었다. 그러나 지금 우리는 왜가 중원의 신하이자 첩의 자리에 있는 것의 윤허를 부탁하도록 만들었다.

41.[55] 오랜 주저 끝에 조선 조정은 마침내 화친하는 것에 마지못해 동의했다. 계속 요동에 구금되어있던 고니시 히다노 카미는 이제

---

55 『징비록』, 〈10월에 어가가 한양으로 돌아오다〉(pp. 461-467)를 인용.

야 북경으로 가서, 다음과 같이 기록된 세 개의 조항들에 엄숙한 지지를 표했다.

1. 책봉을 허락한다 - 조공무역은 불허한다
2. 모든 일본군은 조선을 떠난다
3. 다시는 조선을 침략하지 않는다

42.[56] 고니시에 의해 서명된 소위 이 조약에도 불구하고, 평화는 완전히 보장받지 못했다. 부산에 있던 일본 장수들은 실제로는 이에 얽매이지 않는 것으로 여겨졌고, 이는 명나라 사신들이 히데요시가 일본의 왕으로서 책봉받는다는, 협정문서를 가지고 일본으로 가던 길에 부산과 그 주변의 도시들이 아직 일본군에 의해 점령되어 있음을 알게 되었다. 사신들은 조약이 행해지지 않고 있음에 항의하였고, 단 한 명의 일본군이라도 조선에 남아있을 시 조선을 떠나지 말 것을 명령받았다고 말했다. 일본 측은 부산 근처의 여러 성들에서 철군하는 것에는 동의하였지만, 부산과 그 주변의 한 두 개의 작은 곳들을, 선례들을 참작하였을 때 그들 [명나라 측]이 의심할 이유를 가지고 있어왔던, 명나라의 신의에 대한 보장으로서 유지하는 것을 고집하였다. 그러나 일본 측은 명나라 사신들이 일본군 진영을 방문하여 선의를 증명한다면, 즉시 부산에서 떠날 것을 동의했다. 부사(副使)[57]가 1595년 8월 실제로 그렇게 하였지만, 일본 측은 정사(正使) 또한 그들을 믿게 하기 전까지는, 만족하지

---

56 『징비록』, 〈10월에 어가가 한양으로 돌아오다〉(pp. 461-467)를 인용.
57 당시 명나라 정사는 이종성(李宗城), 부사는 양방형(楊方亨).

않았다. 그가 그렇게 하자마자 새로운 문제가 발생하였다. 일본 장수들이 이번에는 히데요시의 새로운 지시 없이 부산을 넘겨주는 것을 거부하였으며, 고니시 유키나가가 그[히데요시]와 상의할 목적으로 일본으로 갔다. 고니시는 그 다음해(1596년) 1월에야 돌아왔는데, 이때까지 여전히 [일본군의] 명확한 철군명령이 없자, 심유경은 부산에 두 명의 사신을 남겨두고 고니시와 함께 사신들의 환영연회를 위한, 그에 따르면, 의식을 준비하기 위해 일본으로 떠났다. 그의 방문의 진의가 무엇이었는지는 아무도 모른다. 그[심유경]의 오랜 부재 기간 동안, 겁이 많았던 명나라의 정사는 누군가에게 일본 측은 실제론 책봉을 원하지 않으며, 그들의 진짜 목적은 그와 그의 동료들을 볼모로 잡고, 가혹함과 오만불손으로 대하는 것이라는 말에, 설득되었다.

그[정사]는 매우 놀라 자신의 인장마저 버려둔 채 변장하여 혼자서 한밤중에 일본진영에서 도망쳤다. 다음날 아침 그의 도망을 알아챈 일본군은, 그를 찾기 위해 사방으로 수색대를 파견했으나 성공하지 못했다. 그는 언덕의 샛길들을 통해 도피했고, 고생 끝에 경주에 도착했으며, 그곳에서 그는 자국을 향해 떠났다. 그의 동료[부사]는 조용히 남아, 처음 정사가 갑작스럽게 사라진 것에 대해 어찌할지 모르던 일본 측을 달랬다. 심유경이 고니시와 함께 돌아오자 서생포와 죽도의 성들이 조선에 반환되고, 부산만이 일본의 손아귀에 남겨졌다. 조선 조정이 명나라 사신들과 동행할 사신임명을 꺼려함에 따른 약간의 지연 후에, 사신들은 한참 후 [일본에 가기 위해] 조선을 떠났기에, 이 양보에 그 명나라 사신[심유경]은

흡족해 한 것으로 보인다. [이 사절단은,] 명나라 부사 심유경, 그리고 두 명의 조선 관리로 구성되어 있었는데, 후자는 종속된 지위에 있었다. 그들은 1596년 8월 사카이에 도착, 며칠 후 교토로 갔는데 그 해 대지진이 일어난 지 얼마 안 된 후의 도착이었다.

43.[58] 연회를 위한 대규모의 준비들이 행해졌으며, 처음에는 모든 일이 순조롭게 지나갈 것으로 보였다. 첫 불협화음은 히데요시가 조선의 왕자들이 자신들을 풀어준 것에 대해 개인적으로 찾아오지 않고, 직급이 낮은 관료들을 보내 그들을 대변하도록 한 것에 대한 분개였다. 이 관료들은 그를 만나는 것을 허락받지 못했으며, 9월 2일 후시미성에서 히데요시를 일본왕으로 책봉하는, 그의 모든 조정의 큰 의식으로 열린 행사에서 명나라 사신을 알현하는 자리에서도 제외되었다. 이 행사는 황금으로 만든 인장과 왕관, 그리고 관복이 책봉교서와 함께 그에게 바쳐지는 것들로 구성되었다.

44. 히데요시는 그 다음날 두 명나라 사신에게 연회를 베풀었고, 이때 그는 그의 왕관과 관복을 입고, 높이 지어진 연단 위에 앉았으며, 사신들은 낮은 자리에 앉았다. 그 자리에 있던 히데요시 조정의 일원들 또한 중국황제에 의해 주어진 명예 관복과 관모를 입었다.

45. 연회 이후, 히데요시는 성의 정원에 있는 여름별장으로 내려가서, 교양 있는 두 승려들에게 책봉교서를 자신에게 설명할 것을 명령했다. 그 자신이 한문에 무지했을 뿐만 아니라 조선과 명나라를 정

---

58 『징비록』, 〈명나라 사신 양방형과 심유경이 일본에서 돌아오다〉(pp. 474-475)를 인용.

복하겠다는 그의 계획이 선언되었을 때, 그는 그 나라들에 일본의 음성문자[히라가나]를 수용할 것을 강요하려 했다. 조선으로부터 명나라 사신들을 동반하여 이제 교토에 돌아온 고니시는, 모든 절차들의 결정적인 순간임을 잘 알고 있던 이 교서를 읽는 것을, 그는 큰 우려 속에 지켜보았다. 그는 승려들과 개인적으로 면담하는 심사숙고를 보였고, 교서를 해석할 때 히데요시의 자존심을 상하게 할 것으로 예상되는 모든 표현들을 수정하는 방안을 강조했다. 하지만 그들은 이 조언을 받아들이기에는 너무 양심적이었으며, 정직하게 해석했다. 내용은 다음과 같다. :

46. "신성하고 거룩한 자(공자)의 영향이 널리 퍼졌다. ; 그는 천지의 모든 곳에서 존경받으며 사랑받는다. 제국의 칙령은 전세계적이다. ; 태양이 뜨는 대양의 끝까지도 이를 따르지 않는 이가 없다."
"고대에 우리 제국의 조상들이 많은 땅들에 은혜를 베풀었다. ; 거북 매듭들과 용의 글자들이 머나먼 부상(扶桑, [일본])의 끝까지 보내지니, 순수한 설화 석고와 글자가 각인된 도장이 산속의 순응적인 나라에 주어졌다. 그 후로부터 소통이 끊기는 혼란의 시대가 왔으나, 상서로운 기회가 이제 왔으니 그대를 기꺼이 다시 부른다."
"섬의 왕국을 세우고 중원[중국]에 숭배해야 함을 아는 그대 도요토미 다이라 히데요시는, 서쪽으로 사신을 보내 기쁨과 애정으로 그대의 충성을 바쳤다. 북쪽으로 그대는 만리(萬里)의 경계를 두드렸으며, 우리의 지배하에 받아들여지기를 진심으로 청하였다. 그대의 마음은 이미 숭배의 복종으로서 굳어졌다. 우리가 어찌 그러한 유순함에 대한, 우리의 선의를 아까워하겠는가?"

"그럼으로 우리는 일본왕이라는 영예에 그대를 특별히 책봉하며, 이 뜻에 따라 우리의 임명장을 발행한다. 이를 조심하고 소중히 하라. 바다를 넘어 우리는 그대가 복장을 준수함으로써 우리의 고대 전통을 따를 수 있도록 왕관과 관복을 보낸다. 제국의 경계를 충실히 지키라 ; 우리의 상서(尙書)로서 자리가 부끄럽지 않도록 하는데, 선례가 되도록 하라 ; 온건함과 자기절제를 연마하라 ; 그대에게 후하게 내려진 제국의 은혜에 고마움을 간직하라 ; 그대의 충심을 바꾸지 말라 ; 우리의 책망을 겸허하게 받아드려라 ; 우리의 지시에 항상 따르는 것을 지속하라 "이를 준수하라!"

47. 교서에는 다음 같은 명령문이 첨부되어 있었다.

48. "하늘의 명령에 경건하게 복종하는 가운데 우리는 만국을 지배한다. 우리의 평화로운 지배는 중원에만 한정되지 않는다. ; 우리는 사해(四海) 안팎의 온 천하, 해와 달이 빛나는 어느 곳에서든 행복하지 않은 이가 없을 때까지는 만족할 수 없다."

"그대 일본의 타이라[59] 도요토미 히데요시는 최근 2백 년간 제국[명]의 조공국이었던 조선에 전쟁을 시작했다. 조선인들은 그들의 고통을 호소해, 우리의 의무감이 불타올랐고, 그들을 지원하기 위해 군대를 파견했다. 그러나 이 혈투에 의존하는 것은 우리의 진의에 반하는 것이었으며, 그대의 장수인 도요토미 유키나가[60]가 그

---

59 히데요시가 일본 고대 이래의 유력한 씨(氏)인 '다이라(平)'를 자칭했기 때문에, 도요토미(豊臣)라는 씨를 하사받기 전까지 '다이라 히데요시'로 불리기도 했다. 영어로는 'Taira'이다.

대의 원정군을 파병하여 전쟁을 시작한 이유를 설명하기 위해 전령인 후지와라 유키야스(고니시 히다노카미)를 보냈을 때, 즉 그것이 처음부터 이 제국에 책봉을 청하고자 한 욕구에서 유발되었다는 것, 조선에 이 청원을 그대를 대신하는 것을 선호할 것을 요청했다는 점, 그러나 그 나라가 방해하고, 그대의 희망사항을 우리에게 전달하는 것을 거부했다는 점이다. 그대가 한 이 말은 그대의 적을 흥분시켰고 천병(天兵, [명나라 군대])을 애먹인 원인이었다. 그대는 그대의 실수에 유감을 표하고 퇴각하였으며, 조선의 수도를 포기하고 사로잡은 왕자들과 대신들을 돌려보냈다. 또한 그대는 위에서 언급한, 청원들을 포함한 공손한 보고서를 제출했다."

"그대의 전언의 전반적인 요지는 우리의 상서에 의해 보고되었다. 하지만 그대의 사람들은 조선의 마을인 진주를 다시 공격했으며, 이 행동은 그대의 항변에 반대되는 심정을 배반한 것이었으며, 우리는 그렇기에 그대에게 즉답하기를 거절한 것이다. 하지만 얼마 전에 조선의 왕 이연을 통해 그대의 청원을 되풀이하였으며, 부산의 일본군이 몇 년 동안 어떠한 문제도 일으키지 않고 오히려 책봉사신의 도착을 기다렸으며, 철두철미하게 정중하고 충성스러운 모습을 보였다는 점이 추가로 보고되었다. 이러한 이유들로 우리는 특별히 후지와라 유키야스를 우리의 수도로 불러, 문관과 무관들로 하여금 사실관계를 완전히 조사하도록 하였다. 세 개의 조항들로 된 기본조약이 수정되었는데, 부산에 있는 모든 일본인들이 이

---

60 '고니시 유키나가'의 이름을 '도요토미 유키나가'로 틀리게 적었다.

제는 단 한 명도 남김없이 모두 철수할 것이 명기되었다. ; 이 문제는 책봉승인으로 해결된 것으로 여겨지며, 조공무역 요구가 포기되며, 다시는 조선을 침공하여 친선관계를 위반하는 것을 삼가 해야 할 것이다. 이 사항들의 사실들이 분명해지자, 그대의 공손한 충심은 마침내 증명되었다. ; 그리고 우리는 우리의 의심을 버리도록 하였고, 선행 속에 우리와 함께한다는 것에 기뻐하기로 했다. 그럼으로 우리는 우선 심유경에게 부산으로 가서, 그대의 군인들에게 그들이 모국으로 돌아가야 함을 알리라고 명령하였으며, 그 후에는 정사 이종성[61]과 부사 양방형으로 구성된 사절단을, 그대 타이라 히데요시를 일본의 왕으로서 책봉하고 황금인장과 그 위엄에 속하는 관복을 하사하기 위한 권한을 부여하여 보냈다. 우리는 또한 그대의 배신(陪臣)들에게 그들의 직위에 따라 권위를 하사하여 우리의 선의를 후하게 배포하였다. 우리는 또한 그대 나라의 백성들에게 그대의 명령에 순종할 것을 선포하고, 명할 것이다 : 그 누구도 이를 무시하지 않도록 하라! 그대의 왕조가 그 땅에 세대를 거쳐 머무르고 그 백성들을 지배하도록 하라."

"그대 나라의 첫 책봉은, 우리의 선조이신 성조(成祖, 1403-25년) 황제에 의해 승인되었으니, 이는 두 번째가 될 것이다. 일본에 대한 우리의 선의는 오래된 것이라 할 수 있을 것이다."

"그대는 이제 책봉을 받았으니, 근면하게 조약의 3개 조항을 지키라 ; 확고하게 그대의 진심에 일심전력을 유지하라 ; 그대의 충성

---

61 이종성은 부산 일본군진영에서 히데요시는 책봉받을 의사가 없으며 명의 사절은 구금될 것이란 소문을 듣고 도망(1596년 4월), 부사 양방형이 정사, 심유경이 부사로 임명돼 일본으로 갔다.

스런 품행으로 이 제국에 감사함을 표하라 ; 정직함과 정의로 모든 나라와의 평화를 지키라. 그대의 국경에 있는 의존적인 야만인들에 대해서는, 그대의 해안에서의 문제들을 방지하기 위해 진압과 제한의 방책들을 적용하는데 항상 신중하라. 우리는 그대가 항상 66개 섬들의 백성들이 함께 조화롭게 살 수 있도록 노력할 것임을 믿는다. ; 그들의 천직에서 떨어져 버린 이들이, 다시 평화롭게 안착하도록 하고, 그들이 부모와 가족들과 재회할 기회를 주는 것을 그대의 목표로 삼아라. 그리 함으로서 그대는 우리의 희망사항을 실천하고 천명의 뜻에 따라 행하게 될 것이다. 조공을 실행하는 것에 대해서는(즉, 닝보寧波에서의 통상), 이는 확실히 그대의 존경과 충성심의 증명이다. 하지만 바다만큼의 범위로 우리의 관료들은 전시상태와 같은 방어태세를 이해한다. 그들의 움직임은 바람과 파도만큼이나 확실치 않다.[62] 돌과 보석은 구분하기 어렵다. 어찌 우리가 복종의 행위로 이미 검증된 이들로부터 다시 보상을 요구하겠는가? 모든 것은 이미 용서되었으며, 위법의 순간들은 미래에 최대한 방지될 것이다."

"정중히 우리의 명령을 따르라 : 이로부터 벗어나지 않도록 하라. 하늘이 지켜보고 있다. : 휘황찬란하게 눈부신 것이 바로 황제의 명령이다. "이를 준수하라!"

49. 마침내 히데요시에게 돌아온 교서의 어감은 봉하는 것(封) 혹은

---

62 〈원문 주 3〉이 이해하기 힘든 문장의 의미는 어쩌면 닝보의 한족(漢族) 지역민들이, 일본인과 상업적 관계를 하는 것을 신뢰할 수 없고, 평화로운 상인들을 옛날에 그 바다를 침략한 그 국가의 왜구들로 오해할 수도 있는 사납고, 호전적인 계층이라는 것일 수도 있다.

책봉 그 자체의 것이었다. 그가 이에 불쾌해할 것이라는 고니시(유키나가)의 두려움은 완전한 현실이 되었다. 그[히데요시]는 "나는 일본왕이 되는데 그의 도움을 원하지 않는다. 유키나가가 나를 믿도록 한 것은 명나라의 수장이, 나를 명나라 황제로 인정한다는 것이었다"고 강변하며 격렬한 감정에 빠졌다. 그는 왕관과 관복을 찢어버리고, 이를 임명장과 함께 바닥으로 내동댕이치고는, 고니시에게 이 속임수 때문에 그가 너의 머리를 그 자리에서 베어버릴 수도 있다는, [뜻을] 나타냈다. 그러나 그는 명나라가 문명에서 모두에 앞서기에, 명과 인접한 국가들이 책봉을 받는 것은 고대의 전통이며, 그의 명성과 응분이 이러한 인정을 표하도록 한 것이기에, 히데요시에게 실제로는 영광인 것이라는 점을 지적한 승려들에 의해 [화가] 누그러졌다. 고니시 또한 히데요시가 파견의 총괄적 통제 권력을 맡긴 세 명의 측근들 또한 그 자신과 같이 말해진 것과 행해진 것에 대해 똑같은 책임이 있다는 것을 보여주는 데 큰 어려움을 겪지 않았고, 그는 이에 따라 화를 피하는 것을 허락받았다. ; 하지만 히데요시가 이제야 이해한 책봉은, 그가 만족하기에는 어려웠다. 그는 그 사신들과 그들의 군주에게 어떠한 답변이나 심지어 동양의 외교관례에 의해 요구되는 인사도 없이, 사신들에게 당장 일본을 떠날 것을 명하였다. 하지만 복기해 본 히데요시는 바로 그때 정치적으로 명나라와의 분쟁을 더 이상 끌지 않기로 판단하고, 명나라 사신들에게 적절한 선물을 주는 것에 수긍했다. 그의 분노는 언제나 그랬듯이 희생양으로 삼아진 조선에 돌아갔다. 그는 그 행복하지 않은 국가와 절대 화친하지 않기로 결심하였고, 그리고 단번에 새로운 원정을 준비할 것을 명령하였다. [중국 사신들과 같이 일본에 갔던] 조선 관료 두 명의 목숨마저도 위험에 처해졌다. 그 다음날 사절단은 교토를 떠났다. 그들은 폭풍에 의해 갇혀있던 나고야에서, 히데요시의 서신을 가지고 온 전령에 맞닥뜨렸고, 이들은 이것이 사과문이기를 바랬으나 이는 온순하고 남을 해치지 않는 명사[히데요시]가 조선에 의해 겪은 불의들의 열거에 다름 아니었다. 즉 조선 사신들이 몇 년 전 일본에 왔을 때, 명나라의 상황을 숨긴 것이 첫 번째 모욕, 심유경의 요청으로 조선의 왕자들이 풀려났지만 이들은 개인적으로 찾아와 감사를 표하지 않았고 ; 그들은 대신 보잘것없는 위치의 관료 두 명을 보내온 것이 두 번째 모욕, 조선이 몇 년 간 명나라와 일본 사이의 화친 협상을 방해한 것이 세 번째 모욕이었다는 것이다. 1596년 12월 사신들이 귀국해, 이 문서는 왕 이연[선조]에게 전달되었고, 이에 매우 놀라 그를 다시 위협하는 침략을 격퇴하기 위한 원조를, 명나라에 다시 요청했다.

제4장 재침

50. 명나라 사신들이 부산에 도착함과 동시에 가토 기요마사와 고니시 유키나가는 조선에 돌아왔다. 그들이 돌아온 지 얼마 안 되어 협상이 진행되던 중, 거기에 남겨졌던 빈약한 수비대를 위한 병력 증강이 이뤄졌다. 일본은 1597년 초, 그들의 거점을 보강하기 위

해 병력을 투입하였다. 부산 방어망은 재정비되었다. 양산의 관리들과 근처의 다른 초소를 지키는 사람들은 쫓겨났으며, 일본군이 이 자리에 들어섰다. 지역 농민들과의 화합을 위해 기요마사가 그들에게 전쟁을 하고 싶지 않다며 집에 조용히 있을 것을 종용하는, 지대한 노력이 더해졌다.

51. 한편 명나라 사신인 팽성(앞에서의 양방형)과[63] 웨이칭(심유경)은 북경으로 가서 그들의 임무 실패를 최대한 덮고자 필사적인 노력을 했다. 그들은 히데요시가 그에게 내려진 제국의 선의의 요소들에 매우 감사해 했으며, 그의 감사함의 표시로 그의 통치권의 몇 가지 특산물들을 조공물로 보내왔다고 선언했다. 이는 곧바로 일본의 특산물이 아닌 것으로 드러난 벨벳들과 붉은 털옷이었고, 히데요시가 감사를 표하는 편지가 없다는 점은 소위 이 '선물'이라는 것의 이상한 특징으로, 이미 드러난 의심을 더욱 확실하게 했다. 이제 일본 장수들이 부산에 진군했다는 소식이 북경에 알려짐으로서, 그곳의 흥분을 격화시켰다. 조선과의 관계를 담당하던 병부상서 석성(石星)은 이에 대한 설명을 위해 소환되었다. 이에 그는 대신 양방형과 심유경에게 [설명을] 요구하였다. 후자[심유경]는 일본 측이 다만 원한 것은 조선을 예의로 혼내주는 것이며, 명나라의 결정에 기꺼이 따르는 것이라고 주장했다. ; 하지만 피하는 것이 의미가 없다는 것을 본 양방형은 사실을 고백했으며, 석성과 그가

---

[63] 〈원문 주 4〉 이 장에서는 중국 이름에는 중국어(북경어) 발음을, 그리고 한국 이름은 한국 발음을 따랐다. 이 두 이름은 일본식 발음을 차용했던 전 장의 Ho-kið와 Ikei이다.

사실은 이 속임수에 대해 쭉 알고 있었다는 것과 벨벳과 붉은 옷을 사는 것이 사실 책봉의 어려움을 수습하고 어떤 대가를 치르더라도 평화를 이루고자 했던 소망에서 촉발된, 그의 제안이었다는 것을 말해주는, 개인적인 서신을 주고받았다고 밝혔다. 이에 석성은 양방형과 주고받은 서신을 증거물로 보임으로서 보복했다. ; 하지만 그 증거는 그에게 지나치게 강력했고, 그는 불명예스럽게 그의 직책을 내려놓아야 했다. 양방형에 대해서는 더 이상 들리는 바는 없으며, 심유경의 이름은 이 글에서 나타나지 않겠지만, 그의 그다음 이야기는 조금 말해질 수 있다. 그는 협상의 끊어진 가닥을 다시 계속하고자 조선으로 보내졌다 ; 하지만 그의 모든 노력이 소용없어지자, 그는 명으로 다시 돌아가는 것을 두려워하여 일본 측에 피난하려 하던 중 체포되었고, 투옥되어 그 뒤에 처형되었다.

52.⁶⁴ 이 해[1597년] 3월, 명나라 조정은 병부상서인 형개(邢玠)를 일본 측의 조선 침략자들에 대항하는 새로운 파병군의 총독으로 임명했다. 그의 휘하에서 양호(楊鎬), 마귀(麻貴), 그리고 양원(楊元)이 그를 보좌했다. 마지막에 언급된 장군은 3천명의 명나라 군대를 이끌고 5월 서울에 도착했다. 그곳에서 며칠 동안 머문 후, 군대는 전라도의 중요한 요충지인 남원으로 이동하여 얼마간의 조선 측 보조병과 함께 주둔했다. 일본군의 진군을 기다리던 중 그들은 해자를 더욱 깊게 파고, 난간을 더욱 높게 하고, 양마장(羊馬墻)을 설

---

64 『징비록』, 〈명나라 병부상서 형개를 총독군문으로, 요동 포정사 양호를 경리조선군무로, 마귀를 대장으로 삼다〉(pp. 496-497)를 인용.

치하고, 그곳의 방어를 모든 방법을 동원하여 강화시켰다. 같은 도에 있는 전주 또한 명군이 주둔했으며, 조선군도 경상도의 여러 도시들을 지키기 위한 준비를 하였다.

53. 명나라 측이나 일본 측 모두 공세를 시작할 의지를 보이지 않았다. 명나라 조정은 현 상황의 이점을 살려 조선에 대한 영향력을 강화시키고 싶어 하였으며, 군대의 진군을 조선 팔도의 행정을 명나라 관리들의 손에 넘기는 계획에 동의하도록 하기 위해, 그 전까지는 진군을 늦추었다. [조선] 국왕은 그가 완전한 합병에 크게 다르지 않다고 본, 이 계획에 완고하게 반대했으며, 이것이 실행되도록 용납하는 것을 거부했다. 일본 측은 이제 강력한 지원군을 받아 약 13만 명에 이르렀다 ; 하지만 그들의 이점은 보급의 부족으로 인해 저해되어, 조선의 추수기간이 오거나 혹은 일본에서 지원이 보내지기 전까지 기다려야만 했다. 히데요시의 명령에 의해 전자가 택해졌으며 8월 1일에 조선 내륙으로 진군하도록 정해졌다.

54.[65] 첫 공세는 조선 수군에 의해 시작되었다. 원균(元均)이 이끌던 소함대는 7월 초에 부산에 있던 일본 함대를 공격했다. 원균은 그의 전임자인 특별한 능력을 가진 [이]순신에게 음모를 꾸며 음해함으로서 그 자리에 올랐으며, 완전히 무능력했을 뿐만 아니라 그의 부하들에게 인기가 없었다. 그의 휘하에서 조선 수군은 빠르게 무질서의 상태로 빠져들었다. 한편 일본 측은 앞서의 해전에서의 패

---

[65] 『징비록』, 〈8월 7일에 한산도의 수군이 무너지다〉(pp. 502-505)를 인용.

배들에 자극되어, 수군 문제에 더욱 관심을 가지게 되었다. 원균은 그들을 공격하는 것의 어리석음에 대해 인지하고 있었다. ; 하지만 전임자의 나태하다는 혐의에 대해 가장 큰 힐난을 해 온 자였기에, 그 공세의 조치가 그에게 요구되었을 때, 그것을 거절할 수 없었다. 결국 그는 그의 함대를 끌고 부산으로 진군하게 되었으며, 그 날 늦게 도착하여 그의 부하들은 오랜 노젓기로 인해 지쳤고, 배고픔과 갈증으로 인해 약해져 있었다. 일본군은 그들의 공격을 격퇴하는데 큰 어려움을 겪지 않았으며, 날씨가 좋지 않고 밤이 다가오자, 조선 병사들은 이를 다시 시도할 수 없었다. 그들은 가덕도로 후퇴하여 선원들은 갈증을 해소하기 위해 물을 찾고자 해안가로 달려갔고, 섬에서 일본군에게 공격을 당해 4백명을 잃었다. 그러자 원균은 거제도로 후퇴했다. 조선의 총사령관은 그의 패전의 책임을 물어 곤장을 쳤다 ; 그러나 이는 그를 더욱 분발하도록 촉구하는 것이 아니라, 그를 취기의 주기적인 발작의 하나로 몰아넣었으며, 그와 그의 함대는 곧 일본군의 손쉬운 먹잇감으로 전락하였다. 겨우 후퇴하는데 성공한 몇 척의 배들만이 이 광범위한 파괴에서 살아남았다.

55.[66] 이 승리는 일본에게 제해권을 장악하게 해주었으며, 이제 그들은 광범위한 진군을 준비하였다. 첫 작전은 남원을 향하였다. 육군은 세 갈래로 나누어 서쪽으로 진군하였고 그 사이 함대는, 그

---

[66] 『징비록』, 〈왜병이 남원부를 함락하다〉(pp. 527-530), 〈적병이 물러나다〉(pp. 543-544)를 각각 인용.

일부를 남원에 이르는 강의 입구에 위치한 도시인 광양에 정박했다. 남원의 명나라군 수비대는 전주로부터의 지원을 예상했으나, 그 방향으로 파견된 일단의 병력에 의해 지원이 차단되었고, 그로 인해 그들은 사기를 잃고 불만스러워했다. 일본군은 중요치 않은 몇몇 전투 이후 성 아래의 명나라 군에 의해 의도적으로 파괴된 민가의 잔재인 돌벽과 흙벽 속에서 공격을 실행했다. 그리고 그들은 그들의 호전적인 책략을 실행에 옮겼다. 그들은 동네의 풀과 곡식을 잘라 짚단으로 만들어 밤에 해자로 옮겨, 벽과 높이가 비슷해질 정도로 [해자를] 채웠다. 그리고 성은 공격으로 함락되고 명나라 장수 양원과 매우 어렵게 탈출한 몇 명을 제외하고는 전 수비병이 살육당했다. 한 권위자는 이때에 2천 개의 수급이 일본군에 의해 취해졌다고 언급했다 ; 다른 이는 3천7백26개였다며, 장수들의 머리와 일반 병사들의 경우 코만 소금에 절여 일본에 있는 히데요시에게 보내졌다고 첨언하였다.

56.[67] 남원 점령 이후 일본군은 북쪽으로 진군했다. 8월 20일, 그들은 그들이 접근하자 버려진 전주를 차지하였다. 마귀가 방어하기 위해 준비하고 있던 충청도의 주도인 공주 또한 버려졌으며, 그리하여 일본군은 몇 주 만에 조선의 남부 삼도 거의 대부분의 주인이 되었다. 그들의 근접은 서울에 커다란 경각심을 불러일으켰다. 궁중의 여자들은 안전을 위해 대피되었으며 국왕이 다시 수도를 떠

---

67 『징비록』, 〈통제사 이순신이 진도 벽파정 아래에서 왜군을 무찌르다〉(pp. 537-540), 〈적병이 물러나다〉(pp. 543-544)를 각각 인용.

나는 것에 대한 문제 또한 조정에서 뜨겁게 논의되었다. 일본군은 이제 충청도 북쪽 경계에 있는 직산[68]에 이를 만큼 전진했다. 이 도시는 경기도의 수원처럼 상당한 병력의 명나라 군들이 주둔하고 있었으며 치열한 전투가, 전자의 장소 [직산 근처에서 벌어졌으며, 양측 모두 우위를 주장했다. 그러나 일본 측에게는 수도에 자리 잡는 것을 가능케 할 수 있는 결정적인 승리라고 하기에는 여러 면에서 부족했고, 거의 패배에 다름없었다. 조선의 지독한 겨울이 다가오고 있었으며, 그 나라의 피폐한 상태에서 보급품은 매우 얻기 어려웠다. 조선의 함대 또한 전 사령관이었던 이순신에 의해 재조직되어 다시 가공할 수준이 되어가고 있었다. 한반도 남서쪽 끝에 있는 진도가 진지였으며, 이 부근에서의 일본과의 몇 차례의 경미한 교전들에서 조선 측은 우위를 점하였다. 그들은 또한 그들의 사령관인 이순신이 친밀한 관계를 유지하는데 성공한, 명나라의 몇 척의 전함들로 증강되었다.

57.[69] 이러한 상황 속에서 일본은 그들의 정복을 포기하고, 그들이 점거하고 있던 서쪽의 전라도 순천으로부터, 동쪽으로는 울산에 이르는 요새화된 지역에서, 한반도의 동남쪽의 구석으로 다시 퇴각하기로 결정했다.

58.[70] 명나라의 총사령관인 형개는 11월 중순까지도 압록강을 넘어

---

68 현재의 충남 천안.
69 『징비록』, 〈적병이 물러나다〉(pp. 543-544)를 인용.
70 『징비록』, 〈12월에 경리 양호와 제독 마귀가 수만 명을 이끌고 울산의 적 진영을 공격하다〉(pp. 549-550)를 인용.

조선으로 오지 않았다. 그는 그 달 29일에 서울에 도착했으며, 며칠 뒤 열린 큰 행사에서 사령관직을 맡으며, 4만 명 규모인 그의 병사들 앞에서 이 중요한 사실을 천하에 공포하였다. 형개는 서울에 남은 채로, 명군은 3개 방향으로 남진하였다. 양호와 마귀가 통솔하던 부대들은 12월 20일 경주에서 만나 당시 가토 기요마사의 부하들의 수비대에 의해 점령되었던 울산을 향하여 첫 작전을 실행하기로 결정하였다. 울산은 부산과의 교통이 육, 해상으로 모두 용이한 천연의 요새였다. 몇 번의 전투 이후 명군은 육상의 통신망을 차단하는데 성공하였으며, 자연적 이점을 제외하면 다른 면에서는 포위를 막아내는 준비를 하지 못한 그곳을 포위했다. 일본군은 얼마 안 가 급하게 만들어진 말뚝 울타리의 바깥 경계선에서 성 안으로 쫓겨났고, 명나라 측이 공격을 반복했지만 성과 없이, 성을 탈취하는 시도는 실패했다. 그 피해는 상당하여 그 작전은 포위에서 봉쇄로 바뀌었으며 일본 측의 보급 부족으로 인해 거의 성공할 뻔했다. 그들의 쌀 지급은 곧 바닥이 났고, 그 다음은 성 안의 소들과 말들이 뒤따랐으며, 장수와 사병 모두 짧은 시간 내에 최악의 사지에 내몰렸다. 그들은 흙과 종이들을 씹어먹었으며, 밤에 도둑질을 하고, 성 밖의 시체들 중에 아직 배낭이 완전히 비어있지 않은 몇몇 명나라 병사의 시체를 찾으면 운이 좋다고 여겼다. 하지만 이 포위는 오래가지 못했다. 새해(1598년)초 구로다, 하치스카, 그리고 다른 일본인 장수들이 기요마사를 돕기 위해 왔다. 명나라군은 포위망을 풀고 후퇴하였는데, 서울로 후퇴하던 중 일본군에 추격당하여 상당한 피해를 입었다.

59. 1598년 봄 병력을 추가로 지원받은 명군은 다시 전장으로 나왔다. 그들의 진격에 대한 소식을 듣고, 고니시 유키나가는 순천과 울산을 포기하고 전군은 부산에 집중해야 한다고 [히데요시에게] 진언했다 ; 하지만 이 입장을 전달받은 히데요시는 완고하게 이를 행하는 것을 거부했다. 그는 육군 중 일부를 불러들였지만, 아직 일본군이 점령한 조선 남쪽의 몇 도시들을 지키기 위한 6만 명이 남아있었다.

60. 이 해의 여름 중 상당 기간이, 명나라 군의 울산에 대한 소득 없는 공세로 소비되었다. 그들은 처음에는 두 중간지점인 경상도 남서쪽 끝의 곤양과 사천에서는 좀 더 성공적이었다. ; 하지만 여기에서도 그들은 결과적으로 엄청난 살육과 함께 쫓겨났다. 사천전투에서의 명나라군의 수급 예상치는 3만 8천 7백이다. 이것들은 일본군에 의해 봉분 아래 묻혔다. ; 하지만 귀와 코는 그 전에 절단되어 소금에 절여진 다음 일본에 보내졌고, 후에 교토의 대불사 근처에 묻어져 그 위에 흙더미를 쌓은 것이 오늘날 '미미즈카(耳塚)', 혹은 '귀무덤'71이라 불린다.

61. 사천 전투는 10월 1일에 있었으며, 그 다음 주에 히데요시가 8월 8일 후시미에서 사망했다는 소식이 일본으로부터 전해져 왔다. 그가 죽기 전, 조선에 있던 전군을 철수시키기로 결정하고, 그의 유

---

71 당초에는 '하나즈카(鼻塚)', 즉 '코무덤'으로 불리다가 후일 '미미즈카(耳塚)' 즉, '귀무덤'으로 바뀌었다.

언은 [도쿠가와] 이에야스72에게 그의 위대한 군대가 외국을 저주하는 유령이 되지 않도록 하라는, 경고였다. 이에야스는 그의 소원에 기꺼이 순응하였고, 명령이 보내져 이에 따라 조선에 있던 일본군은 11월에 본국으로 돌아오기 시작했다. 명나라 측이 휴전에 동의했다는 설이 있으나 양측 모두 이러한 합의에 큰 믿음을 가지거나, 이것이 지켜지지 않았을 시 항의할 할 이유가 그다지 없었다. 만약 휴전이 존재했다면, 이는 귀국하던 일본의 한 군대를 공격한 명군과 조선 해군에 의해 어겨졌다. 일본군은 처절한 저항을 했으나 결국 그들의 배를 버리고 남해의 섬에 피신할 수밖에 없었다. ; 이곳에서 그들은 다른 지휘관들 중 한 명에 의해 구조되었고, 그 후에 일본군은 더 이상의 괴롭힘을 당하지 않고 편안히 퇴각할 수 있었다.

62. 이제 전쟁은 끝났으나 일본과 조선 사이에 새롭게 친선관계가 맺어지는 데는 몇 년의 시간이 걸렸다. 히데요시의 죽음 이후 혼란스러워진 일본은 얼마간 이에야스가 외교문제에 눈을 돌리는 것을 막았다. ; 그러나 그의 권력은 1600년 세키가하라 전투의 승리로 인해 공고해졌고, 그다음 해에 쓰시마의 다이묘에게 조선정부에 어떠한 평화제안도 우호적으로 받아들여질 것임을 시사하라고, 명령했다. 이 시기 전에 조선에 보내진 몇몇 쓰시마 전령들은, 주둔 중이던 명나라 군에 잡혀 북경으로 보내졌으나, 이 다이묘의 때에는

---

72 德川家康(1543-1616년). 그는 히데요시 사후 벌어진 세키가하라(関ヶ原) 전투에서 히데요시 추종세력에 승리, 1603년 도쿠가와 막부를 열었다.

전쟁 때 사로잡은 [조선] 포로를 돌려보냄으로써 더 나은 이해에 다다르게 하는데 성공하였고, 많은 비공식적인 성격의 협상 후에 조선왕은 마침내 1607년 봄에 일본의 '국왕' 또는 '왕' 앞으로 쓴 편지를 동봉해 통신사를 보냈다. 그 일본왕는 최근에 쇼군이 된 히데타다였다. 이 편지의 두 가지 사본이 존재하며, 하나는 진본이며 다른 하나는 에도로 가는 중에 대마도에서 조선 통신사들에 의해 수정된 사본이다. 후술 될 내용은 후자의 번역본이다. ; 하지만 양 사본의 차이는 크게 중요치 않으며, 수정은 짐작컨대 이에야스를 위한 서류를 히데타다가 수용하기 좋게 하기 위해 도입된 것이다.

63. "조선의 왕 이연이 겸허히 일본의 국왕전하께 올립니다.

고대 때부터, 국제 관계에는 길이 있어 왔습니다. 과거 2백 년 동안 파도가 일지 않았습니다(즉, 평화가 찾아오니). 이것이 천조의 선물이 아니면 무엇이겠습니까? 그리고 이 나라가 귀국에 적의를 취할 이유가 무엇이겠습니까? 그러나 1592년의 고난 동안 귀국은 명분 없이 전쟁을 걸어 혼란을 야기하고, 극심한 잔혹함을 행하여 심지어 우리 선대들의 종묘에도 해를 가하였습니다. 이 나라의 국체와 백성들이 깊이 비통해했으며 같은 하늘아래 귀국과는 같이 살 수 없다고까지 느꼈으며, 쓰시마가 지난 6-7년 동안 평화를 바라왔지만 우리나라는 이를 허락하기에는 너무 수치스러웠습니다. 하지만, 귀국은 이제는 전 왕조의 실수를 바로 잡았으며, 예전과 같은 선린관계를 행하였습니다. 만약 진실로 그렇다면, 양국의 인민들에게 축복이 아니겠습니까? 그럼으로 우리는 통신사를 우호의 뜻으로 보냅니다. 동봉된 서류는 우리나라의 보잘것없는 몇 가지 특산품들입니다. 이에 대해 양해를 부탁드립니다.

"만력35년(1607) 1월

"조선의 이연"

동봉

매 : 50쌍

인삼 : 200근

양탄자 : 200필

삼베옷 : 30필

흰 무명옷 : 50필

검은 무명 옷 : 30필

화문석 : 20장

백지 : 50두루마리

녹색 가죽 : 10장

호피 : 30장

표범가죽 : 30장

정사각형 속에 한자로 위정이덕(爲政以德, 덕으로서 나라를 다스려라)으로 된 조선왕의 인장

64. 이 편지에 대한 답장은 적절한 때에 돌아왔고, 그 이후부터 양국 간의 평화로운 관계가 공식적으로 수립되었다고 볼 수 있다. 이 모든 협상들에 대해 조선왕은 모든 것을 명나라 황제에게 전하였으며, 어떠한 단계도 그의 승인 없이 진행되지 않았다.

(끝)

류성룡 친필의 임진왜란 회고록 『초본징비록(草本懲毖錄)』(국보 132호) 서문.

초본징비록草本懲毖錄에 대하여

이나바 이와키치(稻葉岩吉)
『사학(史學)』 제6권 제1호(pp. 1-37), 미타사학회(三田史學會), 1927년 3월

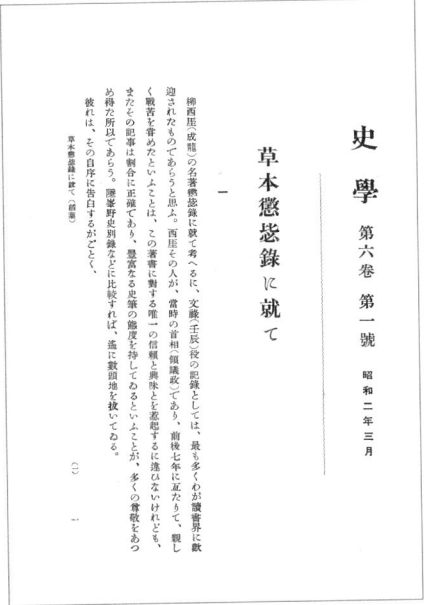

이나바 이와키치(稻葉岩吉)가 1927년 일본 게이오대학 사학회 잡지에 발표한 『징비록』에 관한 사상 최초의 논문인 「초본징비록에 대하여(草本懲毖錄に就て)」 표지.

#밑줄 친 부분은 필자의 강조

1.

류서애(성룡)의 명저 『징비록』에 대해 생각하건대, '분로쿠(文祿, 임진壬辰)의 역(役)'[임진왜란] 기록으로서는 가장 많이 우리 독서계에 환영받았을 것이라고 생각한다. 서애 그 사람은 당시 수상(영의정)이었으며, 전후 7년에 걸쳐 친히 전쟁의 고통을 맛보았다는 점은, 이 저서에 대한 유일한 신뢰와 흥미를 야기하는 것이 틀림없으며, 또한 이 기사는 비교적 정확하며 풍부한 사필(史筆)의 태도를 지니고 있다는 점이 많은 존경을 받게 된 이유이기도 할 것이다. 『은봉야사별록(隱峯野史別錄)』[1] 등과 비교하면, 월등히 뛰어나다.

그는 자필 서문(自序)에서 고백이라도 하듯이,

『징비록』이란 무엇인가? 임진왜란 후의 일을 기록한 것이다. 한편, 임진왜란 전의 일도 가끔 기록한 것은 임진왜란이 그로부터 비롯되었기 때문이다. 아아, 임진년의 재앙은 참담하였도다. 수십 일 사이에 세 도읍[서울, 개성, 평양]을 상실하였고, 팔도가 와해되었으며 임금이 피난하는 지경에 이르렀음에도 지금과 같이 평화를 되찾은 것은 하늘 덕분이다. 또한 역대 임금의 어질고 두터운 덕택이 백성들에게 굳게 맺혀 [백성들이] 나라를 생각하는 마음이 그치지 않았고, 우리 임금께서 명나라를 섬기는 정성이 황제를 감동시켜 천자국이 제후국을 돕는 군대를 여러 차례 보냈으니, 이러한 일들이 없었다면 나라는 위태하였을 것이다. 『시경』에 "나는 지난 일의 잘못을 징계하여 후환을 조심한다"라는 구절이 있다. 이것이 『징비록』을 지은 이유이다. 백성들이 떠돌고 정치가 어지러워진 때에

---

[1] 안방준(安邦俊, 1573-1654년)이 저술한 임진왜란 관련 야사집.

나 같은 못난 사람이 나라의 중책을 맡아 위기를 바로잡지 못하고 [나라가] 무너지는 것을 떠받치지 못하였으니 그 죄는 죽어도 용서받지 못할 것이다. 그런데 오히려 시골에 눈 뜨고 살아서 구차하게 삶을 이어가고 있으니 어찌 나라의 관대한 은혜가 아니겠는가. 근심과 두려움이 조금 진정되어 지난날의 일을 생각할 때마다 황송하고 부끄러워 얼굴을 들 수 없다. 이에 한가한 때에 임진년[1592년]에서 무술년[1598년]에 이르는 사이에 보고 들은 일을 대강 적어 모으니 그 분량이 어느 정도 되었고, 장계(狀啓)·소차(疏箚)·문이(文移)·잡록(雜錄)을 그 뒤에 붙였다. 비록 볼 만한 것은 없지만 이 또한 그때의 일이니 버리지 못한다. 이로써 시골에 살면서도 간절히 충성을 바라는 마음이 있음을 드러내고, 어리석은 신하가 나라의 은혜에 보답하려 하였지만 공을 세우지 못한 죄를 드러내고자 하였음이라.

懲毖錄者何, 記亂後事也, 其在亂前者, 往往亦記, 以本其始也, 嗚呼壬辰之禍慘矣, 浹旬之間, 三都失守, 八方瓦解, 乘輿播越, 其得有今日, 天也, 亦由祖宗仁厚之澤, 固結於民, 而思漢之心未已, 聖上事大之誠, 感動皇極, 而存邢之師屢出, 不然則殆矣, 詩曰予其懲而毖後患, 此懲毖錄所以作也, 若余者, 以無似受國重任於流離板蕩之際, 危不持, 顚不持, 罪死無赦, 尙視息田畝間, 苟延性命, 豈非寬典, 憂悸稍定, 每念前日事, 未嘗不惶愧靡容, 乃於閑中, 粗述其耳目所逮者, 自壬辰至于戊戌總若干言, 因以狀啓疏箚文移及雜錄, 附其後, 雖無可觀者, 亦皆當日事迹, 故不能去, 旣以寓畎畝悓悓願忠之意, 又以著愚臣報國無狀之罪云.

이라고 써서, 다만 난중의 기사에만 머물지 않고 전쟁 전 즉, 임진년 이전의 일에서 연원을 찾고 있다. 다시 말해 전쟁 이전의 일에서 연원을 찾는다는 것은, 갑자기 일어난 것으로 보이는 이 전쟁은 필시 상당한 원인이 없을 수 없다는 말로 귀결된다. 그는 은퇴하여 무료하기 때문에, 그 과거를 이야기하고 있는 것이 아니다. 그는 시경에 이르길, "나는 지난 일의 잘못을 징계하여 후환을 조심한다(予其懲而毖後患, 此懲毖錄所以作也)."라며, 그 임진년부터 무술년에 이르는 7년간의 고통스런 경험을 대략 기록했다. 『징비록』은 이 점에서 보면 망국파가(亡國破家)의 위험에 처한 정치가의 일대 수기로도 불릴 만하며, 동시에 숱한 어려움을 경험했던 사가(史家)의 기록이라고 칭해도 좋을 것이다. 가이바라 에키켄(貝原益軒)[2]은 일본에서 복사 간행된, 복인본(覆印本) 『징비록』에서,

『전(傳)』에는 다음과 같은 구절이 있다. "군대를 쓰는 데에는 다섯 가지 종류가 있는데, 의병, 응병, 탐병, 교병, 분병이다. 의병과 응병이 군자가 쓰는 군대이다." 또 『전』에 이러한 구절이 있다. "비록 나라가 커도 전쟁을 좋아하면 반드시 망한다. 비록 천하가 평안하더라도 전쟁을 잊으면 반드시 위험하다. 전쟁을 좋아하고, 잊는 두 가지를 어찌 경계하지 않겠는가?" 예전에 도요토미 히데요시가 조선을 징벌한 것은 탐병이라 할 수 있으며, 여기에 교병과 분병을 더하였다. 의병이라 할 수 없다. 또한 부득이하게 군대를 쓴 것이 아니니 응병도 아니다. 그는 전쟁을 좋아하였다고 할 수 있으니, 이는 천도가 미워하는 바이다. 그의 집안이 망한 것은 이 때문이다. 한편 한인(韓人)은 위태롭고 약해서 일본군에 순식간에 패하여 무너졌으니, 이는 원래 군대를 기르지 않았고 수비하는 법을 그르쳤기 때문이다. 그 때문에 응병을 쓰지 못한 것이다. 이것이 "전쟁을 잊는다."는 것이다. 아아, 조선의 국세가 거의 망할 뻔한 것은 이 때문이

---

2 에도시대 후쿠오카(福岡)번의 유학자(1630-1714년).

다. 재상 류성룡이 『징비록』을 지은 것은 지당하도다. 이는 지난 일을 살펴 뒷일을 경계한다는 뜻이다. 이 책은 기사가 간결하고 말이 질박하니 과장이 많고 화려함을 다투는 세상의 책들과는 다르다. 조선정벌을 말하는 자는 이 책을 근거로 삼는 것이 좋다. 〈하략〉

傳曰用兵有五, 曰義兵, 曰應兵, 曰貪兵, 曰驕兵, 曰忿兵, 五之中, 義兵與應兵, 君子所用也, 傳又曰, 國雖大, 好戰必亡, 天下雖安, 忘戰則必危, 二者可以不戒乎哉, 曩者豐臣氏之伐朝鮮也, 可謂貪兵而兼驕與忿, 不可謂義兵, 又非不得已而用之者, 所謂好戰者也, 是天道之所惡, 其終亡者, 固其所也, 韓人之脆弱而速敗, 瓦解土崩者, 緣敎養不素, 守禦失道, 故不能用應兵, 是所謂忘戰者也, 嗚呼朝鮮之國勢危殆而幾亡者, 職此而已, 宜哉柳相國之作懲毖錄也, 是觀前車而戒後車之意也, 此書記事簡要, 爲辭質直, 非世之著書者誇多鬪靡之比, 談朝鮮戰伐之事者, 可以是爲的據 〈下略〉

이라고 추천하고 있는데, 확실히 지당, 공정한 말이다.

2.

가이바라본(貝原本) 『징비록』은 책 말미(奧書)[3]에, 겐로쿠(元祿) 8년, (을해乙亥) 정월 모일 사판(寫板)이라고 되어 있지만, 이 책의 저본(底本, [원본])의 간행본인지 아닌지는 명확하지 않다. 동시에 가이바라본 이전에도 이 책이 일본 내에 전해지긴 했지만, 그 경위는 역시 불명이다. 가이바라의 서문에는 "나는 근자에 교토(京都)에 머물고 있는데 출판인이 이 책을 간행하고자 그 과정을 모두 마치고 내게 서문을 부탁하였다. 나는 이 책을 간행하여 세상에 퍼트리고자 하는 그 뜻을

---

[3] 사본 등의 말미에 베낀 사람의 이름, 제작 일자, 제작 경위 등을 적은 글.

아름답게 여겨, [류성룡이] 이 책을 쓴 이유에 근거하여 이처럼 논평하였다. 운운. 겐로쿠 을해[1695년] 망종[6월](予近者偶客乎京師, 書坊之輩, 刊此書於梓, 旣成, 屬書於予, 予美此書之布行于世, 故本茲編之所由作, 而論著之者如是, 云云, 元綠 乙亥芒種)"이라고 하였는데, 그 전래에 대해서는 전혀 언급하지 않고 있다. 그러나 쿄호(享保, [1716-36년]) 연간의 조선통신사 수기에, 『징비록』이하 다수의 조선책(韓本)이 이미 오사카(大阪) 주변에서 출판되고 있었던 일이나, 아울러 이에 대한 단속방법 등을 꽤 상세히 쓰고 있으므로, 어떤 식으로든 이 책의 일본수입은 상당히 이전부터 있었던 것이라고 상상해도, 허용될 것이다. 우리나라 [일본] 내각문고 목록에는 가이바라본 몇 권 외에, [깨끗하게 필사한 책이라는] 청사본(淸寫本)이란 제목을 단 일부가 보존되어 있다. 조선책이라고 인정할 만한 것은 없다.

　나는 이러한 여러 사실에 비추어 볼 때, 종전 우리 일본 내 독서계에 제공된 이 책[징비록] 대부분은, 가이바라본 이외에는 나오지 않았다고 상상하고 싶다. 다만 이해가 되지 않는 것은, 가이바라본에 실린 서애의 자필서문에는 "이에 한가한 때에 임진년[1592년]에서 무술년[1598년]에 이르는 사이에 보고 들은 일을 대강 적어 모으니 그 분량이 어느 정도 되었고, 장계, 소차, 문이, 잡록을 그 뒤에 붙였다. 비록 볼만한 것은 없지만 이 또한 그때의 일이니 버리지 못한다(乃於閒中粗述其耳目所逮者, 自壬辰至于戊戌總若干言, 因以狀啓[4]疏箚[5]文移[6]及雜錄, 附其後,

---

4　장계(狀啓) ; 서장(書狀)과 계사(啓辭). 서장은 임금의 명령을 받들고, 지방에 나간 관원이 서면으로 보고하는 문서. 계사는 각종 정책을 임금에게 건의, 상주하는 문서이다.
5　소차(疏箚) ; 일정한 격식을 갖추지 아니하고, 간단히 사실만을 적어 올리는 상소.
6　문·이(文, 移) ; 상급관청에서 하급관청에 지시, 전달하는 공문.

雖無可觀者, 亦皆當日事迹, 故不能去).” 운운하고 있으므로 만약 이 서문에서 말하는 내용을 기초로 생각한다면, 가이바라본은 『징비록』 전부라는 것이 아니며, 그는 그 일부를 골라서 간행한 것에 지나지 않은 것으로, 될 것이다. 그러나 에키켄[가이바라]은 어디에도 이를 분명히 하지 않고 있다.

 이 같은 의문은 가이바라본 『징비록』을 입수한 몇몇 사람들도 주의해야 할 점이라고 여겨지는데, 그런데 최근 20여 년간 조선 서적의 수량이 현저하게 우리 독서계에 퍼져가면서 점차 판명되는 것 같이, 생각되기에 이르렀다. 그것은 다름 아닌, 조선에서 새로이 수입된 많은 『징비록』을 보면서 가이바라본 그것과는 같지 않은, 방대한 분량의 6권이 넘는 큰 책인 것이다. 그 내용은 아래와 같다.

제일책(第一册)
서(序)
징비록(懲毖錄) 권지일(卷之一)
동(同) 권지이(卷之二)

제이책(第二册)
징비록(懲毖錄) 권지삼(卷之三) 근폭집(芹曝集) 차(箚)
동(同) 근폭집(芹曝集) 계(啓)
동(同) 권지사(卷之四) 근폭집(芹曝集) 계(啓)
동(同) 권지오(卷之五) 근폭집(芹曝集) 계(啓)

제삼책(第三冊)

동(同) 권지육(卷之六) 진사록(辰巳錄) 장(狀)

동(同) 권지칠(卷之七) 진사록(辰巳錄) 장(狀)

동(同) 권지팔(卷之八) 진사록(辰巳錄) 장(狀)

제사책(第四冊)

동(同) 권지구(卷之九) 진사록(辰巳錄) 장(狀)

동(同) 권지십(卷之十) 진사록(辰巳錄) 장(狀)

동(同) 권지십일(卷之十一) 진사록(辰巳錄) 장(狀)

제오책(第五冊)

동(同) 권지십이(卷之十二) 진사록(辰巳錄) 장(狀)

동(同) 권지십삼(卷之十三) 진사록(辰巳錄) 장(狀)

징비록(懲毖錄) 권지십오(卷之十五) 진사록(辰巳錄) 장(狀)

제육책(第六冊)

동(同) 권지십육(卷之十六) 군문등록(軍門謄錄) 문(文) 이(移)

동(同) 권지십칠(卷之十七) 군문등록(軍門謄錄) 문(文) 이(移)

동(同) 권지십팔(卷之十八) 군문등록(軍門謄錄) 문(文) 이(移)

녹후잡기(錄後雜記)

이 같은 내용의 목차를 가지고 가이바라본과 비교하면, 가이바라본은 단지 제일책(第一冊)에 수록되어 있는 권일(卷一)과 권이(卷二) 그리고 권십팔(卷十八)7 말미에 수록되어 있는 『녹후잡기(錄後雜記)』를 채록한 것에 지나지 않으며, 『근폭집(芹曝集)』, 『진사록(辰巳錄)』 및 『군문등록(軍門謄錄)』은 모두 수록하고 있지 않다. 가이바라 씨가 혹시 어떠한 설명도 없이, 제이책(第二冊) 이하 제육책(第六冊)에 이르는 십육권 3백여 쪽의 기사를 버려버렸다고 해석해도 좋다면, 하는 수 없지만 가이바라 씨 등 당시 학자의 태도를 생각하면 그와 같이 함부로 말할 수는 없는 것이다.

3.

조선의 문적(文籍)에 대해 조금이라도 수고한 사람들에게 있어서는 그 해제를 작성하는 데 있어, 상당히 괴로운 경험을 맛보았을 것으로 생각한다. 그 중에서도 사서(史書)는 저작연대 및 간행연도를 판별할 수 없는 것이 보통이어서, 아무개 저술이라고 제목을 다는 명의(名義)는, 어디까지 믿을 만한지를 알 수가 없다. 조선뿐만 아니라 서지해제는 특히 사류(史類)에 있어서 매우 어려웠음을 기억하는데, 조선에서는 특별히 도움이 되는 사정 때문인지, 그 어려움은 곱절이라고 생각한다. 조선에서의 사류는 사부(四部) 중의 문집을 포함하는 것이

---

7 『징비록』 간행본은 16권본과 2권본이 있는 것으로 널리 알려져 있다. 그런데 이나바는 이 논문에서 일제강점기 시절 조선총독부 소장본 가운데 18권 8책본, 18권 6책본이 있었다고 설명하며, 18권본과 초본, 2권본과의 차이 등에 대해 비교, 분석하고 있다. 16권본은 1-2권(징비록), 3-5권(근폭집), 6-14권(진사록), 15-16권(군문등록), 부록(녹후잡기)으로 되어있으나, 18권본은 이 논문에 따르면 1-2권(징비록), 3-5권(근폭집), 6-15권(진사록), 16-18권(군문등록), 부록(녹후잡기)으로 되어 있다. 18권본의 존재는, 역편자가 아는 범위에서는 이나바의 이 논문이 첫 언급이다. 그러나 이나바와 같은 시기 조선사편수회에서 근무하며 초본징비록 등의 해설집필 등 임진왜란 관련 문헌 연구에 가장 해박한 일본인 연구자인 나카무라 히데타카 등도 18권본에 대해서는 언급이 없으며, 국내학계에서도 18권본에 대해서는 언급이 없다.

지당하기에, 따라서 보통의 경우 문집은 족보에 준하는 성질을 띠고 있는 것이다. 가족제도가 현저히 발달해 온 나라의 특성상 무리는 아닌 일이지만, 거기에는 스승 및 그 문인(師門)관계가 강하게 작동하기 때문에 고인이 남긴 글이라고 해도 원문 그대로 편집한다고는 할 수 없으며, 자손이나 문인 등의 형편에 따라 제 마음대로 개작되는 것은, 조금도 이상할 것이 없다. 개작이라면 몰라도 가끔 고인에게는 이전에 알려지지 않은 저작조차, 고인의 이름으로 세상에 알려지는 것 같은 기현상도 있을 수 있다. 본래 선조숭배와 사문관계에서 출발해 편찬된 문집(사서)이기 때문에, 그 남겨진 글들을 보존하는 노력 역시 각별하기에, 여기에 사서적인 가치를 인정해야 하겠지만, 그렇다 해도 지금 서술한 것 같은 모순성을 그냥 지나칠 수는 없다. 그리고 이 같은 불쾌한 현상은, 분로쿠(임진)의 역 전후로부터, 특히 현저한 일이라고 생각되어진다.

특히 사류의 경우이다. 본래 조선에서는 중국의 사관(史官)제도를 취해, 조정의 고위 관리이면서 문형(文衡)[8]의 급에 해당하는 사람들은, 사관을 겸임하도록 하여 시정기(時政記) 사초(史草)를 짓고, 이를 사국(史局)에 모아둘 책임이 있었다. 사초의 부본(副本)은 이를 비밀리에 소장하여, 만일에 대비하고 유실의 경우에는, 그에 대한 문책이 있었다. 따라서 법제상으로 말하자면 사(史)는 모두 관의 서류(官書)이며, 개인의 역사(私史)라고 칭하는 것은 없는 것이다. 이 같은 당연한 귀결은 정쟁의 국면을 사화(史禍)로 이끈 경우도 한 두 번이 아니며,

---

[8] 조선시대 홍문관과 예문관에 둔 대제학(정2품).

그때마다 참극은 끝없이 전개되었으므로, 사람들은 여기에 지극한 경계를 품고, 사소한 사필(史筆)에도 제대로 자신의 이름을 쓰는 일조차 회피했다. 앞에서 서술한 조선사필 대부분이 간행연월이나 저술자 이름을 밝히는 데에 많은 번거로움을 요하는 것은, 이 같은 원인에 기인한다.

이제 이 『징비록』에 대해서는 앞에서 언급한 바와 같은 우려는, 하지 않아도 될 것인가, 나는 그렇다고도, 또 아니다 라고도 가벼이 판단하기 어렵다.

4.

류성룡의 자는 이현(而見), 호는 서애(西厓)이며 풍산 류씨, 경상북도 안동군 풍산면 하회(河回)동 사람이다. 서애 연보에 의하면 그의 시조는 류백(柳伯)이며, 고려 충렬왕대의 관리였다. 9대손은 류중영(柳仲郢, 1515-1573년)으로, 류성룡은 그의 차남으로 태어났다. 지금 전하는 연보는 류성룡 후 5대손 류성화(柳聖和) 시기에 만든 가계인데, 그 전후를 통해 각별히 두드러진 인물은 나타나지 않는다. 혹 그 특징을 말하자면 서애 앞 이백여 년, 후 삼백년을 통틀어 류씨는 의연히 조상이 살았던 풍산면 하회동(하외河隈)을 대대로 지키고 있다. 비단, 서애의 풍산 류씨뿐만 아니라, 경북의 산지에는 수 백 년 오랫동안 연면히 선조의 거주지를 바꾸지 않은, 옛 가문이 예로부터 많이 존재한다. 나의 족적을 하회에 남긴 것은, 지금으로부터 5년 전의 일인데, 백여 호 가까운 집들의 검푸른 기와색은 보기에도 정숙 그 자체를 연상케 했다. 그[류성룡]의 고택이나 사당, 그리고 살아생전 유람했던 물가의 정자 터는 지금도 변함이 없다. 백여 호 중 류씨 이외의 사람들은 얼마 되지 않으므로 하회라고 하면 곧바로 류씨로 알아듣는 것은 당시 면사무소에서 직접 들은 이야기였다. 총독부는 앞서 서애 후손의 후의(厚意)에 의해 류씨 가에 내려오는 문서를 빌렸는데, 나는 임시로 이를 『하회류씨세가문서(河回柳氏世家文書)』로 이름 붙였다.

서애도 영남사람이라는 조건에 예외 없이, 당시의 석학 퇴계(退溪) 이황(李滉)의 문도가 되었다. 연보에 따르면, 가정(嘉靖)[9]40년[1561년] 〈류성룡 21세〉의 조에 9월 이퇴계 선생을 도산(陶山)에서 알현하고, 수개월 머물며 『근사록(近思錄)』을 배웠다고 하는데, "이때부터 성리학에만 전념하면서 실천적인 것을 탐구하여, 반드시 성현으로 지표를 삼았다(自是潛心性理之學, 講明踐履, 必以聖賢爲指歸)."라고 주를 달았으므로, 젊은 시절에 이황에게서 얻은 감화는 상상할 수 있을 것이다. 본래 그는 비범한 천재였다. 퇴계 문하에 출입하기 전, 대체적인 학문은 익히고 있었다. 그래서 퇴계도 그를 처음 만났을 때, 이미 크게 칭찬했다. 퇴계는 동인, 남인의 칭송을 받는 신앙적인 존재가 되어야 했으며, 동서분당이라고 하여도, 퇴계를 모시고 있던 동인, 남인당의 강력함은 각별하였다. 융경(隆慶)[10]5년(1571년) 3월, 그는 퇴계의 상을 맞아 영안(永安)[11]에 가서 장례식에 참석했고, 만력(萬曆)[12]5년(1577년) 여강서원(廬江書院) 퇴계선생 봉안문을 찬(撰)하고, 만력15년(1587년)

---

9 중국 명대의 원호(1522-66년).
10 중국 명대의 원호(1567-72년).
11 류성룡은 30세 되던 1571년. 안동 예안(禮安)에서 있었던 퇴계장례식에 참석했다(『서애집 연보』)고 되어 있다. 안동지방에 '영안'이라는 지명은 확인되지 않는다. '永安'은 '禮安'의 오기일까?
12 중국 명대의 원호(1573-1620년).

『퇴계선생문집(退溪先生文集)』을 편집했다.

5.

그로부터 5년 후, 분로쿠의 역(=임진왜란)은 갑자기 발발한 것이다. 이제 연보에 근거해 본 논문과 관계가 있다고 보여지는 앞뒤의 큰 사건을 아래와 같이 추려서 정리해 보았다.

연도	간지	서애 연령	기사
만력15	丁亥	46	일본 토요토미 히데요시의 사신 다치바나 야스히로(橘康廣) 오다.
동 16	戊子[13]	47	형조판서겸 예문관제학. 일본사신 소 요시토시(平義智), 겐소(玄蘇) 오다.
동 17	己丑	48	사헌부대사헌, 병조판서, 특명 이조판서, 정여립의 역모 일어나다, 사직상소를 올렸으나 윤허되지 않다. 임금에게 차자를 올려 자신의 허물을 탄핵하다. 참의 이발이 멀리 귀양가다. 발은 심문 중 고문으로 죽고, 그를 위해 부의하다.
동 18	庚寅	49	우의정에 임명되다, 풍원부원군에 봉해지다. 정사 황윤길, 부사 김성일을 일본에 보내다.
동 19	辛卯	50	겸 이조판서. 왜정(倭情) 진주사(陳奏使)를 명나라에 보내야 한다고 건의, 조정이 따르다. 이순신을 전라좌수사에 천거하다. 겸명 홍문관대제학. 남북당론(南北黨論)이 일어나다.

---

13 원문에는 戌子로 오기.
14 임진왜란 중 성종의 능인 선릉과 중종의 능인 정릉이 왜군에 의해 훼손된 변.

연도	간지	서애 연령	기사
동 20	壬辰	51	왜 사신, 부산에 이르다. 선위사(宣慰使)를 보내야 한다고 청하나 허락되지 않다. 4월, 일본 대거 부산을 함락시키다. 도체찰사에 임명되다. 왕세자 책봉문제로 조정의견이 갈라지다. 어가를 호종하여 서쪽으로 가다. 영의정에 임명, 파면되다. 이순신 한산도에서 승리하다. 7월, 명 총병 조승훈(祖承訓) 평양을 공격, 불리하여 퇴각하다. 9월 건주위 여진의 원조제의를 허락하지 말기를 청하다. 12월 평안도 도체찰사, 명 제독 이여송(李如松)과 안주에서 회견.
동 21	癸巳	52	정월 명군 평양성 회복. 호서 호남 영남 삼도 도체찰사. 이제독 벽제에서 패하다. 4월 일본과의 화친은 계책이 아님을 이제독에게 말하다. 이릉(二陵)의 변(變).14 명군 경성[서울]에 들어가다. 10월 왕 환도. 훈련도감 창설을 청하다. 영의정에 다시 임명. 명의 행인(行人) 사헌(司憲) 오다. 중강(中江)[압록강 하구 중강진]에 시장을 열다.
동 22	甲午	53	대대로 시행하던 진관제(鎭管制)를 다시 행하다. 항왜(降倭) 처치의 청.
동 23	乙未	54	9월 사직상소를 올리다. 경기도 황해 평안 함경 도체찰사. 세 번 사직상소를 올리다. 12월 체찰사 사직을 청하다. 모두 다 허락하지 않다.
동 24	丙申	55	명의 유격(遊擊) 심유경(沈惟敬)의 외교문서에 따라 임금에게 의견을 올리다. 5월 사직상소를 올리다. 사직을 청하다. 9월 사직을 청하다. 10월 시강(侍講). 명 책봉사 이종성(李宗城), 부산에서 도망. 일명(日明) 강화 실패하다.

연도	간지	서애 연령	기사
동 25	丁酉	56	2월 이순신 실기(失機)의 책임에 처하다. 사직상소를 올렸으나 불허하다. 일본군 다시 이르다. 명의 경략 양호(楊鎬)를 따라 울산에 나아가다.
동 26	戊戌	57	이순신 고금도 대첩. 이순신 노량에서 전사. 히데요시 사망. 명의 주사(主事) 정응태(丁應泰) 오다. 임금에게 차자를 올려 자신의 허물을 탄핵하다. 12월, 관직을 삭탈당하다. 일본군 퇴각. 성혼(成渾) 죽다.
동 27	己亥	58	2월 하외(河隈)에 이르다. [안동] 금계(金溪)에 성묘하다.
동 28	庚子	59	옥연(玉淵)정사에서 꽃을 감상하다(賞花). 3월 퇴계선생 연보를 찬하다. 11월 직첩을 돌려받다.
동 29	辛丑	60	하외에 머물다.
동 30	壬寅	61	2월 신종록(愼終錄)을 만들다. 4월 영모록(永慕錄)을 만들다. 겨울 상례고증(喪禮考證)을 수찬(修撰)하다.
동 31	癸卯	62	하외에 머물다.
동 32	甲辰	63	풍산부원군(豐山府院君)에 복직. 호종공신(扈從功臣) 2등
동 33	乙巳	64	제왕기년록(帝王紀年錄)을 만들다.
동 34	丙午	65	조명설(釣名說)을 만들다. 성유록(聖諭錄)에 발문을 쓰다.
동 35	丁未	66	2월 임금의 부름에, 병을 이유로 사양하다. 병중 지은 시를 편집하여 관화록(觀化錄)을 만들게 하다. 5월 졸거(卒去).

연도	간지	서애 연령	기사
(비고) 만력42년[1614년] 4월, 위판(位版)을 병산서원에 봉안. 동 48년[1620년] 9월, 노강서원 퇴계선생묘에 부향. 천계(天啓) 7년[1627년] 10월, 위판을 남계서원에 봉안. 숭정(崇禎) 2년[1629년] 시호 문충(文忠)을 하사받다. 3월 다시 위판을 병산서원에, 4년[1631년] 9월 도안서원에, 인조조 계미년[1643년] 10월 삼강서원에, 숙종조 기사년[1689년] 빙산서원에 봉안.			

　서애의 공적 생애는 위 표에서도 알 수 있듯이, 일찍이 없었던 사변이라 할 분로쿠의 역(임진왜란) 때는, 국난을 양어깨에 짊어졌다고 해도 좋다. 그리고 이 사변 종식과 함께 그는, 소위 정응태 사건에 연루되어 관작을 삭탈 당하고 향리인 경상도 풍산 하외(河隈, 하회河回)로 은퇴한 것이다. 당시 58세. 이후 66세 여름 5월에 이르는 9년간의 짧지 않은 세월 동안, 단 한 번도 국정에 참여하려 했다는 말은 듣지 못했다. 유유자적이라고도 할 수 있겠지만, 매우 불우한 처지에 있었던 것은 부인할 수 없다. 그의 죽음에 즈음해 은명(恩命)이 내려졌다. 시호(諡號)15를 받은 것은 숭정 2년[1629년] 봄이라 하므로, 그의 졸거(卒去) 후 20여 년이 지나서야 겨우 행해진 것이다. 다만 그의 말년의 실의, 불우 그 자체가, 반대로 많은 저작을 후세에 전하게 된 것은 위 연보에서 보듯 부정할 수 없다. 아울러 새삼 주의할 것이 있다. 그것은 하나의 문장에서도, 시에서도, 공적 생활과 관련이 있다고 쓰인 그의 글은, 대부분 채록했다고 할 연보편찬자의 붓은 결국 『징비록』에 이른 것이다. 『징비록』은 사류(史類)이기 때문에 특별히 회피한 것일까 생각할 수도 있지만, 그렇다 해도 이 저작의 제작연대가 불명이기

15　류성룡의 시호는 문충공(文忠公).

때문에, 생략한 것으로 이해될 만한 것이기 때문일까, 아직 미정의 원고였기 때문이었을까, 어느 쪽이든 간에 연보에 『징비록』이 기재되지 않은 것은 사실이다.

6.

　18권본 징비록의 내용에 대해서는 앞에서 서술한 바 있다. 그리고 위 18권본에서 『근폭집』, 『진사록』 및 『군문등록』을 제외한 앞과 끝 부분의 2권 등을 가이바라본 전부로 봐야하는데, 만약 가이바라 씨가 18권을 입수하고도 어떤 말도 없이, 이렇게 빼버렸다고는 볼 수 없으며, 다른 한편으로 서애 자필 서문을 믿는다면 가이바라본과 같은 내용으로 된 『징비록』의 존재는 본디 용인될 수 없는 것이다. 그렇지만 이 가이바라본에는 책 앞부분의 서애 자필 서문 다음에 조선팔도지리도를 수록하고 군현표(郡縣表)를 넣어 이를 '징비록도(懲毖錄圖)'라고 하고 있다. 이 지도는 우리 일본 내 서적상의 손에 의한 것임은 일견 명백해 보이며, 아울러 18권본은 서적상들의 손에 의해 마음대로 다뤄진 것은 아닐까 라고도, 나는 가상해 보았다.

　이어 드는 의문은, 여러 가지 판본을 보지 않은 경우로서는, 무리도 아니라고 생각하지만, 총독부 소장본을 검토하면서 종래 유포된 『징비록』에는 18권도 있고, 한 권으로 된 것도 있다는 것을 명확히 알았던 것이다. 즉 아래와 같다.

18권 8책본(一八卷八冊本) 총독부소장본(総督府蔵本) (제1책 빠짐)
(缺第1冊)

도서번호(圖書番號) 4784(四七八四) 간본(刊本)

18권 6책본(一八卷六冊本) 동(同) 상(上)

도서번호(圖書番號) 3277(三二七七)・3613(三六一三) 간본(刊本)

상하 2권(上下二卷) 단본(単本) 동(同) 상(上)

도서번호(圖書番號) 3902(三九〇二)・4728(四七二八)・4884(四八八四) 간본(刊本)

불분권본(不分卷本)[16] 단본(単本) 동(同) 상(上)

도서번호(圖書番號) 11726(一一七二六) 사본, 불완본(寫本, 不完本)

총독부 소장본은 이상 4종 7본인데, 양식으로 보자면 단본(單本)과 복본(複本) 2종으로 나눌 수 있다. 다만 글자 모양(字形) 양식으로 보자면 18권 8책본(현 7책본)은 18권 6책본의 저본(底本, 원본)이어야 하고, 상하 2권 단본으로 현존하는 것은 모두 동일한 판종의 인쇄본(印本)이다. 나 역시 그것과 동일한 판본에 속하는 것을 가지고 있으므로, 이런 류의 판본은 꽤 성행한 듯하다. 그리고 두 종류의 내용으로 보면 단본이든 복본이든 동일한 종류에 속하는데, 전자는 후자를 축약한 것에 가깝다. 옛 단본과 복본의 신구(新舊)에 관해서는 가벼이

---

16 분권이 되어있지 않은 책.

판단하기는 어렵지만, 나는 18권 8책본을 현존 판본 중 가장 오래된 판본이라고 추정하고 싶다.

 이들 각 종류의 판본을 가지고 가이바라본을 살펴보면, 상하 2권 단본 모두가 가이바라본과 일치하며, 서애 자필서문 역시 18권본의 그것과 동일한 문자를 싣고 있다. 따라서 가이바라본은 가이바라 씨가 생략한 것이라고 말하기가 어렵고, 처음부터 단본 징비록을 저본으로 했다는 것이, 확인하기 쉬울 것이다. 다만 가이바라본 권1에서 권4에 걸친 편집은 상하 2권 단본과 일치하지는 않으며, 단본 혹은 18권본 징비록 분권과 일치하는 바가 없으니, 4권 분류는 가이바라 씨의 편의에 의한 것인지, 나중에 저본이 별도로 존재하게 된 것인지는, 아직 미지수라고 할 수 밖에 없다.

 마지막으로 게시한 불분권본(사본) 1책은 앞서 말한 어느 것과도 일치하지 않고, 완전히 별개의 성질을 갖고 있으므로 나중에 진술하고자 한다.

7.

 나는, 연구의 편의상 하회류씨 세가(世家)문서 채방(採訪)에 대해 몇 마디 언급하지 않으면 안 되겠다.

 나는, 다이쇼(大正)8년[1919년] 가을철에 하회 류씨가를 탐방했을 때, 그 사당을 알현하고, 객청[손님을 거처하게 하는 대청]에서는 이 집안에 전해져 오는 많은 고문서, 고기록을 볼 수 있었다. 지금 총독부 조선사편수회에서 [영인작업을 위해 류씨가로부터 빌려] 보관하고 있는 류씨 세가문서 모두는, 즉 내가 주목한 대부분이라고 해도 좋을 것이다. 당시 뜻하지 않게, 이 서류 중에서 서애가 직접 쓴 것이라고 믿어지는 『초본징비록』 일부를 본 것이다. 여행지이기도 해서 [세상에 전해져 오는 책] 세전본(世傳本)과 일일이 대비해 볼 수도 없어, 단지 나의 기억을 더듬어 초본은 세전본과 어떻게 들고나는지(出入)에 주의했지만, [조선사편수회가 이 자료를] 빌리는 수속을 끝내고 난 뒤 직접 대조해 보니 정말로 기억에 틀림이 없었던 것, 아울러 이 초본이라 칭하는 것의 본질을, 드디어 알 수 있었다.

『초본징비록』은 세로 8촌 3분강(强), 가로 9촌 2분, 현존 89여장으로 계상할 수 있는 가로로 된(橫冊) 한 권이다. 나는 우선 불분권본 이외의 세전본과 초본의 대조에 대해 개략을 서술하고 싶다. 다만 초본 전부에 걸친 대조는 다음 기회로 미루기로 하고, 여기서는 그 특징 기사들에 대해 3-4건 들어보고자 한다.

世傳本	草本
(1) 4月13日, 倭兵犯境陷釜山城, 僉使鄭撥死, 先是倭平調信・玄蘇等・與通信使偕來, 館於東平館, 備邊司淸令黃允吉・金誠一等私以酒饌往慰, 因從容問其國事, 鉤察情形, 以備策應, 許之, 誠一至館, 玄蘇果密語曰, 中國久絶日本, 不通朝貢, 平秀吉以此心懷憤恥, 欲起兵端, 朝鮮先爲奏聞, 使貢路得達, 則必無事, 而日本六十六州之民, 亦免兵革之勞矣, 誠一等因以大義責諭之, 玄蘇又曰昔高麗導亢兵擊日本, 日本以此報怨於朝鮮, 勢所宜然, 其言	(1) 4月13日, 倭兵犯境陷釜山城, 僉使鄭撥死, 翌日陷東萊, 府使宋象賢死之, 先是平義智到釜山浦言, 日本欲通大明, 而無路達, 若朝鮮爲之奏聞, 則幸甚, 不然則兩國將失和氣, 此乃大事, 故來告, 邊將以聞, 時朝議方咨通信, <u>異論紛起, 余遣文官一人, 往慰義智, 因問其情, 議竟不行</u>, 義智泊船十餘日不報, 怏怏而去, 是日倭船自對馬島蔽海而來, 望之不見其際, 馬卒奔告, 釜山僉使鄭撥, 出獵絶□(影)島, 狼狽入城, 倭兵隨至登陸, 四□(面)雲集, 頃刻

世傳本	草本
漸悖, 自是再不復問, 而調信玄蘇自回, 辛卯夏平義智又到釜山浦爲邊將言, 日本欲通大明, 若朝鮮爲之奏聞則幸甚, 不然則兩國將失和氣, 此乃大事, 故來告, 邊將以聞, 時朝議方答通信, 且怒其悖慢. 不報, 義支泊船十餘日, 怏怏而去, 是後倭人不復至, 釜山浦留館倭, 常有數十人, 稍稍入歸, 一館幾空, 人恠之, 是日倭船自對馬島蔽海而來, 望之不見其際, 釜山僉使鄭撥出獵絕影島, 狼狽入城, 倭兵隨至登陸四面雲集, 不移時城陷, 左水使朴泓見賊勢大,不敢出兵, 棄城逃, 倭分兵陷西平浦多大浦, 多大僉使尹興信力戰被殺, 左兵使李珏聞聲息自兵營入東萊, 及釜山陷, 班恇撓失錯, 託言欲在外掎角出城, 退陳于蘇山驛, 府使宋象賢留與同守, 珏不從, 十五日倭進迫東萊, 象賢登城南門, 督戰半日而城陷, 象賢坐受刃而死, 倭人嘉其死守, 棺斂之埋於城外, 立標以識之, 於是郡縣望風奔潰, 密陽府使朴晉自東萊奔還, 欲阻鵲院隘路, 以禦之賊陷梁山至鵲院, 見有守兵, 從山後乘高蟻附, 散漫而至, 守隘者望見而皆散, 晉馳還密陽, 縱火焚軍器倉庫, 棄城入山, 李班奔還兵營, 先出其妾, 城中洶洶, 軍一夜四五驚, 班乘曉亦脫身遁去, 衆軍大潰, 賊分道道長驅, 連陷諸邑, 無一人敢拒者. 金海府使徐禮元閉門城守, 賊刈城外麥禾, 塡濠, 頃刻與城齊, 因踰城, 草溪郡守李	陷城, 左水使朴泓見賊□(勢)大, 不敢出兵, 棄城逃, 明日進薄東萊, 時兵使李珏聞聲息, 自兵營入東萊, 及釜山陷, 托言將在外掎角出城, 府使宋象賢止之, 不從, 象賢獨登城南門督戰半日, 城陷, 象賢安坐受刃而死, 倭人嘉其死守, 殯於城外, 自是郡縣望風奔潰, 密陽府使朴晉, 自東萊奔還, 欲阻鵲院隘路以禦之. 賊陷梁山, 至鵲院見有守兵, 從山後散漫蟻附而至, 守隘者望見而皆散, 晉馳還密陽, 縱火燒軍器倉庫, 棄城入山, 李珏奔還兵營, 先出其妾, 惶撓不知所爲, 城中洶洶, 軍一夜四五驚, 班乘曉棄城而去, 於是賊分道長驅, 連陷多大浦·金海·左水營·機張·長鬐·左兵營·慶州·淸道·密陽·大丘, 無一人敢拒者. 監司金晬在右道晉州, 聞變但檄列邑, 諭民避賊, 由是一道皆空, 不可爲矣. 金海府使徐禮元, 初欲守城, 賊刈麥塡濠, 與城齊, 踰城, 城中不能支, 從北門遁去.

자료 2 _ 초본징비록에 대하여

世傳本	草本
某先遁, 禮亢繼出城遂陷, 巡察使金睟, 初在晉州, 聞變馳向東萊, 至中路, 聞賊兵已近, 不能前, 還走右道, 不知所爲, 但檄列邑諭民避賊, 由是道內皆空, 俞不可爲矣, 龍宮縣監禹伏龍領邑軍赴兵營, 食永川路邊, 有河陽軍數百, 屬防禦使向上道遇其前, 伏龍怒軍士不下馬, 拘之責以欲叛, 河陽軍出兵使公文示之, 方自辨, 伏龍目其軍團而殺之皆盡, 積尸滿野, 察使巡以功聞, 伏龍爲通政, 代鄭熙績爲安東府使, 後河陽人孤兒寡妻, 每逢使臣之來, 遮馬首號冤, 伏龍有時名, 故無伸理者云.	
(2) 大臣請建儲以係人心, 從之.	(2) 大臣請建儲以係人心, 從之. 上卽位二十餘年, 儲宮久虛, 朝野咸以爲憂, 至是賊勢愈急, 同知李德馨詣賓廳謂諸大臣曰, 國危如此, 盍請建儲使民心有所係屬, 於是大臣請對, 上引見問之, 大臣啓請建儲, 上曰, 予豈不知此, 然從前有請者而不從, 只以中宮若生元子, 處置極難, 故遲遲耳, 卿等試說, 建儲後有元子, 則將何以處之, 大臣未及對, 上曰君臣間如父子, 豈有難言之事, 須速言卿等平日之議, 及朝廷間論議如何, 對曰此何等事, 而臣子敢私議也, 但以上卽位已久, 元良未誕, 群下絶望, 故欲早建儲號以定國本耳, 上曰此不然, 人雖遽言老, 猶生子, 何遽言絶望, 萬一有之, 處置無乃甚難乎, 更言之, 對

世傳本	草本
	曰, 群臣別無他議, 只是望絕故耳, 昔宋仁宗春秋僅三十餘, 而司馬光諸人, 丞請建儲, 兹豈無所見而然也, 王良久曰, 然則當以何人爲之, 卿等須言之, 大臣惶恐對曰, 此事臣子豈敢干與, 惟在上心耳, 上屢促之, 諸大臣俯伏不敢對, 上始敎曰, 光海君聰明好學, 可以爲嗣, 又曰此何如, 大臣頓首拜賀, 連稱宗社臣民之福, 上曰予本多病, 且使國事至此, 假令賊退, 何面目見祖宗治國家, 予欲傳位於世子, 何如, 大臣同辭以對曰, 上何遽出議此敎, 世子有時在上側, 參決庶事, 則可也, 豈可遽議此事, 願聖上益膺洪福, 大濟艱難, 因涕泣而出.
(3) 四月三十日, 曉, 車駕西巡, 申砬旣去, 都人日望捷報, 前日夕有氊笠三人, 走馬入崇仁門, 城内人爭問軍前消息, 答曰我乃巡邊使軍官奴僕, 昨日巡邊使敗死於忠州, 諸軍大潰, 俺等脱身獨來, 欲歸報家人避兵耳, 聞者大驚, 所過傳相告, 不移時, 滿城俱震, 初昏召宰執議出避, 上御東廂, 地坐張燈燭, 宗室河源君河陵君等侍坐, 大臣啓事勢至此, 車駕暫出幸平壤, 請兵天朝以圖收復, 掌令權悏請對, 造膝大聲, 呼請固守京城, 語嚚甚, 余謂曰, 雖危亂之際, 君臣之禮, 不可如是, 可少退以啓, 悏連呼曰, 左相亦爲此言耶, 然則京城可棄乎, 余啓曰權悏言甚忠, 但事勢不得不然, 因請分遣	(3) 四月三十日夜五鼓, 車駕西巡, 申砬旣去, 都人日望捷報, 二十九日夕有三人馳馬入東大門, 人爭問之, 答曰我乃申巡邊軍官奴僕也, 昨日巡邊使敗死於忠州, 諸軍大潰, 俺等脱身獨來, 欲歸報家人避兵耳, 聞者相告語, 滿城洶洶, 初昏上召宰臣議出避, 時右相李陽元爲留都大將, 領相李山海幷宰臣數十人以扈從點出, 余無所命, 都承旨李恒福啓以扈從不可無柳某, 於是令扈行, 三更諸大臣在閣門外, 政院吏申德麟内醫趙英璇等數十人, 大呼請勿棄京城, 俄而李鎰狀啓至, 時宮中衛士盡散, 更鼓不鳴, 得火炬於宣傳官廳, 發狀啓讀之, 内云, 賊今明日當入京城, 狀入, 良久聞仁政殿有火光, 人聲喧

世傳本	草本
王子諸道, 使呼召勤王, 世子隨駕, 議定, 大臣出在閤門外, 得旨, 臨海君可往咸鏡道, 領府事金貴榮, 漆溪君尹卓然從, 順和君可往江原道, 長溪君黃廷彧, 護軍黃赫同知李墍從, 蓋赫女爲順和夫人, 而李墍爲原州人, 故并遣之, 時右相爲留將, 領相并宰臣數十人以扈從點出, 余無所命, 政院啓扈從不可無柳某, 於是令扈行, 內醫趙英璇‧政院吏申德麟十餘人, 大呼言京城不可棄, 俄而李鎰狀啓至, 而宮中衛士盡散, 更漏不鳴, 得火炬於宣傳官廳, 發狀讀之, 內云賊今明日當入都城, 狀入良久, 駕出, 三廳禁軍奔鼠昏黑中, 互相抵觸, 羽林衛池貴壽過前, 余認之, 責令扈從, 貴壽曰敢不盡力, 幷呼其類二人而至, 過景福宮前市街, 兩邊哭聲相聞, 承文院書員李守謙執余馬鞚, 問曰, 院中文書, 當如何, 余令收拾其緊關者追來, 守謙哭而去, 出敦義門, 到沙峴, 東方向明, 回視城中, 南大門內大倉火起, 烟焰已騰空矣, 踰沙峴至石橋雨作, 京畿監司權徵追至扈從, 至碧蹄驛雨甚, 一行皆沾濕, 上入驛, 少頃卽出, 衆官自此多還入都城者, 侍從臺諫往往多落後不至, 過惠陰嶺, 雨如注, 宮人騎弱馬以物蒙面, 號哭而行, 過馬山驛, 有人在田間望之慟哭曰, 國家棄我去, 我輩何恃以爲生也, 至臨津雨不止, 上御舟中召首相及臣入對, 旣渡, 已向昏, 不能辨色, 臨津南麓舊有承廳, 恐賊取材	喧, 拯趍詣則宮人自內雜沓而出, 司僕寺人立御馬於東階下, 少頃上出乘馬, 衛士從行者獨羽林衛池貴壽等三人而已, 時三廳禁軍皆散, 昏黑中互相牴觸, 不可辨誰某, 余素與貴壽相識, 適過前責令扈從, 貴壽曰敢不盡力, 幷呼其類二人而至, 過景福宮前, 市街兩邊哭聲不絕. 承文院書員李守謙, 執余馬鞚, 請曰院中文書當如何, 余令收拾其緊關者追來, 守謙哭而去, 出敦義門到沙峴, 東方向明, 回視城中, 南大門內大倉火起, 烟焰已騰空矣, 踰沙峴至石橋雨作. 路邊棄有屋婦人轎子一, 至碧蹄驛雨甚, 一行皆沾濕, 上入驛少憩卽發, 衆官自此多還入都城者, 侍從臺官, 往往落後, 不至, 過惠陰嶺, 雨如注, 宮人騎弱馬以物蒙面而行, 號哭聲不可聞, 過馬山驛, 有人在路旁田間, 慟哭曰, 國家棄我輩而去, 我輩何以爲生, 至臨津雨不止, 上於舟中召首相及臣入船, 上痛哭曰予不至荒淫而至此, 又曰用卿二人而猶至於此, 臣不知所對, 但頓首流涕, 上領內官取密果, 親賜臣二人, 又酌燒酒賜之, 臣不能飮, 上慰之曰, 萬一國家中興, 當賴於卿, 須自愛, 旣渡, 已向昏不能辨色, 臨津南麓, 舊有承廳, 恐賊取材爲桴以濟, 命焚之, 火照江北, 得尋路而行, 初更到東坡驛, 坡州牧使許晋, 長湍府使具孝淵以支待差使員在其處, 扈衛諸人終日飢來, 亂入廚中, 槍奪以食, 將闕上供, 二人懼而逃, 五月初一

世傳本	草本
爲桴以濟, 命焚之, 火光照江北得尋路而行, 初更到東坡驛坡州牧使許晋, 長湍府使具孝淵以支待差使員在其處, 略設御廚, 扈衛人終日飢來, 亂入廚中, 搶掠以食, 將闕上供, 晋孝淵懼而逃, 五月初一日朝引大臣, 問南方巡察使有能勤王者否, 日晚, 乘輿欲向開城, 而京畿吏卒逃散無扈衛人, 適黃海監司趙仁得率本道兵將入援, 瑞興府使南嶷先到有軍數百人馬五六十匹, 以此始發, 臨行司鑰崔彥俊出曰宮中人昨日不食, 今又未食, 得小米療飢可行, 索南軍人所持糧雜大小米二三斗以入, 午至招賢站, 趙仁得來朝設帳幕於路中以迎之, 百官始得食, 夕次于開城府, 御南門外公署, 臺諫交章 劾首相交結誤國等罪, 不允. (此節下略)	日朝上在驛東上房, 引見大臣, 問南方巡察使有能勤王者否, 臣對以料其人材無足辦此者, 難可必, 時在京城已分遣王子于諸道, 使之召募討賊, 臨海君率領府事金貴榮知事尹卓然, 往咸鏡道, 順和君往江原道, 長溪君黃廷彧其子護軍赫及同知李墍從, 順和君自東坡拜辭而去, 蓋以順和夫人乃赫女, 李墍爲原州人, 故送之, 日晚, 欲發向開城, 而下人盡散, 無如之何, 京圻監司權徵退臥村舍, 大臣屢召不至, 不得已啓請 標信召至, 而亦無所率之人, 適黃海監司趙仁得聞京城急, 將入援, 瑞興府使南嶷先到, 有軍數百名馬五六十匹卽發, 臨行, 司鑰出曰, 宮中人昨日不食, 今又未食, 得小米療飢, 可行, 余招南嶷, 索軍人所持粮得粟米大米二三斗, 盛破袱以入, 已而駕出, 至招賢站, 趙仁得設帳幕於路中以迎, 百官始得食, 夕到開城府, 御南門外公署, 臺諫交章劾首相交結宮禁誤國棄城等事, 不允 (此節下略)
(4) 十月車駕還都, 十二月天使行人司行人司憲來.	(4) 天使行人司行人司憲來, 是時天兵已還而東事未了, 天朝異議日生, 宋經略接伴使尹根壽, 自遼東來, 傳經略之言曰, 朝廷以朝鮮微弱不能禦倭, 至有分裂 易置之論, 俺爲朝鮮, 已極力保之, 歸告國王, 善爲計, 因出給事中魏學曾題本示之, 根壽遂以此聞, 且曰經略別爲箚付, 送至議政府, 先一日根壽夜至余所居, 抵案痛哭曰, 不鄙見如此事, 余駭之, 而不敢問如

世傳本	草本
	何, 翌朝根壽持箚付詣賓廳, 余謂同坐大臣沈守慶曰, 此箚付不必開見, 蓋非朝臣所與議, 開見何爲, 沈曰然, 遂還付根壽, 根壽要開見數三, 余不答, 至是天使至, 余以舊例迎慰碧蹄驛, 司台引余同坐設酒待之, 臨出曰, 俺到藩京, 將有新處分, 余先行啓之, 天使至郊, 上迎詔于慕華館, 行下馬宴于南別宮, 還宮, 夜幾半, 獨召臣對, 多慰諭不能盡載, 又諭曰予久知有此, 明朝見天使, 將請遜位世子, 與卿相見, 只今日, 茲召卿訣, 因呼內官酌酒與臣曰, 以此爲別, 臣不覺失聲, 啓曰, 天朝不過激勵須有爲耳, 豈有他意, 願勿過慮, 明日上詣南別宮少御門內西別室, 又召臣對, 少頃會天使于正廳, 當宴, 上出袖中親書帖授, (以下折斷失了)

위 4건의 기사 본문을 대조해 보면, 틀림없이 세전본과 초본 사이에, 커다란 차이가 있음을 알 수 있을 것이라고 생각한다.

초본의 현재 형태에 대해 생각해 보면, 이 초본이 서애의 손에 의해 수정된 사실은, 그가 쓴 서문이 그에 의해, 표지 안쪽에 쓰여져 있기 때문에 알 수 있다. 본문에는 그 문하 등의 대필이라고 보아야 하는 곳은 적으며, 대부분 친필이다. 다만 애석한 것은 서문 후반이 없어지고, 본문 앞부분 십수 장이 떨어져 나가, 지금은 〈4월 13일[1592년 임진왜란이 발발한 날]〉조부터 거슬러 올라갈 수가 없다. 초본은 책이 나누어져 있지 않은, 불분권(不分卷)이다. 그리고 그 내용은 대체로

18권본이나 단본에 보이는 제1권 2의 기사인데, 『녹후잡기』는 단지 잡록으로서 그대로 그 기사에 붙어 있기 때문에, 18권본 보다는 단본 쪽이, 오히려 초본에 가까운 형식을 구비하고 있다고 말해도, 좋다.

그리고 내가 앞 절에서 지적한 총독부 소장의, 불분권본은 어느 시점인가, 위 초본에 붙여서 본문을 등사한 것임이 틀림없겠으나, 다만 주의를 기울이지 않았기 때문일까, 없어진 것이 적지 않음을 확인한다.

8.

이미 세상에 전해져 오는 18권본과 초본의 기사상 차이를 확인한 이상, 이 초본이 서애의 마지막 원본인지 아닌지를 다시 한번 검토하지 않을 수 없는 것이다. 정경세(鄭經世, 호는 우복愚伏)[17]에 의해, 천계(天啓) 7년[1627년] 7월 중에 쓰인 서애행장에는 "[선생이] 평생 지은 시문은 병화[임진왜란]로 없어졌으며, 지금 『문집10권』, 『신종록』, 『상례고증』, 『영모록』, 『징비록』 등의 책이 집에 소장되어 있다(平生詩文, 失於兵火, 今有文集十卷, 愼終錄, 喪禮考證, 永慕錄, 懲毖錄等書 藏於家)."라고 되어 있으므로, 당시 『징비록』의 존재는 명백하다. 그러나 그 책이 지금 하회세가문서 중에 보이는 초본『징비록』인지 아닌지는 알 수 없다. 나는 앞서 서애연보에 『징비록』 기사가 포함되지 않은 것을 지적하며, 이는 미완성 원고(未定稿)이기 때문에, 일부러 채록하지 않은 것이 아닌가 하는 의심을 말해 두었는데, 만약 그렇다면 연보

---

17 서애 문인(門人) 정경세(鄭經世, 1563-1633년).

작성은 정경세의 행장보다 이전에 행해진 것인지도 모른다. 그리고 정경세의 행장 작성시, 즉 천계 7년[1627년]대에는 서애 후세사람의 손으로 훌륭한 『징비록』이 만들어져 있었는지도 모르는 것이다. 어느 쪽이 되었든, 하회 류씨로부터 새로이 서애가 손수 수정한 원본이 다시 제공되지 않는 한, 지금의 초본은 그(류성룡)가 직접 수정한 것으로 봐야하며, 그 세전본에는 서애 졸서(卒逝) 이후 수많은 사정이 가해진 것으로 밖에 생각되지 않는다.

정경세가 지은 행장에 『서애문집』이 10권으로 되어 있는 것과 관계없이, 현행본이 20권본이 된 것조차 다소 의심을 품지 않을 수 없지만, 통행본 『서애집』과 18권본 『징비록』을 비교할 때는 18권본이 문집편집 이후의 것이라는 점은 『징비록』에 포함되어 있는 『근폭집』 및 『진사록』은 『서애집』에 채록된 나머지 부분을 포함한 것이라는 한 가지 사실로, 명확해 진 것이다. 이제 『근폭집』에 대해 한두 가지 예를 들자면 아래와 같다.

차(箚)

논요동자겸진사의차(論遼東咨兼陳事宜箚)　　　임진6월재의주(壬辰六月在義州)

견본집(見本集)

진시무차(陳時務箚)　　　임진11월재정주(壬辰十一月在定州)

진시무차(陳時務箚)　　　계사12월(癸巳十二月)

진시무차(陳時務箚)　　　갑오(甲午)

조치연강둔보차(措置沿江屯堡箚)　　　을미(乙未)

진조치방수사의겸사직차(陳措置防守事宜兼辭職箚)　을유(丁酉)
기상오편병견본집(已上五篇幷見本集)

위 문건 중 본집이란 『서애집』을 가리키는 것이다. 이를 살펴보면 『서애집』에는, 숭정 계유[1633년] 4월 이민구(李敏求)[18]의 서문과 같은 해 3월 장현광(張顯光)의 발문이 있으므로 18권본 징비록은 『서애집』 편집까지는 거슬러 올라가지 않는다. 이해는 서애 서거 후 25년, 인조11년[1633년]에 해당한다. 18권본 뿐만 아니라 상하2권 단본(가아비라본 포함)에서도 그 내용을 자세히 검토하면, 앞에 서술한 서애졸서(卒逝) 이후의 정치적 사정이, 기사상에 나타나고 있는 것은 거의 부정할 수 없다.

본래 18권본 마지막에 붙여져 있는 『녹후잡기』[19]는 책 앞부분의 『징비록』 본문에 직접 두어야 할 성질의 것이며, 단본의 그것과 같은 형식, 순서를 취하는 것이, 지당하다. 그리고 이 본문을 보완, 증명할 만한 장(狀), 계(啓), 문이(文移)는 따라 붙여져도 좋지만, 18권본은 무슨 이유에서인지 이 당연한 순서를 무시하고 있는 '의심'이 있으며, 무엇보다 세전본의 맨 앞에 있는 서애 자필서문에 의해 보자면, 18권본의 편집은 정당하다고 할 수 있겠으나, 그러나 내게 굳이 말하라고 한다면, 서애자서의 본문은 초본 자필에만 보이고, 게다가 그 뒷부분이 없어졌으므로 18권본에 있는 자서 전문이 모두 다 서애자필과 일치한다고는 단언하기 힘들다. 이제 서애자서 본문 중 편집에 관계가 있

---

18 이 논문의 원문에는 '이민구'의 형인 '이성구(李聖求)'로 잘못되어 있다.
19 이 논문의 원문에는 '『난후잡기(亂後雜記)』'로 잘못되어 있다.

는 부분을 보자면, 아래의 글이 있다.

> 이에 한가한 때에 임진년[1592년]에서 무술년[1598년]에 이르는 사이에 보고 들은 일을 대강 적어 모으니 그 분량이 어느 정도 되었고, 장계, 소차, 문이 및 잡록을 그 뒤에 붙였다. 비록 볼만한 것은 없지만 이 또한 그때의 일이니 버리지 못한다.
>
> 乃於閑中, 粗述其耳目所逮者, <u>自壬辰至于戊戌總若干言, 因狀啓疏箚文移及雜錄, 附其後</u>, 雖無可觀者, 亦皆當日事迹, 故不能去.

위 "장계, 소차, 문이 및 잡록(狀啓疏箚文移及雜錄)"이란 『근폭집』・『진사록』・『군문등록』을 말하며, 잡록이란 『난후잡록』을 가리키는 것으로 생각되는데, 혹시 그렇다면, 모두 내용이 일치하지 않으며, 그리고 18권본에서도, 단본에서도 초본과 같이 '잡록'이라고 칭하지 않고 『녹후잡기』라고 제목을 부치고, 본문을 보완하는 형식이다. 나는 서문의 본문은

> 이에 한가한 때에 임진년[1592년]에서 무술년[1598년]에 이르는 사이에 보고 들은 일을 대강 적어 모으니 그 분량이 어느 정도 되었다. 비록 볼만한 것은 없지만 이 또한 그때의 일이니 버리지 못한다. 〈하략〉
>
> 乃於閑中粗述其耳目所逮者, 自壬辰至于戊戌總若干言, 雖無可觀者, 亦皆當日事迹, 故不能去. 〈下略〉

라고 고치고, 그 중 "장계, 소차, 문이 및 잡록을 그 뒤에 붙였다(因狀

啓箚文移及雜錄, 附其後)."10여 자는 삭제하고 싶은 것이다. 앞의 하회 세가문서 중 『근폭집』, 『진사록』 및 『군문등록』을 보더라도 각각 단행본이 될 만한 체제를 갖추고 있는데 이를 찢고 나누어 『서애집』 및 『징비록』에 삽입한 것이, 고인의 유지라고는, 믿을 수 없다.

9.
　『징비록』 본문에 적혀있는 정치적 사정 중 주된 것은, 세전본과 초본의 본문 대조를 시도한 조항에서 지적한 '세자책봉은 인심에 연계된다'는, '건저계인심(建儲繫人心)'이라는 한 구절일 것이다. 이 기사는 말할 것도 없이 류성룡을 비롯한 당시의 대신 등이 선조를 압박하여 광해군을 세자로 옹립한 전말인데, 광해군은 사람들이 아는 바와 같이, 즉위 후 서인의 음모로 폐위되는 비운을 맞이한 불우한 군주이다. 광해군을 시종 옹립한 것은 대북일파였으므로, 남인들은 반목했을 망정, 대북 전멸 후에 이르러, 여전히 이 기사를 남겨둔다는 것은, 백해무익한 일이었을 것이다. 다만 이 기사가, 세전본 징비록에서 삭제돼 있는데도, 『서애집』에 잔존한 것은, 서애집을 편집한, 즉 숭정 초년에는 광해군 재위 시대의 덕망은 없어지지 않았고, 인조의 좌우 모두 다 일률적으로 이 같은 사실을 거부할 수 없었기 때문일 것으로 생각된다. 광해군 자신의 정치활동에 대해서는, 종래 세상의 견해는 오히려 오해에 가까운 것이었다고, 그렇게까지 할 것은 없더라도, 그 장점은 추악한 방면으로 누적되어, 한마디로 어리석은 군주[20]라는 비

---
20 혼조(昏朝) ; 임금이 혼미(昏迷)하여 국사를 잘 다스리지 못하는 조정.

방을 받았으므로, 광해군 재위시의 덕망을 운운하더라도, 갑자기 양해하기는 어려운 것으로 정해진 듯하다. 그러나 『인조실록』을 번역해 19년 8월조를 읽으면 아래의 기사가 있다.

> 광해군이 제주에서 위리안치된 가운데 죽었는데 나이 67세였다. 부음을 듣고 임금이 사흘 동안 철조輟朝하였다. 이때에 이시방(李時昉)이 제주목사로 있으면서 즉시 열쇠를 부수고 문을 열고 들어가 예(禮)로 염빈(斂殯)하였는데, <u>조정의 의논이 모두 그르다고 하였으나 식자는 옳게 여겼다.</u>
> 광해가 교동에서 제주로 옮겨 갈 때에 시를 짓기를,
> "부는 바람 뿌리는 비 성문 옆 지나는 길 / 후덥지근 장독 기운 백 척으로 솟은 누각 / 창해의 파도 속에 날은 이미 어스름 / 푸른 산의 슬픈 빛은 싸늘한 가을 기운 / 가고 싶어 왕손초를 싫물나게 보았고 / 나그네 꿈 자주도 제자주(帝子洲)에 깨이네 / 고국의 존망은 소식조차 끊어지고 / 연기 깔린 강 물결 외딴 배에 누웠구나"
> 하였는데, <u>듣는 자들이 비감에 젖었다.</u>
>
> 光海君卒于濟州圍內, 年六十七, 上, 輟朝三日, 李時昉爲濟州牧使, 卽掊鎖開門, 斂殯以禮, 朝議皆以爲非, 而識者是之, 光海之自喬桐遷濟州也, 有詩曰, 風吹飛雨過城頭, 瘴氣薰陰百尺樓, 滄海怒濤來薄暮, 碧山愁色帶淸秋, 歸心厭見王孫草, 客夢頻驚帝子洲, 故國存亡消息斷, 烟波江上臥孤舟, <u>聞者悲之.</u>

승리자가 폐주를 서술한 기사로서는 자못 흥미롭지 않은가. 앞서 초본의 기사에서 지적한, [광해군은] '총명호학(聰明好學)'이라고 한 일과 대신 등에 추대되어 세자가 되었다고 하는 것은, 광해군의 성망

이 반드시 후일 사람들이 평가한 것과 같이 부덕한 것은 아니라는 것을, 이야기하고 있는 것일 것이다.『서애집』은 실제로 인조말 연대에 편집된 것이었다. 왕과 어려움을 함께 한 사람들의 문집에, 이 같은 기사를 보는 것은 이상한 것은 아닐 것이다. 나는 오히려 건저기사의 유무를 가지고 세전본 징비록 편집의 연대를 추정해 보고 싶다.

뒤집어 선조의 행사에 대해 생각해보면, 초본징비록은 역시 꽤 노골적으로 묘사하고 있다고 생각되는데, 이것도 앞에서 지적한 〈행인사 행인사헌(行人司行人司憲)〉21조인데, 세전본에는 삭제되어 있다.『서애집』에는 이 기사가 보이지만, 초본 직필에는 미치지 못한다. 하회 세가문서『난후잡록』(2)에, 아래 기사가 보인다.

임진년(1592, 선조25) 변란에 왜적이 경성(서울)에 처들어오자, 어가가 서쪽으로 순행하였다가 이듬해 계사년(1593, 선조26) 4월에 이르러 도성이 비로소 회복되자 그해 10월에 어가가 환도하였다. 공사(公私)의 오두막집이나 궁궐이 모두 한결같이 텅 비어있고, 도서와 전장과 문물은 모두 재가 되고 남아 있지 않았다. 어느 날 여염집에서 뜻밖에 작은 병풍을 얻었는데 각각 절구 한 수씩 그 위에 씌어 있었으니 모두 여섯 첩(疊)이었다. 나는 비변사에 있으면서, 여러 동료들과 함께 돌려가며 보았는데, 식자들 모두가 명종대왕의 어필임을 알고서 외부에 있는 것을 미안하게 여겨 드디어 궐내에 들이도록 주청하였다. 그 절구들은 누가 지은 것인지 알 수 없으나 모두 전란 후를 회고한 시이니, 또한 기이하였다.

---

21 행인사(行人司)는 명대의 외교를 담당하는 부서이며, 행인(行人)은 그 부서에 소속된 관직명.

처음 시는 다음과 같다.
초패왕이 애썼으나 전공이 없어
국도가 파괴되어 황폐하니 패업이 헛되도다.
이제는 다만 봄철 꽃잎의 이슬만이
지금까지 세요궁에 눈물짓듯 하네.

두 번째 시는 다음과 같다.
펼쳐진 봄풀이 장화궁을 뒤덮어
영왕이 옛적에 사치 좋아했음을 비웃노라.
대토가 마르기 전에 퉁소 소리 끊기었으니
가련하다 임금이 야인의 집에서 죽다니.

세 번째 시는 다음과 같다.
오왕이 패를 믿어 웅재를 버리고
고소대에 올라 술에만 취하였네.
전당강 위 밝은 달이
하룻밤에 서쪽 월나라 군사의 침입을 깨닫지 못하였네.

네 번째 시는 다음과 같다.
초나라 성지가 소슬하게 비었는데
양대에 운우의 종적이 사라졌네.
어느 누가 다시 양왕의 꿈을 꾸리요
적적하도다 무산의 열 두 봉우리여.

다섯 번째 시는 다음과 같다.
양왕은 바른 신하 계책을 쓰지 않고

남으로 쫓겨오니 택국의 가을이라.
물결을 좇아 어복에 장사 지내고부터
초인은 내 건너는 배만을 비기었을 뿐이네.

여섯 번째 시는 다음과 같다.
노공의 성궐은 이미 폐허가 되었으니
뒤덮인 풀 속에 옛 정원은 보이지 않네.
장손의 재지 적음을 비웃노니
동문의 종고로 원거에 제사 지냈네.『전傳』에 이르기를 "정성이 지극하면 먼저 안다고 하였으니 어찌 그러한가?

壬辰之變, 賊入京城, 車駕西巡, 至明年癸巳四月, 都城始復, 其年十月車駕還都, 公私廬舍宮闕, 蕩然一空, 圖書典章文物, 舉爲灰燼無餘, 一日間閣, 忽得短屛, 各書絶句一首於其上, 凡六疊, 余在備邊司, 與諸僚傳觀之, 識者皆知爲明廟御筆以留外未安, 遂啓請入內, 其絶句不知何人所作, 而皆喪亂後懷古之詩, 亦可恠也.

其一, 楚王辛苦戰無功, 國敗城荒霸業空, 惟有青春花上露, 至今猶泣細腰宮.
其二, 茫茫春草沒章華, 因笑靈王昔好奢, 臺土未乾簫管絶, 可憐身死野人家.
其三, 吳王恃霸棄雄才, 貪向姑蘇醉綠醅, 不覺錢塘江上月, 一宵西送越兵來.
其四, 楚國城池颯已空, 陽臺雲雨去無蹤, 何人更有襄王夢, 寂寂巫山十二重.
其五, 襄王不用直臣籌, 放逐南來澤國秋, 自向波間葬魚腹, 楚人徒倚濟山舟.
其六, 魯公城闕已丘墟, 荒草無由認玉除, 因笑臧孫才智少, 東門鐘皷祀鶂鶋. 傳曰至誠前知, 豈其然乎.

명묘란 명종(明宗)을 말하며, 선조의 부왕이므로 혹시 이 글이 왕의 친필이라면, 이 시는 선조대에 큰 화를 당할 수도 있음을 예상하고, 이를 경계한 것이라고 해석해도 좋다. 그런 일이 있을 만하지는 않다고 하더라도, 비변사 당상관들은 이를 명묘어필(明廟御筆)이라고 한바, 비꼬는 뜻이 있을 것이다. 이 기사는 『서애집』에 수록되어 있는데, 『난후잡록』 본문 마지막에 "『전』에 이르기를, 지성(至誠)의 도를 지닌 사람은 일이 일어나기 전에 미리 알 수 있다. 어찌 그러한가(傳曰致誠前知, 崇其然乎)."라고 평가한 서애 친필 열 글자를 웬일인지 없앴다.

세전본과 초본 사이에 가로놓인 기사의 번잡, 간략을 증감하거나 편찬할 때 정리되지 않은 것(不整) 등의 여러 사항은 지금 일일이 말하는 것은 생략하겠지만, 다만 초본 〈12월 경략(經略) 양호(楊鎬) 등 울산성(蔚山城) 공도(攻圍)〉 조에,

어떤 이는 말한다. 도산성에는 물이 없어서, [적은] 성 밖으로 나와 물을 퍼갔다. 경리[양호]는 김응서에게 항왜를 이끌고 성 밖 우물가 근처에 매복하라고 명하였다. 매일 밤 [적을] 백여 명 생포했는데, 그들은 모두 굶주리고 파리하여 간신히 음성과 기운이 남아 있었다. 〈하략〉

或曰 島山無水, 出汲城外, 經理令金應瑞率降倭伏泉傍, 連夜擒百餘人, 皆飢餓僅屬聲氣,〈下略〉

이라고 하는 것을 세전본에서는

도산성에는 물이 없어서, 적은 매일 밤 성 밖으로 나와 물을 퍼갔다. 경리[양회]는 김응서에게 용사를 이끌고 성 밖 우물가 근처에 매복하라고 명하였다. 연일 밤 [적을] 백여 명 생포했는데, 그들은 모두 굶주리고 파리하여 간신히 음성과 기운이 남아 있었다. 〈하략〉

島山無水, 賊每夜出汲城外, 經理令金應瑞率勇士伏泉傍, 連夜擒百餘人, 皆飢餓, 僅屬聲氣, 〈下略〉

이라고 하여 이 '항왜(降倭)'[22] 두 글자를 '용사(勇士)'로 고쳤다. 그러나 도산성의 급수병(汲水兵)을 포획한 것은 '용사'가 아니라 '항왜'라고 한 것은, 서애의 '치계적굴형지급군병사장(馳啓賊窟形止及軍兵死狀)'(세전본 진사록)에 "그믐날 밤, 김응서에게 항왜를 이끌고 성 밖 우물가 근처에 매복하라고 명하여, 물 깃는 왜병 10여명을 사로잡았는데(晦日, 夜, 令 金應瑞率降倭, 伏兵於城外井泉之傍, 捉得 倭人之出汲者十餘人),"라고 되어 있어, 초본 기사를 부인하기 어려운 것이다. 세전본은 왜 항왜 두 글자를 고친 것일까. 분로쿠게이쵸(文祿慶長)의 역[임진왜란을 통해 항왜는 주요한 역할을 맡았고, 이 같은 사실들에 관한 당시의 기록문서는 지금도 다수 발견되고 있다. 만약 꺼려야할 일이 있는 것이었다면, 꽤 후대의 일이어야만 하므로, 나는 효종조 이후의 일일 것이라고 생각한다.

10.

조선총독부 조선사편수회가 하회류씨가에서 빌린 기록문서 중,

---

22 임진왜란 당시 일본군 가운데 조선 및 명나라 군에 투항한 병사 등을 말한다.

『징비록』초본 구성에 관련이 있는 것으로, 인정할 만한 주된 사료는 아래와 같다.

1. 난후잡록(亂後雜錄) 2책
2. 대통력(大統曆) 서애구주(西厓具注) 7책
3. 근폭집초본(芹曝集草本) 2책
4. 진사록초본(辰巳錄草本) 3책
5. 군문등록초본(軍門謄錄草本) 1책
6. 운암총록초본(雲巖叢錄草本) 1책
7. 정원전교(政院傳敎) 2책
8. 당장서첩(唐將書帖) 2첩 등

(이상)

서애의 외교적 사상을 서술하는 것은, 본론의 주된 목적은 아니지만, 시험삼아 일반적으로 말하자면 이 책[『초본징비록』] 벽두에 "일본국왕 미나모토 씨가 중국 명나라 홍무(洪武)[1368-98년] 초년에 나라를 세워 우리와 인호를 맺은 것이 거의 2백 년이다. 처음에는 우리나라 또한 사신을 보내어 경조사의 예의를 갖추었으니, 신숙주가 서장관으로서 왕래한 것이 그 일례다. 후에 신숙주가 임종을 맞아 성종이 하고 싶은 말이 있는지 묻자 신숙주는 원컨대 우리나라는 일본과의 화의를 잃지 마소서라고 말하였다. 성종이 그 말에 감동하여 부제학 이형원과 서장관 김흔으로 하여금 일본과 화목을 다지게 하였다. 이들이 쓰시마에 이르러 풍랑에 놀라 병을 얻었다는 보고서를 바치니, 성종은 쓰시마 도주에게 국서와 폐물만을 전하고 오게 하였다. 이로부터 다시 사신을 파견하지 않았고, 매번 그 나라의 사신이 조선에 오면 예법에 따라 접대할 뿐이었다(日本國王源氏立國於洪武初, 與我修隣好, 殆二百年, 其初我國亦嘗遣使修慶弔禮, 申叔舟以書狀往來, 卽其一也, 後叔舟臨卒, 成宗問欲言, 叔舟對曰願國家母與日本失和, 成廟感其言, 命副提學李亨元, 書狀官金訢修睦到對馬島, 使臣以風水驚疑得疾, 上書言狀, 成廟命致書幣於島主而回, 自是不復遣使每其國信使至, 依禮接待而已)."라고 하여, 일본과의 인교(隣交)는 선배 신숙주의 유언이며, 이를 충실히 봉행하는 것은 국책의 마땅함을 얻는 것이라고 해석하는 것은, 그가 시류에 한층 뛰어나고 있다는, 점일 것이다. 따라서 그는 히데요시의 첫 사신으로 신임을 받은 다치바나 야스히로(橘康廣)에 대해서도, 다음 사신 소 요시토시(宗義智)에 대해서도 답장을 빨리 보내는 것을, 좋은 방안으로 삼은 것이다.

덴쇼(天正)18년(선조23) 히데요시를 주라쿠(聚樂)에서 알현한 두 사신23은, 본디 서애의 주장에 따라 실현되었다. 만력23-24년 사이, 명나라는 교전에 지쳤고, 책사 심유경(沈維敬)을 파견하여 소위 '기미(羈縻)정책'24을 강구한 일이 있다. 당시 주화(主和)를 요구한 조선의 영수(領袖)는 다름 아니라 성혼(成渾, 호는 우계牛溪)25과 그[류성룡], 두 사람이었다. 그는 때문에 송나라 때 사람 진회(秦檜)26에 비교되어, 주전론의 탄핵을 받은 것이 한 두 번이 아니었다. 그의 만년의 실의, 불우는 거기서 비롯된 것이 많다.

---

23 정사 황윤길과 부사 김성일.
24 '기미'는 '굴레와 고삐'라는 뜻으로, 속박하거나 견제함을 비유적으로 이르는 말. 중국 역대 왕조가 주변 민족에 대해 폈던 외교정책을 '기미정책'이라고 부른다.
25 조선 중기의 학자(1535-1598년).
26 남송의 정치가(1090-1155년).

서애 그 사람의 성격이 역사에 취미가 많았다는 것은, 앞서 나왔던 행장에 기재한 『제왕기년록(帝王紀年錄)』한 책으로 알 수 있을 것이다. 연보에 따르면 이 책은 단군·기자이래 조선, 중국의 제왕 기년이라는 것이다. 『난후잡록』에는 『동국예문지(東國藝文志)』라는 제목으로, 조선 고래의 저술을 열기했는데, 대부분 그의 앞 세대의 일로, 미완성 원고(未定稿)라고는 해도 주목할 만한 시도인 것이다. 세가문서 중의 『대통력구주(大統曆具注)』는 『징비록』 구성에 관하여 가장 중요한 역할을 하는 것이 틀림없다. 나는 이에 따라 그의 일면에는, 의연한 사가(史家)의 풍격과 용의를 구비한 점, 아울러 남인 사이에서 종래 많은 저서를 낸 것은, 그의 스승인 퇴계 이황의 감화에 따른 것이라고는 해도, 또한 그(서애)에게 힘입은 바가 매우 컸음을 믿고 싶은 것이다. (끝)

이나바 이와키치(稻葉岩吉)

추기(追記)

본 논문 기초 후, 『증정교린지(增正交隣志)』[27]에서 아래의 기사를 얻었으므로 추기해 둔다.

---

[27] 조선시대 중국을 제외한 일본 등 인접국들과의 외교 관계를 적은 책. 1802년(순조2년) 사역원 당상 역관 김건서(金健瑞)가 동료인 이은효(李恩孝)·임서무(林瑞茂) 등과 함께 편찬, 간행하였다.

금지조항(禁條)

숙종38년 임진[1712년]에 서적을 몰래 파는 것을 금하도록 정하였다.

영의정 서종태(徐宗泰)가 계(啓)를 올려 아뢰기를 "요즈음 교리(校理) 오명항(吳命恒)이 주달(奏達)한 바에 의하면 이번 통신사가 우리나라 서적이 왜국으로 많이 들어간 것을 보았다고 합니다. 서적의 매매를 금하는 것은 본래 정해진 법은 없으나 만일 상역(商譯)[28]이 몰래 팔지 않았다면 왜인이 어디서 그것을 얻었겠습니까? 『징비록』도 또한 들어갔다고 하니, 이런 책을 어찌 왜인들이 보게 한단 말입니까? 모두 마땅히 한결같이 금해야 할 것입니다. 그러나 산문(散文)이나 복서(卜筮) 등의 서적 및 중국의 서적과 같은 것은 반드시 한결같이 금할 것은 아닙니다. 지금부터는 법으로 정해서 사서(史書)와 문집은 일체 엄금하되 이를 어기고 파는 자는 잠상(潛商)[29]의 법률로 다스려야 합니다. 산문집이나 긴요하지 않은 책을 판 자에게는 그다음 법으로 헤아려 적용하는 것이 어떻겠습니까?" 하였다. 임금이 이르기를 "당초에는 원래 서적의 매매를 금하지 않았기 때문에 이렇게 흘러 들어가는 폐단이 있었다. 중국의 서책을 제외한 우리나라 역사, 문적은 모두 엄하게 금할 것이며, 또 변방 신하들로 하여금 일일이 조사하게 해서 만일 발각되는 일이 있으면 계문(啓聞)한 뒤에 그 경중에 따라 임금의 명령을 받아 죄를 정하도록 하라"고 하였다.

---

28 상인과 역관을 말하기도 하고, 상인의 성격을 띤 역관을 가리키기도 한다. 여기서는 후자의 의미로 쓰인 듯하다.
29 법령으로 금지하는 물건을 관의 허가를 받지 않고 몰래 국외에 파는 장사나 그런 장사치를 말한다.

숙종38년은 우리[일본]의 쇼토쿠(正德)2년에 해당하는데, 1년 전 도쿠가와 이에노부(德川家宜)가 쇼군에 취임하면서 조선통신사 일행이 파견되었다. 금조(禁條)는 당시 시찰 복명에 의한 것이다.

禁條
肅宗 38년 壬辰定書籍潛賣之禁
領議政徐宗泰所啓, 頃因校理吳命恒所達, 今番信使見我國書籍多入倭國, 書籍之禁, 素無定制, 而若非商譯潛賣倭人, 何從而得之乎, 懲毖錄 亦入去云, 此等之書, 豈可使倭人見之乎, 皆當一禁, 而至若聞漫文集卜筮等書, 及中朝書籍, 不必一例禁斷, 自今定式, 如史乘及文集, 一切嚴禁, 犯賣者, 以潛商律論, 何如, 上曰, 當初元無書籍之禁, 故有此流入之弊, 途中原書冊外, 國乘文籍, 幷爲嚴禁, 且令邊臣, 一一搜檢, 如在現發者, 啓聞, 後從其輕重, 稟旨勘罪.

자료 3

『초본징비록草本懲毖錄』 해설解說

조선사편수회
조선사료총간 제11,『초본징비록』(pp. 1-7), 1936년 3월

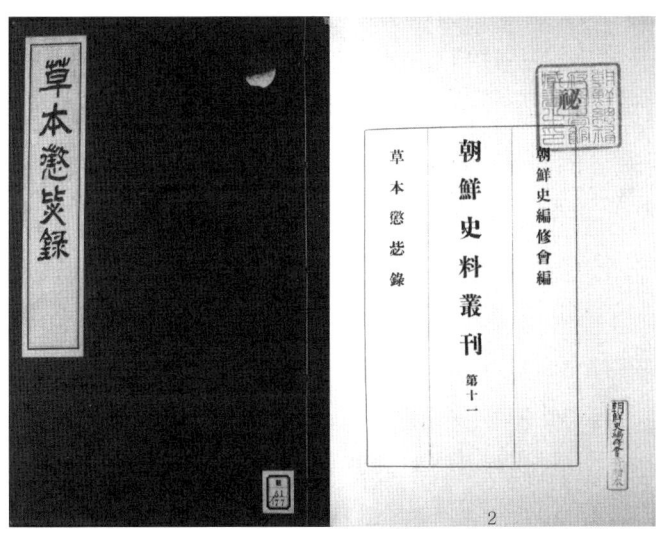

조선사편수회가 1936년 조선사료총간 제11로 영인간행한『초본징비록』표지.
_ 국립중앙도서관 소장

『징비록』은 조선 선조조의 사람 류성룡(자는 이견, 호는 서애)이 저술한 것으로, 그 생애에 있어 체험한 최대의 사변인 임진·정유의 전역(戰役)에 관하여 기술한 것인데, 일찍이 그 자손들에 의하여 수정, 간행되고, 또한 중간도 되어 널리 세상에 유포되고, 또 우리나라(일본)에도 전래 보급되어, 이미 겐로쿠 8년에는 출판업자의 손에 의하여 교토에서 중간되기에 이르렀다. 그런데 저자 스스로 편집한 초본은, 그 종가에 대대로 전해져 귀중하게 보관하여 금일에 이르렀으며, 현재 경상북도 안동군 풍산면 하회동의 류승우 씨가 대를 이어 소장하고 있다.

　여기서 영인간행하는 것은, 실로 이 초본에 의한 것이다. 원본은 대체로 저자의 자필 - 표지 뒤의 서문은 류성룡의 필적임은 의심할 여지가 없고, 본문의 대부분은 이것과 일치한다 - 로써, 그 사이 사람을 시켜 필사한 것도 있으며, 종이 뒷면에는 거의 앞면 기사에 상당하는 곳에 보충하는 것을 추기하였고, 또한 시문 원고를 필록한 것도 적지 않다. 표지는 파손이 심하여, 희미하게 후세사람이 쓴 '懲毖錄'(징비록)이라는 제목을 겨우 읽을 정도에 지나지 않으며, 또한 책 앞부분 약 13장은 떨어져 나가고, 이하 90장이 현존하고 있다. 지금 이것을 영인함에 있어, 먼저 대체적으로 본문을 수록하고, 이어 종이 뒷면을 촬영, 수록하였으나 종이 뒷면의 문자 가운데 본문과 관계없고, 또 후세사람이 쓴 별다른 의미 없는 부분은, 다소 이것을 생략하기로 하였다. 그런데 본서 각 장의 원본에 있는 표리관계는, 다음에 표시하는 대로이지만, 또한 본서에는 기사 각조의 다름을 밝히기 위하여, 그 차례를 그대로 적어 표시하고, 또한 각조에 제목을 임시로 설정하여 목차에 표시하고, 기사 간 표리의 관계도 부기하여 두었다.

一

　　　二　　　九二

　　　三　　　九三

　　　四　　　九四

　　　五　　　九五

　　　六　　　九六

　　　七　　　九七

　　八九

　　一〇　　　九八

一一. 一二

　　一三　　　九九

　　一四　　一〇〇

　　一五　　一〇一

　　　　　　一〇二

　　　　(원본 一〇二, 一〇三은 종이 조각에 기록하여 뒷면에 첨부되어, 크기에 차이가 있다. 또한 一五 왼쪽 뒷면에도 적은 기록이 있는데, 지금 생략했다.)

　　　　　一〇三

　　　○　　　　○

　　　　○　　　○

　　　　○　　　○

　　　六九　　一二九

　　　　　　一三〇

　　七〇 - 九一(원본, 七七 뒷면에 적은 기록이 있는데, 지금 생략했다.)

이상에 따라 본서를 대체적으로 살펴보면, 거의 초본 징비록의 본래 모습을 그려 볼 수 있다고 믿지만, 이것을 간행본 징비록과 대조해 보면 각조기사의 내용은 물론, 그 배열에 이르기까지 많은 들고 남(出入)이 있다. 특히 조선에서 간행된 것도 수종이 있고, 또한 그 체재에 따라 두 가지 계통으로 나뉜다. 그 하나는 16권본이며, 다른 하나는 2권본이다. 두 종류 모두 책머리 부분에 『징비록』의 유래를 서술한 같은 내용의 서문이 있는데 - 2권본에는 '懲毖錄 序'(징비록 서)라는 제목이 있으며, 16권본에는 그것이 없다. - [두 책의] 상호관계라든지 간행의 전말, 연대 등에 대해 알만한 서문 및 발문류는 일절 찾아볼 수 없을 뿐 아니라, 또한 이에 대해 서술한 문헌은 전혀 보이지 않는다. 마찬가지로 류씨가 소장 문서에는, 성룡의 손자 원지가 삭제, 보완, 정정한 『서애연보』 초기(草記)를 비롯한 연보 원고본 수종이 있는데, 징비록 저술에 관한 것은 없으며, 문인(門人) 정경세(호는 우복)가 편찬한 행장에 "[선생이] 평생 지은 시문은 병화로 잃어버렸다. 지금 문집 10권, 신종록, 상례고증, 영모록·징비록 등의 책이 집에 소장되어 있다"는 것이, 유일하다고 해도 좋을 것이다.

먼저 초본과 간행본의 차이를 알기 위하여 가장 상이한 16권본의 목차를 열거해 보면 아래와 같다.

권1·권2(제목은 없고, 초본의 『잡록』 부분을 제외한 전부에 상당한다.)
권3. 근폭집(차. 계사)
권4. 권5 근폭집(계사)
권6-권14. 진사록(장계)

권15. 군문등록(문이)
권16. 군문등록(문이)
녹후잡기(초본의 『잡록』에 상당한다)

그런데 2권본은 이 16권본의 권1·권2에 해당하고, 마지막에 권16의 『녹후잡기』를 수록하고 있지만, 각권을 나누는데 서로 다른 것이 있으며, 책머리에는 '懲毖錄 卷之一·二'(징비록 권지일·이)라고 제목을 달았고, 책을 접는 부분(板心)에는 '懲毖錄 上·下'(징비록 상·하)라고 표시되어 있다. 그런데 간행본 징비록 16권본에 수록된 『근폭집』, 『진사록』, 『군문등록』이 셋은 어떠한 유래를 가지는 것인가를 살펴보면, 모두 같은 이름의 사본이 류씨가 소장분 중에 보이고, 혹은 류성룡의 제사(題辭)와 발문(跋文)이 있고, 혹은 본인 스스로 정정한 흔적이 있으나, 그것은 결코 원본 그대로 여기에 수록되어 있는 것은 아니다.

『군문등록』의 원본 - 〈본 총간 제3〉으로서 이미 영인출간했다 - 은, 원래 한 권으로 나눈 책(分卷)은 없으며 류성룡 자신이, 4도체찰사였던 때의 계초 및 문이 같은 것이 잔존하고 있으므로, 시기순으로 정리하여 수습, 등록한 것이다. 그 유래는 자필 제문(題文)에 따라 알 수 있지만, 간행본 징비록의 수록은, 그 문이만을 편의한 제목으로 붙여서 수록하고, 계초는 『근폭집』의 권에, 장계는 『진사록』의 권에 합쳐서 수록하고, 또 생략, 수정이 가해진 것이 적지 않다(〈본총간 제3〉 『군문등록』 목차 및 해설 참조). 또한 『근폭집』의 원본은 두 책으로 되어 있으며, 연도별로 계사·차자의 초안을 수록하여, 그 하나는 선조 임진년부터 을미년에 이르기까지, 다른 하나는 갑오년부터 무술년에 이르기까지이며, 그 책 이름은, 방책을 강구해 상소와 차자를 올린 것을 기록, 보존한다는 의미로 붙여진 것이 틀림없지만, 간행본 징비록에 수록된 것은 차자와 계사의 목록을 분리하고, 배열을 고쳐서 『군문등록』의 계초를 합치고, 또한 제목만을 싣고 본문을 생략해, 〈견본집〉이라고 표시한 것에 지나지 않는 것이 매우 많다.

또한 『진사록』의 원본은 세 책으로 되어 있으며, 표지의 기재에 따르면, 제1책에는 〈서장(書狀)34, 임진 6월부터 10월까지〉(서장 하(下)의 숫자는 그 수이지만 본책에는 없어진 부분이 많다.), 제2책에는 〈서장 58, 임진 11월부터 계사 5월까지〉, 제3책에는 〈서장19, 계사 5월부터 정유12월까지〉로 되어 있다. 또한 제1책의 앞부분에 임진년부터, 무술년에 이르는 류성룡의 경력을 약기하여 놓은 것은, 본서가 그 기간 동안의 장계를 등록해 놓는다는 의미일 것이나, 『군문등록』에 수록된 계사 등에 해당하는 시기의 것은 전부 생략하여, 중복을 피하고 있다. 간행본 징비록의 수록은, 혹은 순서를 바꾸거나, 혹은 다만 제목을 달고, 본문을 생략하여, 〈견본집〉이라고 적은 것도 있다.

이와 같이 간행본 징비록의 군문등록, 근폭집 및 진사록을 류성룡이 편집, 수정한 원본과 대조해 볼 때, 글을 고친(改竄) 흔적이 현저하며, 거의 당초의 모습을 갖추고 있지 아니하다. 원래 세 책의 원본이, 각각 독립된 목적으로 모아서 기록한 것은 의심할 바가 없기 때문에, 종류가 다른 것을 모아 개편(類聚改編)한 것은, 저자의 본지를 몰각하고 있는 것이 아닐까하는 생각이 들며, 특히 세 책과 초본 징비록을 한 권에 묶어야 한다는 취지는, 전혀 찾아볼 수 없다. 여기서 주의할 점은, 간행본에 〈견본집〉이라며 원문을 생략하고 있는 것이 적지 않은 사실이다. 말할 필요도 없이 『서애집』에 수록된 것을 이유로 중복을 피해야 한다는 것이며, 따라서 간행본 징비록으로서 여러 책을 유취개편한 것은, 『서애집』의 편찬간행에 따른 것이라고, 하지 않으면 안된다.

여기서 『서애집』을 살펴볼 때, 전 20권으로 되어있으며, 책머리에는 숭정[1]계유[1633년] 4월 이민구의 서문이, 책 말미에는 숭정 임신[1632년] 9월 이준의 발문 및 숭정 계유 3월 장현광의 발문이 있으며, 이에 따르면 류성룡의 막내아들 진(袗, 당시 합천군수)이 편찬한 것으로, 명의 숭정 계유 즉, 조선 인조11년[1633년]에 간행되었음을 알 수 있다. 그런데 『징비록』의 간행에 대해서는 적확한 기술이 없는데, 영조 때 사람, 이의현(李宜顯)[2]이 무신년(영조4년, [1728년]) 유배 가 있는 동안 쓴 『운양만록(雲陽漫錄)』(『도곡집(陶谷集)』 수록)에 다음과 같은 기사가 있다.

서애 류성룡이 임진왜란의 일을 기록하여 징비록이라 이름하고, 또 왜란 때의 여러 가지 일을 기록한 것도 지금 그 문집 속에 실려 있다. 그 문집과 징비록은 오랫동안 간행하지 못하고 있었는데, 인조 때 그 외손인 조수익(趙壽益)이 영남감사로 있을 때, 안동에 있는 서애의 후손이 간행을 부탁하므로, 그 청을 승낙하였다.

---

1 명의 마지막 황제 숭정제(崇禎帝) 때의 연호(1628-1644년).
2 호는 도곡(陶谷), 1668-1743년.

그런데 조수익이 영남감사로 재직한 것은, 인조 25년[1647년] 정해 9월 8일, 전 감사 목성선(睦性善)이 죽은 후 승계하여 다음해[1648년] 2월 14일 이만(李曼)이 임명될 때까지이므로, 이 기사가 틀리지 않는다면 대체로 이 무렵, 『징비록』이 처음 간행된 것이다. 다만 이미 문집은 10여 년 전에 간행되었으므로, '문집 및 징비록은 오랫동안 간행하지 못했다'라고 하는 것은 맞지 않는데, 본 기사는 『징비록』에 관한 분석과 평가가 주된 일이므로, 그 책이 인쇄될 때까지에 이르는 사정에 대해서는, 그것을 인정하여도 지장이 없을 것이다. 어쨌든, 문집이 먼저 간행되고, 그 후에 『징비록』이 인쇄된 것은 의심할 여지가 없다. 또한 여기서 말하는 손자는 아마도 앞서 『연보초기』의 수정, 보완 등을 맡았던 류원지일 것이다. 그렇다면 [징비록이] 처음 간행된 것은 16권본일까, 2권본일까, 이점 역시 기록된 것은 없다. 두 책을 비교해 볼 때, 앞에서 말한 대로, 같은 서문이 수록되어 있다. (다만 2권본에는, 머리부분에 '징비록 서'라는 제목이 붙어 있다.)

징비록이란 무엇인가? 임진왜란이 발생한 후의 일을 기록한 것이다. 그 중에 임진왜란 전의 일도 가끔 기록한 것은, 그 전란이 그로부터 비롯되었기 때문이다. 아아, 임진년의 전화는 참혹하였도다. 수십 일 사이에 세 도읍[서울, 개성, 평양]을 지키지 못했고, 팔도가 와해되었으며, 임금이 수도를 떠나 피난하였는데도(乘輿播越, 초본에는 車駕西狩〈임금이 서쪽으로 순행하다〉), 우리나라가 오늘날이 있게 된 것은 하늘이 도운 까닭이다. 또한 선대 임금들의 어질고 두터운 은덕이 백성들 속에 굳게 결합되어, 백성들이 나라를 사랑하는 마음이 그치지 않았기 때문이며, 임금께서 명나라를 섬기는 정성이 명나라 황제를 감동시켜 우리나라를 구원하는 군대를 여러 차례 보냈기 때문이다. 이러한 일들이 없었다면 우리나라는 위태하였을 것이다. 시경에 "내가 지난 일의 잘못을 징계하여, 뒤에 환난이 없도록 조심한다"고 하였으니, 이것이 내가 징비록을(○ 初本以下 闕, 〈초본에는 이하 문장은 없어짐〉) 지은 까닭이다. 나와 같이 못난 사람이 어지러운 시기에 나라의 중책을 맡아 위기를 바로잡지도 못하고, 넘어지는 형세를 붙들어 일으키지도 못했으니, 그 죄는 죽어도 용서받지 못할 것이다. 그런데도 오히려 시골에서 목숨을 부쳐 구차하게 살아가고 있으니, 이것은 어찌 임금의 너그러운 은전이 아니겠는가. 근심과 두려움이 조금 진정되어 지난날의 일을 생각하니, 그 때마다 황송하고, 부끄러워 얼굴을 들 수 없다. 이에 한가한 틈을 이용하여 임진년에서 무술년에 이르기까지, 내가 보고 들은 일을 대강 적으니, 이것이 얼마가량 되었고, 또 장계, 소차, 문이 및 잡록을 그 뒤에 붙였다. 비록 보잘 것은 없지만 이 또한 모두 그 때의 일이니 버리지 못한다. 이로써 시골에 살면서도 성심으로 나라에 충성하고자 하는 나의 마음을 드러내고, 어리석은 신하가 나라의 은혜에 보답하지 못한 죄를 드러내고자 한 것이라 하겠다.

이 서문에 '또 장계·소차·문이 및 잡록을 그 뒤에 붙였다.'라고 하는 것은, 말할 것도 없이, 16권본의 편집에 관해 설명한 것으로, 2권본에는, 단지 잡록(『녹후잡기』)만이 부쳐져 있기 때문에, 내용과 부합하지 않는다. 따라서 이것은, 본래 16권본에 붙여졌던 것으로, 2권본을 간행할 때 그대로 사용하여, '징비록 서'라고 표기하여 수록한 것이 틀림없다. 또한 그 밖의 체재면에서도 2권본이 늦게 간행된 것으로 보여진다. (다만, 16권본에는 신, 구 두 종류의 판본이 있으나, 신본은 단순히 복각에 지나지 않는다.) 그런데 2권본이 간행된 이유는, 아마도 16권본에 유취합록된 『근폭집』, 『진사록』, 『군문등록』을 떼어 내어, 『징비록』 그 자체의 원래 상태에 가깝게 한 것에 다름 아닐 것이다. 초본 징비록이 본문을 적어 내려간 뒤 이어서, 간행본의 『녹후잡기』에 상당하는 『잡록』을 수록해, 체재상 결코 그 사이에 『근폭집』 등 3책과 같은 문서집을 삽입할 것은 아니기 때문이다. 다만 아쉬운 것은, 초본의 앞부분에 저자 스스로가 쓴 서문 후반이 없어져 버려, 이것을 명확히 증명할 수 없는 점이다.

다음으로, 다시 초본 징비록과 간행본(초본에 상당하는 부분)과를 비교, 대조하면 먼저 첫 번째로 각조의 분합, 배열의 변개가 있으며, 두 번째로는 기사내용에 첨삭가감이 심하다. 지금 본서[초본징비록 영인본] 목차에는, 초본 각조 밑에, 간행본(2권본) 각조에 추가한 차례를 적어 넣어, 그 첫 번째 상이를 표시하여 두었으나, 그 두 번째에 대해서는 각조 대부분에서 보여, 일일이 열거하기 힘들다. 그런데 개찬의 흔적이 가장 심한 예 두세 개를 들자면, 〈9. 세자책봉의 청원은, 광해군으로 후사를 삼았다〉조와 같은 경우 단순히 〈대신들 세자책봉을 청하다. 인심에 연계되므로, 이에 따르다〉, 한 행이 있을 뿐이며, 〈13. 임금의 가마가 서쪽으로 순행해, 평양에 머물다〉조로부터 이하 〈선조가 서쪽을 순회하여 의주에 머물다〉까지의 각조는, 내용 배열 모두가 심하게 바뀌어져 있고, 〈25. 임금의 가마가 의주에 머물다. 명나라가 보낸 조승훈이 내원하여, 평양을 공격했으나 물러나다〉조는 수개 조로 나뉘어 있으며, 〈30. 기요마사, 함경도에 들어가다〉조는 배치 순서가 완전히 바뀌어져 있으며, 〈46. 48. 50. 52〉의 이순신에 관한 여러 조는 상당한 가감첨삭이 가해져 있으며, 〈54. 명 수병도독

진린 오다〉조는 〈52〉에 합쳐져 있으며, 〈61. 70〉 두 개 조의 명 사신 사헌오다 기사는 불과 〈12월, 천사 행인사 행인, 사헌 오다(十二月. 天使行人司行人司憲來〉 한 행이며, 또한 간행본에는 경기감사의 전사(40), 적의 간첩 김순량의 포획(46) 등 초본에 보이지 않는 수개조가 첨가되어 있으며(초본 책머리 부분에 빠져 있는 약 8개 조는 별개로 하고), 초본에 보이는 〈15. 이산해 배찬(配竄)〉조, 〈65. 종묘사직 재변(災變)〉조, 〈66. 원균의 공죄〉조, 〈68. 정릉(靖陵)의 일을 적다〉조와 같은 경우 수록되어 있지 않다. 전체적으로 이를 볼 때, 초본에 있어 가장 힘을 들인 기사의 배열, 체재에 대하여, 간행본에는 전혀 그 뜻이 몰각되어 있다.

류성룡이 얼마나 이 책의 저작에 고심했는가는, 류씨 집안에 함께 보관하고 있는 류성룡 자필의 『난후잡록』을 참조해 보면, 이것을 잘 이해할 수 있다. 『난후잡록』은, 이미 〈본총간 제9〉로서 영인간행 되었는데, 그 주요부분은 분명히 본서의 초고라고 인정되며, 그 제1책 머리부분에 저자 스스로 다음과 같이 적고 있다.

『난후잡록』

난후잡록이라 무엇인가? 임진왜란이 발생한 후의 일을 기록한 것이다. 아아, 임진년의 재앙은 참혹하였도다. 우리나라가 오늘날이 있게 된 것은 하늘이 도운 까닭이다. 시경에 "내가 지난 일의 잘못을 징계하여, 뒤에 환난이 없도록 조심한다"고 하였으니 대저 앞의 일을 반성하여 뒤의 일을 조심한다는 뜻이다. 옛일을 살피는 것은 오늘을 도모하기 위함이다. 마침내 몸으로 겪으면서 본것과 들어서 알게 된 것으로, 한두 가지

성패의 자취를 대략 기록하여, 시골에 은거하는 간절한 뜻을 담고자 한다. 임진왜란 전의 일도 기록한 것은, 전란이 일어난 까닭을 살피기 위함이다.
<u>시경에 "행복하게 되는 것에는 그렇게 될 기초가 있었던 것이며, 불행하게 되는 것에도 그렇게 될 싹이 있었다"고 했다. 아아 슬프다. 대저 읽는 자는 그것을 상세히 알 것이다.</u> (밑줄 친 부분은 필자가 강조한 것)

亂後雜錄

亂後雜錄者何. 記壬辰以後事也. 嗚呼壬辰之禍, 極矣. 國之得有今日, 天也. 『詩』曰 "予其懲, 以毖後患" 夫懲前所以毖後, 鑑古所以圖今 遙以身歷而耳聞者. 略記一二成敗之跡. 以寓山野惓惓之意云. 其不係於壬辰而亦記者, 推本亂之所由也. <u>詩曰 福生有基 禍生有胎 嗚呼悲也 夫覽者詳之.</u>

이를 앞서 설명한 『징비록』 서문과 대조해 보면 그 취지가 완전히 서로 일치하고 있다. 또한 제1책 내용에도 상응하는 것이 많으며, 처음엔 『난후잡록』의 이름으로 쓰기 시작하여, 나중에 그 목적으로 삼는 바를 책 이름으로 하여, 『징비록』이라는 명칭을 붙인 것으로 생각할 수 있는데, 두 책의 상당 기사를 대비하여 각조의 순서는 물론 문장에 이르기까지, 그 퇴고의 흔적을 찾아보면 저자의 고심경영(苦心經營)을 알고도 남는다. (『난후잡록』의 상세에 대해서는, 본총간 제9 해설 참조) 간행본 『징비록』에서는 오히려 『난후잡록』의 기사에서 끌어왔기 때문에, 완성원고에 가까운 『초본징비록』의 특색을 잃어버린 것도 적지 않다.

다음은 『징비록』이 편찬된 연대에 관해서인데, [서애] 연보는 물론, 저자가 수시로 작성한 기록(隨錄)이나 대통력(大統曆) [명나라에서 사용하던 달력]에 일일이 적어 넣은(具注) 일기 등에도 전혀 언급이 없다. 류성룡이 탄핵 당해, 오랫동안에 걸친 정치적 생애를 마치고, 마침내 향관(鄕貫)인 풍산 하회로 돌아간 것은, 선조 32년(1599년)이었다. 그 후 직첩을 돌려받고, 다시 풍원부원군에 서용되고 호성2등공신에 봉해졌으나, 끝내 조정에 다시 돌아가지 않고, 선조40년(1607년) 정미 5월 6일, 66세를 일기로 그 집에서 졸(卒)할 때까지, 8년 여에 이르는 실의불우의 만년은, 주로 다사다난했던 그 생애의 회고와 저술로 보냈다. 혹은 스승 퇴계 이황의 연보를 편찬하고, 혹은 『제왕기년록』을 짓고, 『신종록』·『영모록』·『상례고증』등의 책을 편찬하고, 혹은 스스로 지은 시문을 모아 책으로 만들고, 또한 다년간 참여, 획책했던 국정과 관계있는 문헌의 정리에 힘을 쏟아, 승정원 전교를 성첩(成貼)하고, 명나라 장수로부터 받은 편지류 등을 정리하고, 혹은 『근폭집』·『진사록』을 편집하고, 『군문등록』을 짓고. 마지막에는 이를 사료로서 『난후잡록』을 저술하고, 나아가 정정하여 『초본징비록』도 지은 것이다. 실로 본서야 말로, 류성룡이 만년의 정력을 쏟은 저술의 하나임은 틀림없다.

『난후잡록』은 제2책에 쓰인 『시교설(詩敎說)』이, 『연보』에 의하면 선조37년(1604년)의 저술이므로, 거의 지은 연대를 미루어 알 수 있으며, 『초본징비록』의 경우, 뒷면 〈〈65) 종묘사직 재변(宗廟社稷之災變)〉 조에 적은, '종송(種松, 소나무를 심고)'라는 제목의 한 편의 시가 그 연대를 겨우 추정하게 할 뿐이다. 이 시는 다음과 같이 서문과 함

께 『서애집』 권2에 수록되어 있다. 즉,

〈소나무를 심고〉

스무 아흐렛날. 제자들과 재빠른 승려 몇 사람을 시켜서 능파대 서쪽에 소나무 삼사십 그루를 심었다. 내 일찍이 백낙천의 〈소나무를 심고〉란 시를 읽은 적이 있는데 그 시에 이르기를 어찌 나이 사십이 되어 몇 그루 어린 나무를 심는가. 언제 나무가 자라 그늘을 볼 것인가. 인생 칠십은 옛부터 드물다 하였는데 올해 내 나이 예순 셋인데 새삼 나무를 심었으니 내가 생각해도 웃음이 절로 나온다. 떠오르는 감상을 재미삼아 몇 구절 시로 옮겨본다.

북쪽산 아래 흙을 파서 / 서쪽바위 모퉁이에 소나무 심었네 / 흙은 삼태기에 차지않고 / 나무 크기 한자가 되지 않네 / 흔들어 돌 틈에 옮겼으니 / 뿌리도 마디마디 상했으리라 / 땅은 높아 시원하여도 / 가꾸기엔 물이 적을듯 한데 / 비 이슬 젖기엔 더디면서 / 서리바람 맞기엔 빠르겠구나 / 늙은이 일 좋아 억지 부려 / 보는 이 속으로 어리석다 웃을테지 / 어찌 늙은이 나이 들어 / 자라기 힘든 솔을 심었을까 / 내 비록 그늘 보지 못하여도 / 뉘라서 흙 옮겨 심은 뜻은 알겠지 / 천년 지나 하늘 높이 솟으면 / 봉황의 보금자리가 되리라.

種松幷序

<u>二十九日. 令子弟及齊僧數輩. 種松凌波臺西三四十株[3]. 余嘗讀樂天種松詩云. 如何年四十. 種此數寸枝. 得見成陰否. 人生七十稀, 今余年六十三. 而始種此. 可自笑. 偶作數句語爲戲.</u>

---

3 원문에는 '株'가 '條'로 잘못되어 있다.

劚土北山下. 種松西巖(岩)角. 土覆不盈簣. 松短不盈尺. 離披亂石間. 各帶傷根色(羅列秧初挿). 得地縱爽塏(凱). 滋身少潤澤. 遲遲雨露濡(恩). 颯颯霜風急. 老夫強好事. 傍(旁)人笑(咲)其拙. 如何老大年(年六十). 養此難成物. 陰(蔭)成固不望. 封植知誰力. 昂霄會千載. 留與鸞鳳(皇)宿).

류성룡이 63세가 된 것은 선조37년(1604년) 갑진에 해당하는데, 대통력에 적어 넣은 그의 일록에는 이해 정월 29일 조에 '종송능파학서(種松凌波壑西, 소나무를 능파 서쪽 골짜기에 심다)'라고 기록되어 있으니 이 시의 앞부분과 잘 부합하고 있다. 그 소나무를 능파대 서쪽에 심은 것은 백낙천(白樂天)의 시의(詩意)에서 따온 것이니, 감개함이 특히 깊은 것이었다. 따라서 이 책은 이미 당시 일응 완성되어 있으며, 때때로 이를 펼쳐보고 빠진 것을 보완하는 동안 그때그때 떠오르는 시편도 종이 뒤편 여백에 적어두곤 한 것을 알 수가 있다. 그러한 까닭에 류성룡이 고향 은거 후 5년이 안 되어, 그리고 그의 졸거(卒去) 수년 전 즉 선조36-7년(1603-4년) 사이에는 『징비록』원고가 완성되어 있었음에 틀림없다.

이 책의 내용에 대해 살펴보면 행문(行文)은 유창하고, 기사는 요체를 짚고 있으며, 거기에다 지식이 풍부하여, 전후 7년간에 걸친 일본, 조선, 명 삼국 교섭의 경위와 전국(戰局)의 추이를 명쾌하게 추출, 부족함이 없다. 임란·정유의 전역(戰役)을 서술한 책은 많지만, 이보다 더 나은 것은 아마도 드물 것이다. 생각건대 저자는 전쟁 중 국가의 중추에 참여하여, 안팎으로 출입하며 난국에 처한 체험을 바탕으로 스스로 정리하여 기록한 풍부한 사료를 구사하였다. 번화한 서울의 풍진세상에서 멀리 떨어져, 오로지 성패의 흔적을 성찰하고, 왕년 종횡하던 능력은, 이제 바뀌어 사필(史筆)에 경도하여, 생각을 가다듬으며 수차례 원고 작성을 거듭하여, 결국 이 책을 완성한 것이다. 산야에 은거하며, 궁핍에 처한 가운데도 오로지 지난날의 잘못을 반성하여, 앞날에 환난이 없도록 조심해야 한다(懲前毖後)는 국책을 강조한 저자의 면목은, 이 책에 있어 약여하는 감개가 있다.

그러나 저 간행본 징비록에 대해서는 전혀 별개로 생각하지 않으면 안 된다. 간행본은 당쟁이 점차 심해지면서, 정치·사회 전반의 정세가 일변한 후 이에 대응하기 위해, 후대사람이 개수(改修)하여 출판한 것과 관계가 있는데, 그에 관해 어쨌든 비평이 있음도, 또한 여기에 유래한다고 하지 않으면 안될 것이다. 본서 앞부분 십수 장이 잘라져 버리고, 원래 서문의 후반이 없어져 버리게 된 것도, 오늘날에 있어 간행본 원고의 편린조차 찾아볼 수 없게 된 것도, 또한 같은 의심에 덮여 있다.

마지막으로 간본 징비록이, 빨리 우리나라[일본]에도 전래하여 분로쿠·게이쵸의 역(임진왜란)에 관한 조선 측 사료로서 중시된 일은, 널리 알려져 있는데, 그 전래에 대해서는, 여전히 명확하지 않다. 다이슈 번(對州蕃, [쓰시마번])을 경유한 것은 틀림없지만, 언제, 어떻게 전해졌는지는, 전혀 알 수 없다. 그렇지만, 겐로쿠 원년 무진(숙종14, [1688년]) 9월 기해(30일)의 서문이 있는, 겐로쿠6년[1693년] 교토에서 출판된 서봉산인(西峯山人) 마쓰시타 겐린(松下見林)의 『이칭일본전(異稱日本傳)』에 인용되어 있는 것은 주목하지 않으면 안 된다.

결국, 겐로쿠8년 을해(숙종21, [1695년]) 정월에는 교토의 출판업자 야마토야 이베에(大和屋伊兵衛)에 의해 단행본으로 출판되었다. 이 간행본은 4권 4책으로, 권두에는 류성룡의 자필 서문 외에 가이바라 아쓰노부(貝原篤信)[4]가 출판업자의 의뢰에 의해 쓴 서문이 더해져 있으며, 또 한 장의 조선지도가 첨부되어 있다. 이것을 조선간행본과 비교하면 2권본 상·하를 각 2권씩 나눈 것이다. 또한 『이칭일본전』도 마찬가지로 2권본에서 인용했으므로 당시 우리나라에 전해진 것은, 2권본임에 틀림없다. 왜냐하면 인조조 말에 처음 간행본 징비록이 세상에 나왔으므로, 아마 얼마 지나지 않아 우리나라에도 전해지고, 결국 숙종조 중엽에는 중각되어 널리 보급되고 있던 것이다. 그리고 그 후 숙종38년(쇼토쿠正德2년, [1712년]), 이해 전년도에 우리나라에 온 조선통신사 조태억(趙泰億) 등 일행의 귀국 후 복명에 의해, 『징비록』이 [일본에] 유포되고 있음을 알게 된 조선에서는 서적의 수출에 관해 엄중한 제한을 두고, 중국 서적을 제외한, 조선의 역사 및 문집류 등에 대해, 수출을 금지하기에 이른 것도, 유명한 사실이다. 또한 『징비록』은 우리나라에서, 중각된 이후 더욱 여러 책에 인용되는 일이 적지 않았다. 특히 쓰시마 번과 같은 경우 '조선관련간요지서물(朝鮮向肝要之書物)'로 중시되어, 간세이 8년(寬政, 정조20년, [1796년]) 진문역(眞文役)[5] 사사키 게이키치(佐佐木惠吉, 원적源迪)에게 『징비록』을 일본어로 번역한, 『징비록국자해(懲毖錄國字解)』 2권을 만들게 해, 조선방(朝鮮方)[6]에 비치해 두게 할 정도였다. 또한 조선에 있어서는, 수종의 판본

---

[4] 후쿠오카번의 유학자로 호는 에키켄(益軒, 1630-1714년).
[5] 쓰시마 번의 문교, 대 조선 접대와 외교문서를 다루던 직책.
[6] 쓰시마 번의 조선관련 기록문서의 정리, 보관업무를 담당하던 부서, 또는 그 관리.

이 나와, 넓게 읽혀, 임진·정유의 일을 논하는 자는, 반드시 이를 언급하는 것이 보통이었다. 이처럼 내외에 보급되어 있던 『징비록』은, 다만 많은 첨삭이 가해진 간행본만이 알려지고, 그 원본은 지금까지 세상에 알려진 일이 없었다. 지금 본회가 풍산류씨 종가의 호의에 의해, 전해 내려오는 초본징비록을 영인하여, 저자 류성룡 필록의 원본을 간행한 할 수 있게 된 것은, 실로 흔쾌한 일이다. 오랜 기간 동안 묻혀져 있던, 광채가 처음 발휘되어, 선조조를 중심으로 하는, 조선사 연구에 있어 크나큰 기여를 할 것을 믿어 의심하지 않는다.

쇼와(昭和)11년[1936년] 3월
조선사편수회

자료 4

류성룡가의 임진 · 정유왜란 사료
柳成龍家の壬辰 · 丁酉倭亂史料

나카무라 히데타카(中村榮孝)
『일선관계사의 연구(日鮮關係史の研究)』〈中〉(pp. 511-546),
요시카와고분칸(吉川弘文館), 1969년

1. 류성룡의 생애와 종손가의 문헌전승

　　류성룡은 선조 임진 · 정유왜란에서 크게 활약한 인물(大立者)이다. 우선 그의 약력을 살펴보자. 그의 자는 이현, 호는 서애이며, 경상도 풍산 사람으로 감사 류중영(호는 입암立岩, 1515-73)의 아들로, 중종 37년 임인년(덴몬天文11, 1542) 10월에 태어났다. 어려서 학문에 뜻을 두고, 학업을 이황(퇴계)에게 배워, 명종 21년 병인년(에이로쿠永祿9, 1566) 급제하여, 승문원권지(權知)부정자(副正字)에 임명된 이래, 여러 관직을 거쳐 선조 17년 갑신년(덴쇼天正12, 1584)에는 예조판서가 되었고, 동 · 서 분당의 시점에 동인으로서 주요한 위치에 있었다. 동 22년 기축년(덴쇼天正17, 1589) 정여립(동인)의 옥사(獄事)가 일어나 정철(서인)이 치죄를 담당해 전후 3년에 걸쳐 옥사가 거듭됐는데, 그 사이 우의정의 지위에 올라, 선조 24년 신묘년에 정철이 물러나자 좌의정에 올랐고, 우성전(禹性傳) 등과 함께 남인 세력의 중심인물이 되었다.

이에 앞서 조선정부는 선조 20년 정해년(덴쇼15, 1587), 도요토미 히데요시의 지령에 따른, 쓰시마로부터의 교섭을 받아 수차례 절충을 거듭한 결과, 일본에 통신사를 파견했지만 히데요시는 국내통일에 성공하자, 중국(명) 정복을 기도해 (선조) 25년 임진년(분로쿠文祿 원년, 1592) 4월에는, 결국 대거 조선에 출병해 왔다. 이때 류성룡은, 특히 병조판서를 겸해 군무를 총괄했고, 도체찰사가 되어 방어대책에 골몰했다. 선조의 피난을 수행하는 도중 영의정에 승진되었으나 사퇴하고, 평양에 머무는 사이 풍원부원군에 봉해졌고, 이어 [왕이] 의주에 도착하여 임시로 머무는 곳(행재行在)을 정했다. 그 후 평안도 도체찰사가 되어 명제독 이여송이 원군을 이끌고 도착하자, 안주에서 회견하고 전략을 논의하여 의기투합했다. 이때부터 명군과 공동작전을 추진해, 먼저 평양의 일본군을 격퇴하고, 이곳을 탈환해 다음해 26년 계사년[1593] 정월에 충청·전라·경상 삼남의 도체찰사가 되어 특히 병기·식량조달과 운송에 힘을 쏟았다. 명군은 한성을 목표로 진격했으나 벽제전투에서 대패하자, 이때 일·명간 강화교섭이 열렸다. 조선정부는 화의에 강경하게 반대했지만, 명군은 3월에 용산에서 정전협정을 타결하고, 일본군을 철퇴시켜 한성 수복에 성공했다. 이윽고 10월 선조는 환도했고, 류성룡은 영의정에 올라 국정총괄의 최고 책임을 짊어지게 되었다.

일·명 강화의 조건은 주로 책봉, 조공문제가 논의되었는데, 명의 경략(經略) 고양겸(顧養謙)은 조선으로 하여금 일본을 위해 이를 청원시키려고 했다. 선조는 본래부터 화의를 싫어했고, 조정의 뜻은 정해

지지 않았는데, 성혼(우계) 등이 그 이점을 주장하고 류성룡도 이를 지지하여, 류영경(柳永慶) 등의 반대론을 물리치고, 결국 조선은 그 청원 수속을 밟아 명의 책봉사가 일본에 건너갔다. 그러나 히데요시는 자신이 제시한 조건 특히 영토를 할양하는(割地) 요구가 무시되었으므로, 실력으로 [자신의] 희망을 달성할 것을 결의해, 선조 30년 정유년[1597] 초, 다시 전쟁이 시작되었다. 류성룡은 선조 28년 을미년[1595] 10월부터 경기·황해·평안·함경 4도의 도체찰사를 겸해, 충청·전라·경상·강원 4도의 도체찰사를 겸한 우의정 이원익(李元翼)과 남북으로 호응하여 병제재건과 병졸훈련에 정력을 기울이고 있었는데, 전란이 재발한 후 동분서주, 자리에 앉을 사이조차 없이 안팎에 걸친 난국에 처해, 도모하는 바가 많았다.

그런데 선조31년 무술년(게이쵸慶長3년, 1598)에 겸임하고 있던 도체찰사를 사임, 정응태의 경략 양호(楊鎬) 무주(誣奏) 사건에 관해 명나라에 해명하는(辨誣) 사명을 사양, 거절하자 북인으로부터 탄핵되어, 과거 화의를 주장한 것에 대해서도, 논란이 되어 10월에는 영의정을 그만두고 부원군에 봉해졌고, 이어 12월에는 관직을 삭탈 당하기에 이르렀다. 그래서 다음해 본관인 하외(경상북도 안동군 풍산면 하회동)에 퇴거했지만, 후에 직첩을 환급받고, 다시 풍원부원군에 복귀해, 호성2등공신(선조의 피난에 수행하여, 행재소에서의 국왕 호위와 국세의 만회에 헌신한 공로에 의함)에 오르고, 임금이 부르는 명령(召命)도 내려졌으나, 끝내 다시 조정에 서지 않았고, 불우한 만년은 주로 저술을 위해 바쳤다. 때로는 『퇴계연보』를 찬하고, 『제왕기년록』을 만들고 또한 지금까지의 경력에 관한 문헌 정리를 맡아 『난후잡록』을 쓰고, 『징비록』

초고를 짓고, 시문의 원고도 집성했다. 이윽고 선조41년 정미년(게이쵸慶長12, 1607) 5월 6일 하회에서 66세로 졸(卒)했다. 후일 인조조 초, 문충(文忠)이란 시호를 받았다.

류성룡의 종손가는 지금 경상북도 안동군 풍산면 하회동에 있다. 이곳은 원래 안동대도호부의 속현인 풍산 관내로, 가까이 있는 풍천면이 풍산면에서 분리되었고, 하회동은 낙동강 북쪽 기슭에 위치한 취락이다. 풍산 류씨 일가는 류성룡 이전부터 이곳에서 줄곧 살아, 오늘날에 이른 명문가이다. 류성룡이 명나라 달력에 일기를 적은 『대통력(大統曆)』(10책), 승정원 전교를 붙여 만든 『정원전교(政院傳敎)』(2책), 명나라 장수의 편지류를 붙여 만든 『당장서첩(唐將書帖)』(2책), 명나라 제독 이여송 자필의 『당장시화첩(唐將詩畫帖)』(1책), 훈련도감 창설기의 도체찰사 장계(狀啓)・문이(文移)를 베껴 쓰게 한 『군문등록(軍門謄錄)』(1책), 임금에게 올린 상소문(上疏)・계사(啓辭)를 모아 기록한 『근폭집(芹曝集)』(2책), 보고의 장계를 모아 기록한 『진사록(辰巳錄)』(3책), 임진・정유란의 시말을 기술한 『난후잡록(亂後雜錄)』(2책)이나 『징비록(懲毖錄)』(1책)의 초본, 『운암잡록(雲巖雜錄)』(1책) 등을 비롯한 문고(文槁)의 종류는 모두 후손가에 계승, 보존되어 현재에 이르렀다. 또한 이외에 류성룡의 『호성공신상훈교서(扈聖功臣賞勳敎書)』(『조선사료집진(朝鮮資料集眞)』 제3집 소장사진 참조)를 비롯해, 고문서류 원본도 그 수가 적지 않다. 그 위에 류성룡의 자손은 우선 『서애선생문집(西厓先生文集)』(30권 10책)이나 『징비록(懲毖錄)』(16권 6책)을 편집하고, 나아가 『서애별집(西厓別集)』(4권 2책) 등을 잇따라 편집해 간행했다. 연보도 『연보초기(年譜草記)』(1책)・동(4책)부터, 『서애선생연보(西厓先生年譜)』(1책) · 동(4책)을 수정하여 다시 만들고, 나중에는 간행본『서애선생연보(西厓先生年譜)』(4권 2책)을 만들어, 류성룡의 전기도 정비해 왔다(『조선사료집진(朝鮮史料集眞)』제3집 3, 서애연보초(西厓年譜草)는『연보초기(年譜草記)』4책본의 사진이다).

그런데 류성룡의 저술이 일본인의 관심을 끌게 된 것은 꽤 오래된 일이다. 17세기 중엽에는 조선에서 경전, 역사류 전적이 수입되었고,『징비록』간행본도 전해졌다. 17세기 말에는 일본 학자가 저술에 수록하고, 또한 복각본이 간행되어 널리 읽혔다. 아마도 일본의 조선출병에 관하여 일본에서는 전쟁이야기(戰爭物語)와 같은 기술이 일반적이었을 때, 전체 전국(戰局)을 관통하는 탁발(卓拔)한 사필(史筆)이 높이 평가받은 결과일 것이다. 그런데 18세기 초 일본을 방문한 조선통신사는『징비록』등이 보급된 것을 보고, 귀국 후 정부에 진언하여 경학이외의 책이 일본에 유출되는 것을 막기 위해, 왜인에 대한 서적 금매의 명령을 내렸다. 역사서에 의해 멋대로 [조선의] 국정이 전해지는 것을 꺼려했기 때문인데, 더욱이『징비록』에 착목한 것은 임진 · 정유의 난을 주제로 하고 있기 때문에 각별한 배려가 있었기 때문이다(본서 3장,『에도시대의 일선관계』참조).

20세기 초반에 조선고서간행회가『조선군서대계(朝鮮群書大系)』로서 다수의 조선 전적을 활판으로 속간한 일은, 많은 주목을 끌었는데, 다이쇼(大正) 초기[1913] 그 중 한 책으로『징비록』통행본(16권 8책)이 간행되고 있다. 이 무렵을 전후하여 류성룡 후손가에 계승되었던 문헌류에 대해, 그 존재가 일본인 사이에도 알려지게 된 것 같은데, 그 경위에 대해서는 알려져 있지 않다. 그런데 이 류씨 가문이 소장한 문헌사료의 가치를 학계에 제창한 것은 이나바 이와키치(稻葉岩吉) 박사였다. 박사는 다이쇼10년[1921] 가을, 처음 하회동을 방문해 이 문헌들을 봤는데, 다이쇼12년[1923]에 조선사편찬위원회(이후 다이쇼14년[1925]에 관제가 만들어져 '조선사편수회'가 되었다. 본서 하권 별편 5장 〈조선사의 편수와 조선사료의 모집〉, 참조)가 설립되었는데, 조선총독부에 초청되어 그 위원이 되어 편수사업을 주재하게 되자, 같은 위원회의 홍희(洪熹)·가시와바라 쇼조(栢原昌三) 두 위원의 출장조사를 거쳐, [그 문헌] 대부분을 빌려, 사업초기의 전시회에 공개하고, 기회가 있을 때마다 그 사료의 중요성을 강조하고, 또한 「초본징비록에 대하여」(『사학(史學)』 제6권 제1호, 쇼와昭和 2년, [1927] 3월)를 발표해 이를 학계에 보고했다. 그중에

> 나의 족적을 하회에 남긴 것은, 지금으로부터 5년 전의 일인데, 백 여호에 가까운 검푸른 기와색은 보기에도 정숙 그 자체를 연상케 했다. 그(류성룡)의 고택이나 사당, 그리고 살아생전 유람했던 물가의 정자 터는 지금도 변함없다. 백여 호 중 류씨 이외의 사람들은 얼마 되지 않으므로, 하회라고 하면 바로 류씨로 알아듣는다는 것은 당시 면사무소에서 직접 들은 이야기였다. 총독부는 앞서 서애 후손의 후의에 힘입어, 이 집에 전해져 내려오는 문서를 빌렸는데, 나는 임시로, 이를 하회류씨세가문서라고, 이름 붙였다.

라고 서술하고 있다. 또 같은 글 중에,

나는 다이쇼8년[1919] 가을철에, 하회 류씨를 방문했을 때, 그 사당을 알현하고, 객청 [손님을 거처하게 하는 대청]에서는 이 집에 전해 내려오는 많은 고문서, 고기록을 볼 수 있었다. 당시 뜻밖에 이 서류 가운데 서애가 직접 쓴 것이라고 믿어지는, 초본 징비록 일부를 봤던 것이다. 여행지이기도 해서 [세상에 전해져 내려오는] 세전본(世傳本)과 일일이 대조해 볼 수도 없어, 단지 나의 기억을 더듬어, 초본과 세전본은 상당히 들고 남(出入)이 있음에 주의했는데, [조선사편수회가 류씨문중으로부터 자료를] 빌리는 수속을 끝내고 난 후, 직접 대비해 보니, 과연 기억에 틀림이 없었고, 아울러 이 초본이라 칭하는 것의 본질을 드디어 알 수(考料) 있었다.

라고 말하고 있다. 그리고 후년, 『이나바 박사 환력기념 만선사논총』(쇼와13년, [1938] 6월 간행)에 실린, 「나의 만선사연구과정」에서는 다음과 같이 적고 있다.

다이쇼10년[1921년] 가을, 나는 중추원 촉탁에 임명돼, 경성[서울]에 들어가, 돌아오는 길에 경상북도 안동군 하회의 류승우(柳承佑)씨 댁을 방문한 적이 있다. 나의 지방 옛 명문가 방문은 이것이 처음이기도 하고, 특별히 사료채방(史料採訪)을 계획한 것이 아니어서, 다만 서애의 고택이 어떠한가를 알고 싶었을 뿐이었기 때문에, 치제문 한 장을 짓고, 한편으로 보잘 것 없는 음식(粗羞)을 들고 그곳으로 향했는데, 치제문은 『징비록』에 대한 소년시절부터의 감상을 말한 것 같다고 생각된다. … 이 하회방문은 후에 반도 사료채방에 있어 자신과 계기를 준 것임은 의심할 나위가 없다. 그리고 이 사업은 동료의 열렬한 지지에 의해, 점차 발전하여 그와 같은 성과를 거둔 것이다. 이에 나는 쇼와11년[1936] 여름에 제2차 하회방문을 실행하여, 사당에 알현하고 동네 어른들과 함께, 마당의 배꽃을 관상했다. 아마도 이것이 마지막 방문이었고, 곧 종생의 추억이 될 것이다.

필자(나카무라 히데타카)는 다이쇼15년[1926] 학교[도쿄제대 국사학과]를 졸업하고, 조선사편수회에 부임하여, 지방채방사료 조사와 이씨조선[조선]의 태조부터 선조에 이르는 시대의 편수를 담당하면서, 곧바로 [이나바] 박사로부터 류씨가 소장사료에 대한 교시를 받았다. 그런데 얼마 지나지 않아 류승우 씨 등 서애 후손 몇 명이 찾아와, 선대의 사적 정사(精査)를 희망해, 『이조실록[조선왕조실록]』 열람의 편의를 도모한 적이 있다. 류씨 문중 사람들과 서로 알게 된 시초였다. 그들은 수개월에 걸쳐 연일 기사 발췌를 계속했는데, 생각지도 못한 장애가 일어났다. 어느 날, 필자는 사무담당의 조선출신 중추원 서기관으로부터, 『실록』 열람 승인 중지의 요청을 받았다. 이유는, 당시 아직 조선사회에는 사색파벌(四色派閥)의 인습이 남아있어, 『실록』의 공개는 서로 간에 숨겨진 일을 찾아내, 분쟁을 일으킬 우려가 있으므로, 자유로운 열람은 인정하지 않는다는 것이, 총독부 방침이라는 것이었다. 그러나 필자는 경험이 적고, 세상물정을 모르기 때문의 과실이라며, 책임을 묻지 않았다. 이 해, 이 같은 조건에 있으면서 경성제국대학에서는, 오다 쇼고(小田省五) 교수의 신중한 계획을 바탕으로, 『이조실록』 26부의 한정 영인이 시작됐다. 지금 생각해보면, 참으로 감개무량하다.

그 후 쇼와7년[1932]부터 조선사편수회에서, 필자[나카무라]의 기획으로『조선사료총간』 간행이 시작되었을 때, 류씨가문 소장사료

중 주요한 것을 더해, 제3 『군문등록』(쇼와8년, [1933] 간행), 제4 『당장서첩·당장시화첩』(쇼와9년, [1934] 간행), 제5 『정원전교』(상동), 제9 『난후잡록』(쇼와11년, [1936] 간행), 제10 『진관관병편오책잔권(鎭管官兵編伍册殘卷)』(상동), 제11 『초본징비록』(상동)을 차례로 영인 간행하여, 출판사료 20종 가운데 중핵이 될 수 있었던 것은 단지 필자만의 즐거움에 그친 것이 아니었다. 다만 유감스러운 것은, 모두 임진·정유의 난(임진왜란)에 관한 사료라는 것이 이유가 되어, 반포를 제한하는 지시가 내려졌다. 그 사이, 필자는 쇼와10년, [1935] 2월, 경상북도 북부 일대의 옛 명문가(舊家)를 역방할 때, 처음 하회동 류승우 씨 집을 방문해, 선배들의 조사를 보충하고, 『사료총간』의 해설에 참조할 수 있었다. 이때가 음력 정월이어서, 지방 특유의 신년행사 등도 둘러보게 되고, 오래된 귀중유물이 있는 류성룡 고택에서, 옛날을 되돌아보는 기회를 갖기도 했다. 이황(호는 퇴계)의 도산서원을 방문했고, 김용(金涌, 호는 운천雲川, 1557-1620)의 『운천호종일기(雲川扈從日記)』 원본을 본 것도, 이 채방여행 때였다.

이제 마지막으로, 류씨 가문에 대대로 내려오는 고문헌에 대해서는, 쇼와8년, [1933]에 보물로 지정되어 그 보존이 보장된 일을 적지 않을 수 없다. 이해 8월 「조선보물고적명승천연기념물보존령(朝鮮寶物古蹟名勝天然記念物保存令)」이 공포되어, 일본 내지보다 먼저 문화재 보존에 관해 통일적인 법률이 생겼는데, 그 기회에 필자는 제1회 보물지정에 이것[류성룡가 고문헌]을 더할 것을 제창해, 심의위원 구로이타 가쓰미(黑板勝美)·이케우치 히로시(池內宏) 두 박사 등의 지지를 얻어 실현시킨 것이다. 당시 일반적인 이해로는 고고학적 출토품이나 미술공예품에만 관심이 쏠려 문헌에 대해서는 겨우 전라남도 송광사에 소장중인 고려판경전(高麗版經典) 일부만이 채택될 뿐이었을 때에, 완전히 유니크한 사례였다. 그러나 그 사료가치로 말하자면, 보물 제1호에 적합함은, 굳이 말할 필요도 없을 것이다. 오늘날 한국정부도, 이 문헌들을 국보로 지정해 보존에 만전을 기하고 있다.

2. 『구주대통력(具注大統曆)』과 『정원전교(政院傳敎)』

류성룡은 은퇴 후, 자가에 보존되어 있던 고문서류를 정리하는 일을 하나의 낙으로 삼았던 것으로 생각된다. 게다가 그 관심은 임진·정유 전란기에 집중되어 있었음은 의심할 나위가 없다. 왕명을 전달받은 승정원의 문서를 성첩(成帖)한 것이 『정원전교』 2책이며, 중국에서 출동해 온 명나라 여러 장수에게서 받은 편지 등을 성첩한 것이 『당장서첩』 2책이다. 또한 경기·황해·평안·함경 4도의 도체찰사 재임중의 장계·문이 등을 필록(筆錄)시킨 것이 『군문등록』 1책이다. 거기에 시무를 논하고, 정책을 진언한 계사류를 집록(集錄)한 『근폭집』 2책을 만들고, 전국(戰局)의 중추를 맡아 군정과 전략의 지도에 임해, 그 실정을 보고한 장계류를 모아 『진사록』 3책을 편성했다. 거기에다 이러한 문헌정리에서 나아가 전란이 유래하는 바를 규명하고, 체계 있는 역사 서술에 뜻을 두고, 우선 『난후잡록』 2책을 짓고, 『운암잡록』 1책을 쓰고, 나아가 『징비록』의 원고를 짓기 시작해 그 초본의 퇴고를 거듭했다. 이 원본들은 다행히 후손가에 전승되어 소중히 보관되었다. 그와 동시에 지금까지 후손 여러 집안의 손에 의해 조상의 저록(著錄)을 보존, 현창하는 의도에서 『서애선생문집』 20권, 『서애선생별집』이 편집되었으며, 또한 류성룡 생전의 여러 초본을 개편하여 『징비록』 16권이 만들어졌는데, 모두 다 간행되어 유포되고 있다. 다만 『징비록』 개편에 이르러서는 오늘날, 원본 여러 책과 비교해 보면, 저자 자신의 뜻과는 상당한 차이가 있다.

지금 『징비록』의 초본을 보면, 이것은 아직 완성된 원고는 아니지만, 그 체계적 구성이 뛰어나고, 행문이 명쾌하며 요점이 분명하여, 저자의 식견을 잘 보여주고 있음은 물론 특히 기사의 정확함에서도 비할 데가 없다. 이는 저자가 자료 정비에, 만전의 준비를 했음을 생각하면, 지극히 당연하다고 할 수 있다. 그리고 후손 여러 집안에 류성룡이 일상의 여러 가지 일을 적어 넣은(具注)[1] 명나라 달력 『대통력』이 전해지고 있음을 보자면, 이는 결코 우연이 아니었음을 알게 된다. 류성룡 구주의 『대통력』은 지금, 만력22년 갑오(선조27, 분로쿠3, 1594)을 시작으로 만력35년 정미(선조40, 게이쵸12, 1607) 그가 별세에 이르는 동안, 을해년부터 임인년의 4책을 제외한 10책, 10년분이 후손 류승우 · 류시일(柳時一) 두 집안에 전해져 보관되어 있다. 『대통력』은 말할 것도 없이 명나라 조정이 만든 달력으로, 조선은 명왕조가 정한 음력 정월 초하룻날(正朔)을 받들었고, 매년 책력을 나누어 주는(頒曆) 예에 따라 백 권을 하사받아(賜給), 정부에서 복간해 관아와 관리들에게 나눠준 것이다. 달력책에 일기를 적는 관습은 일본 고대의 관리에

---

[1] 구주 ; 달력의 각 날짜에 간지, 길흉, 일상사 등을 적어놓은 것.

게도 있었는데, 조선에도 보급되어 있었다. 류성룡이 『대통력』에 적은 기사는, 반드시 상세하지는 않다. 임진[1592]·계사년[1593]의 전시에, 전쟁으로 몹시 바쁘고 고단했을(兵馬倥偬) 때, 또는 일기를 적을 틈이 없었을 무렵에 해당하는 기간의 달력은 볼 수 없지만, 갑오년(1594) 이래 전쟁이 끝나는 5년간 및 별세 이전의 5책이 전승되었고, [명나라의] 일본책봉정사(日本冊封正使) 이종성(李宗城)이 부산의 일본 병영에서 탈출해 한성에 돌아오기까지 전후의 일(책 앞부분, 도판8·『조선사료집진(朝鮮史料集眞)권3집, 참조』) 등, 중요한 사실의 일시를 명확히 알 수 있는 것도 적지 않다. 말년에 집필할 때, 기술을 정확히 하기 위한 근거가 되었던 것은 의심할 바 없다. 또한 생애에 걸친 일기 구주를 통해, 역사적 사실에 대한 식견이 세련되게 된 점이 많았음도 틀림이 없다.

그런데 처음에 언급한 문헌정리 중에 류성룡의 신변에 가장 밀접한 것은 『정원전교』이다. 임진·정유 전란기에, 승정원으로부터 왕명을 전달받은 문서를, 그 자체를 부쳐서 만든(貼裝) 것인데, 정리할 때 원문서가 찢어져 버렸지만, 그 형태는 알 수 있다. 건·곤(乾·坤) 2책, 수록된 문서는 모두 77통, 순서는 같지 않지만 만력20년(선조25, 분로쿠 원년, 1592) 7월 14일부터 만력30년(선조40, 게이쵸12, 1607) 2월초7일까지를 포함하고 있다. 류성룡이 안팎의 요직에 있으면서 행정으로, 군사업무로 매우 바쁘게 일하던 시기의 것이 대부분을 차지하고, 일부는 고향 퇴거 이후까지에 이르러, 그 사료로서의 가치는 매우 크다. 『조선사료총간』 제5로서 영인 간행된 까닭이겠지만, 본서에 수록된 전교를 연대순으로 배열하면 만력20년 = 선조25년 7월부터 다음해 6월까지의 48통, 그리고 만력25년 = 선조30년 2월부터 다음해 2월까지의 20통이 그 주요부분으로 되어 있다(『사료총간』에 문서의 편년목차가 부록되어 있음).

류성룡은 선조25년 임진의 난이 일어나자 국왕의 피난에 호종하고, 이윽고 풍원부원군으로 나서서 군무를 총괄했는데, 국왕의 신임이 두텁고, 명군이 내원한 무렵부터는 오로지 군략상 연락에 임하고, 군량조달이나 운송의 중추를 짊어지고 활동했다. 그 때문에 12월에는 평안도, 다음해 정월에는 충청·전라·경상 3도의 도체찰사가 되었다. 임진년 12월 명군이 대거 출동해 제독 이여송이 온 뒤로는 이들과 행동을 같이하여, 평양의 대승리로 일본군을 격퇴했으나, 다음해 정월 25일에 벽제 전투에서 패하자, 일단 군을 다시 정비하고, 4월이 되어 정전협정이 성립해 일본군이 철퇴한 뒤, 한성이 수복될 때까지 제군(諸軍)의 통제와 군율의 유지, 명·조선 양군 작전의 조정, 군량운반의 수행, 일·명군의 강화, 정전에 대한 감시 등에, 류성룡이 수행한 역할은 너무나도 컸다. 그 사이 [임금이 머무는 거처인] 행재와의 사이에 행해진 문서 왕복은,『선조실록』에 보이는 것만으로도 놀라울 정도로 다수에 이른다. 류성룡이 보낸 치계(馳啓, 급보하는 장계)류는 『근폭집』이나 『진사록』에서 볼 수 있으며, 또한 그가 받은 전교는 『정원전교』에 실린 원문서 48통이 있는데, 모두다 『선조실록』 기사를 보충하는 내용을 담고 있다.

이후 선조30년 정유재란이 일어났을 무렵, 류성룡은 영의정이었는데, 경기·황해·평안·함경 4도의 도체찰사를 겸하여, 군대의 통제를 맡고, 군비 재건과 정병양성에 노력을 집중하고 있었다(선조28년 을미 겨울 이후의 일로서, 이와 관련된 계초·문이의 종류를 필록한 『군문등록』이 있고, 『정원전교』 곤편에, 만력24년 2월 16일자, 사부론서賜符論書가 있다). 그해 8월부터는 일본군의 북진이 시작되어, 경상·전라·충청 3도를 석권하고, 경기에 다다랐다. 류성룡은 정부의 수반으로서 국방(軍國)의 대사를 처리하며, 다시 명군의 내원으로 위급을 벗어날 수 있었다. 연말에는 명·조선 연합군이 대거 일본군을 추격하여, 결국 다시는 반격할 기회를 주지 않았다. 이 사이 내려진 전교 중 20통이 『정원전교』에 원문서 그대로 전해지고 있는 것이다. 다만 만력32년 = 선조37년 이후의 5통은 류성룡이 호성공신에 봉해진 이후, 국왕이 공신들에게 모임(會盟)2에 참석하라고 불렀을 때의 관계문서이다. 그리하여 『정원전교』 2책은 어느 사료보다도 임진·정유의 난중 류성룡의 지위를 여실히 말해주고 있다.

  이 책에 수록된 문서에는 류성룡이 수행한 일이라는 점을 떠나서도, 『선조실록』의 기사와 함께 보거나, 혹은 그 자체로, 중요한 사실이 언급되는데, 한 예를 들어보자.

    도체찰사 풍원부원군[류성룡]은 열어 보십시오.
                                    동부승지 이호민(李好閔)

    명나라 장수와 왜적이 강화하기로 이미 결정하였으니, 슬피 울지 않을 수 없습니다. 근래에 첩서를 내려보냈으니, 서둘러 한성에 잠복하여, 여러 가지로 지휘하여 적이 알도록 하기 바랍니다. 특별한 행위와 기이한 계책으로, 일의 기회를 놓치지 말기 바랍니다. 지난번 들으니 김천일이

---

2 회맹 ; 공훈이 있는 사람의 이름을 책에 써 올릴 때에 군신이 모여서 서로 맹세하던 일.

이름이 이진충이라는 자를 보내어, 적중의 일을 두루 알게 하니 몹시 놀랄만합니다. 설사 명나라 장수가 강화한다고 하더라도, 오히려 또한 힘써 다투기를 그치지 않아야 하는데, 어찌 먼저 사람을 보내어, 마치 강화를 구걸하는 듯해서야 되겠습니까. 바라건대, 더욱더 호되게 금해야 할 일입니다.

유지[교지(敎旨)]입니다

만력22년(선조26년, 1593년) 3월 25일

都體察使豊原府院君 開拆 同副承旨 李(好閔) (押)
天將與倭賊. 講和已定. 不勝痛泣. 頃日下送諜書. 急急潛布京城. 多般指揮. 俾賊得知. 另行奇謀. 毋失事機. 頃聞金千鎰. 遣李盡忠稱名者. 出入賊中事. 甚可駭. 設使天將講和. 猶且力爭不已. 豈可先自遣人. 有若乞和者然哉. 卿其尤加痛禁事. 有旨.

萬曆二十一年(宣祖二十六, 一五九三) 三月二十五日

선조26년 계사 3월은 일·명 양군 사이에 강화교섭이 진전한 시기였다. 본래 양군은 그 전해 처음 평양에서 접촉했을 때부터, 화·전 양면의 구도가 이어져 왔다. 그 후 평양방면의 고니시 유키나가 외에 함경도 방면의 가토 기요마사도 강화교섭을 벌였는데, 이달 한양에 집결한 이후 고니시도 가토도 용산강[한강]의 조선수군에, 강화를 타진하기 시작했다. 조선정부는 류성룡으로부터 이 보고를 받고 논의가 비등했다. 명군은 벽제 전투 이후 아무래도 소극적이었지만, 조선은 끝까지 진격하여 정복, 토벌(征討)할 것을 계속 요청해 왔던 것이다. 한성에서 일본군으로부터 교섭이 있었을 무렵, 선조는 평안도 숙천(肅川)의 거소에서 제독 이여송을 맞아 결의를 표명하면서,「우리나라의 신민이 왜적에 대해서는 만세를 두고라도 반드시 갚아야 할 원수이므로 죽기를 다할 뿐, 강화하지 않을 것이오(小邦臣民. 於倭賊. 有萬歲必報之讐. 抵死而已. 不可與和).」라고 말하자, 이여송은「평양 싸움에서 진격까지 한 내가 이제 와서 어찌 그들과 강화하려 하겠습니까(平壤之戰. 俺已進攻. 今豈欲與之講和).」라고 답하고, 경략 송응창(宋應昌)에게 이 일을 보고하며 후속군이 도착하면 진공할 것을 약속하고 있다. 선조는 동시에 첩보문을 만들어 명의 대군이 내원할 것을 과대하게 선전하고, 고니시 유키나가, 소 요시토시, 겐소 등이 이미 평양에서 만나 심유경과 밀약하고, 내응을 획책하고 있다고 말하며, 사람을 한성에 잠입시켜 일본군의 진중에 [첩보문을] 버리고 올 것을 명했다. 그런데 한편 한성 방면에서는 13일에 의병장 창의사(倡義使) 김천일(金千鎰)이 경기수사 등과 의논하여 성 안의 왜군의 사정을 살피기 위해 수문장 이신충(李藎忠)이라는 자를 파견한 바, 임해군 및 종신들의 문서를 받고 돌아와, 일본군에게 강화의 의지가 있음을 보고했다. 이 일을 류성룡으로부터 긴급히 보고받은 선조는 크게 노하여, 16일 체찰사에 대해 유감의 뜻을 표하고, 강화를 이야기하는 자는 즉시 참형에 처하겠다는, 명을 내렸다. 그러나 현지에서는 이미 그 전날, 심유경이 용산에 가서 고니시 유키나가 등과 회견하여, 정전협정이 성립되었다. 이 같은 정세 속에 3월 25일자 문서는 전달된 것이다.『선조실록』기사와 꼭 맞아 떨어지고 있는데, 이 전교는 수록되어 있지 않다.

3.『당장서첩(唐將書帖)』과『당장시화첩(唐將詩畵帖)』

풍산의 류성룡 종가 소장의『당장서첩』건·곤 2책 및『당장시화첩』1책은 옛날부터 아주 유명했다. 당장(唐將)이란 임진·정유의 난에 조선을 구원하기 위해 파견된 중국(명나라)의 여러 장수이고,『서첩』은 이 장수들이 류성룡에게 보낸 42통의 서간류,『시화첩』은 명의 제독 이여송이 류성룡에게 선물한 부채의 그림과 시를 각각 붙여서 장식(貼裝)한 것이다. 그리고 따로 후세에 정조왕이, 두 책을 열람할 때 하사한 어제제문(御製題文)과 당시 영중추부사 채제공(蔡濟恭)이 여러 사람에게 보인(供覽) 시말을 기록한 글 한 편이, 한 첩에 넣어져 첨부되어 있다(『조선사료총간』제4로『당장서첩』과『당장시화첩』은, 콜로타이프[사진제판]로 영인되었는데, 정조의 제문과 채제공의 기문記文은 해설에 수록되어 있다). 만력 임진후 202년 갑인 = 정조18년(1794) 8월 어제제문은 다음과 같은 것이었다.

명나라 여러 장수들의 글씨첩[書帖] 두 권(卷)과 그림첩[畵帖] 한 권은 고(故) 상신(相臣) 문충공(文忠公) 류성룡과 오가면서 주고받은 것들이다. 그 흥취가 넘치는 한 재[尺]쯤 되는 화폭 속에 상세하면서 두터운 정의가 담긴 내용들은 원만하여 경계가 없었고, 가끔 노인(勞人, 근심하여 마음 아파하는 사람)과 장자(長者)다운 기풍이 많았다. 전투하고 수비하는 기회의 알맞음과 공물을 봉진하는 데 있어서 온편함과 그렇지 않은 것, 그리고 재주와 덕행을 미루어 인정해 주는 것과 충성과 의리를 격앙시키고 권면하는 일을 논하는 데 이르러서는 또한 이른바 함께 일을 할 만한 사람과 함께하고 함께 말할 만한 사람과 말을 한다는 것이며, 사람마다 얻을 수 있는 것이 아니다. 대체로 여기서 고 상신이 고 상신다운 까닭을 지금도 상상해 볼 수 있으니 어찌 옛날의 진기한 자취라고만 말하겠는가.

내가 고 상신에 대하여 특별히 감회를 일으키는 이유가 있다. 요즈음 풍기(風氣)는 날로 얇아지고 인재는 갈수록 등급이 낮아져 나아가거나 물러나는 기거 동작이 모두 형식에만 얽매여 있다. 그런데 무릇 세상을 다스리는 큰 법과 예의와 음악, 그리고 병사(兵事)와 농정(農政)에 대한 일을 가슴속에 잔뜩 쌓아 두었다가 상자를 거꾸로 하여 쏟아 내듯 하였으니, 고 상신 같은 분이 어떤 사람이었던가. 일찍이 그의 유집을 가져다 보고 수집하여 실용에다 조처하려고 생각하였다. 한성과 가까운 경기 지역의 여러 고을에 군사 1만 명을 양성해야 한다는 설은 장용영(壯勇營)의 새로운 제도와 은연중 합치가 되어, 장용영을 설치하고 시행하는 규모를 그 외 설에 의거하여 실시한 것이 많았다. <u>그리고 화성(華城)을 쌓을 때에 장수(丈數)를 계산하고 높낮이를 헤아리며, 토산물을 바치는 노정(路程)을 따져 보고, 모든 담장은 일제히 우뚝하게 하며, 종횡으로 교차되는 큰길을 모두 질서가 있게 하였는데, 많은 사람들이 마음을 쏟아 성(城)을 이룩하므로 역사(役事)를 권면하기 위해 치는 북소리가 감당하지 못하게 한 것도 고 상신이 남겨 준 계책에 많이 의뢰하지 않음이 없었다.</u>

대저 자신이 당시에 기용되어서는 중신으로서의 계책이 명나라 사람들의 마음을 감동시키기에 충분하였고, 말을 후세에 전한 것으로는 헤아린 지략이 지금까지 국가에 이로움이 되고 있다. 산하는 예전과 같고 전형(典刑)은 멀지 않으며, 전해지는 운취와 남은 공적은 사람으로 하여금 위연(喟然)히 감탄하면서 구경(九京)의 그리움을 불러일으키게 하니, 이것이 어찌 얕은 견해나 미미한 간언을 통해서 이룰 수 있는 것이겠는가. 전(傳)에 이르기를, "그 마룻대를 두터운 나무로 하지 않으면 무거움을 떠맡을 수 없다."고 하니, 무겁기로는 국가만 한 것이 없고, 마룻대가 되기

에는 재능만 한 것이 없다. 혹시라도 고 상신에게 부끄러운 기색이 없을
자, 아, 드물도다.

御製題文忠公柳成龍家藏皇朝諸將書畫帖
皇朝諸將書帖二卷. 畫帖一卷. 與故相文忠公柳成龍. 往復贈遺者也. 其尺
幅淋漓之間. 委曲情款. 渾無畦畛. 皇朝諸將書帖二卷. 畫帖一卷. 與故相
文忠公柳成龍. 往復贈遺者也. 其尺幅淋漓之間. 委曲情款. 渾無畦畛. 往
往多勞人長者之風. 而至論戰守之機宜. 封貢之便否. 才德之推詡. 忠義之
激勸. 又所謂可與可語者語. 而非可人人得也. 蓋卽此而故相之所以爲故
相. 今猶可想見. 豈直曰舊蹟之珍玩而已哉. 抑予之起感於故相者特有之.
風氣日漓. 人才遞降. 趨舍指湊. 一皆爲虛文所束縛. 而凡經世大典. 禮樂
兵農之事. 儲峙胷中. 倒篋而出. 如故相者. 何人哉. 嘗取見其遺集. 思欲
采掇而措諸實用. 則近畿列邑. 養兵一萬之說. 暗契於壯營之新制. 而營之
設施規模. 據依而彌綸之者爲多. 華城之築. 所以計丈數揣高卑程土物.
百堵齊矗. 九衢咸秩. 而衆心成城. 鼛鼓不勝者. 亦無不於故相之遺策夥
賴之. 夫身用於當時. 則帷幄之謀. 足以傾華人之心. 言垂於後世. 則擬議
之略. 至今爲國家之利. 河山如故. 典刑無遠. 而流韻餘烈. 使人喟然而起
九京之思者. 此豈目睫之論. 飛蓬之問. 所能致哉. 傳曰不厚其棟. 不能任
重. 重莫如國. 棟莫如才. 儻故相之無愧色焉. 於乎希矣

또 같은 시기 채제공(蔡濟恭)의 기문(記文)은 다음과 같다.

즉위하신 지 18년 되던 해 봄에, 임금께서 은대(銀臺)[3]의 근신에게 명하
시어 문충공 류성룡에게 사제(賜祭)[4]하게 하시면서, 하교하여 말씀하시

---

[3] 승정원의 별칭. 승정원은 임금의 명령을 하달하고, 외부의 청원, 보고 등을 임금에게 상달하던 기관
이다.

기를, "영남은 추로(鄒魯)5의 지방으로 호칭되고 있으니, 만약 옛 필적으로서 내 곁에 비치해 두고, 관람한 만한 것이 있으면 가지고 오라."고 하셨다. 근신이 복명할 때, 명나라 여러 장수들이 만력 연간의 임진왜란 때 문충공과 주고받은 서화첩을 가지고 와서 바쳤다. 이에 임금께서는 그것을 열람해 보시고, 문충공에 대해 더욱 시대를 뛰어 넘은 소감을 가지시게 된 나머지 친히 어제(御製)의 글을 지어시어, 그 말미에 써서 돌려주셨으니, 어쩌면 그렇게도 성대한가. 아, 사람이 하늘과 땅 사이에 태어나서, 혹시 한 번이라도 다른 사람으로부터 알아줌을 당한다면, 곧 인간 세상의 기이한 일이라고 하셨는데, 하물며 근엄하신 분으로는 스승으로부터, 존엄하신 분으로는 임금으로부터, 멀리로는 천하의 모든 사람으로부터, 또 더욱 멀리로는 대를 이은 후세의 여러 임금들로부터 모두 칭송을 받다니, 인간세상의 기이한 일을 어찌 한 사람의 몸으로서 다 집중시켜 한꺼번에 지닐 수 있단 말인가. 문충공의 경우, 한창 젊은 시절에 선정(先正)6 퇴계를 처음 뵙자, 선정께서 놀라서 이르기를 "이 사람은 하늘이 낸 인물이다." 하고, 마침내 자신의 심학(心學)을 단일한 계통으로 전해 주었고, 위로는 성스러운 선조임금을 만나서 힘껏 잘 보필한 결과 결국 한 손으로 하늘을 받치는 훈업을 이룩하였으며, 멀리로는 그리고 넓게는 명나라의 여러 장수들이 마음을 다 털어 놓음으로서, 공을 추숭(追崇)7하고 패복(佩服)8한 나머지 연이어 서찰을 보내오기를 마치 굳건한 친구의 사귐같이 할 뿐만 아니었으니, 그것은 참으로 천고에 드문 일이었다. 그런

---

4 임금이 죽은 신하를 위해 다른 신하를 보내어 제사를 지내줌을 이른다.
5 중국의 추(鄒)나라와 노(魯)나라는 각각 맹자와 공자의 고향을 이르는 말이지만, '유교문화가 성대한 지역'을 가리키는 뜻으로 사용된다.
6 학문과 덕망이 높은 작고한 유현(儒賢)을 이르는 말로, 여기서는 류성룡의 스승이었던 퇴계 이황을 지칭한다.
7 죽은 사람을 기리며 숭상함.
8 어떠한 글이나 말에 감명받아 이를 마음에 깊이 새겨 잊지 않음을 이르는 말.

데 이제 2백 년 뒤에 또 주상전하께서 공(公)이 국가에 대단한 훈로를 세웠음을 추념하고 이르시기를, "공이 독실하여 잊지 못하나니, 공과 시대를 같이 하지 못함이 한스럽다. 무릇, 예·악·군무·농정에 관한 중요한 조치를 베풂에는 오로지 문충공이 남겨놓은 계책 그것만 살펴보고 그것만 따를 것이다." 하시며, 개연히 죽은 이에 대한 그리움을 일으키시고, 심지어 어제의 글을 지어, 융숭하게 추장하기까지 하셨으니, 이는 비단 문충공 한 사람의 영광일 뿐만 아니며, 이를 기록으로 남겨 후세에 물려준다면 어느 누구인들, 그 영광을 우러러 보지 않겠는가. 우리 성상께서는 선조임금의 뜻과 일을 계승, 추술하셨으니, 선대의 사업을 잘 계승하신 달효(達孝)[9]이시다. 옛날 은나라의 고종은 선정인 이윤(伊尹)을 추념하여 이르기를 "탕(湯)임금을 도와 그 공훈이 하늘에 닿았다." 하였다. 백세(百世)의 뒤에 이 글을 읽는 사람은 자신도 모르게 우리 성상께서 베푸신 오늘의 일에 대해 감탄하게 될 것이니, 나는 은나라의 고종만이 옛시대의 아름다운 이름을 독차지하지는 못하리라, 생각하는 바이다. 아, 아름답도다. 임금께서 이미 신에게 어제의 글을 쓰시게 한 뒤에, 또 신으로 하여금 이 어제문 뒤에 발문을 짓게 하시니, 신은 두려워서 감히 사양하지 못하고 삼가 이상과 같이 쓰는 바이다.

만력 연간의 임진년 후 네 번째 갑인년인 성상 18년 1794년(정조18년) 중추절에, 대광보국숭록대부 영중추부사 신 채제공이 삼가 머리를 조아리고 올림.

<u>十八年春, 上命銀臺近臣, 賜祭于柳文忠公, 教曰, 嶺南號稱鄒魯, 如有古蹟之可備覽觀者, 持以來, 及其復命, 賫 皇朝諸將當 萬曆壬辰與文忠往復書畫帖以進, 上覽之, 尤有所曠感文忠, 親製雲漢宸篇, 丕敍前烈, 書其後</u>

---

[9] 최대의 효도를 이른다.

以還. 何其盛也. 嗚呼. 人於兩間. 一或知遇於人. 便屬人世奇事. 況嚴而
師門. 尊而君父. 遠而天下之人. 又遠而 後嗣王之世. 世所稱人世奇事. 其
可以一人之身咸萃而兼有之乎. 若文忠方其少也. 初拜退陶先正. 先正驚
曰. 此子天所生. 卒以心學單傳. 上而遇 宣廟之聖躬. 克左右終成隻手擎
天之勳. 遠而博 皇朝諸將傾心推服. 書牘銜尾. 不啻若紵衣縞帶之契. 此
固千古罕有. 今乃於二百年之後. 又遭 主上殿下. 追念公有大勳勞於國家.
曰篤不忘. 恨不同時. 凡於禮樂兵農大施措. 惟文忠遺策. 是攷是程. 慨然
有九京之思. 以至 宸翰昭回. 獎諭隆重. 此非獨文忠一人之榮. 垂之簡策.
孰不仰我 聖上繼述 宣廟志事之達孝矣乎. 昔殷宗追思昔先正保衡. 若曰.
佑我烈祖. 格于皇天. 百世之下. 讀是書者. 不覺感歎我 聖上今日之事. 臣
則以爲罔俾高宗專美於古昔也. 猗歟休哉. 上旣命臣書御製. 又命臣跋 御
製文後. 臣悸恐不敢辭. 謹書之如此.
萬曆壬辰後四甲寅　聖上十八年中秋節.　大匡輔國崇祿大夫領中樞府事臣
蔡濟恭. 拜手稽首以進

　　채제공에 따르면 정조가 이해 봄, 은대(銀臺, 승정원)의 가까운 신
하를 서애의 후손 류종춘(柳宗春) 집에 파견해, 문충공 류성룡에 대해
치제(致祭)¹⁰했을 때, 두 책을 가지고 와서 보여주었다고 한다.『정조
실록』(권39)이나『일성록(日省錄)』·『승정원일기(承政院日記)』에 따
르면, 왕은 한해 전부터 계획하고 있던 수원 화성 조영에 대해 류성룡
당시의 축성방략(築城方略)을 보고 칭찬하면서, 이해 2월 28일 을해,
종손 중 새로 급제한 류상조(柳相祚)를 전적(典籍)에 단수로 발령(單付)
(삼망三望¹¹을 올리지 않고 단망單望으로 선임함)하고, 사제(賜祭)를 행했음

10 임금이 제물과 제문을 보내어 죽은 신하를 제사 지내던 일.

을 알 수 있다. 또한 승지 이익운(李益運)이 치제를 위해 영남에 심부름 간 도중, 왕명으로 옛 명문가의 문적(文籍)을 채방했다. 그 결과 옥산계정(玉山溪亭) 소장의「인종어찰(仁宗御札)」한 권, 옛 참판 김륵(金玏) 집안 소장 명나라 신종(神宗)이 하사한『대학연의(大學衍義)』, 옛 찬성 권벌수(權橃袖) 소장의『근사록(近思錄)』, 명 제독 이여송 및 같이 조선에 왔던 여러 장수들과 류성룡 간에 오갔던「왕복서독(往復書牘)」,「선면시화첩(扇面詩畫帖)」,「고려제주우탁홍패(高麗祭酒禹倬紅牌)」,「일본태학사도국여서독(日本太學士陶國輿書牘)」한 권 등의 유서 깊은 문헌을 입수하여 돌아갔다. 이에 대해 정조는 저마다의 유래와 내력을 기록하도록 하고, 손수 제문을 만들어 원본과 함께 반환시켰다. 이 일은『정조실록』(권40)을 비롯해『승정원일기』(8월 30일조)나『일성록』(6월 20일조, 8월 30일조)에 보인다. 장정(裝幀)은 혹 그때의 것일까. 다만『시화첩』에는 표지에 제첨 당장시화첩(題簽「唐將詩畫帖」)이라고 붓글씨로 쓰고(墨書),「병인(순조6년, 1806년) 3월 개장(改粧)」이라고 표기되어 있다. 어떻든, 장정 때문에 그 내용이 오히려 옛 모습을 잃어버리거나, 혹은 취사선택된 것이 아닐까.『시화첩』글자면에 가필한 것(加墨)이 많이 보이는 것도 유감이다.

　　류성룡은 전쟁 초반 병조판서로서 군무를 총괄하고, 이윽고 영의정에 올라 경기·황해·평안·함경 4도 도체찰사를 겸임하고 이임할 때까지 전후 7년간 국사에 바쁘지 않은 날이 없었다. 따라서 접촉한 명나라 장수들과는 상하 각층에 걸쳐, 친히 응수해 나갔다. 그는 학문

---

11 조선시대 관리를 임명할 때 이조와 병조에서 적임자 3명의 명단을 적어 왕에게 추천하던 제도.

이 깊고, 문장이 뛰어난 것만이 아니라, 사무에 통달했다. 그리고 앞에서 설명한 대로, 경험한 크고 작은 것들을 빠짐없이 기록하여 『구주대통력』 여러 권으로 남기고, 『정원전교』나 『당장서첩』과 같이, 문서 보존에도 뜻을 기울여, 잊지 않았다.

『당장서첩』 건·곤 2책에 수록되어 있는 여러 장수의 이름(괄호안의 숫자는 문서통수)은 다음과 같다.

[건]왕필적(王必廸)(5), 정덕(鄭德)(2), 유정(劉綎)(2), 오유충(吳惟忠)(1), 낙상지(駱尙志)(2), 진인(陳寅)(1), 심유경(沈惟敬)(1), [이름불상(3)]

[곤]왕필적(2), 정덕(1), 장육삼(張六三)(1), 서문(徐文)(1), 낙상지(1), 호택(胡澤)(1), 척금(戚金)(4), 오유림(吳惟林)(1), 이화룡(李化龍)(1), 사륭(謝隆)(1), [이름불상(2)]

『서첩』에 수록되어 있는 서간 42통 외, 건 책 첫 부분에 만력22년(선조27년, 1594년) 정월 10일 부(付), 병부표하연병천총 형응충(兵部標下練兵千総 邵應忠), 동원위평양관량위관 동원(同原委平壤管糧委官 董元) 두 사람이 연서한 상계(上啓)의 사본, 건 책 끝부분에 차자(箚子)에 부친 가느다란, 조각난 편지(斷簡)가 있다. 이름을 알 수 없는 것이 의외로 많은 것은 당시 풍습은 서면에 자필서명하지 않고, 따로 명함을 넣어서 '名別具(명함이 따로 구비돼 있다)'라든지 '名不具(명함이 구비돼 있지 않다)'라고 사정을 밝혀 놓았지만, 명함이 없어져 버린 것이다(문서 말미에 후세사람이 유총병劉總兵·낙참장駱參將 등으로 이름을 써넣은 것도 있다).

『당장시화첩』은 원래 부채의 양면에 쓰인 것을 다시 장정한 것인데, 용지는 이철금(泥撒金)이다. 화면의 절반은 이미 없어졌으며, 남은 절반에는 수묵으로 대나무를 그려 넣었다. 오른쪽 하단에 붉은 도장 자국(朱印, 글씨는 불명) 하나가 있고, 시가 적힌 면 왼쪽 하단에 '春日, 仰城松(춘일, 앙성송)'이라고 자필서명하고 '李如松(이여송)'이란 도장이 찍혀져 있어, 안팎의 글과 그림 모두 이여송이 쓴 것이다. 이 부채의 유래는 『징비록』중〈이여송 내원(來援) 기사〉조에 안주(安州)에서 회견하여, 군사회의가 끝난 후에 선물 받았다고 기록하고 있다. 즉 다음과 같다(『초본징비록』에서 인용한 것으로, 통행간본과 차이가 있음).

명의 군사가 안주에 도착하여 세 곳에 병영을 마련하여 주둔하니, 그 깃발과 무기 및 장비가 정숙한 것이 신병(神兵)과 같았다. 날이 저물어 내가 제독 이여송을 보고 군무에 대하여 의논하기를 요청하니, 제독이 동헌으로 나와 앉기를 권하였다. 내가 평양 지도를 소매에서 꺼내 탁자 위에 펴놓고 형세와 군대가 따라 들어갈 수 있는 길을 가리키며 아주 자세하게 설명하였더니, 제독이 경청하고서 빨간 글씨로 그곳을 표시해 놓더니 또, "왜군은 조총만 가지고 있는데, 아군의 대포는 모두 5, 6리를 나가니, 왜적들이 어떻게 당해내겠는가?"라고 말하였다. 내가 돌아올 때에 제독이 부채 앞면에다 시를 써서 나에게 주었다. 그 시는 다음과 같다.

군사 이끌고 밤새워 압록강 언덕에 이른 것은
삼한이 편치 못하기 때문이라네.
밝으신 임금은 날마다 전선의 소식 기다리는데
미천한 신하는 밤새도록 술잔을 즐기네.

봄인데도 살벌한 기운 도는데 마음은 그래도 장쾌하니
이번에 요망한 잡귀들은 벌써 뼈가 서늘했으리
담소하는 것이 감히 승산이 아니라고 말하겠는가.
꿈속에 언제나 출정하는 안장 타기를 생각하네.

至是. 兵至安州. 下營於城外三處. 旌旗器械. 整肅如神. 日暮. 余請見提督(李如松). 袖平壤地圖. 指示形勢兵所從入之路. 提督傾聽. 以朱筆誌其處. 且云. 倭但恃鳥銃. 我用大砲. 皆過五六里. 賊何可當也. 余旣退. 提督於扇面題詩. 寄余云. 「提兵星夜渡江干. 爲說三韓國未安. 明主日懸旌節報. 微臣夜釋酒杯歡. 春來殺(斗)氣心猶(逾)壯. 此去妖氛骨已寒. 談笑(咲)敢言非勝算. 夢中常憶跨征鞍」

(부채에는「 」안의 시에, '春日, 仰城松〈印〉'라는 한 행을 추가하고, 글자를 쓴 면은 괄호 안과 같이 되어있다.)

이여송은 선조25년 임진(만력20년, 분로쿠 원년, 1592) 12월 25일에 압록강을 건너 조선에 들어와 의주의 의순관(義順館)에 도착, 바로 용만관(龍灣館)에 이르러 선조와 회견했다. 그리고 28일 새벽 의주를 출발해 남행하여, 다음해 정월 3일 안주에 도착했는데, 성 밖 세 곳에 진영을 설치했다. 도체찰사 류성룡은 이를 맞이하고, 저녁에 이여송이 초청하여 회견한 뒤 군사회의를 열었다(『선조실록』제34, 26년 정월 계해조, 공조판서 한응인(韓應寅) 한양부판윤 이덕형 치계馳啓). 류성룡은 소매 속에서 평양 지도를 꺼내, 그 형세와 병마진입로를 가르켰다. 이여송은 이를 경청하며 붉은색으로 지도에 기입하고, 이렇게 말했다. "적은 다만 조총을 갖고 있을 뿐이며, 우리는 대포를 사용하는데 모두 5-6리를 넘긴다. 적은 어떻게 당해낼 것인가"라고. 이때 이여송은 부채에 시를 지어 류성룡에게 선물한 것이다.

이여송은 자는 자무(子茂), 호는 앙성(仰城)으로 명나라 요동(遼東) 철령위(鐵嶺衛) 사람이다. 이성량(李成梁)의 장남인데, 그 조상은 원래 조선에서 중국으로 들어가(內附) 철령위에서 대대로 살았다고 전한다 (『명사明史』 권238, 이성량전. 와다 세이和田清, 「청태조와 이성량의 관계」=『이나바박사환력기념만선사논총』·『동아사논수東亞史論藪』 수록, 참조). 이 이야기는 『명사(明史)』 권238, 이성량전에 부록으로 실려 있는데, 조선 문헌에서는 간략하지만 잘 정리된, 신흠(申欽)의 『상촌집(象村集)』(권56) 수록 「천조조사장신선후거래성명기(天朝詔使將臣先後去來姓名記)」에 보이는 것을 들면, 아래와 같다.

이제독의 이름은 여송, 자는 자무이며 호는 앙성으로 요동 철령위 사람인데, 혹 말하기를 "그의 선조는 바로 우리나라 이산군(理山郡) 사람이었다."고도 한다. 그의 아비 성량은 누차 전공을 세워 광녕 총병(廣寧摠兵)이 되고 영원백(寧遠伯)에 봉해졌는데, 오랑캐들이 기가 꺾여 복종했고, 변방 백성들이 생사(生祠)를 세워 사모하였으며, 세상에서 그를 곽 분양(郭汾陽, 곽자의郭子儀)에 비유하기도 하였다. 여송의 아우인 여백(如栢)·여장(如樟)·여매(如梅) 모두 총병의 관직에 오르고 여정(如楨)은 금의위사(錦衣衛事, 근위대장)가 되었는데, 문호의 성대함이 당대에 으뜸이었다. 임진년에 흠차제독계요보정산동등처방해어왜군무(欽差提督薊遼保定山東等處防海禦倭軍務) 총병중군도독부도독동지(摠兵中軍都督府都督同知)로 나왔다. 12월 25일에 압록강을 건너고, 계사년 정월에 평양을 공격해 승리하였는데, 경성을 향해 진격하던 도중 벽제에서 왜적을 만나 싸우다 불리해지자 마침내 진격해 섬멸할 뜻이 없이 계사년 10월에 회군하였다. 제독은 용모가 걸출하고 도량이 컸는데 행군할 때나 전쟁 마당에 나섰을 때 군사들을 잘 단속하였으므로 지나는 곳마다 모두 편하게 여겼다. 평양에서 승리한 공으로 태자태보(太子太保) 좌도독(左都督)으로 승진하였다.

李提督名如松. 字□□.¹² 號仰城. 遼東鐵嶺衛人. 或言其先卽我國理山郡人. 父成梁. 累戰功. 爲廣寧摠兵. 封寧遠伯. 夷虜讋服. 邊氓設生祠以慕之. 世比之郭汾陽. 如松弟如柏 · 如樟 · 如梅. 俱官總兵. 如楨錦衣衛事. 門戶之盛. 冠於一世. 壬辰以欽差提督薊遼保定山東等處防海禦倭軍務總兵中軍都督府都督同知出來. 十二月二十五日. 渡江. 癸巳正月. 攻平壤克之. 進向京城. 遇賊於碧蹄. 與戰不利. 遂無進勤之意. 癸巳十月. 班師. 提督容貌魁傑. 宇量寬洪. 行軍臨陣. 鈐束得宜. 所過皆便之. 以平壤功. 陞爲太子太保 · 左都督)

그런데 『시화첩』은 여기서 약술한 대로 『이조[조선왕조] 실록』이나 『초본징비록』과 대조하여, 명 제독 이여송과 류성룡의 첫 회견, 그것도 중요한 행군의 전략 결정과도 밀접한 관계가 있어, 전쟁국면의 전개에서 보더라도 매우 의의가 깊은 사료로 판명되며, 또한 이에 따라 시제목이 뒤바뀌는(題詩轉寫) 오류를 고치는 일도 가능했다. 다음으로 『서첩』 건 · 곤 두 책에 이르러서는, 시대를 말하거나 내용을 말하거나 빠진 기록을 보충하는, 혹은 확실한 증거에 기여하는 것이 적지 않다. 특히 작전계획이나 군의 동정, 병기 · 군량미의 수급이나 운송, 내외 부대 간의 협력과 통제, 또는 강화교섭의 추이, 더욱이 민심의 동향 등을 둘러싼 여러 가지 문제가 시사되어 있고, 특히 조선정

---

12 원문에는 이여송의 자 '子茂' 두 글자가 빠져 있다.

부의 명군에 대한 응수의 미묘한 부분을 알 수 있다. 대체로 구체적이고 실무적인 내용의 문서가 많고, 자연히 사료적 가치가 풍부한 것도 적지 않다. 무엇보다 받는 쪽의 지위와 인물을 생각하면 당연한 것일 것이다. 그중에는 의례적인 말(文辭)을 넘어 류성룡을 공경하고 소중히 여기는(敬重) 것도 있어서, 임진·정유의 국가적 위기 시에 그에 대한 안팎의 기대와 수행한 역할이 얼마나 컸는지를 잘 알 수 있다.

그러면『서첩』에 있는 서간 2통을 살펴보자. 류성룡의 업무와 연관이 깊은 인물의 편지 몇 통이 있는데, 다음 부총병(副総兵) 척금(戚金)의 것도 그중 하나이다(『조선사료총간』제4 해설, 28쪽 참조).

작별한 뒤에 팔거(八莒 : 경북 칠곡군)에 이르러 소서행장[고니시 유키나가] 의 정황을 자세히 살펴보니 별다른 것은 없고, 봉공(封貢)을 요구하는 것에 그쳤다. 화친(和親) 두 글자에 이르러서는 곧 왜노가 교활하여, 한마디 말을 하여 나를 곤란하게 하였다. 심유경[13]이 공을 세우기를 바랐는데, 아마도 다른 사람이 그 공을 나누었을 따름이다. 지금 소서행장의 편지를 가지고 왔는데, 뜻밖에 이미 웅천[경남진해] 영내에, 심유경과 함께 있다는 것이다. 연해의 왜놈들이 별안간 부산을 지난다는 기별(奇別)이 있었다. 과인이 어제 편지에서 보여준 대로, 소서행장에게 이르기를 "조선이 우리 천조(天朝, 중국)의 정삭(正朔, 책력)을 받았으니, 곧 동번(東藩, 조선)을 중요하게 여긴 것으로, 이는 반드시 싸워야 하는 나라이다. 비록 백만 병사를 조련하여 백 년 동안 정벌한다면, 반드시 조선을 편히 자게 하여 천조가 비로소 기꺼이 무거운 책임을 벗게 된다. 너희는

---

13 심유경(沈惟敬) : ?~1597. 임진왜란 발발 직후 유격(遊擊)장군으로 조선에 파견돼 일본과의 화의교섭에 임했으나, 후일 조정을 기만한 죄로 처형되었다.

만에 하나라도 우리 천조가 조선을 버리고 구원하지 않는다고 생각하지 말라. 갖추어 드러낸 뒤에, 만에 하나 다시는 한 왜적을 따라 해안에 올라서는 안 된다. 포로를 납치하고 살해하는 조선인은, 바야흐로 봉공을 이룰 수 있게 보호해주고, 그렇지 않으면 한갓 세월만 즐기게 되니, 수도 대성(臺省)에 있는 봉공을 승인하지 않는다는 말을 이루어, 이는 너희가 한 번의 심력(心力)을 허비하는 것이니, 삼가 생각하라, 삼가 생각하라."
소서행장이 이미 허락하였으니, 과인으로 하여금 두 사람을 차출하여 저 병영을 지키고 함께 하여, 왜적을 따라 일을 생기게 하고 사악한 짓을 저지르는 것을 허용하지 않는다 하니, 심유경은 표문(表文)을 가지고, 하루를 걸리지 않고 대구(大丘, [大邱])에 이를 수 있었다. 표문이 한 번 오니, 과인이 곧 돌아왔다. 남방에서 한 번 응한 일은, 경략은 부총병 유정(劉綎)을 이미 배치하였으니, 귀국의 임금과 재상은 이러한 바람을 잘 받들어, 내년 4월 중에, 천자의 사신이 부산에 이르러, 관백(關白)을 봉하고, 혹 천병(川兵, [중국 사천四川 지방의 군대])을 그때 이르러 철수하니, 다만 귀국이 먼저 광산을 열어 주조(鑄造)하여 나누어, 교역을 통하고 민생을 기르기를 바라며, 그 다음으로 성을 수리하고 화기를 제조하며 군사를 훈련시키고 형벌을 줄이며 세금을 적게 거두어 모든 백성을 기르며, 보복을 도모하여야 하니, 이것은 어진 재상들의 일이다. 믿는 것은 사랑을 아는 데 달려있으니, 이와 같이 자질구레한 일로, 바쁜 가운데 덧없어, 하고 싶은 말을 다하지 못한다.

지생(知生) 척금(戚金)[14] 갖추어 아뢴다.

12월 27일 부침

---

14 척금(戚金) : 호는 소당(蕭塘). 산동(山東) 등주위(登州衛) 사람. 자칭 동당(東塘) 척계광(戚繼光)과 같은 동족이라고 하였다. 계사년 정월(正月)에 흠차통령가호소송조병유격장군(欽差統領嘉湖蘇松調兵游擊將軍)으로 보병 1천을 이끌고 나왔다가, 얼마 뒤에 정왜부총병(征倭副摠兵)으로 승진하였으며, 갑오년 정월에 돌아갔다.

한음(漢陰) 이덕형(李德馨)이
만약 서울에 이르면, 마음으로 생각하는 뜻을 전해주기 바란다.

別來抵莒(慶尙北道 漆谷郡), 細察行長(小西)情形. 無他. 止是要求封貢.
至于和親二字. 乃倭奴狡詐. 設出一端言語難我. 欲沈遊擊(維敬)居功. 恐
別人分其功耳. 今行長有書來. 謂表已在熊川營內. 卽與沈矣. 沿海倭奴.
有暫過釜山奇別. 不穀昨有書示行長云. 朝鮮受我天朝正朔. 乃喫緊東蕃.
是必爭之國也. 誰調兵百萬. 征討百年. 必要朝鮮安枕. 而天朝方肯息肩.
汝萬勿忘想我天朝棄朝鮮而不救也. 以具表之後. 萬不可再縱一倭上岸.
搶虜殺害朝鮮之人. 方保封貢得成. 否則徒稅日時. 致神京台省有言封貢
不准. 是汝枉費一番心力. 愼思愼思. 行長已允. 令不穀差二人. 守伴彼營.
不許縱倭生事作歹. 沈遊擊取表. 不日可至大丘. 表一來. 則不穀則還歸
矣. 南方一應事. 經略已置屬之劉君(副総兵劉珽)矣. 貴國君相. 善承之是
望. 明歲四月中. 天使可至釜山. 封關白. 或川兵. 至彼時撤之. 第要貴國
首先開鑛鑄分. 以通交易. 以養民生. 其次修城·造火器·練兵·裁冗
員·省刑罰·薄稅斂. 以養元元. 以圖報復. 此賢相之事也. 恃在知愛. 乃
爾瑣瑣. 冗中草草. 不尽欲言.

知生戚金拜具.
十二月卄七日寄

李漢陰(德馨) 若至王京 望爲致念想之意

이 서장은 그 내용으로 추정컨대 만력21년(선조26년, 1593)의 것일 것이다. 선조는 이해 10월에 한성에 돌아가, 전쟁상황은 일단락을 맺었는데, 윤 11월에 명 사신 사헌(司憲)이 와서, 나라를 회복하여 환도(復國還都)한 것을 기회로, 황제의 칙유가 전달되었다. 명나라 조정의 조선비판이 전해지자, [왕은] 양위결의까지 표명하였다. 한편 일·명 강화 진행에 대해, 조선의 불만은 깊어졌다. 게다가 고니시 유키나가와 명 장수 유정(劉綎)간에 오간 문서를 은밀히 정탐한 결과, 일본의 강화요구는 조선남부 4도할양·화친·히데요시를 일본왕으로 책봉·일본의 조공·명의 공주를 일본의 후비로 삼을 것·조선왕자를 인질로 보낼것·조선의 대신들은 일본을 배반하지 않는다는 서약의 7개항이라는 첩보도 들어왔다. 척금은 그 무렵 부총병이었는데, 찬획(贊畫) 유황상(劉黃裳)이 지은 부산비명(釜山碑銘)을 가지고 한성에 왔다. 명군의 일본군격퇴 기념비를 세우려는 것이다. 이윽고 그는 경상도로 향하여 성주(星州)의 팔거(八莒)15에 도착해 강화조건의 정보 등을 류성룡에게 전한 것이 본 서간이다. 팔거에는 당시 유정이 머물고 있었다. 류성룡은 이 무렵 특히 명 조정의 신뢰가 깊었고, 사헌은 그에게 국사를 전부 맡아 관리하도록 권고할 정도였다(『선조실록』제43, 26년 10월 - 권46 같은 해 12월 여러 조 참조).

척금은 산동성(山東省) 등주위(登州衛) 사람으로, 척계광(戚繼光)과 같은 집안이라고 자칭했는데, 류성룡은 그의 아들이라고 말하고 있다. 이해 정월에 흠차통령(欽差統領) 가호소송조병유격장군(嘉湖蘇松調兵遊擊將軍)으로 보병 천 명을 이끌고 왔는데, 곧바로 정왜부총병(征倭副総兵)에 올랐고 다음해 정월에는 돌아갔다고 한다. 그가 중국 남군의 지휘관(統領)이었던 것은 말할 것도 없다. 그가 지참한 척계광의『기효신서(紀效新書)』는 이덕형의 관심을 끌었고, 이에 왜적을 방어하는 법은 『신서』에 따라야 한다고 권고하였다. 류성룡은 이 책을 빌려 읽고

---

15 팔거는 임란 당시에는 성주에 속해 있었으나 그후 칠곡군에, 지금은 대구시에 편입되어 있다.

훈련도감의 병사훈련에 채용하고, 명나라의 교관을 불러 실습훈련에 임하게 하여, 이를 정례화 한 것은 빼놓을 수 없다. 왜구 방어를 위해 입안하여, 절병(浙兵, [중국남부 절강성 병사])의 훈련에 성공한 『기효신서』가 조선 재건군(再建軍)의 강화훈련 요강으로 채용된 것이다(『상촌집』 제56 「천조조사장신선후거래성명기」・『징비록』 권3 근폭집, 계사啓辭, 진기효신서서계進紀効新書啓 = 계사癸巳 4월 29일 재在해주海州 참조).

다음으로 참장(參將) 낙상지(駱相志) 서장 중에서 한 통을 살펴보자.

근래에 왜노들이 위엄에 대해 두려움과 순종으로 인하여, 조선을 사양하여 돌려주고, 일본으로 되돌아가니, 대개 또한 양심에서 우러나온 것으로, 이것 또한 □□한 뜻이다. 지금 듣건대 귀국 사람들이 왜노와 함께 일본으로 가고 싶어 하는 것은 어째서인가. 아마도 저들이 도리어 부끄럽게도 정이 없어, 죽이지 않는 은혜를 □고마워하며, 함께 떠나간다는 말을 하고, 또 이 나라의 법도가 삼엄한 것을 두려워하여, 돌아간다면 대개 법조자(法曹者)에게 넘기는 경우도 있으니, 이것이 모두 그들을 처리함에 있어 어쩔 도리가 없을 뿐입니다. 지금을 위한 계책은 이치상 마땅히 여러 공(公)들의 각 배신(陪臣)과 함께 의논하는 것이니, 어찌 상대의 계략을 미리 알아서 그것을 역이용하지 않겠는가. 기왕의 허물은 용서하고, 그 돌아가고자 하는 뜻을 규명하여, 빨리빨리 명령을 내려 백성들에게 알려 말하기를, 너희들은 각각 군인과 민간인들이니 왜적에 포로로 잡힌 자들은, 모두 부득이했던 뜻에서 벗어나 안으로 어찌 너희 조상의 산소와 부모, 형제, 조카, 아내, 자녀 등을 생각하지 않는가. 나는 너희들이 진퇴양난이라는 것을 알고 있다. 특별히 이렇게 알리니, 빨리빨리 밖으로 나오도록 하라. 이미 출정하여 싸우는 법을 알고 있으니, 나는 지금 바로 와신상담하여, 보복할 것을 도모하고 싶으니, 장차 왜적의 소굴에서 빠져나오는 사람 일만 수천 명을, 한 사람의 큰 원수를 세워 그로 하여금 통솔하게 하고, 우두머리를 정해서 세워, 무예를 교습하고, 무기를 닦아 정비하여, 한 사람이 열 명을 가르치고, 열 사람이 백 명을 가르치고, 백 사람이 천 명을 가르치고, 천 사람이 만 명을 가르쳐, 군대를 정예화하여 적을 기다리도록 하라. 병법에 이르기를, "적이 오지 않으리라 믿지 말고, 내가 가지고 있는 것을 믿고서 그들을 기다려라"고 하였으니, 어떠한가, 어떠한가. 군대의 일이 분분하니, 간략하게 통지하니, 이것도 또한 부국강병의 방법으로서, 백성을 안도하게 하고, 백성의 생업을 즐겁게 하도록 하니, 어찌 아름답지 않겠는가.

近因倭奴畏威効順. 讓還朝鮮. 退回日本. 蓋亦良心所發. 悔過遷善之大端也. 旣而送還爾國儲君. 幷被擄居民. 及剃髮爲倭者. 一一還之. 是亦□□之意也. 今聞貴國之人. 欲同倭奴往日本者何也. 恐彼反恠無情. 謝□不殺之恩. 有言同去之說. 又恐爾國法度森嚴. 歸則槩付法曹者有之. 是皆處之無可奈何耳. 爲今之計. 理宜與諸公各部臣議之. 何不將計就計. 宥其旣往之愆. 原其來歸之意. 早早出令宣諭曰. 汝等各軍民人等. 被倭所擄者. 皆出不得已之意. 內豈有不念汝祖宗墳墓. 與夫父母 兄弟 子姪 妻妾 子女之屬哉. 我知汝等進退兩難. 特此宣諭. 早早出來. 旣知征戰之法. 我今正欲臥薪嘗膽. 以圖報復. □(或)將倭單出來之人一萬數千有余. 立一大元帥統之. 定立頭目. 敎習武藝. 修整器械. 以一敎十. 以十敎百. 以百敎千. 以千敎萬. 務成精兵. 雖倭奴有復來之念. 我有精兵待之. 法曰. 弗時不來. 恃吾有以待之. 何如何如. 軍務紛紛. 草草布達. 此亦富國强兵之道. 百姓安堵. 居民樂業. 豈不美哉

이 문서에 대해서는 날짜가 불명이지만, 그 내용으로 보자면 이미 일본군의 철퇴가 진행되고 있는 중이며, 아직 두 왕자[16]가 송환되지 않은 시기이므로, 선조26년 계사(만력21, 분로쿠2, 1593) 6월 전후라고 생각되는데, 더욱이 정병(精兵)훈련과 관계가 깊다. 여기서『초본 징비록』잡록 중 계사 6월에 적은 훈련도감 기사와 대조해서 생각해 보자.

계사년 유월, 나는 병으로 한성 묵사동에서 누워 있었는데, 하루는 명나라 장수 낙상지가 나의 처소를 방문해 매우 친절히 문병하고는 말하기를, "조선은 지금 [국력이] 미약한 데 적군은 아직 조선 안에 있으니, 군사를 조련하여 적군을 방어하는 것이 가장 시급한 일입니다. 마땅히 지금 명나라 군사가 돌아가지 않은 때를 이용하여, 군사교련하는 법을 배워 익혀서, 한 사람으로써 열 사람을 가르치고, 열 사람으로써 백 사람을 가르치게 되면, 몇 해 동안에 모두 잘 훈련된 군사가 되어, 나라를 지킬 수 있을 것입니다." 하였다. 나는 그 말에 감동되어 곧 바로 행재에 빨리 아뢰고, 이내 데리고 있던 금군(禁軍) 한사립(韓士立)을 시켜 서울 안에서 군사를 모집하여 70여명을 얻어, 낙공(駱公, [낙상지])에게 보내어 가르쳐 주기를 청하니, 낙상지는 막하의, 진법을 잘 아는 10명을 뽑아내어, 밤낮으로 창술, 검술, 낭선(筤筅)[17] 등의 기술을 연습시켰다. 잠시후 내가 남방으로 내려가게 되어 그 일도 곧 폐지되었으나, 임금께서 장계를 보시고, 비변사에 내려보내어, 별도로 도감[18]을 설치하여 훈련하도록 하고, 좌의정 윤두수(尹斗壽) 하여금 그 일 전체를 주관하도록 하였다. 그해 9월, 내가 남방에서 행재로 불려가다가 임금의 행차를 해주에서 맞이하

---

16 임진왜란 발발 직후 두 왕자(임해군臨海君, 순화군順和君)가 함경도에서 가토 기요마사군에 잡혀(1592년 7월), 부산 일본군 진영에 포로로 끌려가 있다가, 다음해 7월 명·일간 강화교섭에 의해 풀려났다.
17 가지가 붙은 대나무로 된 창.
18 훈련도감을 말한다. 류성룡의 건의에 따라 1593년에 창설되었다.

여, 모시고 서울로 돌아오던 중, 연안(延安)에 이르러 다시 나에게 [윤두수를] 대신하여, 도감일 전체를 주관하도록 하라고 명하셨다. 당시 서울에는 기근이 심한지라, 나는 당속미(唐粟米)¹⁹ 천 석을 방출할 것을 요청하고, 매일 한 사람에게 곡식 두 되를 주도록 했는데 응모에 응하는 사람이 사방에서 모여들었다. …

癸巳六月. 余病臥漢城墨寺洞. 一日天將駱尙志訪余于臥次. 問病甚勤. 因言. 朝鮮方微弱. 因言朝鮮方微弱而賊猶在境 鍊兵禦敵 最爲急務 乘此天兵未回 學習敎鍊之法 以一敎十 以十敎百 則數年間 皆成精鍊之卒 可以守國 余感其言 卽馳啓于行在 因使余所帶卒韓士立招募京中 得七十餘人 往駱公處請敎 駱撥帳下曉陣法者十人 日夜敎習槍劍筤筅等技 旣而 余下南方 其事旋廢 上見狀啓 下備邊司 令別設都監訓鍊 以尹相斗壽領其事 其年九月 余自南召赴行在 迎駕於海州 扈從還都 至延安 更命余代領都監 時都城饑甚 余請發唐粟米一千石 日人給二升 應募者四集 …
〈草本懲毖錄 89裏 - 90表. 간행본과는 차이가 있음〉

이 무렵 충청·전라·경상 3도 도체찰사였던 류성룡은 명나라군의 한성 진주와 행동을 같이하면서 수복 후의 조치를 진행했다. 참장 낙상지도 한성에 있어, 그와 접촉하는 기회가 많아져 긴급한 군무를 권고하는 일이 많았다. 이 문서도 그중 하나일 것이다. 대체적으로 『선조실록』 기사를 찾아보면, 26년 6월에는, 윗글의 내용과 관련 있는 사실이 적지 않다. 10일 경상좌감사 한효순(韓孝純) 보고에는 일본군이 철수한 뒤에는 조선 포로 중 왜인 모습으로 바꾼 자가 해상에 버려져 있다고 하고, 14일에는 한성에 있는 대신에게 명하여 적에게 붙

---

19 중국에서 보내온 좁쌀.

었다가 생환한 자에 대해, 적에게 가담(陷賊)한 죄를 처벌하는 법을 관대하게 적용하여, 인심의 안정을 꾀했다. 7월 22일에는 고니시 유키나가가 임해군 진(臨海君珒)·순화군 보(順和君珤) 두 왕자 및 신하들을 풀어줬고, 그들은 부산을 출발했다. 히데요시가 지시한, 일본 측에 책임이 있는 강화조건이 실행된 셈이다. 8월 10일에는 제독 이여송이 병사를 거두어, 한성을 출발해 요동을 향했다. 때마침 두 왕자가 한성에 도착한 날이다. 22일에는 훈련도감 창설 논의가 결실을 맺어 규정이 정해졌다. 이날에는 해상에서 머물고 있는 왜에 귀순한 자(順倭) 2만여 명을, 불러 타이르는 것(招諭)을 총병 유정(劉綎)에게 간청하였다. 9월 9일이 되자, 부산 등 일본군 점령지에 투입되어 있던 사람들에게 방을 붙여 나오도록 설득하는(榜諭招出) 조치를 강구했다. 그리고 훈련도감 운영에 대해서는, 10월 6일 낭청(郎廳) 이자해(李自海)를 낙상지의 진영에 파견해, 『기효신서』 교습을 받게 한 일도 있었다. 이 같은 배경과의 연관을 생각해서, 이 문서를 본다면, 그 의의가 매우 중요한 것임을 이해할 수 있을 것이다.

4. 『군문등록(軍門謄錄)』과 『진관관병편오책(鎭管官兵編伍册殘卷)』 잔권(殘卷)

류성룡은 선조28년 을미(만력23, 분로쿠4, 1595) 10월 13일 영의정으로서 수상의 지위에 있으면서 명을 받아 경기·황해·평안·함경 4도 도체찰사를 겸하고, 부사(副使) 병조판서 이덕형과 함께 이미 충청·전라·경상·강원 4도 도체찰사 임무를 맡고 있는 우의정 이원

익과 남북에서 서로 호응하여 군무 통제와 병졸의 교련에 임했다.

앞서 선조26년[1593] 겨울, 왕의 한성귀환을 맞아 류성룡은 즉시 군비 회복을 계획하여, 우선 명의 참장 낙상지의 뜻을 따라 중국 남부의 절강성 출신 병사를 중국교관으로서, 조선군 병사를 교습하고, 정병을 양성하는 일을 건의하였다. 이를 위해 훈련도감 설치를 보기에 이르렀고, 이어서 군제 재건을 목표로 다음해에는 진관(鎭管)의 옛 제도를 수복하는 일을 주장하여 결국 3월 29일에 그 실시가 결정되었다. 모두 임진병란이 남긴 것을 거울삼아 나온 응급 대책이었는데, 진관제도는 이씨조선 초기부터 행해져 온 상비군 체제로서, 각도의 군병은 모두 진관에 분속하고, 사변이 나면 진관속읍(鎭管屬邑)의 병들을 통솔하여, 주요 장수의 호령을 들으며, 한 진이 불리하게 되더라도 다른 진이 대신 엄한 병사로 튼튼히 지키므로, 뿔뿔이 흩어져 도망가는 폐단은 없었다. 자연히 시대가 내려오면서 군제가 무너져, 명종10년 을묘왜변(1555) 이후 임기응변을 위해 분군법(分軍法)을 고쳐 다시 순변사·방어사 등으로 흩어서 배속시키는, 소위 '제승방략(制勝方略)'을 세워 진관제도는 완전히 허명으로 돌아가기에 이르렀다.

선조24년 신묘(덴쇼19, 1591) 도요토미 히데요시가 요구한, '명 정복을 위해 일본군의 길 안내를 하라'는, 입명향도(入明嚮導)를 거절해 일본군 내습의 우려가 커졌을 때, 비변사가 진관제 수복을 건책했지만, 경상감사 김수(金睟)의 반대로 중지되고, 임진의 난이 일어나 그 결함을 노정했는데, 여기서 다시 진관의 옛 제도를 재건하는 방책을 다룬 것이다. 국사가 다난한 시기에, 영상과 우의정이 4도 도체찰사를 겸하고 안팎으로 왕래하며 고심경영에 임한 것은, 정부 통제하에 국내통일을 회복하고, 군제를 재건하여 정병을 기르고, 전비를 확충하는 일이 최대의 급무라고 여긴 것이 틀림없다.

류성룡은 선조31년 무술(만력26, 게이쵸3, 1598) 봄까지 3년 남짓에 걸쳐 영의정 겸 4도 도체찰사의 임무를 맡았다. 그는 퇴직 후에 청리(廳吏) 방수(方秀)에게 명하여 재임 중에 보낸 계초나 문이를 모아 기록하게 하여 이를 『군문등록』이라고 명명했다. 그 내용은 선조28년 [1595] 을미 10월부터 다음해 29년[1596] 병인 12월까지 약 1년에 걸친 것으로, 수록하는 바는 임기전반의 관계로 한정되어, 전체 문서의 삼분의 일에 지나지 않지만, 진관제에 따른 군비 재편성과 병졸의 훈련에 관한, 가장 상세한 사료라 할 수 있다. 『조선사료총간』 제3은 이 원본을 영인한 것이다. 원본의 표지는 닳아 손상되었고, 바깥 제목에 '軍'·'謄' 두 글자와, '啓草, 文移'라는 표기가 보일 뿐인데, 안표지에 기록된 '軍門謄錄' 제목 및 '啓草, 文移' 표기를 비롯해, 그래도 문서에 붙인 제목 등이 류성룡의 자필로 쓰여져 있다. 특히 권두와 권말에 다음과 같이 쓰고 있다. 권두에는

> 을미년에 나는 수상으로서 왕명을 받아 경기, 황해, 평안, 함경도의 도체찰사 직무를 겸무하였는데, 무술년 봄에 사직하게 되니, 그 국(局)도 또한 폐지되었다. 모든 계초와 문이를 청리 방수로 하여금 베껴 내게 하여서 책이름을 『군문등록』이라 했는데, 흩어져서 수록되지 못한 것이 3분의 2나 되었다. 나는 노둔하고 용렬한 재간으로서 나라의 정사가 어렵고, 위태한 시기를 만나 내외의 중직을 겸무하였으나, 한 가지 일도 돕고 보충됨이 없이 그만 그 직위를 떠나게 되었으니, 현명하신 군주께서 나의

재능을 알고서 후하게 대우해 주심을 욕되게 하였다. 지금 이 기록을 살펴보니 마음이 어수선하여 스스로 부끄러워지기 때문에, 이에 두서너 마디를 책머리에 기록하여, 이 책을 보는 이들에게 나의 죄를 알도록 하려고 한다.

乙未. 余以首相承命. 兼京畿黃海平安咸鏡都體察使之任. 戊戌春辭遞, 其局亦罷. 凡啓草文移, 令廳吏方水謄出, 題曰 軍門謄錄, 其散落未收者, 又三之二. 余以駑劣. 當國事難危, 兼職內外, 無一事 裨補, 徒然去位, 辱聖主知遇, 今看是錄. 憮然自愧. 因志數語於卷端. 使覽者知余之罪云

라고 하여, 본서의 유래를 기록하고, 또한 지난날을 회고하여 이를 읽는 자의 감개를 기대하고 있다. 그리고 권말에는,

수년 동안이나 경영한 것이 다만 쓸모없는 빈말이 되고 말았구나. 지나간 일이 이와 같을진대 오는 것도 다시 그렇게 될 것이니, 한정이 없는 세월에 지사(志士)의 슬픈 마음만 증가시킬 뿐이다. 올해 내가 눈 속에서 얼어 죽는다면, 내년에 어떤 사람이 큰 주발의 밀국수를 먹었는지도 알 수가 없겠구나.

數年經營. 只成無用之空言. 去者如斯. 來者復然. 千古萬古. 增志士之一慨. 今年自家雪裏凍死. 未知明年甚人喫大椀不托耳

라고 하여 시세의 불운(不競)을 개탄하고, 송나라 때 속담을 인용하며 자신이 처한 환경과 생애(境涯)를 한탄하고 있다. 모두 만년에 당쟁의 희생이 되어 고향에 은거하여, 한가하고 무료한 가운데, 기록 정리하

는 사이의, 소감을 적어둔 것이다.

『군문등록』의 내용은 후세 사람들이 편집한『징비록』간행본 일부에 수록되어 세상에 유포되었다. 즉 16권 6책본 중 제15·제16 두 권에 해당되는데, 심하게 개변되었다. 간행본은 원본과 비교해보면 완전히 체제가 바뀌었는데, 날짜에 따른 편집을 없애고, 다만 공문서(문이) 중 중요한 것만을 취해서 새로운 제목을 붙여, 다른 것은 계사와 함께 줄여버리거나, 심지어 수록된 것도 모두 이두(吏讀)를 없애고, 문장을 손질하고 있다. 이 같은 계사류는, 주로 같은『징비록』간행본 권3부터 권5에 걸쳐 수록된『근폭집』(이것도 자의적 개편에 의해 완전히 원래의 내용을 잃어버렸다) 및『서애문집』권8 계사부분에 수록되었다 하더라도, 간행본에 따라서는 원본 내용의 전모는 추측조차 할 수 없다. 따라서 류성룡이『군문등록』을 편록한 취지는 후대에 의해 사라져 버렸다고 말해도 과언이 아니다. 그러나 이미 간행본의 유포에 의해, 일·명의 강화가 일단 성립하려는, 중요한 시기의 조선의 정치·군사정세 및 그 통제의 중책을 맡고 있는 류성룡의 획책과 실시에 관한, 기본적인 사료로 이해되고 있다. 따라서 원본 공개를 접하게 되어, 유포본의 빠진 부분을 보충하는 데만 그치지 않고, 한층 풍부한 내용을 본래 모습 그대로 볼 수 있게 된 셈이다.

『군문등록』의 원본에는, 간행본에 채록되지 않은 부분에 북쪽 국경 경비에 관한 중요한 기사도 있으며, 나아가 만주 건주위(建州衛) 관계에도 귀중한 사료가 있다. 당시 점차 발흥의 기세를 보여온 누르하치=老乙可赤(후일의 청 태조)와의 교섭 등도 보이며, 나아가 도체찰사 본래의 사명으로서, 임진란 이후 조선병제의 개혁, 그리고 군비 재건을 목표로 행한 조치에 대한 계초·문이 등, 문서 그대로 구체적으로 알 수 있으므로, 가장 기본적이고 비할 데 없는 사료라는 점은 말할 것도 없다. 류성룡은 도체찰사의 임무를 맡자 우선, 진관제도를 확립하는 기초로서 병적대장 정비에 제일 먼저 착수하여 실행했다. 이보다 먼저 이미 어사 이시발(李時發) 등을 파견하여 훈련도감의 규정에 따라, 진관제도에 의한 병사훈련을 실시하고 있는 예를 배우고, 그 방안을 하달하여 양식 모범으로 삼고, 군대의 편성을 등록하여 급히 알리도록 했다. 이는 우선 경기·황해 두 도에서 시작해 이어 평안·함경 두 도에까지 미쳤다. 이때 제시된, 부대편성 방침이나 여기에 근거한 훈련요강 등은 본서의 내용에 의해, 자세히 해명되었다. 게다가 다행히도, 평안도 일부이지만 당시 작성된 장부가, 오늘날 류씨가에 전해져 온 것이 조선사편수회 조사에 의해 알려진 것이다. 『조선사료총간』 제10으로 영인된 『진관관병편오책잔권(鎭管官兵編伍册殘卷)』이 바로 그것이다.

이 『관병편오책잔권』은 2책인데, 원래 선조29년(만력24, 분로쿠5, 1596) 평안도 진관관병편오책 11책의 잔권이라는 점은 본문 머리와 끝에 있는 제목 및 관청의 도장(署押), 표지에 보이는 '平安道', '四(?)月十日査', '共十一'의 글짜(墨書)로 알 수 있다. 본문은, 한 권은 각 장의 순서가 움직이지 않았지만, 한 권은 어지럽게 되어 있다. 둘 다 갈라져 있는데, 종이 뒷면에 류성룡의 필적으로 『난후잡록』의 초안이 쓰여 있고, 대체로 본문에도 겹쳐서 쓰여져(重書) 있으며, 게다가 표지에는 각 책마다 '난후잡록'이라고 표기되어 있다. 두 권의 잔결본(殘缺本)이 보존된 것은, 이 필록이 있었기 때문일 것이다. 한 권에는 권두에 '만력24년 월 일(萬曆二十四年 月 日) 구성진관관병편오책(龜城鎭管官兵編伍冊)'이라고 되어 있고, 권말에 '가선대부평안도관찰사겸병마수군절도사평양부윤순찰사윤〈압〉(嘉善大夫平安道觀察使兼兵馬水軍節度使平壤府尹巡察使尹〈押〉)'이라고 되어있다. 다른 한 권에는 '만력24년 5월 일(萬曆二十四年五月 日), 영변부진관관병편오책(寧邊府鎭管官兵編伍冊)'이라고 되어있고 또 권말에 '통덕낭행영변대도호부판관영변진병마절제도위심〈압〉(通德郎行寧邊大都護府判官寧邊鎭兵馬節制都尉沈〈押〉)', '가선대부평안도관찰사겸병마수군절도사평양부윤순찰사윤〈압〉(嘉善大夫平安道觀察使兼兵馬水軍節度使平壤府尹巡察使尹〈押〉)'이라고 되어 있다. 이것들은 선조29년 평안도 순찰사 윤승길(尹承吉)이 제출한 여러 진관관병편오책인 것을 보여주고 있다. 그리고 당시는 류성룡이 4도 도체찰사로서 재임했으므로 그 명령에 근거해 작성, 제출한 것이다.

 당시 평안도에는 변방 경비의 필요에 따라, 육진관(六鎭管)이 설치되어 그 수는 타도보다도 많았고, 또한 소속된 읍들은 평양 7, 영변 4, 안주 4, 의주 3, 성천 10, 구성 2였다. 그리고 진관 예하의 부대 편성 체제는 거의 척계광의 『기효신서』에 보이는 속오(束伍)의 법에 따른 것으로, 분군의 법은 『기효신서』에 따랐는데, 점점 증감이 가해졌다. 영(營)에는 5개 사(司)를, 사에는 파총(把摠)을 두었다. 1사에는 5개 초(哨)를, 초에는 초관(哨官)을, 1초는 3기(旗)를, 기에는 기총(旗摠)을, 1기는 3대(隊)를, 대에는 대총(隊總)을 두었다. 1대는 화병(火兵) 1명과 합쳐 11명의 병사로 조직되었다. 이것이 대강이다. 이렇게 하여 군졸이 선발되어, 대오가 편성되는 것이었고, 또한 포살수(砲殺手)로는 정규군·공사노비(公私賤)를 막론하고, 섞어서 대오를 갖추는 예시를 삼은 것은, 특히 중요한 의의가 있다.

 진관제로 훈련시키는 편성 방침은 상술한 바와 같다. 그 이름을 기재하여 '대오책(隊伍冊)'이라든지 '편오책(編伍冊)'이라든지, '속오책(束伍冊)'이라든지, '연병화명책(練兵花名冊)'이라고도 부르는 장부가 생긴 것인데, 거기에 각 병사의 용모·연령 등을 기재한 별책이 준비되어, 이는 '容貌冊(용모책)'이라고 불렸다. 이 같은 명칭은 『기효신서』와 다소 개념을 달리 하는 것인데, 어느 쪽이든 『신서』에 게재된 형식을 배운 것이고, 용지는 훈련도감에서 인쇄하여 배부한 것이다. 그리고 현존하는 '편오책'에 따르면, 여기서 말하는 편오 조직을 자세히 알 수 있다. 용지 광곽(匡郭, [서책·책장의 네 변을 둘러싸고 있는 검은 선])에 묵서로 된 것도 있는데, 영변부 진관 편오책과 같이, 인쇄로 판심(板心, [책을 접은 부분])에 '편오'라고 표출되어 있는 것도 있다는 점은 주목된다. 류씨 가문에서는 이외에도 '용모책' 한 장(斷簡)(『조선사료총간』 제2집 도판22 「속오성책(束伍成冊)」이, 이것이다. 다만 『기효신서』의 사례를 그대로 명명한 탓에 명칭에 오류가 있다)도 소장하고 있는데, 당시의 군적(軍籍)의 한 양식을 볼 수 있다.

 다음으로 이 평안도 『진관관병편오책』이 작성된 시기는, 앞에서 언급한 대로 권두 제목과 기타에 따르면 선조29년[1596] 4월 및 5월 사이인데, 전년도 말에 명령된 편오성책(編伍成冊)이, 여기에 이르러 성공했다는 것인데, 그사이 종종 독려한 것은, 『군문등록』에 수록된 도체찰사가 순찰사나 병사(兵使), 기타에게 보낸 문이에 의해 알 수 있다. 이렇듯 지체를 면하지 못한 것은, 요컨대 수령 가운데 일의 긴급함을 깊이 생각하지 못한 자가 있거나, 초관(哨官)으로 선발되었으나,

그 진의를 이해하지 못한 채, 변방초소에 보내려는 소집으로 생각하고, 이를 피하거나 모면하려는 자가 있거나, 어떤 이는 사무에 어두워서 속오법을 이해하지 못한 자가 있었던 점이 원인이다. 또 한편으로 잘 성취한 것은, 건의자인 류성룡이, 열성을 담아 반복 독려하여 안팎으로 분주하고, 취지의 철저에 힘을 쏟은 점에 따른 것이리라.

우연한 일로, 평안도 진관관병편오책 잔권이 전해져,『군문등록』에 보이는 병제 개혁, 군비 확충에 대해서, 그 기초가 되는 편대성책(編隊成册)의 편린을 볼 수 있었던 것은 행운이었다.『편오책』내용을 통해 관군재편의 기반이 된, 조선사회의 구성에 대해서도, 시사하는 바가 많다.

5.『징비록(懲毖錄)』초본과『난후잡록(亂後雜錄)』

류성룡은 선조31년(만력26, 게이쵸3, 1598) 관직에서 물러나 고향으로 돌아간 뒤 선조40년(1607)에 타계하기까지 만년을 오로지 저술에 바쳤다. 특히 그가 힘을 쏟은 것은, 임진·정유의 지난날을 회고하여, 집에 소장한 고문서·기록을 정리하고, 전란의 참화를 회상하며, 그 체험과 견문을 기록하는 것이었다. 그리하여『난후잡록』두 권이 우선 만들어졌고, 다시 구성을 바꿔『징비록』(초본) 한 권이 만들어졌다. 자손들은 후에『서애문집』20권을 편집하고, 이어서『징비록』16권으로 늘리고, 수정하여 이를 간행했다. 후자[『징비록』16권]는 다시『초본』에 해당하는 2권본도 간행되었다. 모두 다 17세기 중엽, 인조 시대의 일이었다. 때마침 이 무렵, 조선의 전적(典籍)은, 종종 쓰시마와의 무역을 통해 일본에 유포되고 있었는데, 『징비록』 간행본은 상당히 빨리 전해졌다. 그리고 겐로쿠8년(숙종21, 1695) 교토의 출판업자 손에 의해 중판되기에 이르렀다. 따라서 일본에서는 분로쿠·게이쵸의 역[임진왜란]에 관한 명저인 탓인지, 상당히 널리 보급되었고, 이 무렵 만들어진 여러 가지 조선전쟁 이야기(朝鮮戰記物語)류에, 절호의 자료를 제공하게 된 것 같다. 쇼토쿠(正德)2년(숙종38, 1712)에는 조선통신사의 보고에 의해, 『징비록』의 보급이 문제가 되어, 일본에 대한 서적 수출을 통제하여, 조선에서 만들어진 서적의 통상을 금지하는 것과 같은 사태도 일어났다.

　『징비록』 초본은 대체적으로 저자의 자필 - 표지 뒤의 서문('序')이 의심할 바 없이 류성룡의 필적이며, 본문 대부분은 이와 일치한다 - 이며, 약간의 다른 사람의 필사도 있는데, 종이 뒷면에는 거의 표면 기사에 상당하는 곳에 보완한 것이 추기되어 있으며, 또 시문 원고를 필록한 것도 적지 않다. 표지는 파손이 매우 심해서 희미하게 후세 사람이 쓴 '懲毖錄'(징비록)이라는 제목만 읽을 정도이며, 또한 책 앞부분 약 13장은 잘려나가고, 90장이 현존하고 있다. 영인본에는 우선 통째로 본문을 수록하고, 이어서 종이 뒤쪽을 촬영, 수록하고 있다(종이 뒤쪽 글자로 본문에 관계없는, 그리고 후세 사람이 쓴 별다른 의미 없는 부분은 다소 생략되어 있다. 영인본 각장 원본의 겉과 속의 관계는 해설에 대조표가 있으며, 또한 기사 각조의 다름을 밝히기 위해 그 순서를 그대로 표시하고, 또한 각조에 제목을 가설하여 목차에 표시하고, 기사간 앞뒤 관계도 부기하고 있다. 따라서 거의 '초본'의 본래 형태를 엿볼 수 있다). '초본'을 '간행본'과 대조하면, 각조 기사 내용은 물론 배열에 이르기까지 현저하게 들고 남(出入)이 있다. 특히 조선 간행본에도 수종이 있는데, 체재에 따라 16권본 및 2권본 두 계통으로 나뉜다. 둘 다 권두에 『징비록』의 유래를 말하는 같은 글의 서문이 있지만 - 2권본에는 '懲毖錄序'(징비록 서)라는 제목이 있고, 16권본에는 없다 - 상호 관계나 간행 연대 등에 대해 알만한 단서가 없고, 이를 기록한 문헌도 전혀 찾아볼 수 없다. 같은 류씨 가문 소장으로, 류성룡의 손자 원지(호는 졸재拙齋, 1598-1674)가 삭제, 보완, 정정한『서애연보초기(西厓年譜草記)』를 비롯한 연보 원고본이 수종 현존하지만,『징비록』저술에 대해서는, 아무것도 전해지지 않는다. 문인 정경세(호는 우복, 1563-1633)가 지은 '행장'(『서애선생연보』하권 수록)에 "[선생이] 평생 지은 시문은 병화로 잃어버렸다. 지금 문집 10권, 신종록, 상례고증, 영모록, 징비록 등의 책이 집에 소장되어 있다."라고 하는 것이, 유일한 것이라고 말해진다. 우선 '초본'과 '간행본'의 관계를 알아보기 위해 가장 상이한, 16권본의 내용 구성을 들어보면, 아래와 같다.

권1 · 권2 (제목은 없고,『초본』의「잡록」부분을 뺀 전부에 해당)
권3　　　　근폭집(차 · 계사)
권4 · 권5　근폭집(장계)
권6 - 권14　진사록(장계)
권15　　　　군문등록(문이)
권16　　　　군문등록(문이)
　　　　　　녹후잡기(『초본』의「잡록」에 해당)

그리고 2권본은 16권본 중 권1·권2에 해당하는데, 마지막에 권16의 「녹후잡기」를 수록하고 있지만 분권(分卷)에 차이가 있으며 책 끝에는 「懲毖錄卷之一·二」(징비록 권지 일·이)라는 제목을 달고, 책을 접는 부분(板心)에는 「懲毖錄上·下」(징비록 상·하)라고 표시되어 있다.

그런데 간행본『징비록』16권에 수록된『근폭집』,『진사록』,『군문등록』3개는 모두 다 같은 이름의 사본이 류씨가 소장본 중에 보이는데, 어떤 경우는 류성룡의 제문과 발문이 있고, 어떤 것은 손수 고친 흔적이 있다. 그러나 그것이 결코 원본 그대로 수록되어 있는 것은 아니다.『군문등록』원본은 원래 한 권이지 나뉘어 있지 않으며, 계초 및 문이의 종류가 잔존하고 있음에 따라, 연도에 따라 집록하고 있는데, 간행본은 그 문이만을 편의하게 제목을 붙여 수록하고 있으며, 계초는『근폭집』권에, 장계는『진사록』권에 합쳐 수록되어 있으며, 또 절략하거나 수정을 가한 것이 적지 않다. 그리고『근폭집』원본은 2책으로 되어 있는데, 시간에 따라 계사·차자의 초고를 수록하고 있다. 하나는 선조 임진년부터 을미년에 이르고, 다른 하나는 갑오년부터 무술년에 이르고 있다. 책 이름은 방책을 강구해 상소와 차자를 올린 것을 기록, 보존한다는 의미에서 붙여진 것임에 틀림없다. 간행본은 차자와 계사의 항목을 나눠 배열을 고쳤으며,『군문등록』의 계초를 합치고, 또 제목만을 들어, 본문을 생략하여 「견본집(見本集)」이라고 표시한 것이 많다. 다만『진사록』원본은 3책으로 되어 있는데, 표지 기재에 따르면 제1책에는 「서장, 34, 임진6월부터 10월까지」('서장' 아래의 숫자는 그 갯수인데, 본책에는 잘라 버려진 부분이 많다), 제2책에는

「서장, 58, 임진 11월부터 계사 5월까지」, 제3책에는 「서장, 19, 계사 5월부터 정유12월까지」라고 되어있다. 그리고 제1책 권두에 임진부터 무술에 걸친, 류성룡의 경력을 간략히 기술한 것은, 본서가 그 사이의 장계를 수록한다는 의미일 것인데,『군문등록』에 해당하는 시기와 같은 것은, 완전히 생략하여 중복을 피하고 있다. 간행본은 어떤 것은 순서를 고치고, 어떤 것은 다만 제목을 들어 본문을 줄여,「견본집」이라고 표기한 것도 있다. 이와 같이 간행본의『군문등록』,『근폭집』및『진사록』을 류성룡이 편록(編錄)한 원본과 대조해 보면 개찬의 흔적이 현저하고, 거의 당초의 형태를 갖추고 있지 않다. 원래 세 책의 원본이 각각 독립된 목적을 위해 집록된 것은 의심할 나위가 없으므로, 이같이 다른 종류를 모아 개편(유집개편類集改編)한 것은 저자의 본뜻(本旨)을 몰각하고 있는 느낌이 있으며, 특히 세 책과 초본『징비록』을 한 책으로 결집해야 할 취지는 전혀 찾아볼 수 없다. 여기서 주목되는 것은, 간행본에「견본집」으로서 원문을 생략한 것이 적지 않다는 점이다. 말할 것도 없이『서애문집』에 수록되었으므로, 중복을 피한 것이 틀림없다. 따라서『징비록』간행본으로서 여러 책을 유집개편한 것은『서애문집』편수간행과 연관이 있는 것이, 확실한 것일 것이다.

『서애문집』은 전 20권, 권두에 숭정6년 계유(인조11, 간에이寬永10, 1633) 4월 신미(10일) 이민구의 서문이 있으며, 권말에는 숭정5년 임신(인조10, 1632) 9월 신미(9월에는 해당 간지가 없음) 이준(호는 창석蒼石, 1558-1634) 발문 및 숭정 계유 3월, 장현광(호는 여헌旅軒, 1553-1637)의 발문이 있다. 이에 따르면 류성룡의 막내아들 진(袗, 당시 합천 군수)이 편집하여, 인조11년(1633)에 간행되었음을 알 수 있다. 그리하여 『징비록』 간행에 대해서는 적확한 기록은 없지만, 다만 영조시대 사람 이의현(호는 도곡陶谷, 1668-1745)이 무신년(영조4, 1728) 유배 간 동안 기록한 「운양만록」(『도곡집』 수록)에, 다음과 같은 기사가 있다.

> 서애 류성룡이 임진왜란 때의 일을 기록하여 이름을 『징비록』이라 하고, 또 병란 때의 여러 가지 일을 기록하였는데, 지금 문집 가운데에 들어있다. 그 문집과 『징비록』이 오랫동안 간행되지 못했는데, 인조조에 그의 외손인 조수익이 영남 관찰사가 되자, 안동에 거주하고 있는 서애의 후손이 간행을 부탁하여 조수익이 이를 승낙하고 …

조수익이 영남감사로 재임한 것은 인조25년 정해(1647) 9월 8일, 전 감사 목성선이 죽은 후 승계하여 다음해 2월 14일 이만과 교체하기까지의 일이므로, 이 기사가 틀리지 않는다면, 대체로 이 무렵 『징비록』이 처음으로 간행된 셈이다. 다만 『문집』은 이미 10여 년 전 간행되었으므로 "문집과 『징비록』이 오랫동안 간행되지 못했다(文集及懲毖錄. 久未鋟梓)."라고 하는 것은 맞지 않는다. 잠시, 이 기사를 『징비록』 간행에 이르는 사정에 관련하여 이해한다면, 먼저 『문집』이 간행된 후 『징비록』이 인쇄된 것으로 인정할 수 있지 않을까. 여기서 말하는 후손은 아마도 『연보초기』의 수정, 보완 등을 행한 류원지(호는 졸재, 1598-1674)일 것이며, 『문집』 간행에도 관계가 있었다고 생각할 수 있다.

그런데 처음 간행된 『징비록』은 16권본인가, 2권본인가, 이것도 기록된 것은 없다. 두 책을 비교해도, 앞에서 서술한 대로 다음과 같은, 동일한 서문이 수록되어 있다(2권본은 앞에 '懲毖錄序'라는 제목을 달고 있다).

『징비록』이란 무엇인가? 임진왜란이 발생한 후의 일을 기록한 것이다. 그 중에 임진왜란 전의 일도 가끔 기록한 것은 전란의 발단을 구명하기 위한 것이다. 아아! 임진년의 화는 참혹하였도다. 수십 일 동안에 삼도(三都)를 지키지 못하였고 팔방이 산산이 무너져 임금께서 수도를 떠나 피란하였는데, 그럼에도 우리나라가 오늘날이 있게 된 것은 하늘이 도운 까닭이다. 그리고 선대 여러 임금의 어질고 두터운 은덕이 백성들을 굳게 결합시켜 백성들의 나라를 생각하는 마음이 그치지 않았기 때문이며, 임금께서 중국을 섬기는 정성이 명나라 황제를 감동시켜 우리나라를 구원하기 위해 명나라 군대가 여러 차례 출동하였기 때문이다. 이러한 일들이 없었다면 우리나라는 위태하였을 것이다. 『시경』에 "내가 지난 일의 잘못을 징계하여 뒤에 환난이 없도록 조심한다"고 하였으니, 이것이 내가 『징비록』을 저술한 까닭이다. 나와 같이 보잘것없는 사람이 어지러운 시기에 나라의 중대한 책임을 맡아서 위태로운 판국을 바로잡지도 못하고, 넘어지는 형세를 붙들어 일으키지도 못했으니, 그 죄는 죽어도 용서받을 수가 없을 것이다. 그런데도 오히려 시골구석에서 목숨을 연명하며 구차하게 생명을 이어가고 있으니, 이것이 어찌 임금님의 너그러우신 은전이 아니겠는가. 근심하고 두려워하는 마음이 조금 진정되어 지난날의 일을 생각하니, 그때마다 황송하고 부끄러워 몸 둘 곳이 없다. 이에 한가한 틈을 이용하여 내가 귀로 듣고 눈으로 본 바, 임진년으로부터 무술년에 이르기까지의 일을 대강 기술하니 이것이 얼마 가량 되었고, 또 장계·소차·문이와 잡록을 그 뒤에 부록하였다. 비록 보잘것없지만, 또한 모두 그 당시의 사적이므로 버리지 않고 두어서, 이것으로써 내가 시골에 살면서도 성심으로 나라에 충성하고자 하는 간절한 뜻을 나타내고, 또 어리석은 신하가 나라에 보답하지 못한 죄를 드러낸 것이라 하겠다.

懲毖錄者何. 記亂後事也. 其在亂前者. 往往亦記. 所以本其始也. 嗚呼壬辰之禍慘矣. 浹旬之間. 三都失守. 八方瓦解. 乘輿播越. (위 네 글자는 『초본』에는 '車駕西狩'라고 돼 있다.) 其得有今日天也. 亦由祖宗仁厚之澤. 固結於民. 而思漢之心未已. 聖上事大之誠. 感動皇極. 而存邢之師屢出. 不然則殆矣. 詩曰. 予其懲而毖後患. 此懲 (『초본』에는 아래 문장이 빠짐) 毖錄所以作也. 若余者. 以無似受國重任於流離板蕩之際. 危不持顚不扶. 罪死無赦. 尙視息田畝間. 苟延性命. 豈非寬典. 憂悸稍定. 每念前日事. 未嘗不惶愧靡容. 乃於閑中. 粗述其耳目所逮者. 自壬辰至于戊戌. 總若干言. 因以狀啓·疏箚·文移及雜錄. 附其後. 雖無可觀者. 亦皆當日事蹟. 故不能去. 旣以寓畎畝惓惓願忠之意. 又以著愚臣報國無狀之罪云

이 서문에 "또 장계·소차·문이 및 잡록을 그 뒤에 붙였다."라고 되어 있는데, 말할 것도 없이 16권본 편집에 대해서 말하는 것으로, 2권본은 『잡록』(『녹후잡기』)뿐이므로 내용과 맞지 않는다. 이는 원래 16권본에 붙어있는 것으로, 2권본 간행 시 그대로 사용되어, 『징비록서』라고 표기되어 수록된 것이 틀림없다. 또한 그 외 체재상으로 보더라도 2권본 쪽이 늦게 나온 것(晩出)으로 생각할 수 있다(다만 16권본에는 신·구 2종의 판이 있는데, 신본은 단순한 복각에 지나지 않는다). 그리고 2권본이 간행된 이유는 아마도 16권본에 유집합록된 『근폭집』, 『진사록』, 『군문등록』을 빼고, 『징비록』 그 자체의 원래 형태에 가깝게 하기 위해서였을 것이다. 이는 『초본징비록』 구성을 보면, 본문을 적어 내려간 후에 이어서 간행본 『녹후잡기』에 상당하는 『잡록』을 수록해, 체재상 결코 그 사이에 『근폭집』 등 3개와 같은 문서집이 삽입될 만하지 않기 때문이다. 다만 아쉬운 것은 『초본』 권두에 저자 스스로가 지은 서문 후반이 없어져 버려, 이를 명확히 증명할 수가 없다. 혹은 이와 관련하여 서문 후반이 고의로 잘라져 버린 게 아닌가 하는, 생각조차 들 정도이다. 다음으로, 다시 초본 징비록과 간행본(물론, 초본에 상당하는 부분)과를 비교, 대조하면 먼저 첫 번째로 각조의 분합, 배열의 변개가 있으며, 두 번째로는 기사내용에 첨삭가감이 심하다. 『조선사료총간』 본 [초본징비록 영인본]의 목차에는, 초본 각조의 밑에, 간본(2권본) 각조와의 대조를 주기(注記)하여, 첫 번째 점(點)이 표시되어 있으나, 두 번째 점은 각조 대부분에서 보여, 일일이 열거하기 힘들다. 그런데 개찬의 흔적이 가장 심한 예 두세 개를 들자면, 〈9. 세자책봉의 청원은, 광해군으로 후사를 삼았다〉 조와 같은 경우 단순히 〈대신들 세자책봉을 청하다. 인심에 연계되므로 이에 따르다〉, 한 행이 있을 뿐이며(이나바 이와키치, 앞의 논문, 참조. 19-20쪽에 양자를 대조하고 있다.), 〈13. 임금의 가마가 서쪽으로 순행해, 평양에 머물다〉 조로부터 이하 〈선조가 서쪽을 순회하여 의주에 머물다〉 까지의 각조는, 내용도, 배열도 모두가 심하게 바뀌어져 있고(동상, 21-24쪽, 참조), 〈25. 임금의 가마가 의주에 머물다. 명나라가 보낸 조승훈이 내원하여, 평양을 공격했으나 물러나다〉 조는 수개 조로 나뉘어 있으며, 〈30. 기요마사, 함경도에 들어가다〉 조는 배치 순서가 완전히 바뀌어져 있으며, 〈46. 48. 50. 52〉의 이순신에 관한 여러 조는 상당한

가감첨삭이 가해져 있으며, 〈54. 명수병 도독 진린 오다〉조는 〈52〉에 합쳐져 있으며, 〈61. 70〉 2개 조의 명사신 사헌 오다 기사는 불과 〈12월 명사 행인사, 행인 사헌 오다〉 한 행이며, 또한 간행본에는 경기감사의 전사(40)나 간첩 김순량의 포획(46) 등 초본에 보이지 않는 수 개조가 첨가되어 있으며(초본 권두 부분의 짤려나간 약 8개 조는 별개로 하고), 초본에 보이는 〈15. 이산해 배찬(配竄, 유형流刑)〉조, 〈65. 종묘사직의 재변(災變)〉조, 〈66. 원균의 공죄〉조, 〈68. 정릉(靖陵)의 일을 적다〉조와 같은 경우 수록되어 있지 않다. 전체적으로 이를 볼 때, 초본에 있어 가장 힘을 들인 기사의 배열, 체재에 대하여, 간행본에서는 전혀 그 뜻이 몰각되어 있다.

류성룡이 얼마나 『징비록』의 저작에 고심했는가는, 류씨 집안에 같이 보관하고 있는 류성룡 자필의 『난후잡록』을 참조해 보면, 잘 이해할 수 있다. 『난후잡록』은, 이미 『조선사료총간』 제9로서 영인간행되었는데, 그 주요부분은 분명히 본서의 초고라고 인정된다. 제1책 권두부분 끝에 붙어있는 종이(副紙)에, 저자 스스로 취지를 밝혀 다음과 같이 적고 있다.

『난후잡록』
난후잡록이란 무엇인가? 임진왜란이 발생한 후의 일을 기록한 것이다. 아아, 임진년의 재앙은 참혹하였도다. 우리나라가 오늘날이 있게 된 것은 하늘이 도운 까닭이다. 시경에 "내가 지난 일의 잘못을 징계하여, 뒤에 환난이 없도록 조심한다"고 하였으니 대저 앞의 일을 반성하여 뒤의 일을 조심한다는 뜻이다. 옛일을 살피는 것은 오늘을 도모하기 위함이다. 마침내 몸으로 겪으면서 본 것과 들어서 알게 된 것으로, 한두 가지

성패의 자취를 대략 기록하여, 시골에 은거하는 간절한 뜻을 담고자 한다. 임진왜란 전의 일도 기록한 것은, 전란이 일어난 까닭을 살피기 위함이다. <u>시경에 "행복하게 되는 것에는 그렇게 될 기초가 있었던 것이며, 불행하게 되는 것에도 그렇게 될 싹이 있었다"고 했다. 아아, 슬프다. 대저 읽는 자는 그것을 상세히 알 것이다</u>(밑줄 친 부분은 원본에 도말(塗抹, [겉에 무엇을 발라서 본래의 모습이 드러나지 않게] 한 것을 말함).

이를 앞서 설명한 『징비록』 서문과 대조해보면 그 취지가 완전히 일치하고 있다. 그리고 제1책 내용에도 상응하는 것이 많아, 처음 『난후잡록』의 이름으로 쓰기 시작하여, 나중에는 그 목적으로 삼는 바를 책이름으로 하여, 『징비록』이라고 부르기로 했다고 생각할 수 있다. 두 책의 상당한 기사를 대비하여, 각조의 순서는 물론 행문이나 사용한 글자까지, 그 퇴고의 흔적을 찾아보면 저자의 고심경영을 살피고도 남는다. 간행본 『징비록』에서는 오히려 『난후잡록』의 기사에서 끌어왔기 때문에, 완성원고에 가까운 『초본징비록』의 특색을 잃어버린 경우도 적지 않다.

『난후잡록』은 원래의 책수가 불명으로, 지금 2책이 남아 있는데 모두 선조29년(만력24, 1596) 평안도 진관관병편오책 폐책(廢冊)을 잘라 종이 뒤편에 필록하여, 대부분 원문과 겹쳐 적었다. 또 표지도 원래의 것을 그대로 써서 '난후잡록'이라고 제목을 지었으며, 따로 책의 순서가 표시되어 있지 않다. 『조선사료총간』에서는 권두에 제목 글(題文)이 있는 것을 제1책으로 한다. 이 책은 권두의 제목 글에 의해 밝혔듯이, 임진의 병화(兵禍)를 회고하고, 직접 보고 들은 것부터 임진

이후의 성공과 실패의 흔적을 기록하고, 거기에 임진의 일이 아니더라도 화란(禍亂)의 유래를 밝힐만한 것을 적어, 이로써 후환을 경계한다는 뜻을 비유한 것이다. 임진 이후와 관계없는 기사로서는 단순히 명종·선조 시기에 한정하지 않고, 혹은 조선초 이래의 명현전(名賢傳)을 여러 책에서 발췌하거나, 혹은 절의 있는 선비를 들어 그의 전기를 수록하고, 혹은 「동국예문지(東國藝文志)」를 기록하는 등 그 시대가 유래하는 바를 표현하고자 하는 것으로 해석된다.

본서는 일견 원래 수시로 적어 놓은 글(隨錄)로 만들려고 했음이 분명한데, 따라서 저자가 직접 그 내용 일부를 수정, 보완하여 『징비록』이나 『운암잡록』 등 다른 저술에 수록한 것도 있으며, 또 후대사람이 그의 시문집인 『서애문집』·『서애별집』 등에 수록한 것도 있는데, 원본 그대로 흘러 전해진(流傳) 것은 아니다. 이제 이 여러 책에 대하여, 본서와 대응할 만한 주요한 책을 들자면, 우선 제1책에는 『징비록』과 상응하는 부분이 많은데, 대체적으로 『서애문집』에 수록된 것도 있으며, 권16 잡저 중 「기계사동사천사사(記癸巳冬司天使事)」·「기임진정교사(記臨津淨橋事)」·「정토승살적(淨土僧殺賊)」·「막좌리평(莫佐里坪)」·「훈련도감(訓鍊都監)」·「기문(記聞)」 및 『동별집(同別集)』 권4 잡저 중 「간관(諫官)」·「조령축성(鳥嶺築城)」·「왜선수성(倭善守城)」 등은 그 일례이다. 그리고 제2책에는 『서애문집』에 기록된 것이 적지 않다. 즉 권1 시(詩) 「조천행(朝天行)」, 권15 잡저 「시교설(詩敎說)」·「주공부성왕조제후변(周公負成王朝諸候辯)」·「영월문두견성(寧越聞杜鵑聲)」·「남추강기사유오(南秋江記事有誤)」·「기명묘어필(記明廟御筆)」, 권16 잡저 「간열군기(揀閱軍器)」·「기문(記聞)」 및 『별집』, 권4 잡저 「제갈탄(諸葛

誕)」·「조백유(趙伯由)」·「이엽(李曄)」·「기정축공의왕대비복의(記丁丑恭懿王大妃服議)」·「기연대과(記連帶瓜)」 등이 그 예이다. 이들은 주요한 것을 열거한 것에 지나지 않는데, 간행본의 글을 『난후잡록』 원문과 대조한다면 그 서로 다름(異同)의 심함이 상당히 많다. 게다가 제1책의 정릉(靖陵)의 일을 기록한 조 등은 『초본징비록』에도, 『운암잡록』에도 수록되어 있지만, 내용의 자세함은, 이 책에 미치지 못한다. 제2책의 「동국예문지」·「심유경전(沈惟敬傳)」·「이호민(李好閔) 진주(陳奏)의 행(行)에 성현화상(聖賢畵像) 장래를 부탁한 전말」과 같이, 모두 특색있는 기사로서 지나칠 수는 없다.

다음으로 다시 『징비록』으로 돌아와서, 그 저작연대를 생각해 보도록 하자. 연보는 물론 저자 자신이 수시로 적은 기록(隨錄)이나 대통력([명나라에서 사용하던 달력])에 일일이 적어 넣은 『구주대통력』 일기 등에도, 전혀 보이지 않는다. 류성룡이 탄핵을 받고, 오랜 세월에 걸친 정치적 생애를 끝내고, 향리인 풍산 하회로 돌아온 것은 선조32년 기해(만력27, 게이쵸4, 1599)였다. 다시 풍원부원군에 서용되고, 호성2등 공신에 봉해졌으나, 끝내 조정에 다시 돌아가지 않고, 선조40년 (1607) 정미 5월 6일, 66세를 일기로 그 집에서 졸(卒)할 때까지, 8년여에 이르는 실의불우의 만년은, 주로 다사다난했던 그 생애의 회고와 저술로 보냈다. 혹은 스승 퇴계 이황의 연보를 편찬하고, 혹은 『제왕기년록』을 짓고, 『신종록』·『영모록』·『상례고증』 등의 책을 편찬하고, 혹은 스스로 지은 시문을 모아 책으로 만들고, 또한 다년간 참여, 획책했던 국정과 관계있는 문헌의 정리에 힘을 쏟아, 승정원 전교를 성첩하고, 명나라 장수로부터 받은 편지류 등을 정리하고, 혹은 『근폭집』·『진사록』을 편집하고, 『군문등록』을 짓고, 마지막에는 이를 사료로서 『난후잡록』을 저술하고, 나아가 정정하여 『초본징비록』도 지은 것이다. 실로 『징비록』이야말로, 류성룡이 만년의 정력을 쏟은 저술의 하나임은 틀림없다. 『난후잡록』은, 제 2책에 쓰인 『시교설』이, 『연보』에 의하면 선조37년(1604)의 저술이므로, 거의 지은 연대를 미루어 알 수 있다. 『초본징비록』의 경우, 뒷면 〈(65) 종묘사직 재변〉조에 적은, '소나무를 심고'라는 제목의 한 편의 시(『사료총간』본, 107-8쪽)가 그 연대를 겨우 추정하게 할 뿐이다. 이 시는 다음과 같이 서문과 맞추어 『서애문집』권2(대동문화연구원 간행, 43쪽)에 수록되어 있다(방주旁注〈한자 오른쪽에 적은 주〉는 자필 초본에 따라 기입한 것이다.)〈이 번역문에서 방주는 괄호로 표시함. 역편자 주〉.

〈소나무를 심고〉

스무 아흐렛날. 제자들과 민첩한 승려 몇 사람을 시켜 능파대 서쪽에 소나무 삼 사십 그루를 심었다. 내 일찍이 백낙천의 〈소나무를 심고〉란 시를 읽은 적이 있는데, 그 시에 이르기를 어찌 나이 사십이 되어 몇 그루 어린 나무를 심는가. 언제 나무가 자라 그늘을 볼 것인가. 인생 칠십은 옛부터 드물다 하였는데 올해 내 나이 예순 셋인데 새삼 나무를 심었으니 내가 생각해도 웃음이 절로 나온다. 떠오르는 감상을 재미삼아 몇 구절 시로 옮겨본다.

북쪽산 아래 흙을 파서 / 서쪽바위 모퉁이에 소나무 심었네 / 흙은 삼태기에 차지 않고 / 나무 크기 한 자가 되지 않네 / 흔들어 돌 틈에 옮겼으니 / 뿌리도 마디마디 상했으리라 / 땅은 높아 시원하여도 / 가꾸기엔 물이 적을 듯한데 / 비 이슬 젖기엔 더디면서 / 서리바람 맞기엔 빠르겠구나 / 늙은이 일 좋아 억지 부려 / 보는 이 속으로 어리석다 웃을테지 / 어찌 늙은이 나이들어 / 자라기 힘든 솔을 심었을까 / 내 비록 그늘 보지 못하여도 / 뉘라서 흙 옮겨 심은 뜻은 알겠지 / 천년 지나 하늘 높이 솟으면 / 봉황의 보금자리가 되리라.

류성룡이 63세가 된 것은 선조37년 갑진(1604)에 해당하는데, 『구주대통력』에 보이는 그의 일록(日錄)에는 이해 정월 29일 조에 "소나무를 능파 서쪽 골짜기에 심다"라고 기록되어 있으니, 이 시의 첫 부분과 잘 부합하고 있다. 소나무를 능파대 서쪽에 심은 것은 백낙천의 시의(詩意)에서 따온 것이니, 감개함이 특히 깊은 것이었다. 따라서 이 책은 이미 그 때 일단 완성해 놓고, 틈틈이 이를 펼쳐보고, 빠진 것을 보완하는 동안 그때그때 떠오르는 시편도 종이 뒤편 여백에 적어두곤 했다는 것을 알 수 있다. 그런 까닭에, 류성룡이 고향 은거 후 채 5년이 되지 않았을 무렵, 그리고 그의 졸거(卒去) 수년 전 즉, 선조 36-7년[1603-4년] 사이에는 『징비록』 원고가 완성되어 있었음에 틀림없다.

그런데 『징비록』의 내용에 대해 보면, 문장은 유창하고, 기사는 요체(要諦)를 잘 잡고 있으며, 거기에 지식은 매우 풍부하며, 복잡다단한 전쟁국면의 추이를 명쾌하게 묘사하여 군더더기가 없다. 임진·정유 전쟁을 다루는 사서는 많지만 이보다 나은 것은 드물 것이다. 생각건대, 저자는 전쟁동안 시종일관 국가의 중추에 참여하고, 안팎을 출입하면서 난국에 처한 체험에 근거하여, 스스로 정리하고 필록한 풍부한 사료를 구사하여, 변화한 한성의 풍진세상에서 멀리 떨어져, 천천히 성패의 흔적을 성찰하고, 왕년 종횡하던 능력은 이제 바뀌어 사필(史筆)로 기울어져, 생각을 다듬고 원고를 가다듬기를 몇 번, 마침내 이 책을 완성한 것이다. 산중에 은거하며 궁핍에 처하면서도, 다만 지난날의 잘못을 징계하여, 앞날의 환난에 조심해야 한다(懲前毖後)는 국책을 강조한 저자의 면목은, 이 한 책에 있어 약여하는 감개가 있다.

그러나 저 간행본 『징비록』은 전혀 별개로 생각하지 않으면 안 된다. 간행본은 당쟁이 점점 격심해 지면서, 정치·사회 전반의 정세가 일변한 후, 이에 응하기 위해 후대사람이 개수(改修)하여 출판한 것이다. 『초본』 권두의 십수 장이 잘려지고, 원래 서문 후반이 없어져 버린 것과 같은 일도, 오늘날 간행본 원고가 그 편린도 남아 있지 않은 일도, 또한 같은 의심에 덮여있다(이나바 이와키치, 앞의 논문, 31-34쪽 참조).

마지막으로, 『징비록』이 빠르게 일본에 유포되어 분로쿠·게이쵸의 역[임진왜란]에 관한 조선 측의 사료로서 중시되고 있던 일은 이미 상술한 대로인데, 그 전래에 대해서는 여전히 명확하지 않다. 아마도 다이슈 번(對州藩, [쓰시마 번])을 경유한 것은 틀림없는데, 그 시기도, 그리고 어떻게 전해졌는지도 전혀 알 길이 없다. 그렇지만 겐로쿠 원년 무진(숙종14, 1688) 9월 기해(30일)의 서문이 있고, 겐로쿠 6년에 교토에서 출판된 마쓰시타 히데아키(松下秀明, 별명은 게이慶, 통칭은 겐린見林, 호는 서봉산인西峯山人, 1637-1703)의 『이칭일본전(異稱日本傳)』에 인용되어 있는 것은 주목하지 않으면 안 된다. 이어 겐로쿠8년 을해

(숙종21, 1695) 정월에는 교토의 서점 야마토야 이베에(大和屋伊兵衛)에 의해 단행본으로 출판되었다. 이 간행본은 4권 4책, 권두에는 류성룡 자필서문 이외에 지쿠젠(筑前) 구로다번(黑田藩)의 유학자 가이바라 아쓰노부(貝原篤信, 호는 에키켄, 1630-1714)가 출판사의 의뢰로 쓴 서문을 더하고, 조선 각도의 주부군현(州府郡縣) 명칭과 조선지도를 첨부했다. 이를 조선간행본과 비교하면 2권본 상·하를 각 2권씩 나눈 것이다. 『이칭일본전』 수록도, 동일하게 2권본에서 인용했으므로, 당시 일본에 전해진 것은 2권본에 틀림없다. 인조조 말 처음으로 간행본 『징비록』이 세상에 나왔으므로 얼마 지나지 않아 일본에도 전래되어, 숙종조 중엽에는 중판된 것이다. 그리고 후에 숙종38년(쇼토쿠 正德2, 1712), 전년도에 일본에 온 통신사 조태억 등 일행의 복명에 의해 『징비록』이 일본에 유포되고 있음을 안 조선정부는 영의정 서종태가 임금에게 올린 정책 건의인, 계(啓)에 따라 서적 수출에 관해 엄중한 제한을 두어, 중국 서적을 제외한 조선의 역사 및 문집류의 수출을 금지하기에 이르렀다(『숙종실록』 권51, 38년 4월 갑술. 5월 임인조. 『승정원일기』 같은 해 4월 22일. 5월 20일조. 『비변사첨록』 숙종 임진년 4월 24일 · 5월 22일 · 24일조, 『증정교린지』 권4, 금조, 숙종38년조. 본서 〈하〉 4장 「조선의 일본통신사와 오사카」의 「2. 통신사가 본 오사카」 5, 도시문화 참조). 그 위에 『징비록』은 중판 이후 더욱 여러 책에 인용되는 일이 적지 않았다. 특히 쓰시마번에서는 「조선관련간요지서물」로 중시되어, 간세이8년(정조20, 1796) 진문역([쓰시마 번에서 조선관련 외교문서를 다루는 직책]) 사사키 게이키치(佐佐木惠吉, 원적源迪)에게 『징비록국자해』 2권을 만들게 해, 조선방(쓰시마번에서 조선관련 업무를 보던 부서, 관리)에 비

치해 두게 할 정도였다. 이렇듯 안팎으로 보급되어 있던 『징비록』이 풍산 류씨 종가의 호의에 의해, 저자 필록의 원본을 바탕으로, 전해 내려오던 많은 귀중문헌과 함께 공간(公刊)된 것은 선조조를 중심으로 하는 조선사 연구에 있어 실로 중대한 기여였다.

〈추기(追記)〉 류성룡 후손가가 소중히 보관중인 임진·정유왜란 관계 사료 중에, 주요한 것은 조선사편수회에서 영인·간행하였다. 『조선사료총간』 제3 『군문등록』(쇼와8, [1933년] 11월), 제4 『당장서첩·당장시화첩』(쇼와9, [1934년] 5월), 제5 『정원전교』(상동), 제9 『난후잡록』(쇼와11, [1936년] 3월), 제10 『진관관병편오책잔권』(상동), 제11 『초본징비록』(상동)이 있다. 또한 『조선사료집진』 상·하(쇼와10, [1935년] 3월·쇼와11, [1936년] 3월)에도 사진이 수록되어 있으며, 『조선사』(주로 제4편 제9권·제10권)(쇼와12, [1937년] 2월·3월) 도판에 채록되어 있다.

이 논문은 이들 사료의 유서와 개관을 소개하기 위해 쓴 것으로, 제1-3절은 이번에 새로이 원고를 썼지만, 제4-5절은 대략 『조선사료총간』 및 『조선사료집진』의 해설로 집필한 옛 원고를 바탕으로 고쳐 쓴 것이다. 당시 『조선사료총간』은 총독정치 하에서 반포범위가 한정되어 있던 관계로, 보급 목적이 충분히 달성되지 못했다고 생각한다. 다만 『사료총간』의 경우 『당장서첩』과 『당장시화첩』의 해설은 이나바 수사관의 집필, 『초본징비록』의 해설은 이나바 수사관과의 공동 집필이었는데, 이번에는 모두 필자의 견해로 통일하고 특히 인용, 증거에 대해서는 부적당한 것은 제외 혹은 바꾸거나, 혹은 증보하고, 전체적으로는 사료의 성격이 이해될 수 있도록, 가능한 한 내용의 인용, 소개를 많이 했다. 그러나 예전과 비교하면, 가까이 있는 문헌이 부족한 탓에, 그 뜻을 전부 담지 못하고, 부족한 것이 많은 점이 유감이다.

쇼와40년, [1965년] 5월, 개고

자료 5

역사가로서의 서애 류성룡
歷史家としての西厓・柳成龍 (강연수기)

스에마쓰 야스카즈(末松保和)
『조선학보』 제110집(pp. 1-19), 1984년

#본문 중 밑줄 친 부분은 필자의 강조

(1)

　오래간만에 본 대회에 참가하여 이 강연을 할 기회를 주신 것을 행복하게 생각합니다. 이야기의 제목을 「역사가로서의 서애 류성룡」으로 한 것에 대하여, 먼저 그 단서가 된 것은 1979년(쇼와54년)에 헤이본샤(平凡社)가 〈동양문고(東洋文庫)〉의 한 책(357)으로 출판한 『징비록』입니다. 이 책은 간세이(關西)학원대학 강사인 박종명(朴鐘鳴) 씨가 일본어로 번역하고 상세한 주석을 부친 것입니다. 3백여 페이지 가운데 약 절반이 번역문이고, 나머지 절반이 주로 되어있습니다. 얼마나 상세한 주해(註解)인지를 알 수 있을 것입니다. 주는 주로 지명·인명·관명·사항에 관한 것입니다만 일반 독자에게 이 주가 없다면, 읽는 흥미는 반감할 것입니다. 추측건대, 박 씨가 본문의 번역에 쓴 시간보다도 주를 쓰는데 쓴 시간이 더 많았던 것이 아닐까 생각합니다.

되돌아가 본문의 일본어 역을 읽어보면, 지금까지의 수종의 일본어 역과 비교해 볼 때 가장 충실정확하게 원문을 더듬어, 알기 쉬운 현대어 번역에 성공하고 있다고 생각합니다. 실은 처음 나는 이 번역본을 『조선학보(朝鮮學報)』에 소개하기 위해 붓을 들었습니다. 이렇게 말씀드리는 것은 『조선학보』는 최근 신간서나 논문의 비평. 소개가 적습니다. 이것은 계간 잡지로서는 한 가지 큰 결점이라는 세간의 평이 있기 때문에, 그것을 받아들여 소개문을 써 보려고 했습니다. 그런데 도중에 원저자 서애 류성룡에 대해, 자세히 알고 싶다고 생각하게 되어 그 공부의 일단이, 오늘의 나의 제목이 된 것 같습니다.

(2)

다음에 말씀드리는 것은 오늘 나의 이야기에 관련되는 지금까지의 연구 경과를 더듬어 보는 것이며, 경과라고 하기 보다는 내 이야기의 토대, 내가 하는 이야기의 근거라고 하는 것이 맞을지 모르겠습니다. 관련되는 의미에서 회고담을 조금만 말씀드리자면, 이전에 조선사편수회가 『조선사』 편수와 병행하여 간행한 『조선사료총간』은 1932년(쇼와7년) 간행의 『고려사절요』를 제1로하여, 1944년(쇼와19년) 간행의 『통문관지』를 제21로 합니다만, 그 가운데 류서애 관계의 것들은 다음 6종에 해당합니다.

제3 군문등록	1질1책	해설 6쪽, 목차 20쪽(1933)
제4 당장서화첩	1질3책	해설·석문(釋文) 54쪽(1934)
제5 정원전교	1질3책	해설·석문·목차 42쪽(1934)
제9 난후잡록	1질2책	해설 6쪽(1936)
제10 진관관병편오책잔권	1질2책	해설 6쪽(1936)
제11 초본징비록	1질1책	해설 14쪽(1936)

『조선사료총간』의 간행에 대해서는 이나바 이와키치·홍희(洪熹)·나카무라 히데타카 세 수사관(修史官)을 중심으로, 그외 다수 관계자의 열의, 노력을 인정하지 않으면 안 됩니다. 그 중에서도 이나바 수사관의「사감(史勘)」과 나카무라 수사관의「문헌고증(文獻考證)」같은 것이 주목됩니다. 알고 계시는 분도 많으실 것으로 생각됩니다만, 이나바 씨는 나이토 고난(內藤湖南) 박사를 사숙하며 나이토 고난 학풍의 일단을 계승하여, 새로운 문제제기와 새로운 사료의 개발에 특수한 재능을 발휘하셨으며, 나카무라 씨는 일찍부터 문헌의 엄밀한 고증에 뛰어난 재능을 보여주셨습니다.『조선사료총간』에는, 전부 상세한 해설이 부쳐져 있습니다만, 대부분은 나카무라 씨의 집필에 의한 것입니다. 그런데 류서애 관계의 상기 6종의 사료 가운데, 굳이 경중을 따지자면, 마지막의『초본징비록』을 첫째로 들지 않으면 안 될 것입니다.

이 초본에 대해 학계에 소개한 최초의 논문은, 미타(三田)사학회[1]

---

1 게이오(慶應)대학 사학회.

의 잡지 『사학』 제6권 제1호에 실린 이나바 씨의 「초본징비록에 대하여」이며, 그것은 1927년(쇼와2년) 3월의 일입니다. 이나바 씨는 이보다 4년 전인, 1923년(다이쇼12년)(?) 가을에 처음 류서애의 고택을 방문하여, 이른바 『초본징비록』 뿐만 아니라, 그밖에 전해져 온 많은 류서애 관계 사료를 실제로 보는 기회를 얻을 수 있어, 귀임 후 새삼 그 사료를 조선사편수회가 빌리는 작업에 정성을 쏟은 결과, 종손 류승우 씨의 허락을 얻어 상세히 검토하는 것이 가능하게 되었습니다.

그 최초의 보고가 조금전 언급한 『사학』에 실린 논문입니다. 이나바 씨는 1936년(쇼와11년) 여름의 두 번째 류가(柳家) 방문을 하시면서, 류서애 사당에 치제를 하셨습니다. 내가 살펴본 바로는, 류서애관계 사료 6종 가운데 마지막이 『초본징비록』의 출판이 이 해 3월로 되어있는 것과 아울러 생각해 보면, 이나바 씨의 치제는 그 보고를 의미하는 것이 아니었을까 하고, 생각되어집니다. 그 전년(쇼와10, 1935) 2월, 나카무라 씨도 류가를 방문하고 계십니다. 동씨가 후일, 1969년(쇼와44)에 간행된 대저 『일선관계사의 연구』〈중〉에 수록된 한편의 논문 「류성룡가의 임진・정유왜란사료」는 『조선사료총간』의 해설을 종합, 보정(補訂)하여, 새롭게 모아 정리하신 것입니다. 내가 류가를 방문한 것은, 상당히 후인 쇼와19년(1944) 봄이었습니다.

그로부터 40여 년의 세월이 흘렀습니다만, 1945년의 '해방'은 신시대의 도래를 알렸습니다. 신시대는 그 정신적 중심으로서 문순공(文純公) 퇴계 이황과 충무공(忠武公) 이순신을 크게 부각시켰습니다. 동시에, 그 두 사람과 관계가 깊은 문충공(文忠公) 서애 류성룡에 관한 연구도, 신시대의 각광을 받게 됩니다.

그 첫째는, 1978년에 사단법인 류서애선생기념사업회가 결성되어, 서애관계 문헌의 출판, 연구논문의 발간이 시작되게 된 것입니다. 문헌의 출판에는 후손 류시부(柳時溥) 씨가 주로 담당하여, 이미 『서애선생유고(西厓先生遺稿)』 2책이 간행되어, 1권에는 『서애선생연보, 행장·제문(祭文)·만장(晩章)』이, 2권에는 『군문등록·관병편오책·관병용모책』이 수록되어 있습니다. 이와 병행하여 부정기의 『서애연구』가 간행되게 되어, 이미 제1집은 1978년에, 제2집은 그 다음해에 나왔습니다.

거기에 수록된 논문, 사료는 강주진(姜周鎭) 씨의 「서애유사에 대하여」, 최영희(崔永禧) 씨의 「류서애선생전」·「인간 류성룡」, 허선도(許善道) 씨의 「서애 류성룡선생과 임진왜란의 극복」, 송긍섭(宋兢燮) 씨의 「서애선생의 기본사상」. 「서애선생의 양명학비판」, 이수건(李樹健) 씨의 「서애 류성룡의 사회경제관」, 류시수(柳時秀) 씨의 「류조인(柳祖訒)의 상소에 대한 서애선생의 회답」·〈창석 이준 찬 서애 류선생행장(蒼石李埈撰西厓柳先生行狀)〉의 현대어 역, 이가원(李家源) 씨의 「서애 류성룡 선생 소전」 등등, 모두 현재의 한국에 있어서의 서애연구의 동향과 수준을 말해주는 것들입니다.

오늘 나의 이야기는 앞서 이나바·나카무라 양씨의 해설·논문과 『서애연구』에 실린 제씨의 논문에 더 할 것은 거의 없습니다. 이 점을, 미리 양해를 구하는 바입니다. 다만, 내가 새롭게 서애연구를 계획하여 그 입문의 보고로서, 이 이야기를 하게끔 된 것은, 서울에 체류하고 있는 모리타 요시오(森田芳夫) 교수의 알선에 의해, 서애 13대 후손 류시부 씨의 각별절대한 후의에 힘입고, 나아가 연세대학교 민영규(閔泳珪) 교수, 성암(誠庵)고서박물관장 조병순(趙炳舜) 씨의 가르침을 받은 덕분임을 명기하여, 심심한 감사의 뜻을 표하는 바입니다.

(3)

류서애는 1542년(임인 10월 초1일)에 태어나, 1607년(정미 5월 무진 6일)에 작고했습니다. 그 66년에 이르는 생애를, 나는 시안(試案)으로서, 다음의 4기로 나누고 싶습니다.

제1기 급제출세 이전(1-25세) (1542-1566)
제2기 임진란 이전(25-51세) (1566-1592)
제3기 임진란 중(51-57세) (1592-1598)
제4기 퇴관 이후(57-66세) (1598-1607)

제1기는 말하자면 수업, 수학의 시대입니다. 이 시기에 관해 특기할만한 점은 서애가 스물한 살이 되던 1562년 가을(9월), 도산(陶山)의 이퇴계 문하생이 된 것입니다. 이때 이퇴계는 62세, 그 학문적 본거지인 도산서원이 세워진 다음 해였습니다. 4년 후 서애는 과거에 합격해, 관계로 나아갔고, 그 4년 후인 1570년 퇴계는 작고했기 때문에, 시간적으로 생각하면, 퇴계의 가르침을 받을 수 있는 기회가 그렇게 많지는 않았습니다. 그렇지만 사상적으로, 대성한 퇴계에게 직접 배울 수 있었던 것은, 서애의 학문·사상에 있어, 일생을 지배할 정도의 은혜였다고 말해도 좋지 않을까 생각합니다.

다음 제2기는 관직시대의 대부분을 차지하는 기간으로, 승문원

권지부정자(權知副正字)를 시작으로 이후 25년간, 중앙의 요직을 역임, 좌의정까지 올랐습니다. 밖에서 보면 순조롭게 승진의 길을 밟았다고 할 수 있겠지만, 본인 입장에서 본다면 그 25년간의 관직생활이 평탄한 것은 아니었습니다. 잘 아시겠지만 이 25년간은 이씨조선조의 정치·사상사에 가장 중대한 문제라고 하는 '동서분당'의 성립기에 해당하기 때문입니다. 어느 연표를 보더라도, 선조8년 을해(1575년) 조에, '동서당론 일어나다'와 같은 표기가 있습니다. 그리고 그로부터 16년 후인, 선조 24년 신묘(1591년) 조에, '남북당론 일어나다'가 있습니다만, 두 해는 [동서당론, 남북당론이 각각 일어난] 지표가 되는 연도입니다.

실제로 앞서 말한 을해(1575년)보다 3년 전(1572년)에 작고한, 영의정을 역임한 이준경(李浚慶)의 임종 때 유차(遺箚)[2]에 "붕당의 사사로움을 타파해야 합니다"는 대목이 있는데, 이는 유명하며, 후일 큰 문제가 된 것은 새삼 말할 필요가 없습니다. 또한 이보다 3년 전(1569년)에, 잠시 사임을 허락받아 귀향한 이퇴계가, 선조왕에게 올린 작별인사는, 이준경의 유차에 필적할 만한 깊은 의미를 지닌 것이라 생각합니다. 그 가운데 "사림의 화는 폐조(연산군) 재위중인 무오(1498년), 갑자(1504년)부터 일어났다"며, "신이 감히 두려워하면서, 기왕의 이 일을 말씀드리는 것은, 장래의 대계(大戒)로 삼고자 함이기 때문입니다"라고, 매우 완곡하게 시세에 대한 의견을 말하고 있습니다(『퇴계선생연보』 권2의 분주分注). 퇴계는 그 다음 해(1570년) 70세를 일기로 작고

---

[2] 유훈으로 남기는 차자(箚子, 상소문).

했습니다. 서애가 관직에 나가 4년이 경과한 29세 되던 해 말의 일입니다.

서애의 제2기가, '동서'에서 '남북'으로 갈라지는, 분당의 성립기에 해당함은 확실합니다. 후세에, 서애는 동인의 중추적인 인물의 한사람이었다고 합니다만, 당사자인 서애 자신은, 동서분당의 <u>한 단계 위의 차원</u>에 서서, 냉엄한 눈으로 분당 사태를 받아들이고 있었던 것 같습니다. 서애의 생전도, 사후도 구별하지 않고, 서애를 논하는 것은 큰 잘못을 저지르게 되는 것이라고 생각합니다. 그렇다 하더라도 서애의 제2기는, 분당의 진행과 서로 병행하는 4반세기였습니다. 그 격동 속에, 좌의정의 중책을 맡은 직후, 외침 임진란이 일어나, 서애의 직책은 일변하였습니다. 임진, 즉 1592년을 경계로, 서애 생애의 제2기와 제3기로 구분하는 소이가 여기에 있습니다.

제3기는 임진란의 7년간이며, 기간의 추이는 내가 새삼스럽게 말씀 드리지 않아도 주지의 사실입니다만, 난이 일어나자 곧 좌의정으로서 도체찰사 겸 병조판서에 임명되어 정병(政兵)양무를 총괄하게 되었습니다. 그리고 그 후 사태의 추이에 따라, 혹은 평안도 도체찰사, 혹은 호서 호남 영남 삼도 도체찰사, 혹은 경기 황해 평안 함경도 도체찰사를 역임하였습니다. 그 사이 정규의 직은, 계사(1593년) 10월에 영의정이 되어 전쟁이 끝나는 때인 무술(1598년) 10월까지 이르렀습니다. 그러나 서애가 대처하고 획책하는 바는 항상 적극적인 자세, <u>건설적 경략(經略)</u>으로 시종하였습니다. 말하자면 이 시기의 서애는 동란대처의 최고지도자로서의 직책과 임무에 모든 정력을 경주하였다고 하겠습니다. 그럼에도 불구하고, 마침내 사직을 허락받아 고향에 은퇴할 때까지의 전후사정, 정치정황은 너무나 복잡하여, 여기서 상세히 말씀드릴 여유가 없습니다.

제4기의 은퇴 후 8년은, 밖에서 보면 실의의 시대처럼 볼 수도 있지만 서애자신에게는, 할 수 있는 일은 모두 다 했다는, 안도의 8년이 지 않았는가 미루어 생각되어집니다. 그리고 그 8년을 서애는 무위로 보내지 않은, 제3기까지 57년간의 총결산이라고도 볼 수 있는 저작, 사료의 정리에 충당했던 것입니다.

(4)

우리가 역사상의 인물을 생각하는 경우, 여러 가지 생각하는 방법이 있으며, 관찰의 시점도 다각도로 설정되는 것은 말할 필요가 없습니다. 하물며 류서애에 대해서는 '정치가로서의', 또 '군략가로서의', 또 '주자학자로서의', 또 '외교가로서의' 등등 다방면에 걸친 평가방식이 허용돼도 좋을 것입니다. 오늘 나의 이야기는 그 가운데 한 측면인 '역사가로서의' 류서애에 대해 언급해 보려고 합니다.

그렇다면 그 '역사가'란 어떠한 의미인가하고 물어보리라고 생각합니다만, 통속적으로 설명한다면, 나는, 역사가라고 불리는 사람은 다음의 세 가지 조건 가운데, 적어도 한 가지를 갖추고 있다면 그 사람은 역사가라고 불러도 좋으며 두 가지, 나아가 세 가지를 갖추고 있다면, 더 말할 필요도 없다고 생각합니다.

1. 사료의 수집 · 정리 · 비판
2. 사서의 저술

3. 사관의 확립

류서애는 임관 다음해, 즉 26세 되던 4월, 예문관검열 겸 춘추관 기사관에 임명되고, 이어 29세 3월에는 홍문관부수찬지제 겸 경연검토관 춘추관기사관이 되고, 38세 4월에는 승정원동부승지지제교 겸 경연참찬관 춘추관수찬관, 43세 8월에는 예조판서 겸 동지경연 춘추관사 홍문관제학, 47세 10월에는 형조판서 겸 예문관제학 겸 홍문관대제학 예문관대제학 지경연 춘추관 성균관사가 되었음이 『서애연보』에 보입니다. 이것은 춘추관 관계의 직책에 대하여 대략 발췌한 것이므로, 불안전한 지적이라고 할 수 있습니다만, 그것들을 연결해 보면, 춘추관의 최하위 기사관(정9품 - 정6품)부터 수찬관(정3품)을 거쳐, 동 지사(종2품), 최상위의 지사(정2품)까지를 경험하고 있습니다. 실제의 편수사무에 어디까지 종사하였는지는 알 수 없지만, 적어도 20대의 기사관, 30대의 수찬관 시대에는 내외의 각사(各司), 각부국(各部局)으로부터 수집된 매달, 매년의 수많은 기록을 정리하는데 종사하였고, 그것들은 후일 그 당시의 실록을 편수할 때 근본사료가 되었음이 틀림없기 때문에, 내가 앞에서 설정한 제1조건인 「사료의 수집·정리·비판」에 대해서는 풍부한 시련을 경험하였다고 해도 좋을 것입니다.

다음의 제2조건 「사서의 저술」에 대해서는, 나는 대표작으로 다음 세 책을 들고 싶습니다. 즉, 제1로 『퇴계선생연보』, 제2로 『종천영모록(終天永慕錄)』, 제3으로 『징비록』입니다(세 책 모두 예전에 출간되었습니다).

서애는 퇴계 몰후(歿後) 일찍부터 그 문집의 편수에 관계하고 있으며, 특히 1587년경에는 상당히 진척된 것 같은데, 5년 후에 돌발한 임진란 때문에 중단되어 완성하여 출판을 끝낸 것은 난후 2년, 1600년이었습니다. 이때 계속하여 연보제작의 논의가 일어나, 서애는 동문들의 권유에 따라 『퇴계선생연보』 3권의 마지막 작업을 끝내고 발문을 쓰고 있습니다. 이리하여 오늘날 『퇴계선생문집』은 본집49권, 별집1권, 외집1권, 속집1권, 거기에 이 연보 3권을 더해 전집을 이루고 있습니다.

제2의 『종천영모록』은 선친이 기획했던 〈가보(家譜)〉, 선형(先兄)이 착수한, 〈세계록(世系錄)〉이 모두 미완으로 끝났기 때문에, 그 유지를 받들어 임인(1603년)에 착수하여, 4년 후 병오(1606년) 4월에 완성한 것으로, 즉 풍산 류씨의 가보·세계록입니다.

제3의 『징비록』에 대해서는, 말하고 싶은 것이 너무 많기 때문에 다음 절에서 말씀드리겠습니다.

그런데 역사가의 제3의 조건으로 말하였던, 사관(史觀)이란 것은, 유물사관이라든가, 황국사관이라든가 하는, 그 사관입니다. 그렇다면, 서애가 가지고 있던 사관은 어떤 것이었을까요? 나는 주저 없이 그것은 주자철학 중의 사관이었다고 말씀드릴 수 있다고 생각합니다.

주자학 중의 역사관은, 극히 중대한 문제로서, 저 같은 사람이 가볍게 말할 수는 없습니다. 나는 다만 주자의 『자치통감강목(資治通鑑綱目)』 59권의 편술(編述)이 있음을 지적할 뿐입니다. 『주자행장(朱子行狀)』을 쓴 문인(門人) 황간(黃幹)은 그 끝부분에 "선생은 임금을 사랑하고, 나라를 걱정함에 있어, 나이 들었어도 잊은 적이 없었다. 통감강목은 겨우 편성되었으나 늘 수정, 보완하지 못한 것을 한으로 여기셨다"는 의미의 한 구절을 적고 있습니다. 일반적으로 주자는 통감강목의 〈범례〉를 정하였을 뿐, 본문은 제자(조사연趙師淵 등)에 의해 완결되었다고 말해지고 있습니다마는, 적어도 그 기획과 큰 방침은 주자가 수립한 것임은 믿어도 좋을 것이라고 생각합니다. 사마광(司馬光)의 『자치통감』 2백 94권에 대하여 『강목』은 59권입니다. 두 책은 〈상세〉와 〈축약〉의 문제로, 논할 것이 아니라 것은, 말할 필요도 없습니다.

 근본은 사관의 문제에 있습니다. 그것에 대해서는, 이미 여러 설이 있지만, 주자가 『통감강목』을 기획한 것은 멀리 공자의 학문 가운데 『춘추(春秋)』가 있음을 중시하여, 그 『춘추』의 사상을 이어감에 있었다는, 지적에 따르고 싶다고 생각합니다. 그리고 〈강목(綱目)〉 즉, 〈강(綱)〉과 〈목(目)〉의 분립의 형체는 『춘추』의 정문(正文)과 전(傳) (특히 좌씨전左氏傳)과의 관계에 암시된 것이라는 설을 경청합니다. 『통감강목』의 사상사적 연구는 잠시 접어두고, 그 역사서술의 형식, 즉 〈강문(綱文)〉과 〈목문(目文)〉의 대립, 분립의 형식은 중국사학사상 하나의 획기적인 중심이라고 할 수 있을 것입니다. 중국 역사서술의 형식으로서 〈편년체, 기전체, 기사본말체〉이 세 가지를 드는 것은 상식이 되고 있습니다마는, 나는 〈강목체〉를 함께 인정해야 하는 것 아닌가하고 생각합니다. 서애의 역사서술의 대표작으로서의 『징비록』은, 『통감강목』의 사관과 강목체의 서술을 구체화하고 있다고 생각합니다.

(5)

역사가로서의 서애 술작의 대표로『징비록』을 드는 것은 누구라도 이의가 없을 것입니다. 그러나 이 책에 대해서는, 여러 가지 문제점이 있습니다. 다음에 그 가운데 두서너 가지에 대해 하나하나 말씀드려 볼까 합니다.

1) 간본(刊本)의 문제.『징비록』의 존재에 대해서는 간본『서애선생연보』에 실려 있는 정경세의 〈행장〉에 보이는 것이 가장 오래된 기술입니다. 이 〈행장〉은 천계(天啓) 7년(1627)에 쓴 것으로 서애 몰후 19년의 술작입니다. 거기에 "지금 집에 보관하고 있는 것으로『문집』10권,『신종록』,『상례고증』,『영모록』,『징비록』등의 책이 있음"이라고 하는 것이, 그것입니다. 〈문집10권〉은 20권의 오기라는 설이 있습니다만, 위의 〈행장〉은『서애선생문집』20권이 편집된 숭정(崇禎)6년(1633)보다 6년이나 전의 것이기 때문에 한 마디로 오기라고 단언할 수는 없습니다. 어쨌든『징비록』이 처음 간행된 연대에 대해서는 나카무라 히데타카 교수의 상세한 고증에 의하여, 1647, 8년(서애 몰후 40년)경, 서애의 외손인 경상도관찰사 조수익이 종손(류원지?)의 청탁에 응하여 행한 것 같다고, 알려져 있습니다. 그런데 종래 유포되고 있던『징비록』은 2권본과 16권본의 두 종류의 간본이 있는데, 조수익에 의한 간본이 그 가운데 어느 것인지, 이것 또한 단언할 수 없습니다.

앞서 말한 간행으로부터 먼 후세의 일입니다만, 1794년경 서유구(徐有榘)가 저록(著錄)한『누판고(鏤板考)』에 "그 본은 두 가지가 있는데(其本有二), 안동에 있는 것은 2권본이며(在安東者二卷), 용궁현(龍宮縣)3에 있는 것은 16권본이다(龍宮者十六卷). 장계, 문이를 첨부했다(以狀啓文移). 안동병산서원에 소장한 것은(安東屛山書院藏), 인지이첩육장(印紙二牒六張)이며, 용궁현에 소장한 것은(龍宮県藏)〈닳아져있다(刓).〉, 인지십일첩십오장(印紙十一牒十五張)이다."라는 내용이 보이므로, 두 종류 간본의 이야기는 오래된 것입니다.

 그런데 최근 제3의 간본이 있는 것이 알려지게 되었습니다. 앞의 두 가지는 모두 목판본입니다만, 이 제3본은 목활자본으로, 내용은 16권본과 일치하며, 다만 서문을 별도로 게재하지 않은 채, 제1권의 본문 제일 앞 두 글자를 내려서, 제1권에만 2권본의 전부, 16권본의 제1, 제2권이 수록되어 있습니다.

 따라서 이 목활자본의 제1권과 제2권(근폭집 전문)은 서울의 성암문고에 있으며, 제1권과 제3권(진사록 1)·제4권(진사록 2)는 연세대학교 중앙도서관에 있습니다. 나는 목활자본은 본래 8권으로 돼 있는 것인가 하고 추정했습니다만, 세 책을 비교해 보면, 별표와 같습니다.

---

3 경북 예천군 용궁면.

별표 _

一六卷本	二卷本	木活本
(前付)　(序) 卷之一 卷之二	序 卷之一 卷之二	卷之一
卷之三　芹曝集 卷之四　同 卷之五　同		卷之二
卷之六　辰巳錄 卷之七　同 卷之八　同 卷之九　同 卷之十　同 卷十一　同 卷十二　同 卷十三　同 卷十四　同		卷之三 卷之四 ○ ○ ○ ○ ?
卷十五　軍門謄錄 卷十六　同		
(後付) 錄後雜記	錄後雜記	

2) 간본과 자필고본(自筆稿本). 『징비록』에 대하여 새로운 문제를 던진 것은 다이쇼 말기(1925년경)에 이르러 서애의 종손 류승우 씨가 3백년 간 고이 간직해 오던 서애편저의 문헌을, 거의 전부 공개한 것입니다. 그 결과 제1은 서애 자필의 『징비록』의 출현이며, 제2는 종래 16권본을 구성하고 있던 『근폭집』, 『진사록』, 『군문등록』 세 가

지가 각각 독립한 형태의 사본으로 출현한 것입니다. 이 두 가지 사실에 대하여 종래 문제로 되고 있던 2권본과 16권본의 두 가지가 존재하게 된 유래가 해결된 것인가 말하다면, 일은 그렇게 간단히는 정리되지 않습니다.

먼저 새로 나온, 서애 자필의 『징비록』에 대하여 말씀드리면, 그것은 목판 2권본과 <u>대체적으로</u> 일치하고 있기 때문에, 2권본의 존재 이유를 알 수 있습니다. 사료로서의 자필본은 절대적 권위를 인정하지 않으면 안 되기 때문에, 이나바·나카무라 양씨의 소론은 맞다고 생각합니다. 그렇지만 새로 나온 자필본에는 두 가지 결점이 있습니다. 그 하나는, 현재 자필본은 서문(한 장)의 뒷 반장과, 본문 첫 십 수 장(13장?)이 떨어져 나간 점입니다. 간본(2권본도, 16권본도 마찬가지)에는 서문의 후반부도, 본문의 처음 십 수장에 상당하는 부분(약 3천2백 자)도 있습니다. 결점의 두 번째는, 자필본이 최종원고라고 생각할 수 없다는 것입니다. 말하자면 확정되지 않은 원고라는 사실입니다. 따라서 자필본과 간본과의 서로 틀리는 부분의 비판에 있어, 우리들은 '자필본 지상주의'에 철저한 것에는 위험을 느끼고, 의문을 가지지 않으면 안 됩니다. 앞서 말한 책머리의 떨어져 나간 부분은, <u>언제, 어떤 사람</u>에 의해, 그리고 <u>어떤 이유로</u> 생긴 것일까. 구구한 해석을 낳게 합니다. 이 점은, 금후 연구해야 할 여지가 많이 있다고 하지 않으면 안 됩니다.

3) 『근폭집』과 『진사록』과 『군문등록』. 삼자(三者)가 각각 독립된 것이었음을 입증하는 사본이 출현한 것에 대해 말씀드리자면, 먼

저 첫 번째 『근폭집』 사본 2책입니다. 근폭(芹曝)4이라 함은 헌근(獻芹)5과 동의어로 〈야인의 미충(微衷, 변변치 못한 작은 속뜻)〉을 의미하는 보통의 숙어로서, 이 명명에도 서애의 본심이 나타나 있습니다. 그 이름으로 된 사본 2책은, 앞서의 자필본 『징비록』의 미확정 원고본과 달리, 일응 청서(淸書)된 원고로 보여지며, 제1책(상)은 〈임진(1592) 5월초 2일 재개성부(在開城府)〉라고 주기(注記)된, 〈청견신할수경성급효론사방합력역적계(請遣申硈守京城及曉論四方合力勦賊啓)〉부터 시작하여 〈을미(1595)정월〉의 〈조치연강둔보차(措置沿江屯堡箚)〉에 이르는 33통의 계·차를 수록하고, 제2책(하)은 〈갑오(1594) 겨울〉의 〈진군국기무십조병서(進軍國機務十條幷序)〉로부터 시작하여, 〈무술(1598) 10월 초삼일〉의 〈사직차자(辭職箚子)〉에 이르는 18통, 상하 합하여 51통의 상주문으로 되어 있습니다. 마지막에 서애 자필의 소회를 가필하고 있기 때문에도, 이 취합한 상하 2책은 서애가 인정한 책으로 보아도 좋을 것으로 생각합니다. 그런데 위의 두 권과는 별도로 『근폭집』 사본만으로 된 단권(斷卷)이 전해지고 있는데, 그에 따르면 『서애문집』 편찬 초기의 어느 단계에서는, 『근폭집』 전문을 그대로 문집에 수록하려고 한 것이 아닌가 생각되어 집니다. 그러나 문집편집의 최후단계에 있어서는, 『근폭집』 가운데 중요한 부분 약 28통을 선별하여, 문집의 〈차〉, 〈계사〉 안에 수록함에 그쳤습니다.

두 번째로 『진사록』 사본 세 가지 책은, 표지의 기재에 따라 제1

---

4 임금에 대한 충성심. 『열자(列子)』 양주(楊朱)에 나오는 말로, 송(宋)나라 사람이 봄철의 따스한 햇볕과 맛있는 미나리를 임금에게 바치려 했다는 고사에서 나온 말.
5 충성된 신하가 임금에게 변변찮은 미나리를 바친다는 데서 유래된 말로서 정성된 마음을 나타내며, 윗사람에게 선물을 하거나 의견을 적은 글을 보낼 때 겸사(謙辭)로 쓰이는 말.

책은 〈서장34, 임진 6월로부터 10월까지〉·제2책은 〈서장58, 임진 11월로부터 계사 5월까지〉·제3책은 〈서장 19, 계사 5월로부터, 정유 12월까지〉로, 합쳐서 서장 111통으로 되어있음을 알 수 있습니다만, 현존하는 제1책은 없어진 부분이 많아 불과 5통(11장)만이 남아있으며, 제2책은 예전 그대로에 가깝게 57통(79장)이 남아있고, 제3책은 예전 그대로 19통(38장)이 남아있고, 거기에다 마지막에 서애자필의 글도 있기 때문에, 지금은 불완전한 책이라고 하지만, 표지에 기재된 규모였음은 확인할 수 있습니다. 그런데 이 세 책의 사본 이외에 2종의 사본 단권이 존재하여, 그 한 가지는 전술한 『근폭집』의 경우와 마찬가지로 『서애문집』 편찬 초기 단계에 있어서는, 문집 안에 전문을 채록할 예정이었던 것으로 생각되어지며, 제2종의 단권은 대체적으로, 16권본의 『진사록』에 가까운 것입니다(이것을 『습유[6]사본(拾遺寫本)』이라고 칭하는 것 같다). 그리고 문서편집의 최종단계에 있어, 『진사록』 가운데 주요한 부분 약 22통을 선별하여 문집의 〈서장〉 안에 수록하고 있습니다.

다음으로 독립된 한 책으로 출현한 『군문등록』(사본 한 권)에 대하여 말씀드리겠습니다. 이것은 앞의 두 책과는 달리, 수미가 완비된 한 책으로, 책 이름 및 형태로 말하자면, 서애의 개인적인 저술이라 하기보다도, 오히려 관청의 기록 그대로 인 것처럼 보이지만, 사실은 역시 서애의 개인적인 발췌서라고 생각되어집니다.

그런데 『서애문집』 편집의 최종단계에 있어서, 이 『등록』 가운데

---

[6] 임금이 모르고 있는 과실을 들어 간하거나 임금을 보좌하여 그 결정을 바로 잡는 것을 말함.

4통을 선별하여, 문집의 『계사』 안에 수록하고 있습니다. 『등록』이 찢겨진 첫 번째 사실입니다. 다음은 『징비록』 16권본의 편성에 있어, 『근폭집』, 『진사록』과 관련된 것은 다시 선별하여 각각 옮겨 넣은 것이 많을 뿐 아니라, 중요시되지 않은 약 백통 가까이는 빠져 버렸습니다.

이와 같이 이 『군문등록』은 보존 상태는 가장 좋은 것임에도 불구하고, 종래 그 이름으로 알려진 것, 즉 16권본 『징비록』의 일부분으로 출간된 것은, 44통의 이문(移文)에 그쳤습니다. 바꿔 말하자면, 원사본 『군문등록』이 세상에 나온 의의가 얼마나 큰 것인가를 알 수 있을 것입니다.

위와 같이, 16권본의 대부분을 점하는 세 책(『근폭집』, 『진사록』, 『군문등록』)은 원래 각각 독립된 사본과 대비하면, 현저히 변개(變改)된, 후세 사람의 편찰물이라고 말할 수밖에 없습니다만, 세 책이 서로 보완하여 『징비록』을 뒷받침하고 있는 것은 부정할 수 없습니다. 16권본의 『징비록』 편성자가 어떤 사람이었던가는, 전혀 모릅니다만 나는 그 대담한, 그것도 합리적인 편성을 긍정하는 사람입니다. 그리고 그 편성이 언제 되었는지도 모릅니다만, 『서애선생문집』의 본집 편집에 이은, 혹은 병행한 시기였을 것으로 상정해 보는 바입니다. 이러한 까닭으로 16권본은 서애 몰후, 문인(門人)의 편성에 틀림없습니다만, 『징비록』의 본래 뜻을 대체로 구현한 것에 다름아니라고, 말씀드릴 수 있을 것입니다.

4) 해방 이후의 『징비록』. 서애관계의 여러 가지 사료, 그 중에서도 자필본 『징비록』이 『초본징비록』으로 명명되어 영인출판된 지

10년, 1945년의 '해방'이라는 신시대의 도래는 『징비록』에 있어서도 신시대의 도래를 의미하였습니다.

먼저 1958년, 서울의 성균관대학교 대동문화연구원은, 목각본 『서애문집』(본집 20권, 별집4권, 연보3권)에 『징비록』(16권)을 더해 합책으로 간행하였습니다. 이어 1960년부터 다음해에 걸쳐 부산대학교 한일문화연구소가 이재호(李載浩) 교수 역주의 『징비록』(16권본) 상하 2책을 간행했습니다. 이 책은 먼저 원문을 단락별로 싣고, 그것을 현대어로 번역하여, 주를 달아 상권(279쪽)은 제1, 제2 두 권, 하권(746쪽)은 제3권 이하 제16권까지와 『녹후잡기』로 되어있습니다. 같은 해에 평양에서도 과학원고전연구실에서 16권본의 현대어역 상하 2권이 출판되었습니다. 이것은 상권과 하권의 분량을 맞추기 위하여, 상권은 제1권부터 제8권까지, 하권은 제9권부터 제16권까지와 『녹후잡기』로 되어있습니다만, 먼저 현대어역(마지막에 주석을 붙임) 329쪽을 싣고, 거기에 원문(137쪽)을 아울러 싣고 있습니다. 하권은 번역문 280쪽, 원문 122쪽입니다.

이후, 서울에서 2권본의 현대어 역이 내가 본 것에 한정하더라도 이민수, 남만성, 김종권 세 사람에 의해 세 권이 각각 출판되었습니다. 이 같은 사실은 『징비록』이 사서로서, 문학서로서, 사상서로서, 총체적으로 '민족의 책'으로서, 서애의 정신이 남북을 불문하고, 현대에 살아있다는 것을 말하고 있음에 다름 아니라고 생각합니다.

(6)

주지하다시피 『징비록』이 일본에 건너온 가장 오래된 증거는, 겐

로쿠 원년(1688년)의 서문이 있고, [저자, 발행자 등을 기재한] 책 마지막 장에 '원록육력, 계유팔월십육일, 섭주북어당전, 서사모리전장태랑개판(元錄六曆, 癸酉八月十六日, 攝州北ノ御堂前, 書肆毛利田庄太郎開板)'으로 돼 있는『이칭일본전』(마쓰시타 겐린 저)에 인용된 사실입니다. 아마도 2권본에서의 인용으로 생각되어집니다만,『징비록』의 기사 가운데, 직접 일본 병사의 행동에 관계되는 부분은 빠짐없이 수록하고 있기 때문에, 그 총량은 원문의 약 절반에 해당하는 분량입니다. 위의 출판 다음다음 해, 겐로쿠 8년(1695년) 정월, '경이조통, 대화옥이병위사판(京二條通, 大和屋伊兵衛寫板)'으로서, 4권4분책(4권1책본도 있다), 가에리 덴(返り点, [일본식 훈점]), 오쿠리 가나(送りかな, [한자 읽기를 보완하기 위하여 한자 밑에 붙이는 가나 문자])를 첨부한, 2권본 전문이 출판되었습니다.

책머리에 가이바라 아쓰노부(호는 에키켄)의 서문을 붙이고 있습니다만, 그 서문에 "용병에는 의병, 응병, 탐병, 교병, 분병의 다섯 가지 있다. 도요토미 씨의 용병은 탐병으로서 교병을 겸한 것"이라고 지적합니다. 그리고 "이 책은 앞의 수레를 보고 뒤에 오는 수레를 경계해야 한다는 뜻에서 쓰인 것으로, 기사는 간요(簡要)하며, 문장은 질소하다."는 촌평과 더불어 "조선전벌(戰伐)의 일[임진왜란]을 말하는 자는 이 책을 적확한 근거로 삼아야 한다. 그 밖에『조선정벌기』와 같은 것은, 우리나라 글자 [히라가나]로 쓰여졌지만, 이 역시 방증으로 삼기에 족하다. 두 책은 참으로 실록이라 칭할 만하다."라고도 말하며, 일본사료로서의 가치에 언급하고 있는 것은 주목할 점이라 하겠습니다. 후일 여기서 말하는 '두 책'을 대비한 저술이 나타나기 때문입니다. 가이바라의 비평은 차분하면서도, 객관성을 가지고 있다고, 생각할 수 없는 것일까요?

생각해 보면, 겐로쿠 초기라면,『징비록』이 출간된 지 약 50년이 경과한 시점입니다. 임진란 관계의 조선의 동시대 사료는 많습니다만, 출판된 것으로는 이 책이 최초로, 거의 유일한 것으로 추정되기 때문에, 그 점이 일본에 전해진 제1의 인연이며, 거기에다 그 내용이 간결, 요체를 짚고 있다는 점 때문에, 이것보다 더 나은 것은 없다고 인정된 것이, 일본판 출판의 이유였을 것입니다.

그 후 약 백년, 간세이(寬政)8년(1796년)에 이르러, 다이슈(쓰시마)번에서는 조선관계 사무를 담당하는 관리(조선방)의 참고를 위해『징비록국자해』(2권)을 만들게 하였는데, 그 번역을 담당한 것이 진문역 사사키 게이키치였습니다. 그러나 이『국자해』는 공간되지 않았기 때문에 이것을 볼 수 있었던 사람은 극히 제한된 범위내의 사람들이었다고 생각됩니다. 오늘날, 전해져 오는 사본도 다이쇼([1912-26년]) 말기에 쓰시마의 소케(宗家) 문서를 조선총독부가 매입하여 조선사편수회 소관으로 되었을 때, 그 가운데 들어있던 일부만입니다. 나카무라 히데타카 교수는 그것을 보고, 앞서 언급한 논문에서 처음 소개하신 것입니다. 소케문서는 지금, 서울의 국사편찬위원회에 인계되어 있기 때문에 혹시 동 위원회에 현존하고 있을지 모르겠습니다만, 나는 아직까지 실제로 본 적이 없으며 그것이 어느 정도의 국역[일본어역] 인지에 대해서는 말씀드릴 것이 없습니다. 뿐만 아니라, 그 역술 연대가 간세이 8년이라고 정해진 순서 및 사정을 알고 싶다고 생각합니다. 이렇게 말하는 것은, 이 책에서 비롯된 다음의 책과의 관계에 문제가 있기 때문입니다.

다음에 말씀드리는 책이란 것은, 쓰시마 번의 조선방 야마자키 히사나가(山崎尙長)의 『양국임진실기(兩國壬辰實記)』(사본5권)입니다. 이 책에는 자세한 범례가 붙어있는데, 그 맨 처음에 "조선의 사적(事蹟)과 일본의 기록 같은 것을 서로 끌어모아, 하나하나를 참고하여 편집·수록한 것"이라고 말하고, 이어 "조선의 사적은 류성룡이 저술한 징비록을 쓰시마 번의 유학자 모가 일본어로 번역한 것이 있는데, 이번에 내가 조선에 있으면서 조선판 징비록을 숙독하여 이 책을 증거로 할 때, 앞서 유학자가 일본어로 번역한 것은 마음대로 첨삭한 것이 많다."라고 말하고, 또한 "징비록의 문단에 우리와 관계없는 것은 생략하고, 또한 각권의 시작하는 부분에 류성룡의 말한 바와 글을 싣는 것은, 그 책의 서문에 성룡이 임진년으로부터 무술년에 이르는 사이에 보고 들은 것을 대강 적어 모으니, 그 분량이 어느 정도 되어 책으로 만든 것"이라고도 말하고 있습니다. '쓰시마 번의 유학자 모가 일본어로 번역한 것'이라고 한 것은, 전술한 사사키 게이키치의 『징비록국자해』를 가리키는 것이라고 생각합니다만, 여기서 조금 곤란한 것은, 본서(『양국임진실기』) 말미의 저자, 발행 일자 및 장소 등을 표시하는 페이지에,

어 조선국경상도동래군부산진(於朝鮮國慶尙道東萊郡釜山鎭)
행정관(一代官) 야마자키 히사나가(山崎尙長) 찬(撰)
시(時) 본조 간세이8년 병진 박월〈으스름달〉
(本朝寬政八年丙辰薄月) 조선건륭(朝鮮乾隆) 61년

이라고 돼 있는 것입니다. 〈간세이8년〉은 앞서의 『국자해』가 나온 해로, 이 책의 마지막 장을 믿는다면, 『임진실기』보다 먼저 나온 『국자해』와 성립연대가 중복되어 있습니다. 그런데 간세이8년경에 야마자키 히사나가가 부산에 근무한 것은 사실인 것 같으므로, 일률적으로 마지막 장을 의심하는 것은 안 됩니다. 또한 범례에 '각권의 첫 부분' 운운이라고 하는 것은, 본서 각권의 첫머리에는,

양국임진실기 권지일(兩國壬辰實記卷之一)
조선 류성룡의 저술을 일본어로 번역하다(朝鮮柳成龍述言和解)
쓰시마 야마자키 히사나가 참고, 합쳐서 편집하다(對州山崎尙長參考合輯)

이라고 기재하여 징비록의 권위를 인정하면서, 본문은 42단으로 나누고, 각단은 '일본' 문헌을 먼저 적고, 거기에 대응하여 '조선'문헌 = 징비록의 기술을 뒤에 게재하고 있습니다. 이 『실기』는 내각문고에 사본 2부가 있을 뿐으로, 그 이외에 더 있는지는 모릅니다. 앞서 거론한 권말의 마지막 장도, 그 가운데 한 부에는 있습니다만, 다른 한 부에는 그것이 없다는 것이 마음에 걸리기도 합니다. 그러나 지금, 설사 간세이8년(1796년)의 저작이라고 한다면, 그로부터 약 60년이 경과한 가에이(嘉永)7년(1854년)경에 이르러, 부분적으로 수정한 것이 출판된 것입니다.

　그러나 <u>책 이름은 일변하여</u> 『정실 조선정토시말기(正實朝鮮征討始末記)』로 되었습니다. 출판에 즈음하여 아사카와 도사이(朝川同齋)의

서문(가에이 7년 3월 부), 구로카와 하루무라(黑川春村)의 서문(가에이 6년 9월 부), 쓰시마 번 강관(講官) 가와 시에이(川士纓)의 서문(분세이文政 11년, 1828년 여름)을 붙여 체재를 정비, 『실기』의 제1권을 별책으로 한 것은 변함이 없지만, 본문은 『실기』의 전 5권을 8권으로 나누고, 항목에도 두세 개의 변경이 있습니다. 당시 『실기』의 저자 야마자키 히사나가는 이미 죽었고, 그 저작물은 쓰시마 번의 무라 이치젠(村一善)이 소장하는 것으로 된 것 같아, '무라씨 소장판(村氏藏板)', '도토 도서 도매상, 세이카쿠도(東都書物問屋, 誠格堂) 발행'으로 제4권까지 출판되었습니다. 제5권 이하는 미간행으로 끝난 것 같습니다. 여기서 주의할 것은, 야마자키의 원서 각권 앞머리에 명기되어 있던 '조선 류성룡 술언와해'라는 한 행은, 그림자도 흔적도 없이 사라지고, 『양국임진실기』가 『조선정토시말기』로 제목이 바뀌어 버린 것입니다.

메이지 시대에 들어와서는 메이지 9년(1876년) 2월에, 오사나이 료타로(長內良太郎)·스즈키 마코토(鈴木實) 공역의 『조선류씨징비록대역(朝鮮柳氏懲毖錄對譯)』이 출판되었습니다. 다만 전 4권 분책을 낼 예정이었으나 처음 1권이 국회도서관에 있는 것이 알려져 있을 뿐으로, 2권 이하는 불명입니다(사쿠라이 요시유키櫻井義之씨, 『조선연구문헌지(朝鮮硏究文獻誌)』, 47쪽). 전 4권 분책을 낼 예정이었음을 생각하면, 아마도 겐로쿠 시대에 나온 일본판 4권을 근거로 한 것일 겁니다. 이 메이지 9년 2월이란 간행 연차는, 그 전년도 9월의 군함 운양호사건으로 발단하여 강화도조약체결(조선개항)에 이르는 시국을 배경으로 이해해야 할 것입니다.

다음에 말씀드리는 것은 메이지 27년(1894년) 7월 발행([출판사 창룡굴蒼龍窟)의 야마구치 쓰토무(山口剛) 역술의 『조선징비록』입니다. 겐로쿠 시대의 일본판을 근거로 한 것으로 생각되며 정확한 번역은 아니지만, 앞서 나온 『조선정벌시말기(朝鮮征伐始末記)』 등의 영향은 받지 않은 것 같으며, 곳곳에 자신(야마구치)의 소감을 집어넣고 있습니다. 이 책을 역술·출판한 동기에 대해서는, 그 제언(題言)의 모두에 "『징비록』을 장차 출판하지 않으면 안 될 것이다. 손님들이 가끔 창룡굴(야마구치의 서재)을 찾아와 말한다. 한산(韓山, [한국])의 풍운은 지금 매우 위급하게 되어, 우리나라 사람이 유의해야 할 일 역시 생각건대 이 책에 있어 크게 분발해야 하는 바가 있다."라고 운운하는 일절에 의해 명백합니다. 이 같은 관점은 경술년의 '병합, [한국강제병합]'(1910년) 이후에도 계속 이어져, 메이지 44년(1911년) 2월 발간의 오쿠다 나오키(奧田鯨洋) 저 『속일한고적(續日韓古蹟)』 부록에 『징비록』 원문이 그대로 실려 있습니다(사쿠라이 씨, 앞의 책, 161쪽). 이후의 기술·초역 등(아오야나기 쓰나타로靑柳綱太郎, 다카하시 신이치로高橋晉一郞 등등)에 대해서는 일일이 열거하는 것을 생략합니다.

이것을 요약하면, 일본에 있어서 『징비록』은 1695년 일본판 번역, 간행으로부터 시작하여 1910년에 이르는 2백년, 그동안 여러 차례 일본어 번역이 거듭된 것은 전술한 대로이지만, 『징비록』의 본뜻으로부터는 점차 멀어지고, 류서애 저술의 진의에 대해서는 거의 이해되지 않았을 뿐만 아니라, 일본병사·일본군의 무용담을 뒷받침해 주는 것으로 역용(逆用)되었다고 말할 수 있습니다.

임진란에 대한 연구, 역사적 비판의 일단으로서 『징비록』을 일본인이 어떻게 받아들였는가, 어떻게 이해했는가, 또 오해했는가를 반성하는 것의 중요성은 더 이상 말할 필요가 없을 것입니다. 「징비」, 즉 "과거를 반성하여 앞날을 조심한다"가 요청되는 것은 일본인입니다. 일본인이야말로 『징비록』을 쓰지 않으면 안 된다고 생각합니다. 여러분들은 어떻게 생각하시는지요?

3장

원문

- 자료 1. William George Aston, 「Hideyosi's Invasion of Korea」, 『Transactions of The Asiatic Society of Japan』, 1878-83
  - 이 논문은 1907년, 와세다대학 교수 마스다 도노스케(增田藤之助)가 일본어로 번역, 영어원문을 별첨하여 『영화(英和)대역 풍태합정한사(豊太閤征韓史)』(pp. 1-64)란 이름으로 도쿄 류분칸(隆文館)에서 간행됨.

- 자료 2. 稻葉岩吉, 〈草本懲毖錄に就て〉, 『史學』第六卷 第一號(pp. 1-37), 三田史學會, 昭和二年(1927) 三月

- 자료 3. 朝鮮史編修會, 朝鮮史料叢刊 第十一, 『草本懲毖錄』解說(pp. 1-7), 昭和十一年(1936) 三月

- 자료 4. 中村栄孝, 〈柳成竜家の壬辰・丁酉倭乱史料〉, 『日鮮関係史の研究』〈中〉(pp. 511-546), 吉川弘文館, 昭和四十四年(1969)

- 자료 5. 末松保和, 〈歷史家としての西厓 柳成龍〉, 『朝鮮學報』第百十輯 (pp. 1-19), 昭和五十九年(1984)

원문자료 1

HIDEYOSI'S INVASION OF KOREA

BY W. G. ASTON
EDITED WITH TRANSLATION BY T. MASUDA (pp. 1-64)
TOKYO : RYUBUN – KWAN 1907

#원문의 명백한 오기는 역편자가 바로 잡았음.

Introduction

1. The relations of Korea and Japan underwent great vicissitudes from the beginning in the first century BC until Hideyoshi's time. At an early date, Korea appears as the instructor of Japan in Chinese learning and in the arts of civilization. Koreans swelled the number of the army which under Kublai Khan attempted vainly to effect a landing in Japan in AD 1281. At other times, we hear of Korea being overrun by Japanese invading armies, of its being government in part by Japanese officials, or paying to Japan a heavy tribute in token of submission. From the union of

Korea into one state towards the end of the 14th century under the protection of China, Japan and Korea met each other on equal and friendly terms for about two hundred years. Embassies bearing letters and presents were periodically exchanged between the two countries, and a trade was carried on by Japanese merchants of the island of Tsushima, who had an establishment at Pusan (Fusan), a town in that part of Korea nearest to Japan. For some years before Hideyoshi's accession to power, the embassies from the Korean side had been discontinued owing to the reluctance of the Korean officers to undertake the voyage to Japan, which in those days must have been long and dangerous. Hideyoshi, considering this state of things derogatory to Japan, and no doubt also animated by a secret ambition of foreign conquest, despatched in 1582 a retainer of the *daimio* of Tsushima, named Yuyaji Yasuhiro, as envoy to Korea to complain of this neglect, and to demand that the Koreans should send the usual embassies in future. Offence was taken by Korean government at Hideyoshi's presumption in making use of the character *chin* *'we,'* which must have appeared to them an assumption of equality with the emperor of China, and Yasuhiro's behavior had no tendency to allay their dissatisfaction. On his way to the capital, he claimed the best rooms in the best inns, and stories are related of him taunting the Korean soldiers with the shortness of their spears, and insulting a gray-haired Korean noble by saying to him, "My hair (he was then 50 years of age) has become grey by many years of warfare, but what has turned yours grey who have grown old amidst music and dancing?" It is little surprising that and envoy of such a character failed in his mission. The Koreans refused to send the desired embassies, excusing themselves on the ground of the dangers of the navigation, and Yasuhiro returned to Japan, where he and all his family were put to death as a punishment for his failure.

2. Nothing daunted by the ill-success of his first mission, hideyoshi soon after despatched Yoshitoshi, the *Daimiö* of Tsushima, a young noble of high reputation, with two of his retainers to the Korean capital, reiterating his demand that that country should renew the practice of sending embassies to Japan. After months had been wasted by Yoshitoshi in fruitless negotiations, he was privately informed that the Korean Government were hampered in forming their decision by a certain obstacle, and that if this were removed, a favourable reply would be given without further delay. It appeared that a few years previously some Japanese pirates had more descents in several parts of Korea, and that not contented with plundering the villages and killing the military chief of one of the districts, that had carried off a number the in-

habitants to Japan. These Koreans became guides to the Japanese pirates in their predatory expeditions, and the indignation of the Korean Government at this was, it was said, the real reason for their refusal to send envoys to Japan. On hearing this, Yoshitoshi lost no time in dispatching one of His colleagues to Japan to bring back these Koreans to their own country, and had soon afterwards the satisfaction of handing over eleven of them to the Korean authorities, by whom they were at once tried and executed. The Government of Korea were highly gratified by this result of the negotiations ; the king presented to Yoshitoshi a horse from his own stables, and the members of the embassy were entertained at a banquet and admitted to an audience of the king. Ambassadors to Japan were appointed after some time, and in the spring of 1590 they set out from Korea in company with Yoshitoshi and his colleagues.

3. After a voyage of three months they arrived in Kioto, where they were lodged in the temple Daitokuji. Hideyoshi was then absent on a campaign in the east of Japan. He returned in the autumn, but postponed granting an audience to the Korean ambassadors on the pretext that he must first repair the hall of audience in order to receive them with due ceremony. It was not till five months after that arrival that they were at last permitted to de-

clare formally the objects of their mission. The ambassadors chafed at this delay, which it was obvious to them was promoted by Hideyoshi's for purposes of his own, and their dissatisfaction was not lessened by the discovery that in Japan Hideyoshi was a subject like anyone else, and that the homage due to the sovereign was reserved for the Tenno. He was not even called *O* in his own country, *Kwanbaku,* a term which was originally used in reference to the Chinese statesman *Kwakko*, and meant Regent, not king or emperor. Their resentment at the treatment they received may be traced in the following Korean account of their reception by Hideyoshi :

4. "The Ambassadors were allowed to enter the palace gate borne in their palanquins. They were preceded the whole way by a band of music. They ascended into the hall, where they performed their obeisances. Hideyoshi is a mean and ignoble-looking man, his complexion is dark, and his features are wanting in distinction. But his eyeballs sent out fire in flahes-enough to pierce on through. He sat upon a threefold cushion with his face to the south. He wore a gauze hat and dark colored robe of state. His officers were ranged round him, each in his proper place. When the ambassadors were introduced and had taken their seats, the refreshments offered them were of the most frugal

description. A tray was set before each on which was one dish containing steamed Mochi, and Sake of an inferior quality was handed round a few times in earthenr-ware cups, and in a very unceremonious way. The civility of drinking to one another was not observed. After a short interval, Hideyoshi retired behind a curtain, but all his officers remained in their places. Soon after, a man came out dressed in ordinary clothes with a baby in his arms, and strolled about the hall. This was no other than Hideyoshi himself, and every one present bowed down his head to the ground. Looking out between the pillars of the hall, Hideyoshi espied the Korean musicians. He commanded them to strike up all together as loud as they could, and was listening to their music, when he was suddenly reminded that babies could despise ceremony as much as princes, and laughingly called for one of his attendants to take the child and to bring him a change of clothing. He seemed to do exactly as he pleased, and was as unconcerned as if nobody else were present. The ambassadors having made their obeisance retired, and this audience was the only occasion on which they were admitted to Hideyoshi's presence."

5. The following letter from the King of Korea was delivered to Hideyoshi by the ambassadors :

Riyen, *Koku-o* of Chosen, respectfully addresses the following letter to His Highness the *Koku-o* of Nippon.

This spring weather, with its genial warmth, is very agreeable, whether for rest or for exercise.

We heard from afar that the great king had united under his rule the sixty provinces, and we were desirous at once to enter into relations and cement a friendship with him, thereby drawing closer the ties of neighbourly good-will. We feared, however, that the difficulties and dangers of the journey might prevent our envoys and the articles in their charge from reaching their destination, and we there abandoned this intention which we had entertained for many years. We now wish to present our congratulations by our three ambassadors Kwo Inkilsu, Kin Seitsu and Konshin whom we have caused to accompany your honorable envoys on their return to Japan, and we shall esteem it the highest happiness if our friendship remains undisturbed for the future.

You will find enclosed a list of some of the poor productions of our country, which we beg you will refrain from laughing at immoderately.

The rest we shall communicate when occasion offers. Meanwhile be careful of your health.

RIYEN of Chosen. Manreki 18th year, (1590) 3rd month.

6. The presents consisted of horses, falcons, saddles, harness, cloth of various kinds, skins,' ginseng, etc.

7. Hideyoshi suggested that the ambassadors should return to Korea without waiting for an answer, but with this wish they were naturally very reluctant to comply. They set out, however, from Kioto, and waited for Hideyoshi's answer at Sakai, the port from which they were to set sail for their own country. After a considerable delay it at length arrived, but was so insolent in its language that the ambassadors were obliged to send it back repeatedly for alterations before it could be received. The letter was as follows : -

8. "This Empire was of late years brought to ruin by internal dissensions which allowed no opportunity for laying aside armour. This state of things roused me to indignatiou and in a few years I restored peace to the country. I am the only remaining scion of a humble stock, but my mother once had a dream in which she saw the sun enter her bosom, after which she gave birth to me. There was then a soothsayer who said, 'Wherever the sun shines, there will be no place which shall not be subject to him. It may not be doubted that one day his power will overspread the Empire, It

has therefore been my boast to lose no favourable opportunity, and taking wings like a dragon, I have subdued the east, chastised the west, punished the south, and smitten the north. Speedy and great success has attended my career, which has been like the rising sun illuminating the whole earth.

"When I reflect that the life of man is less than one hundred years, why should I spend my days in sorrow for one thing only? I will assemble a mighty host, and invading the country of the Great Ming, I will fill with the hoar-frost from my sword the whole sky over the four hundred provinces. Should I carry out this purpose, I hope that Korea will be my vanguard. Let her not fail to do so, for my friendship with your honorable country depends solely on your conduct when I lead my army against China."

9. The tone of this letter, with the observations they had, made during their stay in Kioto, satisfied the Korean ambassadors that war with Japan was inevitable, and on their return home, they declared this conviction to their Government.

10. There is some indication, however, that, with all his bluster, Hideyoshi had some idea of pursuing a more reasonable policy. The colleagues of Yoshitoshi on his late mission to Korea were instructed to accompany the Korean envoys back to their coun-

try, and to endeavour to persuade that Government to assist Hideyoshi in renewing the long interrupted relations with China. But the Korean Government rejected all overtures of alliance or mediation. The only question with them seems to have been whether they should keep the entire negotiations secret from China, in fear of the resentment which that power might show on learning that a protected state had presumed to hold independent communication with a foreign power, or whether warning should be given of the projected invasion. After much hesitation and delay the latter course was resolved upon, but before their messengers bearing the information arrived at Peking, news of Hideyoshi's intentions had already reached the Chinese Government from a different source.

11. The little island kingdom of Loochoo had attracted the cupidity of Hideyoshi, who, in the same year in which he received the Korean ambassadors, had sent the king of Loochoo a peremptory message through the *Daimiö* of Satsuma commanding him for the future to pay tribute to Japan. Conscious of her inability to cope with either of her two powerful neighbours in war, Loochoo has never possessed an army or a navy, and the traditional foreign policy of this little state was comprised in the words "good faith and courtesy." The king, too, was young, and having but recently succeeded to the throne, was more anxious to devote himself to the internal affairs of his kingdom than to become embroiled in foreign quarrels. For the sake of peace, therefore, he sent to Hideyoshi an envoy with a ship-load of presents, which the latter was pleased to received very graciously. The envoy, a priest, was treated with the greatest civility, and Hideyoshi condescended personally to impress on him the advantages Loochoo would derive from placing herself under Japanese protection, and ceasing to send tribute to China. He made no secret of his projects against that country, and the king of Loochoo, on the return of his envoy, requited Hideyoshi's candour by at once despatching a warning message to the Chinese Government

12. When Yoshitoshi learned from his two former colleagues the ill-success of their endeavours to prevail on the Koreans to comply with Hideyoshi's wishes, he resolved to make an effort on his own account to avert the war which he saw was impending. He was acquainted with the military resources of both countries, and knew that a war between Korea and Japan meant ruin to the former, a result which from his personal friendly intercourse with Korea he had no wish to see accomplished. On the other hand, a Japanese army, even if it conquered all Korea as far as the northern frontier, would only find itself engaged in a bloody contest

with China, of the result of which Yoshitoshi was by no means so sanguine as his chief. He accordingly proceeded to Fusankai, where he arrived in the summer of the year 1592. He informed the Korean Government of Hideyoshi's preparations, and endeavoured to convince them that their only means of preventing war was to use their good offices in bringing about an understanding between China and Japan. Having earnestly urged this course on the Korean Government, he went on board his ship, where he waited ten days before taking his final departure in hopes of a favourable reply. It was all to no purpose, however, and Yoshitoshi reluctantly took his way back to Tsushima, whence he shortly afterwards proceeded to Kioto to make his report to Hideyoshi. The latter was enraged at the indifference to his overtures shown by the Koreans, and was especially indignant at a passage in the reply which Yoshitoshi brought to the letter of Hideyoshi quoted above, in which his project of conquering China was compared to "measuring the ocean in a cockle-shell," or "a bee trying to sting a tortoise through its armour."

Chapter I. The Invasion

13. The year 1591 was spent by both sides in warlike preparations.

Korea had enjoyed peace for two hundred years, and her people responded unwillingly to the demands made upon them by the Government. The labour of fortifying castles was found so irksome, that this essential measure of defence was much neglected, and the organization of the militia had fallen into a lax condition which it was now too late to remedy. In former times, each district had its general muster under a competent commander, but this system had given way to a more localized one, by which the men were only required to assemble occasionally at the nearest town or village. It was found, moreover, that although the muster rolls exhibited an imposing force, the numbers that appeared in arms when summoned were miserably scanty. Weapons were not wanting, but there was one fatal deficiency-the Koreans had no fire arms, the only matchlock which had until then been seen in that country being one which had been presented to the king by Yoshitosi, on the occasion of his recent embassy.

14. Japan entered on the war under far different auspices. The feudal system, so favourable to the growth of military virtues in a nation, was then flourishing in full vigor, and the long series of intestine conflicts which had just come to a close left Hideyoshi provided with an army of veterans inured to war, and accustomed to victory under his leadership. As the expedition was directed

not so much against Korea as against China, it was deemed necessary to put forth the whole warlike strength of Japan in preparing for it. Each *Daimiò* in Kiushiu was ordered to furnish six hundred men for every ten thousand kokus of his assessed revenue, and those of Shikoku and the main island smaller numbers in proportion to their distance from the port, of embarkation. For every hundred thousand *kokus* of his revenue, every *Daimiö* whose domain bordered on the sea sent to large junks, and to man them every fishing village was compelled to provide ten sailors for every hundred houses which it contained. In this way a force was assembled at Karatsu, then called Nagoya, in the north of Kiushiu, which is variously estimated at from three hundred thousand to four hundred and eighty thousand men, inclusive of sailors and camp-followers. All were more or less disciplined, and a few thousands were armed with the matchlock, a weapon which had lately been introduced into Japan by the Portuguese and which was destined to play an important part in this war. Hideyoshi at first intended to take the chief command in person, but he was dissuaded from doing so and contented himself with proceeding to Karatsu, near which town he had caused a pavilion to be built for his reception on the shore of a beautiful bay. The spot has ever since borne the name of *Kariya*, or, temporary residence.

15. According to the lowest estimate given by native authors, the number of men who actually crossed over to Korea was one hundred and thirty thousand, and a reinforcement of fifty thousand men was sent a few months later. The chief general were Konishi Yukinaga and Kato Kiyomasa. Konishi's division was the first to reach Korea. He landed near Fusankai on the 13th day of the 4th month, 1592, and at once captured that town as well as the neighbouring castle of Torai or Tongné (東萊). On the arrival of the other ships of the expedition, Konishi and Kato advanced in a northwestern direction along two roads leading to the capital, while the remaining generals followed by more circuitous routes or occupied 'the towns already taken. Konishi and Kato met with no serious obstacle in their advance. Castle after castle was deserted on their approach or surrendered after a feeble resistance, while such troops as could be induced to meet the Japanese in the field were dispersed without much difficulty. One of the most important of Konishi's successes was the capture of a town called Shang-chiu (尙州) in the north-western corner of the province of Kiúng-shang-tŏ. Here a Korean named Oshiun was taken prisoner, who was acquainted with the Japanese language. This man was sent by Konishi to the Korean capital with a letter from Hideyoshi and a communication addressed to the Korean Minister in charge of foreign relations (禮曹), which was to the following effect.

"The Governor of Urusan when made prisoner at Tōrai was released and entrusted with a letter to which no answer has been returned.[1] If the Koreans wish for peace let then send Ri Tokukei, to meet hin at Tyüng-chiu (忠州) on the 28th. Ri Tokukei had previously filled the office of official entertainer of the Japanese embassy, which explains why his name was mentioned. He was willing to undertake the mission, and as matters were already in a desperate condition at the capital, and no one had any better plan to offer, it was resolved to comply with Konishi's suggestion. Ri Tokukei accordingly set out provided with a letter from the Foreign Minister and accompanied by the interpreter Öshiun. On his way he heard of the capture of Tyūng-chiu, and sent forward Oshiun to inquire the truth of this, rumour. The unfortunate interpreter fell into the hands of Kato's army, by whom he was executed as a spy. Ri Tokukei forth with abandoned his mission, and returned to the Korean court.

16. Tyūng-chiu was considered one of the strongest fortresses in the kingdom, and the news of its fall caused a general panic in the capital. The inhabitants fled in all directions, many even of

---

[1] The Government had been afraid to present himself before his government in the character of a released prisoner ; he therefore said that he had escaped, and made no mention of the letter with which he had been charged.

the soldiery deserted their posts, and after some hesitation, the King himself resolved to take refuge with his court in the province bordering on China, and to send the royal princes to those parts of the country which were yet unoccupied by the enemy in the hope that their presence might stimulate the people to more vigorous resistance. The royal train set out from the capital on the 30th day of the 4th month, only seventeen days after the first Japanese had landed in the country. A Korean author has given a moving description of the miseries of the journey northwards. With a retinue, the scantiness of which told a melancholy tale of desertion in the hour of danger and misfortune, the King made his first day's march followed, as he passed along, by the lamentations of the inhabitants, who complained that they were being abandoned to the mercy of invaders. His household was mounted on farm horses, no food had been provided for the journey, and a drenching rain fell during the whole day. Wretched with fatigue and hunger, they reached thier lodging at Kaishung (開城) late at night, lighted by the glare of a public building which had been set on fire by the king's orders to deprive the Japanese of materials for rafts with which to cross the river which flows to the south of that city. Food had been provided here for the King and his suite, but the kitchen was invaded by hungry guards and attendants. and barely enough was saved for the King's supper.

His less fortunate household had no food until the following day, when they were allowed to share with some soldiers their rations of boiled rice. Riyen did not feel safe until he had reached the fortified town of Pingshang (平壤) on the northern bank of the Taitong kiang (大同江) in the province of Pingan-to. Here it was resolved to make some stay, and to await the progress of events.

17. Three days after the departure of the king, Konishi and Kato reached the capital, and they soon after set out northwards with their combined forces, meeting with little resistance until they arrived at the river Rinchinkiang where they found a Korean army drawn up to dispute the passage. No boats could be discovered and the advance of the Japanese was consequently checked for several days. At length a feigned retreat induced a body of Koreans to cross the river, and these were so roughly handled by the Japanese that the whole army immediately took to flight.

18. The relation of Konishi and Katō had from the first. been the reverse of harmonious, and they had not proceeded much further when their dissensions grew to such a height that a separation became necessary. The route which each should follow was decided by the time-honoured method of casting lots. To Kato fell the north-eastern province of Hankiungto which extends for three hundred miles along the Japan Sea. Katō traversed nearly the whole of this immense region, where, after much hard fighting, he captured two of the Princes of the Blood, and many other Koreans of rank. He finally settled with his troops in the fertile region which surrounds the inlet known to Europeans as Broughton Bay.

19. Konishi, to whose lot the province of Pingan-to had fallen, pushed onward to the river Taitong-kiang where the Koreans had again assembled a force at Pingshang on its northern bank, and were prepared to make a last effort to stem the tide of invasion. Konishi arrived before Pingshang about the end of the 5th month. He was joined about this time by Kuroda and Yoshitoshi, the *Daimiö* of Tsushima, who had made their way northwards by a different route.

20. Here a third attempt was made to negotiate. A Japanese, unarmed and alone, appeared on the bank of the river, and planted on the gravelly strand a branch of a tree with paper hanging from it as a signal that he wished to communicate. He was observed from the opposite shore by some Korean officers, who had ascended a tower in order to reconnoiter the Japanese position, and a man was sent across in a boat to inquire what was his business. The Japanese produced a letter addressed to Ri Tokukei with which the Korean messenger returned. This letter asked for an interview at which to discuss conditions of peace, and a meeting was accordingly arranged between Ki Tokukei and Yoshitoshi. Genso, a priest who had been Yoshitoshi's colleague in his missions to Korea, was also present. The interview took place on the river, the skiffs which contained the two negotiators being moored side by side in the middle of the stream. After the usual greetings had been exchanged, Genso opened the conference by saying that it was the refusal of the Koreans to allow a passage for the Japanese army into China which had brought on the present war, and that even now, if a single road were thrown open for this purpose, their kingdom might escape destruction. But the Korean negotiator knew that such a concession would be fatal to the hope which they entertained of speedy aid from China, and replied that the unprovoked invasion of his country was inconsistent with the peaceful professions of the Japanese, and that if they really wished to conclude peace, they must withdraw their forces before the negotiation could proceed further. A blustering speech from Yoshitoshi brought the interview to a close, and the two boats returned to their respective sides of the river.

21. Negotiation having proved a failure, and a vigorous resistance being evidently intended by the Koreans, Konishi desisted for the time from further endeavours, and employed his men in constructing for themselves huts.

22. Pinshang was sufficiently garrisoned, and was abundantly supplied with provisions. The inhabitants, who had fled on the first alarm of the enemy's approach, had been induced to return to their homes by the assurance that the city would be strenuously defended, and there seemed to be favorable hopes of a successful resistance. But no combination of circumstances could make up for the irresolution, and utter want of confidence which prevailed among all classes. On the 11th day of the 6th month the Japanese made a demonstration against the town, but as they had no boats, and were unacquainted with the fords of the river, nothing was effected and they were compelled to retire. On the same day, how-ever, the King again set out northwards, this time continuing his flight until he reached Ichiu (儀州),[2] a fortified city close to the Chinese frontier. On his way he heard of the capture of Pingshang, a piece of news which led to fresh desertion among his court, and the inhabitants of the towns through which he passed were instigated by the same intelligence to pillage the stores of rice which had been collected by the government for the use of the army.

---

2 의주(義州)의 오기인 듯하다. 당나라 시대 산서성에 '儀州'라는 지명이 있었다.

23. The fall of Pingshang came about in the following way. The Korean generals having observed that the Japanese had greatly relaxed the vigilance of their watch, resolved to make a night attack on their camp. Their arrangements : however, were badly concerted, and it was almost dawn when the attacking force was assembled on the Japanese side of the river. The first onset was successful. Konishi was taken by surprise, and he sustained severe loss in men and horses, 300 or 400 of the latter being carried off by the Koreans. Kuroda's division, however, came to the rescue, and after a stubborn contest the Koreans were driven back to the riverbank, where they found that the boats which had brought them over were now moored in mid-stream, the men in charge of them not daring to approach the shore where their countrymen were so hard pressed by the enemy. Many were drowned, and although the bulk of the army recrossed by the fords, this had the disadvantage of betraying their position to the Japanese, who were not slow to make use of their information. They crossed the river on the same evening, and the city of Pingshang was at once abandoned by the garrison, disheartened by the failure of their enterprise of the previous night. Large quantities of arms had been flung by the Koreans into ponds within the city, but the stores of grain fell into the hands of the Japanese.

24. The Governor of Laotung, the province of China which borders on Korea, had been a close observer of the progress of the Japanese invasion. He at first thought it incredible that their army could have advanced so rapidly without the connivance of the Korean Government, and he was not satisfied until he had 'assured himself by sending a special agent to Pingshang that no treasonable understanding existed with the Japanese. The Chinese Government were equally difficult to convince of the good faith of the Koreans, but after some hesitation they consented to send them a small body of men who were to act as a body guard to the King. This detachment had entered Korea, and were on their way to Pingshang, when they heard of its capture by the Japanese, upon which they promptly withdrew again to the frontier city of Ichiu. The Korean Government, however, became more urgent in their appeals. They even offered to become subject to China in return for aid against the Japanese, and the Chinese Government were at last induced to send to their assistance a force of 5,000 men raised in Laotung. This army arrived in Korea early in the 7th month, and marched to Pingshang, which they attacked on the 16th of that month. The Japanese allowed them to enter the city and to become entangled in its narrow lanes, and then attacked them from advantageous positions which they had occupied previously. The Chinese were defeated with great loss, their general being among the slain, and they were so utterly demòralized by this disaster that they could not be prevailed upon to desist from their retreat until they were safe back in their own province of Laotung.

25. About this time, an event took place in the south of Korea which was pregnant with results of the highest importance. The Japanese fleet was stationed at Konchi (巨濟), a little to the west of Fusankai, where it had remained inactive since the opening of the campaign. Konishi now resolved to bring it round to the western coast, so as to co. operate with the army at Pingshang. But the Koreans, who at first had sunk or destroyed their ships in despair of successfully resisting the Japanese by sea, afterwards plucked up courage and assembled a new feet with which they appeared off the mouth of the narrow inlet .where the. Japanese navy was at anchor. By a feigned retreat they drew the Japanese after them to the open sea, and then, at a preconcerted signal, turned on their pursuers. In the engagement which followed, the superior artillery of the Koreans, together with a new kind of war-junk, in which the fighting men were protected from the enemy's fire by screens of planking, ensured them a complete victory. The Japanese were compelled to retire to Fusankai and to abandon their plan of prosecuting the campaign in the

north-west with the land and sea forces combined. It is probable that this decisive check not only restrained the further progress of the Japanese army in Korea, but preserved China itself from invasion. It also encouraged the Koreans in other parts of the kingdom to amuse a bolder attitude. Troops were assembled round Pingshang, which, although unsuccessful in their attempts against that city,' were able seriously to embarrass Konishi's movements, and the Korean armies in the centre and south of the country also took the offensive against the Japanese, if not with uniform success, yet without being invariably defeated as at the beginning of the war.

26. When the Chinese Government heard of the defeat of the Laotung troops at Pingshang, they set about preparing to send a second and larger army to the assistance of the Koreans, but as some months must elapse before it could be ready, they despatched an envoy to the Japanese general Konishi with proposals of peace. This envoy was a dissipated worthless fellow named Chin Ikei who had some knowledge of Japan and Japanese affairs gained from a man who had been carried off to that country by pirates, and detained there as a captive for many years. It is not clear what 'powers were conferred on him by his Government, nor whether there was any real intention of making peace with the Japanese, On the whole, it appears probable that Ikei's mission was nothing more than an expedient to gain time until the Chinese army should arrive in Korea. It was about the beginning of the 9th month when Ikei reached the head-quarters of the Korean army at Shun-an, a town a few miles to the north of Pingshang. He at once entered into communication with the Japanese, and arranged an interview with Konishi, Yoshitoshi, and Genso at a spot not far from that city. Ikei's courage in venturing among the Japanese with only three or four attendants was greatly admired by the Koreans, and drew from Konishi what was doubtless meant as a high compliment.

"Not even a Japanese," said he, "could have borne himself more courageously in the midst of armed enemies." A Japanese guard escorted Ikei back to his Korean friends, who little expected to see him return alive. On this occasion an armistice was concluded of fifty days, during which Ikei promised to proceed to Peking, and to return to Pingshang having made arrangements for a peace satisfactory to both parties. The character of the proposed agreement may perhaps be gathered from a document delivered to Ikei by Konishi. It stated that the invasion of Korea was owing to the refusal of that country to send embassies to Japan in recognition of those despatched to Korea by the Japanese Government. "Ikei's mission," he continued, "offered a favourable opportunity of making peace. Let him persuade his Government to send envoys to Japan as a mark of their friendly wishes. He would regard their coming with the highest satisfaction, and wait for fifty days in expectation of their arrival." Ikei promised to bring an answer within the time agreed upon, but on his return to Peking, he found an army of forty thousand men ready to march. His authority to treat with the Japanese was questioned, and in short his negotiations came to an abrupt end. No intimation of their tenor, except as to the truce of fifty days, was ever made to the Korean Government.

27. During the remaining months of the Japanese year corresponding to A. D. 1592 little change took place in the position of either party. The advantages gained were on the whole with the Koreans. In many parts of the country volunteer troops were raised, who carried on a guerilla warfare which greatly harassed the Japanese, and prevented them from venturing far from the strongholds which they occupied along the principal roads leading from Fusankai to Pingshang. The Korean army near the last-named place rendered an important service by detecting and executing a number of the spies in the pay of the Japanese. Those who escaped were deterred by the fate of their comrades from continuing so dangerous an occupation, and the Japanese were

consequently without intelligence of the approach of the formidable army which China was now sending against them. ,

28. The Commander-in-Chief of this army was named Ri Josho. He appears from the Korean history of the war to have been a bully, a braggart and, above all, a thorough coward. Reaching Shunan (順安) with his army towards the end of the 12th month, and finding that Japanese were still unaware of the danger which menaced them, he thought this a favourable opportunity for trying what could be done by treachery before openly commencing warlike operations. An intimation was conveyed to Konishi that Ikei had arrived, and that he wished to continue the negotiations of some months before. The news was received by the Japanese on the 1st day of the new year. They regarded this circumstance as a favourable omen, and were greatly delighted at the renewed prospect of peace. Konishi sent a guard of twenty or thirty men to meet Ikei and escort him to the Japanese head-quarters, but they fell into an ambush which had been laid for them by the Chinese commander, and all were killed except two or three, who brought back to Konishi the first intelligence of the arrival of a Chinese army.

Chapter II. The Retreat

29. It was on the 6th day of the 1st month of the Chinese year corresponding to A.D. 1593 that the Chinese army advanced against Pingshang. The Japanese garrison had little time for preparations of defence. It was too late for them to call to their assistance their countrymen stationed in the surrounding district, but they made a skillful use of the means at their command, strengthening their position by constructing palisades and throwing up breastworks loopholed for musketry. The attack was maintained for two days. Both sides fought with great determination, but the Chinese were far superior in numbers, and the Japanese were at last forced hack within the citadel, having sustained a loss of about sixteen hundred men. The Chinese general was too discreet to drive a beaten enemy to make a desperate resistance. He remembered the proverb, "When the rat is hard pressed, and cannot escape, it has been known to overthrow the cat," and on the evening of the second day's fight he withdrew his army without the walls of Pingshang, purposely leaving one side unguarded. During the night, the Japanese crossed the river on the ice, and a few forced marches placed them beyond all immediate danger of pursuit. Indeed, there was little disposition shown to follow them closely. Weary, footsore, and starving from cold and hunger, they pursued their way southward unmolested. Ri Josho made no attempt to follow them, and notwithstanding that the Korean generals who occupied positions near the Japanese line of march were strongly urged to cut off their retreat, none was found bold enough to attack the dreaded invaders even in their present well-nigh desperate condition. They had, however, the satisfaction of capturing and beheading some sixty unfortunate stragglers who, from sickness or fatigue, were unable to keep up with the rest of the army.

30. The fall of Pingshang was the turning point in the Japanese invasion of Korea. It became necessary for them to evacuate the whole province of Hwanhaido (黃海道), where they had numerous garrisons, and to concentrate their forces at some point further south. In the dead of winter, and in a country desolated by the war, this operation was accompanied by great hardships. It was at first intended to make a stand at Kaishŭng, but for strategical reasons this plan was abandoned, and the capital itself selected as the rendezvous for all the Japanese troops stationed to the north of this city. Among the generals whose position was rendered untenable by the reverse at Pingshang was Kiyomasa, who, along with Nabeshima, held the north-eastern province of Hankiungdo. Several castles in the south-eastern province which were garrisoned by this mien had been attacked by the newly

raised Korean levies, which was another reason for Kiyomasa to abandon his position in the north. He marched direct to their assistance, but was too late to prevent a disaster which rendered the situation of the Japanese in Korea still more precarious than before. The Koreans, who had flocked in numbers to the standard of a new and popular general, had already succeeded in capturing several of the most important strongholds[3] in this province, and as this was the first success of any consequence which the land forces of the Koreans had achieved, its moral effect was of no small importance. They even ventured to intercept Kiyomasa himself on his march southward, but he cut his way through, and effected a junction with Konishi.

31. After some delay, caused by the want of supplies, the badness of the roads and Ri Josho's disposition to magnify - these difficulties, the Chinese army, with their Korean auxiliaries, at length moved southwards, and on the 24th day of the 1st month arrived

---

3 The following incident, which occurred at one of these sieges, shows that bomb shells were used in this war by the Koreans. "A man called Chöson invented a cannon called Shin-ten-rai or licnven shaking-thunder, which by his art he secretly brought to the foot of the castle. It was put in operation and shot into the castle, where it fell in the courtyard. The Japanese troops were ignorant of its construction, and rushed forward to see what curious missile had been shot at them by the enemy, when all of a sudden the gunpowder poison burst forth, with a noise which made heaven and earth to tremble, and it broke up into splinters of iron, which caused instant death lo any one whom they struck. More than thirty men were killed in this way, and even those who were pol hit were flung to the ground."

at Pachiung (坡州), one day's march from the capital, where on the same day a council of war was being held by the Japanese commanders. Most were in favour of retreating to Fusan, but Kiyomasa and a few other bold spirits could not bear to relinquish without a struggle the fruits of their victories, and it was ultimately resolved to make a stand and give battle to the Chinese. Fearing that, when they were engaged with the enemy without the walls, there might be an outbreak among the remnant of a native population which still inhabited the capital, the Japanese massacred all the Korean towns-people except a few who were useful to them as porters and as camp-followers, and destroyed by fire all that remained of the city.

32. Near Pachiung, the Chinese and Japanese met for the first time in the field. A bloody skirmish, in which a party of Chinese and Koreans had the advantage, had encouraged Ri Josho to assume the offensive. He advanced with a considerable force towards the capital, a little distance to the north of which he was encountered by a division of the Japanese army. In the engagement which followed, the Chinese were repulsed with great loss, the success of the Japanese being due partly to their superior tactics, and partly to weapon, the famous katana. The Korean historian, of the war informs us that in this battle "the Chinese had no firearms-only short blunt swords. The Japanese, on the other hand, were foot-soldiers, armed with swords three or four feet long. With these they stabbed and slashed, so that none could stand before them." Many of Ri Josho's personal followers were slain in this engagement, and he was himself so much discouraged that he at once withdrew to Tongpa (東坡) and from thence to Kaishung. In his despatches to his government he reported that the Japanese were 200,000 strong, and requested that a successor might be appointed to him, as he was in weak health, and could not longer endure the hardships of the campaign. At Kaishung, a rumour reached him that Kiyomasa was on the march from the province of Hankiungdo to attack the city of Pingshang. He was glad to have so good an excuse for increasing his distance from the Japanese, and fell back on Pingshang, leaving a few hundred men to occupy Kaishung.

33. At this time Korea was indeed in a pitiable condition. Weighed down by the burden of maintaining two foreign armies, of which the ally was scarcely less oppressive than the enemy, the population were reduced to the greatest straits for subsistence. Many thousands died of famine, and minister Riu's lodgings were besieged by crowds of famishing wretches, to whom he doled out a mixture of one part of rice flour with ten parts of a powder made

by pounding down the leaves of the fir.

34. With the country in this exhausted condition, and with the roads rendered impassable by the winter rains, military operations had become well-nigh impracticable, and the Chinese and Japanese armies remained for a time inactive. The position of the latter, however, became daily more untenable, as the country became more destitute of resources, and the Korean irregular troops, who swarmed on all sides of them, became daily bolder, until at last the Japanese had to content themselves with what store of provisions they had laid up within the city, not venturing to send out forage parties into the surrounding country. Disease was rife in both armies, and large number of the horses of both camps were carried off by an epidemic.

35. Both Chinese and Japanese were now anxious for peace. One of the Japanese generals having intimated a desire to come to terms, Ikei, notwithstanding his previous treachery, had the courage to venture once more into the Japanese camp, and to recommence the work of negotiation. Among the points discussed on this occasion are said to have 'been the following :Peace between China and Japan ; -recognition or investiture of Hideyoshi as King of Japan ; -cession of Korean territory to Japan ; — tribute payable by Korea to Japan. There was also talk of a Chinese princess be-

ing given in marriage to the Kōtei, i.e. the Mikado, of Japan. The points mainly insisted on by Ikei were the surrender of the captive Korean princes and high officials, and the withdrawal of the Japanese to Fusankai, which was to be accompanied by the simultaneous retirement of the Chinese army from Korea. But there were serious obstacles to the success of these negotiations. Kiyomasa was unwilling to give up his prisoners without express authority from Hideyoshi, and Riu, burning with a revenge for his country's wrongs, steadily urged Ri Josho to make no terms with the brigands from Japan. Nor had either party the least confidence in the good faith of the other- a difficulty which Ikei was not exactly the man best fitted to remove. He was accordingly recalled, and other envoys were sent in his place, but they had little better success. The only tangible result of the negotiation was the stipulation by the Japanese to evacuate the capital on the 19th day of the 4th month. The Chinese army entered the city on the following day. They had been gradually drawing nearer during the progress of the negotiations.

36. There was probably also some understanding in the nature of an armistice between the Chinese and Japanese, for we find that the latter, in spite of Riu's remonstrances, were allowed to retire, peaceably to the neighbourhood of Fusankai, where they en-

trenched themselves in fortified camps, and that they were accompanied by Ikei and his colleagues, who were on their way to Nagoya (now Karatsu), where Hideyoshi was then staying. The Chinese army followed the Japanese some weeks later, and took up their quarters at Kiosho (居昌) and other places in the same vicinity.

37. The Chinese ambassadors arrived at Nagoya on the 23rd day of the 5th month, and were received by Hideyoshi in the most friendly and magnificent manner. During their stay, which lasted till the beginning of the 7th month, the chief nobles of his court vied with each other in their attentions to the strangers. Every day saw some fresh entertainment in their honour. Hideyoshi set the example himself by inviting them to a banquet as soon as they arrived, when the ceremony of exchanging wine cups--the neglect of which was complained of by the Korean envoys-was not - forgotten. Presents of silk stuffs, robes, money and swords were levished on them. They were greatly delighted with the scenery of the neighbourhood and they composed verses in its praise which have been preserved to us in the Japanese histories. To add to their enjoyment, Hideyoshi entertained them with a fête, of which the principal feature was a procession of boats, a minute description of which has been handed down to us.

"Several hundred barges, with the ensigns and pennons of the various daimios waving to the breeze, rowed past in order over the surface of the sea. The chief boatmen and their mates chanted a song as they plied their oars, and the loud voices of the crews, numbering many hundreds, echoing far over the sea, arose to the breaking billows. Hideyoshi shared the same barge with the ambassadors. It was adorned with the utmost elegance and splendour. Two hundred lances with tiger-tail sheaths and tens of halberds inlaid with gold were set up on the bows. There hundred foot soldiers, all clad alike in scarlet jackets, formed a guard of honour. Sake was served, and the pleasure of the day was enhanced by the presence of singers of the two famous schools of Kwanze and Komparu."

38. It has been stated that a Treaty of Peace was concluded on this occasion, but an apparently authentic account of the interview at which Hideyoshi discussed political matters with the Chinese envoys, shows that no definite terms of peace were made. Both parties exchanged the most friendly assurances, and agreed to throw the blame of all that had happened on the Koreans, who, as usual, were kept in the dark about everything which passed. This embassy had, however, one important result. Hideyoshi, as an earnest of his willingness to make peace with China, consented to

release the Korean princes and grandees who had been made captive by Kiyomasa, and Ikei returned to Korea in advance of his colleagues, bearing instructions that they should be given up. That nothing more was intended by this friendly measure is shown by the fact that almost simultaneously the Japanese army, by Hideyoshi's orders, advanced against Chinchiu (晋州), a castle about fifty miles west of Fusan, which they had already made an unsuccessful attempt to take. The Koreans assembled a large force at a town east of Chinchiu and endeavoured to check the advance of the Japanese, but, to use the words of one of their generals, they were more like a flock of birds than an army, and offered but a feeble resistance. They were defeated with great slaughter, and the Japanese immediately afterwards invested the castle. At this siege Kiyomasa is said to have used a testudo made of ox hides stretched on a framework, which was pushed forward on wheels to the base of the castle wall. Under its protection, the corner stones were removed by crow-bars, and the wall fell, leaving a breach by which the Japanese effected an entrance. The Korean losses amounted, according to Riu, to 60,000 men, the greatest which they had suffered since the war began. This was the last fighting of what has been called the first invasion. The Japanese levelled the castle with the ground, and then returned to their former quarters in Fusan and its neighbourhood, where they awaited the result of the negotiations with China.

Chapter Ⅲ. Negotiation

39. While their diplomatists were engaged in negotiating a formal Treaty of Peace, the three countries were now to enjoy a few years of precarious quiet. China and Japan were sincerely desirous of putting an end to the war, and the Koreans alone were reluctant that any compromise should be made with the enemy whom they so bitterly detested. Still graver obstacles, however, to the success of the negotiations were the difficulty in bringing about any real understanding between the haughty Hideyoshi and a court whose sole idea of foreign relations then, and perhaps even now, was to accept graciously the homage and tribute of the outer barbarian, or to chastise his insolence when he proved contumacious, Nothing less would satisfy the Chinese than to place Hideyoshi in the position of a humble vassal, who sought by offering tribute to have his offences condoned, and Ikei was accused by the Koreans of systematically humouring the pride of his Government by keeping up the fiction that the Japanese were suppliants who offered their submission and sued for pardon.

He was said to have always substituted in his reports to his

Government the word 'submission for peace,' the word actually used by the Japanese, and a document brought over by an envoy named Konishi Hida no Kami, who accompanied Ikei back from Japan, was described to the Koreans as 'Hideyoshi's letter of submission.' Konishi proceeded with this letter as far as Laotung, where he was detained by order of the Chinese Government, who had heard of the expedition against Chinchu, and were unable to reconcile it with Hideyoshi's pacific assurances. It was suspected that the document which he bore was a forgery of some of the Japanese generals who were tired of the war, and longed to return to their own country. Ikei did his best to smooth matters over, and his efforts were seconded by the famine which continued to rage, and which made the stay of either Japanese or Chinese in Korea extremely difficult. Towards the end of the year (1594) the Chinese withdrew from the country altogether. Most of the Japanese were also recalled, a small garrison being left in and about Pusan, and the King of Korea was at last enabled to return to his capital and take up his residence there. About this time he received a Chinese official who had been sent to impress on the Korean Government the necessity of making peace. The following characteristic specimen of the language held by this officer is preserved in the pages of the Korean historian Riu.

40. "The vehemence of the Japanese slaves when they invaded your country was like splitting bamboos. They established themselves in the three cities of Pingshang, Kaisshing and the Capital : they took your princes and ministers. Our Emperor in his indignation raised an army which in one battle took Pingshang and again advancing, captured Kaishúng. At last the Japanese slaves abandoned the capital and fled, and sent back the captured princes and ministers, they have also restored your territory for two thousand li. Our money expenditure it is impossible to estimate, and our losses in men and horses have been very great. No further protection will be vouchsafed by the Imperial Government to its dependency : the extreme kindness of the Emperor has already been carried too far. It is needless any more to transport supplies or to wage war. The Japanese slaves, in dread of our might, have begged for peace and have asked permission to render tribute. The Emperor has been graciously pleased to accept their tribute, and to receive them into the number of his outer vassals. They will all be driven beyond the sea, and will not return to attack you. The most far-sighted policy on your part is to rest from war and to unravel confusion. Your supplies are exhausted : your people devour one another. On what do you place reliance when you wish for war? We will no longer supply your country with stores, and if we cease to accept tribute from the

Japanese slaves, they will assuredly turn their wrath against Korea, and bring your country to ruin. Would it not be better to take counsel beforehand? When Kowtsien was beaten at Kwaike, would he not gladly have eaten the flesh of his enemy Fucha? 'Yet for a time he bore his disgrace, and contained his mortification, awaiting the time for his revenge. In that case, the prince became a vassal, the wife became a concubine. But here we have made the Japanese slaves ask leave to accept the position of vassals and concubines to the Central Land."

41. The Korean Government, after long hesitation, at last consented reluctantly to make peace. Konishi Hida no Kami, who had been detained all this time in Laotung, was now permitted to proceed to Peking, where he gave his solemn adhesion to the three articles of peace thus briefly recorded.

I.-To grant investiture-not tribute.

II.-All Japanese to leave Korea.

III.- Never again to invade Korea.

42. In spite, however, of the so-called treaty signed by Konishi, peace was still far from being assured. The Japanese generals at Pusan apparently considered that they were not bound by it, for when the Chinese envoys arrived in on their way to Japan to carry out the agreement by which Hideyoshi was to receive investiture as King of Japan, they found Pusan and some of the neighbouring towns still occupied by Japanese garrisons. The envoys protested against this failure to carry out the treaty, and said they were instructed not to leave Korea so long as a single Japanese soldier remained in the country. The Japanese consented to evacuate several of the castles held by them near Pusan, but insisted on retaining that city itself and one or two smaller places as a guarantee of the good faith of the Chinese, which on former occasions they 「had had」 to suspect. They agreed, however, to abandon Pusan also as soon as the Chinese ambassadors gave proof of their friendly intentions by coming into the Japanese camp. The junior ambassador did so in the 8th month of the year 1595, but the Japanese were not satisfied until the senior ambassador also trusted himself with them. No sooner had he done so than fresh difficulties were made. The Japanese generals now refused to give up Pusan without renewed instructions from Hideyoshi, and Konishi Yukinaga went to Japan for the purpose of conculting (consulting) him. Konishi did not return until the first month of the following year (1596), but as here was still no definite order to withdraw the troops, Ikei left the two ambassadors at Pusan and went to Japan with Konishi to arrange the ceremonies, as he said, for the reception of the ambassadors. Nobody knew what the real object of his visit was. During his absence, which was very protracted, the chief Chinese ambassador, who was a timid man, was persuaded by some one that the Japanese did not really want investiture, but that their object was to make prisoners of him and his friends, and to treat them with harshness and contumely.

He was terribly alarmed, and fled from the Japanese camp at midnight disguised and unattended, leaving behind him even his seals of office. The next morning his flight was discovered by the Japanese, and parties were sent out in all directions in pursuit of him, but without success. He escaped by by-ways among the hills, suffering great hardships, until he at last reached Kiung chu, from which place he journeyed back to his own country. His colleague remained quietly behind and reassured the Japanese, who at first did not know what to make of the sudden disappearance of the senior ambassador. On Ikei's return with Konishi, the castles of Sesukai and Takejima were given up to the Koreans, leaving only Pusan in the hands of the Japanese. With this concession the Chinese ambassador seems to have contented himself, for after a little further delay, caused by the unwillingness of the Korean Government to appoint an ambassador to accompany the Chinese envoy, the embassy at length sailed from Korea. It consisted of the junior Chinese ambassador, with

Ikei, and two Korean officers who accompanied, the latter in a subordinate capacity. They landed at Sakai on the 8th month, 1596, and proceeded a few days later to Kioto, where they arrived shortly after the great earthquake of that year.

43. Great preparations had been made for their reception, and at first it seemed as if everything was about to pass off harmoniously. The first discordant note was struck by Hideyoshi taking umbrage at the circumstance that the Korean princes had not come in person in thank him for their release, but had allowed themselves to be represented by officers of inferior rank. These officers were not admitted to his presence, and were excluded from the audience given to the Chinese in the Castle of Fushimi on the 2nd of the 9th month, when the ceremony of investing Hideyoshi as King of Japan was performed with great state in the present of all his court. It consisted in presenting to him the patent of investiture, with a golden seal and a crown and robe of state.

44. Hideyoshi gave a banquet on the following day to the two Chinese ambassadors, at which he wore his crown and robe, and sat on a raised dais, the ambassadors being seated on a lower platform. The members of Hideyoshi's Court who were present also wore the robes and caps of honour presented to them by the

Emperor of China.

45. After this entertainment, Hideyoshi retired to a summer-house in the garden of the Castle, where he had commanded two learned priests to meet him to explain the Patent of Investiture. He was himself not only ignorant of the Chinese written character, but despised it, and once declared that when his scheme of conquering Korea and China was carried out, he would compel those countries to adopt the Japanese phonetic system of spelling. Konishi, who was now in Kiöto, having accompanied the Chinese ambassadors from Korea, looked forward with great apprehension to the reading of the Patent, which he knew well to be the critical moment of the whole proceedings. He took the precaution of having a private interview with the priests, and strongly impressed on them the expediency of modifying, in their translation of the document, any expressions which might seem calculated to wound Hideyoshi's pride. But they were too conscientious to accept this advice, and interpreted it faithfully. It ran as follows :_

46. "The influence of the holy and divine one (Confucius) is widespread ; he is honoured and loved wherever the heavens overhang and the earth upbears. The Imperial command is universal ; even as far as the bounds of ocean where the sun rises, there are

none who do not obey it.

"In ancient times our Imperial ancestors bestowed their favours on many lands ; the Tortoise knots and the Dragon writing were sent to the limits of far Fusang (Japan), the pure alabaster and the great seal character were granted to the mountains of the submissive country. Thereafter came billowy times when communication was interrupted, but an auspicious opportunity has now arrived, when it has pleased us again to address you.

"You, Toyotomi Taira Hideyoshi, having established an Island Kingdom, and knowing the reverence due to the Central Land, sent to the west an envoy, and with gladness and affection offered your allegiance. On the north you knocked at the barrier of ten thousand li, and earnestly requested to be admitted within our dominions. Your mind is already confirmed in reverent submissiveness. How can we grudge our favour to so great meekness?

"We do therefore specially invest you with the dignity of King of Japan, and to that intent issue this our commission. Treasure it up carefully. Over the sea we send you a crown and robe, so that you may follow our ancient custom as respects dress. Faithfully defend the frontier of the Empire ; let it be your study to act worthily of your position as our minister ; practice moderation and self-restraint ; cherish gratitude for the Imperial favour so bountifully bestowed upon you ; change not your fidelity ; be humbly guided by our admonitions ; continue always to follow our instructions.

"Respect this!"

47. The patent was accompanied by the following letter of instructions :

48. "We, in reverent obedience to the command of Heaven, rule over all countries. Our peaceful reign is not over the Central Land alone ; we are not contented until there is none who is not happy throughout the whole world within and without the seas, wherever the sun and moon shine.

"You Taira Hideyoshi of Japan, lately made war on Korea, a country which for two hundred years has been tributary to this Empire. The Koreans having appealed to us in their distress, our indignation famed forth, and we despatched a body of troops to their assistance. But it was against our real wishes to resort to bloodshed, and when your general Toyotomi Yukinaga sent his messenger Fujiiwara Yukiyasu (Konishi Hida no Kami) to explain the reason of your sending an expedition and making war, viz., that it arose in the first place from your desire to request investiture from this Empire, that you had asked Korea to prefer this petition on your behalf, but that that country had thrown obstacles in the way, and would not consent to communicate to us your wishes. This you said had excited your opposition and was the cause of troubling the Celestial troops. You showed regret for your error, and retired, giving up the royal capital of Korea and sending back the captured princes and grandees. You also presented a respectful memorial embodying the above-mentioned request.

"The general purport of your communications was reported to us by our ministers. But your people again attacked the Korean town of Chinchu, a conduct which betrayed a feeling contrary to your protestations, and we therefore declined to give you an answer. A short time ago, however, you reiterated your request through King Riyen of Korea ; and it was further reported to us that the Japanese at Pusan had given no trouble for years, but were awaiting the arrival of the envoy of investiture, and showed themselves thoroughly respectful and loyal. For these reasons we specially 'summoned Fujiwara Yukiyasu to our capital, where we assembled our civil and military officials in our Court, and caused thein fully to investigate the facts. The original Treaty of three clauses was amended, and it was stipulated that all the Japanese at Pusan should now be withdrawn, leaving not a single man behind ; that the matter would be considered as settled by the grant of investiture, the claim for a tribute- market being dropped, and that you would not again commit a breach of friendly relations by a second time invading Korea. When the true facts of the case were manifested, your respectful loyalty was at length proved ; and we left compelled to abandon our suspicions, and to rejoice that you join with us in doing good. We therefore first instructed Chin Ikei to proceed to Pusan, and to notify to your people that they must all return to their country, and afterwards sent a special embassy consisting of Ri Sosei as chief, and Yo Hôkio as assistant ambassador, with due authority to invest you, Taira Hideyoshi, as King of Japan, and to bestow on you the golden seal and robe appertaining to that dignity. We have also bestowed dignities on all your subordinate officials according to their respective merits, making a liberal distribution of our favours. We also make proclamation to the people of your country and enjoin on them to be obedient to your orders : let none to disregard them! Let your dynasty dwell in the land from generation to generation and rule over its inhabitants.

"The investiture was first granted to your country by our ancestor, Emperor Ching-tsu (1403-1425), so that this is now the second time of doing so. Our favour to Japan may well be said to be of old standing.

"Now that you have received investiture, sedulously observe the three articles of the Treaty ; steadfastly maintain your singleness of heart ; show your gratitude to this Empire by your royal behaviour ; by sincerity and justice preserve peace with all countries. In regard to the dependent savage tribes on your borders, be studious to apply measures of repression and restraint so as to prevent trouble from arising along your coasts. We trust that you will constantly endeavour to make the people of your sixty-six islands live together in harmony : let it be your aim to cause those who have been torn away from their proper avocations to settle down peacefully, and give them an opportunity of being reunited to their parents and families. By so doing you will carry our wishes, and will act in accordance with the will of Heaven above. With regard to the question of rendering tribute (i.e., the opening of Ningpo to foreign commerce), it is indeed a proof of your respect and fidelity. But our officers by the margin of the sea understand warlike defence. Their movements are uncertain as the winds and waves ; stones and gems are hard to be distinguished.[4] Why should we exact a recompense from those who are already confirmed in in the practice of submissiveness? Everything is now pardoned, and occasions of offence will be avoided in future.

---

4 The meaning of this mysterious sentence is perhaps that the local mandarins of Ningpo were a turbulent, warlike class, who could not be depended on to conduct the commercial relations with the Japanese, and might mistake their peaceful trader for the pirates of that nation who then infested these seas.

"Respectfully follow our commands : let there be no deviation from them. Severe is the glance of heaven : resplendently bright are the Royal precepts.

"Respect this!"

49. The language of these documents at last brought home to Hideyoshi the real meaning of the Ho-o or investiture. Konishi's fears that he would be displeased were realized to the full. He flew into a violent passion, exclaiming, "I don't want his help to be made King of Japan. What Yukinaga (Konishi) led me to believe was that the chief of the Mings was to acknowledge me as Ming Emperor." He tore off the crown and robes and flung them on the ground with the commission, and sent for Konishi, that he might cut off his head on the spot for his deception. He was somewhat pacified, however, by the priests, who pointed out to him that it was an ancient custom for the countries neighboring to China to receive investiture from her, as she surpassed them all in civilization, and that it was really an honour to Hideyoshi that his fame and deserts had compelled so signal a recognition. Konishi, too, had no difficulty in showing that the three commissioners whom Hideyoshi had entrusted with the supreme control of the expedition were equally responsible with himself for everything that had been said and done, and he was accordingly al-

lowed to escape ; but the investiture, as Hideyoshi now understood it, was more than he could reconcile himself to. He ordered the ambassadors to leave Japan at once without any answer or even the compliments to themselves and their sovereign demanded by eastern diplomatic usage. On reflection, however, he judged it politic not to carry his quarrel with China any farther just then, and allowed himself to be persuaded to give suitable presents to the Chinese ambassadors. All his anger was turned against Korea, which as usual was made the scape-goat. He vowed that he would never make peace with that unhappy country, and at once gave orders to prepare a fresh expedition. Even the heads of the two Korean officers were for a moment in danger. The embassy left Kioto on the following day. At Nagoya, where they were, detained by contrary winds, they were overtaken by a messenger bearing a letter from Hideyoshi, which they hoped might be an apology, but which turned out to be nothing but an enumeration of the wrongs which that meek and inoffensive personage had suffered at the hands of the Koreans, viz., when the Korean ambassadors came to Japan some years before, they had concealed the state of things in China-offence No. 1. At the request of Chin Ikei, the Korean princes had been released, but they had not come to render thanks in person : they had sent instead two officers of mean position-offence No. 2. The Koreans had for several years impeded the negotiations of peace between China and Japan-offence No. 3. On the return of the ambassadors to Korea in the 12th month 1596, this document communicated to King Riyen, who in great alarm appealed again to China for assistance to repel the new invasion which new threatened him.

Chapter IV. THE SECOND INVASION.

50. Almost simultaneously with the arrival of the Chinese Envoys at Pu-san, Kato Kiyomasa and Konishi Yukinaga returned to Korea. They were followed not long after by reinforcements for the scanty garrison which had been left there while the negotiations were proceeding. The Japanese employed the early part of the year corresponding to A.D. 1597, in strengthening their position. The defences of Pu-san were put into through repair. The Korean Governors of Yang-san and of several other posts in the vicinity were driven out, and Japanese garrisons stationed in these places. Great efforts were made to conciliate the native peasantry, Kiyomasa announcing that he did not wish to make war on them, and enjoining on them to remain quietly at home.

51. Meanwhile, the Chinese Envoys Fang-hsiang[5] (方享) and

---

[5] In this Chapter I have followed the Chinese (Pekingese) pronunciation for Chinese names, and the Korean pronunciation for Korean names. These two names were

Wei-ching (惟敬) proceeded to Peking, where they made desperate efforts to conceal the failure of their mission. They declared that Hideyoshi was deeply grateful for the marks of the Imperial favour bestowed upon him, and in token of his gratitude had sent as tribute some of the productions of his dominions. These turned out to be velvets and red woollen cloth, which, were at once seen to be no production of Japan, and the absence of a letter of thanks from Hideyoshi confirmed the suspicions excited by the extraordinary character of the alleged presents. Intelligence of the proceedings of the Japanese generals at Pu-san, which now began to reach Peking, increased the excitement there. The Minister of War, Shih-hsing (石星) who had charge of the relations with Korea, was called upon for explanations. He in turn demanded them from Fang-hsiang and Wei-ching. The latter said that all the Japanese wanted was to give the Koreans a lesson in good manners, and maintained that they would cheerfully submit to the decision of China ; but Feng-hsing, seeing that evasion was useless, confessed the truth, and produced a private correspondence with Shih-hsing, which showed that he had been all along aware of the deception,' and that the purchase of the velvets and scarlet cloth had been : in fact his own suggestion,

---

Ho-kið and Ikei in the previous chapter, in which, the Japanese pronunciation was followed.

prompted by the wish to patch up the investiture difficulty and have peace at any price. Shih-hsing retaliated by exhibiting the private letters he had received from Fang-hsing ; but the facts were too strong for him, and he was obliged to give up his post in disgrace, Nothing more is heard of Fang-hsing, and as Wei-ching's name will appear no more in this narrative, his subsequent history may he told in a few words. He was sent back to Korea to take up again the broken thread of negotiation ; but finding all his efforts useless, he was afraid to return to China, and attempting to take refuge with the Japanese, was arrested, imprisoned, and subsequently beheaded

52. In the third month of this year, the Chinese Government appointed Hsing-chieh (邢玠), Minister of War, as Commander-in-Chief of a fresh expedition against the Japanese invaders of Korea. Under him served Yang-kao (楊鎬), Makuei (麻貴), and Yang-yüan (楊元). The last-named general, with 3,000 Chinese troops, arrived in Soul in the 5th month. After a few days' stay there, this force proceeded to Nam-wŏn, an important stronghold in Chöl-la-do, and occupied it in conjunction with some Korean auxiliaries. While awaiting the advance of the Japanese, they deepened the moats, added to the height of the parapets, planted chevaux-de frise, and strengthened the defences of the place in every possible way. Chön-ju, in the same province, was also garrisoned : by the Chinese, and the Koreans made preparations to defend several towns in Kyongsang-do against the Japanese.

53. Neither the Chinese·nor Japanese showed much eagerness to begin active operations. The Chinese Government wished to take advantage of the present position of affairs to strengthen their hold on Korea, and delayed the advance of the troops until Korea should consent to a scheme for placing the administration of the eight provinces in the hands of Chinese officials. The King was obstinately opposed to this project, which he regarded as little different from entire annexation, and he refused to let it be carried out. The Japanese had now received strong reinforcements, and numbered about 130,000 men ; but their advance was hindered by the want of provisions, so that they were obliged to wait either till the grain ripened in Korea, or till supplies were sent to them from Japan. By Hideyoshi's orders the former course was adopted, and the 1st day of the 8th month was fixed on for the advance towards the interior of Korea.

54. Hostilities were first begun by the Korean navy. A squadron of ships, under the command of an officer named. Wön-kiun (元均) attacked the Japanese fleet at Pu-san in the early part of the seventh month. Wön kiun had obtained his appointment by intrigu-

ing against his predecessor, Sun-sin, a man of exceptional merit, and was not only utterly incompetent, but extremely unpopular with his men. Under him the Korean navy had rapidly fallen into a state of disorganization. The Japanese, on the other hand had been stimulated by their former defeats at sea to give greater attention to naval matters. Wön-kiun was aware of the folly of attacking them ; but as he had been the loudest to inveigh against the alleged supineness of his predecessor, he could not himself refuse to take active measures when they were urged on him. He was therefore induced to advance with his fleet to Pu-san, where he arrived late in the day, with his men : exhausted by long work at the car and weak with hunger and thirst. The Japanese had little difficulty in repelling their attack, and as weather was unfavourable and night was coming on, the Koreans could not renew it. They withdrew to the island of Ka-tök, where the crews immediately rushed ashore for water to quench their thirst, and were attacked by the Japanese on the island, losing four hundred of their number. Wön-kiun then retired to Köje-do. The Korean Commander-in-Chief had him flogged for his failure ; but this, instead of encouraging him to greater effort, only brought on one of his periodical fits of drunkenness, and he and his fleet soon after fell an easy prey to the Japanese. Only a few ships, which made a timely retreat, were saved from the general destruction.

55. The victory threw the sea open to the Japanese, and they now prepared for a general advance. Their first operations were directed against Nam-won. The land forces proceeded westwards in three columns, while the ships landed a detachment at Kwang-yang a town at the mouth of the river leading up to Namwon. The Chinese garrison of Namwon had been expecting assistance from Chon-ju, which was prevented from arriving by one of the columns of Japanese despatched in that direction, and they were in consequence much discouraged and discontented. After some unimportant fighting, the Japanese effected a lodgement among the stone and mud walls below the castle, the remains of the town which had been purposely destroyed by the Chinese : They then put into execution one of their warlike stratagems. They cut down and bound in sheaves all the grass and grain in the neighbourhood, and carrying it by night to the moat, filled it up to a level with the walls. The castle was then taken by assault , and the whole garrison put to the sword, with the exception of the Chinese general Yang-yuan, and a few others, who effected their escape with great difficulty. One authority gives 2,000 as the number of heads taken by Japanese on this occasion ; another states that 3,726 was the number, and adds that the heads of the officers, and the noses only of the private soldiers were pickled in salt and lime and forwarded to Hideyoshi in

Japan.

56. After the capture of Nam-won the Japanese advanced northwards. On the 20th of the 8th month they occupied Chön-ju, which had been abandoned on their approach. Kong-ju, the chief town of Chhung-chhöng-do, where the Chinese General Ma-kuei had prepared to make a stand, was also evacuated, and thus the Japanese in a few weeks became masters of nearly the whole of the three southern provinces of Korea. Their near approach caused great alarm in Soul. The ladies of the palace were sent away for safety, and the question of the King's again leaving the capital was warmly discussed by the Government. The Japanese, now advanced as far north as the neighbourhood of Chiksan, on the northern boundary of Chhung-chhöng-do. This town, as well as Suwon in Kyöng-kwi-do, was held by the Chinese in considerable force, and an obstinately contested battle was fought near the former place, in which both sides claimed the advantage. To the Japanese, however, anything short of a decisive victory, which would have enabled them to establish themselves in the capital, was almost equivalent to a defeat. The severe Korean winter was approaching, and, in the ravaged state of the country, supplies were extremely difficult to obtain. The Korean fleet, too, had been reorganized by its former commander, I Sun-sin, and was again becoming formidable. The island of Chin-do, at the S. W. extremity of the Korean peninsula, was its station, and in some slight engagements with the Japanese near this place the Koreans had the advantage. They had also been reinforced by some Chinese war-vessels, with whose commander Sun-sin managed to maintain cordial relations.

57. Under these circumstances, the Japanese resolved to abandon their conquests, and to retire again to the southeastern corner of Korea, where they occupied a line of fortresses extending from Sun-chhön in Chö-la-do on the west, as far as Yöl-san in Kyong-sang-do on the east.

58. The Chinese Commander-in-Chief, Hsing-chieh, did not cross the Am-nok-kang into Korea till the middle of the 11ith month. He arrived at Soul on the 29th of that month, and a few days after assumed command with great ceremony, announcing this important fact to Heaven and Earth before his troops, assembled to the number of 40,000 men. The Chinese then proceeded southwards in three divisions, Hsing-chieh remaining behind in Soul. The divisions commanded by Yang-kao and Ma-kuei met in Kyong-ju on the 20th of the 12th month, when they agreed to direct their operations in the first place against Yöl-san, then held by a garrison of Kato Kiyomasa's men. Yöl-san was a naturally

strong position, with convenient communication with Pu-san both by land and sea. The Chinese, after some fighting, succeeded in cutting off the communication by land, and then invested the place, which, apart from its natural strength, was in other respects ill-prepared to stand a siege. The Japanese were soon driven from an outer line of hastily constructed palisades into the castle itself, which the Chinese made repeated but fruitless attempts to take by assault. The losses were so considerable that it was decided to convert the siege into a blockade, a plan which the scarcity of provisions among the Japanese almost rendered successful. Their supplies of rice were soon exhausted, the cattle and horses in the castles followed next, and officers and men alike were in a short time reduced to the greatest extremities. They chewed earth and paper, and, stealing out by night, thought themselves fortunate if they could find among the corpses lying outside the walls some dead Chinaman whose haversack was not entirely empty. The siege, however, was not allowed to last long. Early in the New-Year (1598) Kuroda, Hachisuka, and other Japanese generals came to Kiyomasa's assistance. The Chinese were obliged to raise the siege, and retired. followed by the Japanese, who inflicted considerable losses on them during their retreat to Sōul.

59. In the spring of 1598 the Chinese, having received further reinforcements, again took the field. On hearing of their advance, Konishi Yukinaga advised that Sun-chhon and Yöl-san should be abandoned, and that all their forces should be concentrated at Pusan ; but Hideyoshi, to whose this propositon was referred, indignantly refused to entertain it. He recalled a part of the army, however, about this time, leaving 60,000 men to garrison the towns still held by the Japanese in the south of Korea.

60. Much of the summer of this year was spent by the Chinese in fruitless attempts against Sun-chhön and Yöl-san. They were at first more successful at two intermediate points, Kon-yang and Sö-chhön in the S. W. corner of Kyönysang-do ; but here too they were ultimately driven off with great slaughter. The estimate given of the number of Chinese heads taken at a battle fought before Sö-chhön is 38,700. They were buried by the Japanese under a tumulus ; but the ears and noses had previously been cut off, packed in barrels, and sent to Japan, where they were subsequently deposited near the Temple of Dai-butsu in Kioto, and a mound raised over them which is known to this day as the "Mimi-dzuka" or "Ear-mound."

61. The battle of So-chhön was fought on the 1st day of the 10th month, and a week later news arrived from Japan of the death of

Hideyoshi, at Fushimi, on the 8th of the 8th month. Before his death he had resolved to recall all his troops from Korea, and his dying words were an injunction to Iyeyasu not to let his great army become ghosts to haunt a foreign land. Iyeyasu willingly compiled with his wishes, and orders were despatched, in consequence of which the Japanese troops in Korea began to return home in the 11th month. It was alleged that the Chinese had previously agreed to an armistice, but neither party had much reason to put great faith in agreements of this kind, or to complain if they were not adhered to. If there was an armistice, it was broken by the Chinese and Korean fleet, which attacked one division of the Japanese when on their way home. The Japanese made a desperate resistance, but were at last obliged to abandon their ships and take refuge in the island of Nam-hai, where they were subsequently rescued by one of the other commanders, after which the Japanese were allowed to make good their retreat without further molestation.

62. The war was now at an end, but some years elapsed before friendly relations were renewed between Japan and Korea. The disturbed state of Japan, consequent on Hideyoshi's death, for some time prevented Iyeyasu from turning his attention to foreign affairs ; but his authority was firmly established by the vic-

tory of Sekigahara in the year 1600, and in the following year he instructed the Daimio of Tsushima to intimate to the Korean Government' that any peaceful overtures made by them would be received in a friendly spirit. Some Japanese messengers who had been sent over to Korea from Tsushima before 'this time were seized by the Chinese army of occupation and sent to Peking, but on this occasion the Daimio, by restoring the prisoners taken by his troops in the wars, managed to bring about a better understanding, and after much negotiation of an informal character the king of Korea finally despatched ambassadors to Japan in the spring of the year 1607, with a letter from himself addressed to the *"Koku-ō"* or "King" of Japan. It was Hidetada, who had recently become Shōgun. Two versions are extant of this letter, one being supposed to be the original, and the other a version as altered by the Korean ambassadors when at Tsushima on their way to Yedo. The following is a translation of the latter version ; but the differences between them are not of much moment, the alterations having apparently been introduced to make a document intended for Iyeyasu suitable for reception by Hidetada.

63. "I Yöm, King of Chosón, respectfully address His Highness *(Den-ka)* the King *(Koku-ō)* of Japan.

"From ancient times there has been a path in international

relations. For two hundred years past, the waves of the sea have not arisen (i.e. peace has prevailed). Is not this the gift of the Celestial Court? And what reason had this country for setting itself in opposition to yours? Yet in the troubles of 1592 your country without cause made war, produced calamity, and exercised extreme cruelty, even affecting the sepulchres of our former Kings. The sovereign and subjects of this country were profoundly grieved, and felt as though they could not live under the same heaven with your country, so that although Tsushima has been for six or seven years past praying for peace, our country was really ashamed to grant it. However, your country has now reformed the errors of the past dynasty, and practises the former friendly relations If this be really so, is it not a blessing to the people of both countries? We have, therefore, sent you the present embassy in token of friendship. The enclosed paper contains a list of some of the poor productions of our country. Be pleased to understand this.

1st month of the 35th year of Wan-li (1607).

"I Yöm, King of Cho-son."

ENCLOSURE.

Hawks	50 pairs.
Ginseng	200 catties.
Carpets	200.
Hemp cloth	30 pieces.
White cotton cloth	50 pieces.
Black hemp cloth	30 pieces.
Coloured matting	20 pieces.
White paper	50 rolls.
Green leather	10 pieces.
Tiger skins	30.
Leopard skins	30.

Seal of the King of Korea, being the four Chines characters 爲政以德 (i.e. Administer Government With Virtue) in a square.

64. To this letter an answer was returned in due course and from this date peaceful relations between the two countries may be regarded as formally established. In all these negotiations the King of Korea referred everything to the Emperor of China, and no step was taken without his sanction.

(The End.)

원문자료 2

草本懲毖錄に就て

稲葉岩吉

『史學』, 第六卷 第一號(pp.1-37), 三田史學會, 昭和二年(1927) 三月

#본문 중 밑줄 친 부분은 필자의 강조

一、

　　柳西厓(成龍)の名著懲毖録に就いて考へるに、文禄(壬辰)役の記録としては、最も多くわが讀書界に歡迎されたものであらうと思ふ。西厓その人が、當時の首相(領議政)であり、前後七年に亙りて、親しく戰苦を甞めたといふことは、この著書に對する唯一の信頼と興味とを惹起するに違ひないけれども、またその記事は割合に正確であり、豊富なる史筆の態度を持してゐるといふことが、多くの尊敬をあつめ得た所以であらう。隱峯野史別録などに比較すれば、遥かに數頭地を抜いてゐる。
彼は自序に告白するがごとく、

懲毖録者何, 記亂後事也, 其在亂前者, 往往亦記, 以本其始也, 嗚呼壬辰之禍惨矣, 浹旬之間, 三都失守, 八方瓦解, 乘輿播越, 其得有今日, 天也, 亦由祖宗仁厚之澤, 固結於民, 而思漢之心未已, 聖上事大之誠, 感動皇極, 而存邢之師屢出, 不然則殆矣, 詩曰予其懲而毖後患, 此懲毖錄所以作也, 若余者, 以無似受國重任於流離板蕩之際, 危不持, 顚不持, 罪死無赦, 尙視息田畝間, 苟延性命, 豈非寬典, 憂悸稍定, 每念前日事, 未嘗不惶愧靡容, 乃於閑中, 粗述其耳目所逮者, 自壬辰至于戊戌總若干言, 因以狀啓疏箚文移及雜錄, 附其後, 雖無可觀者, 亦皆當日事迹, 故不能去, 旣以寓畎畝惓惓願忠之意, 又以著愚臣報國無狀之罪云.

と明記し、ひとり亂中の記事に止まらずして、亂前即ち壬辰以前の事に淵源してゐる。既に亂前のことに淵源すとすれば、突如として起こりしかに見ゆるこの戰役は、必ずや相當の原因がなくてはならぬといふことに歸結される。彼は、退閑無聊にまかせて、その過去を物語つたといふのではない。彼は詩曰予其懲而毖後患、此懲毖錄所以作也といひ、その壬辰より戊戌に至る七年間の苦き經驗をば、大率ね著錄した。懲毖錄はこの點より見て、亡國破家の危に際會した政治家の一大手記とも謂ふべく、同時、數奇を極めた史家の著錄と稱しても可いのであらう。貝原益軒は、その覆印本懲毖錄に

傳曰用兵有五, 曰義兵, 曰應兵, 曰貪兵, 曰驕兵, 曰忿兵, 五之中, 義兵與應兵, 君子所用也, 傳又曰, 國雖大, 好戰必亡, 天下雖安, 忘戰則必危, 二者可以不戒乎哉, 曩者豐臣氏之伐朝鮮也, 可謂貪兵而兼驕與忿, 不可謂義兵, 又非不得已而用之者, 所謂好戰者也, 是天道之所

惡, 其終亡者, 固其所也, 韓人之脆弱而速敗, 瓦解土崩者, 繇教養不素, 守禦失道, 故不能用應兵, 是所謂忘戰者也, 嗚呼朝鮮之國勢危殆而幾亡者, 職此而已, 宜哉柳相國之作懲毖錄也, 是觀前車而戒後車之意也, 此書記事簡要, 爲辭質直, 非世之著書者誇多鬪靡之比, 談朝鮮戰伐之事者, 可以是爲的據(下略)

と推獎してゐるが、蓋し至公の言である。

二.

　貝原本懲毖錄は、その奥書に、元禄八年乙亥年正月日寫板と認めてあるが、この書の底本の、刊本か否かは、判明しないのである。同時、貝原序には、予近者偶客乎京師, 書坊之輩, 刊此書於梓, 既成, 屬書於予, 予美此書之布行于世, 故本茲編之所由作, 而論著之者如是, 云云, 元緑 乙亥芒種とあり、その傳來に就いては毫も述ぶるところが無い。たゞしかし、享保代の信使手記に、懲毖錄以下多數韓本が、概に大阪あたりにて出版されてゐることや、及びそれに對する取締方法など、かなり詳細を認めてゐるから、いづれの方面からにせよ、この書の日本輸入は餘程の以前に在りしものとの想像は許されるのであらう。わが内閣文庫著錄には、貝原本數部の外、淸寫本と題する一部を貯存する。其韓本と認むべきものは無い。

　余は、これら諸事實に徵して、從前、わが日本内地の讀書界に提供せられた本書の多くは、貝原本以外に出てなかつたこ

とと想像したいのである。たゞ不可解に思はるゝのは、貝原本に収められた西厓の自序には、乃於閑中粗述其耳目所逮者，自壬辰至于戊戌總若干言，<u>因以狀啓疏箚文移及雜錄，附其後</u>，雖無可觀者，亦皆當日事迹，　故不能去、云々とあるから、若しその序の示さるゝ内容を基礎として考へれば、貝原本は、懲毖録の全部といふのではなく、彼は、其一部を採取して刊行したといふに過ぎないことになるであらう。しかし、益軒はどこにもそれを斷はつてゐない。

　これらの疑問は、貝原本懲毖録を手にするものゝ何人にも、注意さるゝ要點であると思はれるが、それが、最近二十餘年間、朝鮮書籍の數量の著しくわが讀書界を振はすに及びで、漸く判明するがごとく思料さるるに至つた。それは外ではない、朝鮮より新に輸入された多くの懲毖録を見るに、貝原本のそれのごときではなく、尨然たる六大册に餘るものである。その内容左のごとし。

第一册
序
懲毖録 卷之一
同 卷之二

第二册
懲毖録 卷之三 芹曝集 劄

同 芹曝集 啓

同 卷之四 芹曝集 啓

同 卷之五 芹曝集 啓

第三冊

同 卷之六 辰巳錄 狀

同 卷之七 辰巳錄 狀

同 卷之八 辰巳錄 狀

第四冊

同 卷之九 辰巳錄 狀

同 卷之十 辰巳錄 狀

同 卷之十一 辰巳錄 狀

第五冊

同 卷之十二 辰巳錄 狀

同 卷之十三 辰巳錄 狀

懲毖錄 卷之十五 辰巳錄 狀

第六冊

同 卷之十六 軍門謄錄 文(移)

同 卷之十七 軍門謄錄 文(移)

同 卷之十八 軍門謄錄 文(移)

錄後雜記

これらの内容目次を取りて、貝原本に對比するに、貝原本は、僅に第一册に收むるところの卷一及卷二及卷十八末尾に收むるところの錄後雜記を採錄せるに過ぎず、その芹曝集, 辰巳錄及び軍門謄錄は、擧げて收錄してゐないのである。貝原氏が、もし、何等斷はりなしに、第二册以下第六册に至る十有六卷三百餘葉の記事を拔去つたと解して可いのなら、致し方ないが、貝原氏等當時の學者の態度を考へるときは、左樣むぞうさに言ひ放ち得ないものがある。

三.

　朝鮮の文籍に對して多少とも苦勞した人々に在りては、その解題を作成する上に於て、相當苦がい經驗を嘗めさせられたはづと思ふ。就中、史書は、著作年代及び刊行年時の判然せざることが普通であり、その某人著述と題する名義は, 何處まで信を措くべきものかゞ判らない。朝鮮とのみ限らず、書志解題は、特に史類に於て艱難を覺ゆるのであるが、朝鮮では、特別手傳はれたる事情のためか、その難義は、一倍であると思ふ。朝鮮に於ての史類は、四部中に於ての文集を包含するを至當とすべく、而も普通の場合、文集は族譜に準すべき性質を帶びてゐるのである。家族制度の著しく發達しつゝある國柄としては、無理からぬことであるが、それには師門關係が、强く働きかけてゐるから、故人の留遺した文字だといつても、原文の

まゝに編次すとは限らず、子孫や門人等の都合に依りて得手勝手に改作されることは、些も不思議では無い。改作ならまだしも、間々故人には曾つて知られざる著書すら、故人の名によりて公にせらるといふ奇現象もあり得る。もとより、祖先崇拜と師門關係より出發して編纂される文集(史書)であるから、その遺文舊稿を護持するの努力は、亦格別であり、そこに史書的價値を認め得るわけではあるが、さればとて、今述べたごとき矛盾性を見逃すことは出来がたい。而してこれら不快なる現象は、文禄(壬辰)役前後よりして、特にその顯著なることを覺ゆるのである。

　特に、史類の場合である。もともと朝鮮にては、志那史官の制を採り、朝廷の大官ことに文衡に列つた人々には史官は兼任せしめられ、時政記史草を編し、之を史局に納るゝの責めがあつた。史草の副本は、之を秘蔵して、萬一に備ふべく、遺失の場合はそれぞれの咎があつた。故に法制上からいへば、史は凡て官書であり、私史と稱するものはないわけである。これら當然の歸結は、政爭の局面を史禍に導いたことも一再ならず、その都度、惨劇は、際限なく展開するのであるから、人々は、そこに至極の警戒を懷き、かりそめの史筆にも、正しく自らの名を著することすら、廻避した。前に述べた朝鮮史書の多くが、その刊行年月や著述者名を明らかにするに多くの手數を要すとしたのは、これらの原因に職由する。

　今この懲毖録に對しては、上述のごとき懸念は、閑却さる

べきであらう乎、余は然りとも將た否らずとも、輕々に判しない。

四.

　柳成龍字は而見、西厓と號した、豊山柳氏、慶尚北道安東郡豊山面河回洞の人である。西厓年譜によるに、彼の始祖を伯といい、高麗忠烈王代の官人であつた、九世の祖を仲郢といひ、成龍は、その次子に生れた。今傳はるところの年譜は、成龍後五世聖和の時に修した家系であるが、彼の前後を通じて格別顯はれた人も見出されない、もしその特徵をいへば、西厓の前二百餘年、後三百年を通じて、柳氏は依然その祖居たりし豊山面河回洞(河隈)を世守した。もつとも、西厓の豊山柳氏と限らず、慶北の山地には、數百年の久しき、連綿として祖居を易へざる舊家がかつて多く存在した。余の足跡を河回に印したのは、今より五年前のことであるが、その百餘戸に近い紺碧の瓦色は、見るからに靜寂そのものを想はしめた。彼の故宅や、その祠堂や、さては生時遊覽の水榭亭臺は、今も易はらない。百餘戸中柳氏以外の人々は、幾何もゐないから、河回といへば、直に柳氏に解し得べしとは、當時面事務所での直話であつた。総督府は、先に、西厓後孫の厚意により家傳文書を借入れたが、余は、かりに、それらをば河回柳氏世家文書と名けてゐる。

　西厓も嶺南人たる條件に洩れず、當時の碩学李滉(退溪)の學徒

たることを免れなかつた。年譜、嘉靖四十年、彼が二十一歳の條に九月謁退溪李先生于陶山,留數月、受近思錄等といい、自是潛心性理之學、講明踐履,必以聖賢爲指歸と注されてあるから、その壯時に於て、李滉より、得た感化は想像されるのであらう。もともと、彼は非凡の天才であつた。退溪の門に出入する前、大體の學問は修得してゐたのである。故に退溪も、その初對面に於て、既に大に加賞した。退溪は、東南人の禮永讚を邀ふる大本尊でなければならない、東西分黨といつても、退溪を有する東南黨人の強みは、格別であつた。隆慶五年三月,彼は退溪の喪に永安に會し、萬曆五年、盧江書院退溪先生奉安文を撰し、同十五年、退溪先生文集を編次した。

五.

超えて五年、文禄壬辰役は、突如激発したのである。今、年譜に基き、本論文に交渉ありと認めらるる前後の大事を左に採收する。

年代	干支	西厯年齡	記事
萬曆十五	丁亥	四十六	日本豊臣秀吉使者橘康廣来る。
同十六	戊子	四十七	刑曹判書兼藝文館提學。日本使者平義智玄蘇来る。
同一七	己丑	四八	司憲府大司憲,兵曹判書,特命吏曹判書,鄭汝立の逆獄起る、呈辭不允,上箚自刻す.參議李潑の遠竄を送

年代	干支	西曆年齡	記事
			る、襁、杖下に死す、爲に贖す。
同一八	庚寅	四九	右議政陞任, 豊原府院君に封ぜらる。正使黄允吉, 副使 金誠一を日本に遣はす。
同一九	辛卯	五〇	兼吏曹判書。倭情陳奏使を明國に致すの議、朝廷從之。李舜臣を全羅左道水使に薦む。兼命弘文館大提學、南北黨論起きる。
同二〇	壬辰	五一	倭使臣、釜山に至る、宣慰使を遣はさんと請ふ、許されず。四月、日本大擧釜山を陷る。都體察使を拜す。建儲分朝。扈駕西行。領議政陞任。罷免。李舜臣閑山島の捷。七月、明國總兵、祖承訓、平壤を攻め、不利、退く。九月　建州衞女眞の入援を許すなきを請ふ。一二月、平安道都體察使、明の提督李如松と安州に會見。
同二一	癸巳	五二	正月、明軍平壤城克復。湖西湖南嶺南三道都體察使。李提督碧蹄に敗る。四月和好非計を李提督に言ふ。二陸の變。明兵、京城に入る。十月王還都。訓練都監創設の請。領議政に復拜。明の行人司憲来る。中江 開市。
同二二	甲午	五三	祖宗鎭管の制を擧く。降倭處置の請。
同二三	乙未	五四	九月上箚解職を　請ふ。京畿黄海平安咸鏡都體察使。三度呈辭。一二月體察使呈辭, ともに許されず。
同二四	丙申	五五	明の遊撃沈惟敬の移咨に因り獻議。五月上箚辭職, 呈辭, 九月呈辭。十月侍講。明封册使李宗城, 釜山より遁還。日明媾和敗る。
同二五	丁酉	五六	二月、李舜臣失機の責に坐し、上箚辭職不允。日本軍再至。明の 經畧楊鎬に隨ひ、蔚山に赴く。
同二六	戊戌	五七	李舜臣、古今島大捷。李舜臣露梁に戰死。秀吉薨

年代	干支	西厓年齡	記事
			去。明の主事丁應泰来る。上箚自刻。十二月、官職を削奪せらる。日軍撤退。成渾卒す。
同二七	己亥	五八	二月河隈に至る。金溪掃墓。
同二八	庚子	五九	玉淵賞花。三月 退溪先生年譜を撰す。十一月職牒を還給さる。
同二九	辛丑	六〇	河隈に在リ。
同三〇	壬寅	六一	二月愼終錄を作る。四月永慕錄を作る。冬、喪禮考證を修す。
同三一	癸卯	六二	河隈に在リ。
同三二	甲辰	六三	豊山府院君に復職。扈從功臣二等。
同三三	乙巳	六四	帝王紀年錄を作る。
同三四	丙午	六五	釣名說を作る。聖諭錄に跋す。
同三五	丁未	六六	二月召命、疾にて辭す。病中所作の詩を編して、觀化錄をなさしむ。五月卒去。

(備考) 萬曆四二年4月, 位版を屛山書院に奉安。同四八年九月, 廬江書院退溪先生廟に祔享。天啓 七年十月, 位版を南溪書院に奉安。崇禎二年文忠と贈諡。三月、復た位版を屛山書院に, 四年九月、道安書院に, 祖朝癸未十月、三江書院に, 肅宗朝己巳冰山書院に奉安。

　　西厓の公生涯は、右表によりても判知せらるゝごとく、無前の事變たりし文祿壬辰役には、國難を雙肩に荷ふたものといつてもよい。而して、この事變終局と同時、彼は、所謂丁應泰事件に牽連し、官爵は削奪せられた、而して、故居なる慶尚道豊山の河隈(河回)に引退したのである。于時年五十八歳。これよ

り六十六歳の夏五月に至る九年間の短くもない歳月は、脚、一たびだに國門に向けられたといふことを聞かなかつた。優遊自適ともいはるゝが、その坎軻不遇は否まれない。彼の死に際して、恩命は及ばなんだ。その贈謚ありしは、崇禎二年春といふから、彼の卒去を距つる二十餘年後に、漸く行はれたのである。たゞしかし、彼の末年の失意不遇そのものが、却て多くの述作を後世に貽すことになつたことは、左記年譜によりて辭まれない。茲に更めて注意されることがある、それは、一編の文章でも、詩でも公生活に交渉ありと認められ彼の文字は、大方採録したはずの年譜編纂者の筆は、遂に懲毖録に及ばなんだのである。懲毖録は、史類であるから、特別廻避したものかとも思はれるが、それとも、この著の制作年次が不明なりしため、省筆されたと解すべきものか、將た未定稿なりしためか、いづれにせよ、年譜が懲毖録を表出してゐないことは事實である。

六.

一八巻本懲毖録の内容に就ては、前に述ぶるところあつた。而して右一八巻本より、芹曝集、辰巳錄及び軍門謄錄を除去したる首尾二巻餘は貝原本の全部と視るべきものであるが、かりに、貝原氏が一八巻本を手にしながら、何等かの一言なしに、かく節略すべしとは受け取られず、他面、西厓自序を信ずれば、貝原本のごとき、内容を具する懲毖録の存在は、もともと容

れられないものであらう。さりながら、こゝにまた貝原本には、その卷首西厓自序の次に、朝鮮八道地理圖を收め、郡縣表を揚げ、それを懲毖錄圖といつてゐる。この圖のわが內地書賈の手に出たものであることは、一見明白であるし、かたがた一八卷本は書賈たちの手によりて、自由裁量されたものかとも、余は假想した。

　かゝる疑問は、類本の多くを見ない場合としては、無理からぬことと思ふのであるが、總督府藏本を檢するに及びで、從來流布の懲毖錄には、一八卷本もあり、單本もあることを明らかにし得たのである。卽ち、左のごとし。

　一八卷八册本 總督府藏本(缺第1册)
　圖書番號 四七八四 刊本

　一八卷六册本 同 上
　圖書番號 三二七七．三六一三 刊本

　上下二卷單本 同 上
　圖書番號 三九〇二．四七二八．四八八四 刊本

　不分卷本 (單本) 同 上
　圖書番號 一一七二六 寫本(不完本)

総督府蔵本は、以上四種七本であるが、様式よりして、單本と複本との二種が別ことが出来やう。たゞその字形様式より視れば、一八巻八冊本(現七冊)は、一八巻六冊本の底本でなげればならない、上下二巻單本の現存せるものは、すべてを通じて同一板種の印本である。拙蔵にもこれと同一板種の後印に属するものがあるから、この種板は、かなりに盛行したらしい。而して両種本の内容より見れば、單本も複本も同一種類に係り、前者は、後者の節略に近似する。舊單本と複本の新舊に關しては、軽々判じかねるけれども、余は、一八巻八冊本をもつて、現存刊本中の最古板であると推定したいのである。

　これら各種本をとりて、貝原本を顧みるに、上下二巻單本のすべては、貝原本に一致し、西厓自序亦た一八巻本のそれと同一の文字を載せてゐるのである。故に貝原本は、貝原氏の節略といふに非ずして、始めより單本懲毖録を底本としたことが、確認され易いのであらう。たゞ、貝原本の巻一より第四に至る編次は、上下二巻單本と一致せず、單本また一八巻本懲毖録の分巻に一致するところが無い、四巻分類は、貝原氏の便宜上よりか、將た底本の別に存在せるものかは、尚は未知數なりといはねばならぬ。

　最後に提出した不分巻本(寫本)一冊こそは、前記のいづれにも一致せず、全く別種の性質に属するから、更めて陳述したい。

七.

　余は、研究の便宜上、河回柳氏世家文書の採訪に就て數言を費さなければならぬ。

　余は大正八年秋間をもつで、河回柳氏を訪問した際、その祠堂に謁し、客廳にては、多くの家傳古文書古記錄を見ることを得た。今、總督府朝鮮史編修會に保管さるる柳氏世家文書のすべては、即ち、余が寓目の大部分といつて可いのである。當時圖らず、これら書類中より、西厓手筆と信ぜらるゝ草本懲毖錄一部を見たのである。旅行先でもあり、世傳本のそれと一一對校することも叶わず、たゞ余の記憶を辿りて、草本は、世傳本と、いたく出入することに注意したのであるが、借入手續を終へた後に至りて、親しく對比するに、果たして記憶の誤らざること、並にこの草本と稱するものゝ本質を考料し得た。

　草本懲毖錄は、竪八寸三分強、橫九寸二分、現存八十九葉餘を計上し得る橫冊一本である。余は、先づ不分卷本以外の世傳本と草本との對比に就て、概略を述べて見たいと思ふ。但た草本全部に亙りての對比は、他日に讓るを便とし、こゝにはそのその特種記事に就て、三四件を擧ぐることゝしやう。

世傳本	草本
(1) 4月13日, 倭兵犯境陷釜山城, 僉使鄭撥死. 先是倭平調信·玄蘇等·與通信使偕來, 館於東平館, 備邊司淸令黃允吉·金誠一等私以酒饌往慰, 因從容問其國事, 鉤察情形, 以備策應, 許之, 誠一至館, 玄蘇果密語曰, 中國久絕日本, 不通朝貢, 平秀吉以此心懷憤恥, 欲起兵端, 朝鮮先爲奏聞, 使貢路得達, 則必無事, 而日本六十六州之民, 亦免兵革之勞矣, 誠一等因以大義責諭之, 玄蘇又曰昔高麗導元兵擊日本, 日本以此報怨於朝鮮, 勢所宜然, 其言漸悖, 自是再不復問, 而調信玄蘇自回, <u>辛卯夏平義智又到釜山浦爲邊將言, 日本欲通大明, 若朝鮮爲之奏聞則幸甚, 不然則兩國將失和氣, 此乃大事, 故來告, 邊將以聞, 時朝議方咨通信,</u> 且怒其悖慢. 不報, 義支泊船<u>十餘日, 怏怏而去,</u> 是後倭人不復至, 釜山浦留館倭, 常有數十人, 稍稍入歸, 一館幾空, 人恠之, <u>是日倭船自對馬島蔽海而來, 望之不見其際, 釜山僉使鄭撥出獵絕影島, 狼狽入城, 倭兵隨至登陸四面雲集,</u> 不移時城陷, <u>左水使朴泓見賊勢大,不敢出兵, 棄城逃,</u> 倭分兵陷西平浦多大浦, 多大僉使尹興信力戰被殺, <u>左兵使李珏聞聲息自兵營入東萊, 及釜山陷,</u> 班怔撓失錯, <u>託言欲在外掎角出城,</u> 退陳于蘇山驛, <u>府使宋象賢留</u>	(1) 4月13日, 倭兵犯境陷釜山城, 僉使鄭撥死, 翌日陷東萊, 府使宋象賢死之, 先是平義智到釜山浦言, 日本欲通大明, 而無路達. 若朝鮮爲之奏聞, 則幸甚, 不然則兩國將失和氣, 此乃大事, 故來告, 邊將以聞, 時朝議方咨通信, <u>異論紛起. 余遣文官一人, 往慰義智, 因問其情, 議竟不行,</u> 義智泊船十餘日不報, 怏怏而去. 是日倭船自對馬島蔽海而來, 望之不見其際, 馬卒奔告, 釜山僉使鄭撥, 出獵絕口(影)島, 狼狽入城, 倭兵隨至登陸, 四口(面)雲集, 頃刻陷城, 左水使朴泓見賊口(勢)大, 不敢出兵, 棄城逃, 明日進薄東萊, 時兵使李珏聞聲息, 自兵營入東萊, 及釜山陷, 托言將在外掎角出城, 府使宋象賢止之, 不從, 象賢獨登城南門督戰半日, 城陷, 象賢安坐受刃而死, 倭人嘉其死守, 殯於城外, 自是郡縣望風奔潰, 密陽府使朴晉, 自東萊奔還, 欲阻鵲院隘路以禦之. 賊陷梁山, 至鵲院見有守兵, 從山後散漫蟻附而至, 守隘者望見而皆散, 晉馳還密陽, 縱火燒軍器倉庫, 棄城入山, 李珏奔還兵營, 先出其妾, 惶撓不知所爲, 城中洶洶, 軍一夜四五驚. 班乘曉棄城而去, 於是賊分道長驅, <u>連陷多大浦·金海·左水營·機張·長鬐·左兵營·慶州·淸道·密陽·大丘,</u> 無一人敢拒者. 監司金睟在右道晉州, 聞變但

世傳本	草本
與同守，珏不從，十五日倭進迫東萊，象賢登城南門，督戰半日而城陷，象賢坐受刃而死，倭人嘉其死守，棺斂之埋於城外，立標以識之，於是郡縣望風奔潰，密陽府使朴晉自東萊奔還，欲阻鵲院隘路，以禦之賊陷梁山至鵲院，見有守兵，從山後乘高蟻附，散漫而至，守隘者望見而皆散，晉馳還密陽，縱火焚軍器倉庫，棄城入山，李珏奔還兵營，先出其妾，城中洶洶，軍一夜四五驚，珏乘曉亦脫身遁去，眾軍大潰，賊分道道長驅，連陷諸邑，無一人敢拒者，金海府使徐禮亢閉門城守，賊刈城外麥禾，塡壕，頃刻與城齊，因蹂城，草溪郡守李某先遁，禮亢繼出城遂陷，巡察使金睟，初在晉州，聞變馳向東萊，至中路，聞賊兵已近，不能前，還走右道，不知所爲，但檄列邑諭民避賊，由是道內皆空，俞不可爲矣，龍宮縣監禹伏龍領邑軍赴兵營，食永川路邊，有河陽軍數百，屬防禦使向上道遇其前，伏龍怒軍士不下馬，拘之責以欲叛，河陽軍出兵使公文示之，方自辨，伏龍目其軍團而殺之皆盡，積尸滿野，察使巡以功聞，伏龍爲通政，代鄭熙績爲安東府使，後河陽人孤兒寡妻，每逢使臣之來，遮馬首號冤，伏龍有時名，故無伸理者云．	檄列邑，諭民避賊，由是一道皆空，不可爲矣，金海府使徐禮亢，初欲守城，賊刈麥塡濠，與城齊，蹂城．城中不能支，從北門遁去．

世傳本	草本
(2) 大臣請建儲以係人心, 從之.	(2) 大臣請建儲以係人心, 從之. 上卽位二十餘年, 儲宮久虛, 朝野咸以爲憂, 至是賊勢愈急, 同知李德馨詣賓廳謂諸大臣曰, 國危如此, 盍請建儲使民心有所係屬, 於是大臣請對, 上引見問之, 大臣啓請建儲, 上曰, 予豈不知此, 然從前有請者而不從, 只以中宮若生元子, 處置極難, 故遲遲耳, 卿等試說, 建儲後有元子, 則將何以處之, 大臣未及對, 上曰君臣間如父子, 豈有難言之事, 須速言卿等平日之議, 及朝廷間論議如何, 對曰此何等事, 而臣子敢私議也, 但以上卽位已久, 元良未誕, 群下絕望, 故欲早建儲號以定國本耳, 上曰此不然, 人雖向老, 猶生子, 何遽言絕望, 萬一有之, 處置無乃甚難乎, 更言之, 對曰, 群臣別無他議, 只是望絕故耳, 昔宋仁宗春秋僅三十餘, 而司馬光諸人, 丞請建儲, 茲豈無所見而然也, 王良久曰, 然則當以何人爲之, 卿等須言之, 大臣惶恐對曰, 此事臣子豈敢干與, 惟在上心耳, 上屢促之, 諸大臣俯伏不敢對, 上始敎曰, 光海君聰明好學, 可以爲嗣, 又曰此何如, 大臣頓首拜賀, 連稱宗社臣民之福, 上曰予本多病, 且使國事至此, 假令賊退, 何面目見祖宗治國家, 予欲傳位於世子, 何如, 大臣同辭以對曰, 上何遽出議此敎, 世子有時在上側, 參決庶事, 則可也, 豈可遽議此事, 願聖上益膺洪福, 大濟艱難, 因涕泣而出.

世傳本	草本
(3) 四月三十日, 曉, 車駕西巡, 申砬旣去, 都人日望捷報, 前日夕有氈笠, 三人, 走馬入崇仁門, 城內人爭問軍前消息, 答曰我乃巡邊使軍官奴僕, 昨日巡邊使敗死於忠州, 諸軍大潰, 俺等脫身獨來, 欲歸報家人避兵耳, 聞者大驚所過傳相告, 不移時, 滿城俱震, 初昏召宰執議出避, 上御東廂, 地坐張燈燭, 宗室河源君河陵君等侍坐, 大臣啓事勢至此, 車駕暫出幸平壤, 請兵天朝以圖收復, 掌令權悏請對, 造膝大聲, 呼請固守京城, 語甚, 余謂曰, 雖危亂之際, 君臣之禮, 不可如是, 可少退以啓, 悏連呼曰, 左相亦爲此言耶, 然則京城可棄乎, 余啓曰權悏言甚忠, 但事勢不得不然, 因請分遣王子諸道, 使呼召勤王, 世子隨駕, 議定, 大臣出在閣門外, 得旨, 臨海君可往咸鏡道, 領府事金貴榮, 漆溪君尹卓然從, 順和君可往江原道, 長溪君黃廷彧, 護軍黃赫同知李墍從, 蓋赫女爲順和夫人, 而李墍爲原州人, 故幷遣之, 時右相爲留將, 領相幷宰臣數十人以扈從點出, 余無所命, 政院啓扈從不可無柳某, 於是令扈行, 內醫趙英璇・政院吏申德麟十餘人, 大呼言京城不可棄, 俄而李鎰狀啓至, 而宮中衛士盡散, 更漏不鳴, 得火炬於宣傳官廳, 發狀讀之, 內云賊今明日當入都城, 狀入良久, 駕出, 三廳禁軍奔鼠昏黑中, 互相抵觸,	(3) 四月三十日夜五鼓, 車駕西巡, 申砬旣去, 都人日望捷報, 二十九日夕有三人馳馬入東大門, 人爭問之, 答曰我乃申巡邊軍官奴僕也, 昨日巡邊使敗死於忠州, 諸軍大潰, 俺等脫身獨來, 欲歸報家人避兵耳, 聞者相告語, 滿城洶洶, 初昏上召宰臣議出避, 時右相李陽元爲留都大將, 領相李山海幷宰臣數十人以扈從點出, 余無所命, 都承旨李恒福啓以扈從不可無柳某, 於是令扈行, 三更諸大臣在閣門外, 政院吏申德麟內醫趙英璇等數十人, 大呼請勿棄京城, 俄而李鎰狀啓至, 時宮中衛士盡散, 更鼓不鳴, 得火炬於宣傳官廳, 發狀啓讀之, 內云, 賊今明日當入京城, 狀入, 良久聞仁政殿有火光, 人聲喧喧, 拯趍詣則宮人自內雜沓而出, 司僕寺人立御馬於東階下, 少頃上出乘馬, 衛士從行者獨羽林衛池貴壽等三人而已, 時三廳禁軍皆散, 昏黑中互相抵觸, 不可辨誰某, 余素與貴壽相識, 適過前責令扈從, 貴壽曰敢不盡力, 幷呼其類二人而至, 過景福宮前, 市街兩邊哭聲不絶, 承文院書員李守謙, 執余馬鞚, 請曰院中文書當如何, 余令收拾其緊關者追來, 守謙哭而去, 出敦義門到沙峴, 東方向明, 回視城中, 南大門內大倉火起, 烟焰已騰空矣, 踰沙峴至石橋雨作, 路邊棄有屋婦人轎子一, 至碧蹄驛雨甚, 一行皆沾濕, 上

世傳本	草本
羽林衛池貴壽過前, 余認之, 責令扈從, 貴壽曰敢不盡力, 并呼其類二人而至, 過景福宮前市街, 兩邊哭聲相聞, 承文院書員李守謙執余馬鞚, 問曰, 院中文書, 當如何, 余令收拾其緊關者追來, 守謙哭而去, 出敦義門, 到沙峴, 東方向明, 回視城中, 南大門内大倉火起, 烟焰已騰空矣, 踰沙峴至石橋雨作, 京畿監司權徵追至扈從, 至碧蹄驛雨甚, 一行皆沾濕, 上入驛, 少頃卽出, 衆官自此多還入都城者, 侍從臺諫往往多落後不至, 過惠陰嶺, 雨如注, 宮人騎弱馬以物蒙面, 號哭而行, 過馬山驛, 有人在田間望之慟哭曰, 國家棄我去, 我輩何恃以爲生也, 至臨津雨不止, 上御舟中召首相及臣入對, 旣渡, 已向昏, 不能辨色, 臨津南麓舊有承廳, 恐賊取材爲桴以濟, 命焚之, 火光照江北得尋路而行, 初更到東坂驛坡州牧使許晋, 長湍府使具孝淵以支待差使員在其處, 略設御廚, 扈衛人終日飢來, 亂入廚中, 槍奪以食, 將關上供, 晋孝淵懼而逃, 五月初一日朝引見大臣, 問南方巡察使有能勤王者否, 日晚, 乘輿欲向開城, 而京畿吏卒逃散無扈衛人, 適黃海監司趙仁得率本道兵將入援, 瑞興府使南嶷先到有軍數百人馬五六十匹, 以此始發, 臨行司鑰崔彥俊出曰宮中人昨日不食, 今又未食, 得小米療飢可行, 索南嶷軍人所持粮雜大小米二三斗以入, 午	入驛少憩卽發, 衆官自此多還入都城者, 侍從臺官, 往往落後, 不至, 過惠陰嶺, 雨如注, 宮人騎弱馬以物蒙面而行, 號哭聲不可聞, 過馬山驛, 有人在路旁田間, 慟哭曰, 國家棄我輩而去, 我輩何以爲生, 至臨津雨不止, 上於舟中召首相及臣入船, 上痛哭曰予不生荒淫而至此, 又曰用卿二人而猶至於此, 臣不知所對, 但頓首流涕, 上領内官取密果, 親賜臣二人, 又酌燒酒賜之, 臣不能飲, 上慰之曰, 萬一國家中興, 當賴於卿, 須自愛, 旣渡, 已向昏不能辨色, 臨津南麓, 舊有承廳, 恐賊取材爲桴以濟, 命焚之, 火照江北, 得尋路而行, 初更到東坂驛, 坡州牧使許晋, 長湍府使具孝淵以支待差使員在其處, 扈衛諸人終日飢來, 亂入廚中, 槍奪以食, 將闕上供, 二人懼而逃, 五月初一日朝上在驛東上房, 引見大臣, 問南方巡察使有能勤王者否, 臣對以料其人材無足辦此者, 難可必, 時在京城已分遣王子于諸道, 使之召募討賊, 臨海君率領府事金貴榮知事尹卓然, 往咸鏡道, 順和君往江原道, 長溪君黃廷彧其子護軍赫及同知李塈從, 順和君自東坡拜辭而去, 盖以順和夫人乃赫女, 李塈爲原州人, 故送之, 日晚, 欲發向開城, 而下人盡散, 無如之何, 京圻監司權徵退臥村舍, 大臣屢召不至, 不得已啓請 標信

世傳本	草本
至招賢站, 趙仁得來朝設帳幕於路中以迎之, 百官始得食, 夕次于開城府, 御南門外公署, 臺諫交章 劾首相交結誤國等罪, 不允. (此節下略)	召至, 而亦無所率之人, 適黃海監司趙仁得聞京城急, 將入援, 瑞興府使南嶷先到, 有軍數百名馬五六十匹卽發, 臨行, 司鑰出曰, 宮中人昨日不食, 今又未食, 得小米療飢, 可行, 余招南嶷, 索軍人所持糧得粟米大米二三斗, 盛破帒以入, 已而駕出, 至招賢站, 趙仁得設帳幕於路中以迎, 百官始得食, 夕到開城府, 御南門外公署, 臺諫交章劾首相交結宮禁誤國棄城等事, 不允 (此節下略)
(4) 十月車駕還都, 十二月天使行人司行人司憲來.	(4) 天使行人司行人司憲來, 是時天兵已還而東事未了, 天朝異議日生, 宋經略接伴使尹根壽, 自遼東來, 傳經略之言曰, 朝廷以朝鮮微弱不能禦倭, 至有分裂 易置之論, 俺爲朝鮮, 已極力保之, 歸告國王, 善爲計, 因出給事中魏學曾題本示之, 根壽遂以此聞, 且曰經略別爲箚付, 送至議政府, 先一日根壽夜至余所居, 抵案痛哭曰, 不鄙見如此事, 余駭之, 而不敢問如何, 翌朝根壽持箚付詣賓廳, 余謂同坐大臣沈守慶曰, 此箚付不必開見, 蓋非朝臣所與議, 開見何爲, 沈曰然, 遂還付根壽, 根壽要開見數三, 余不答, 至是天使至, 余以舊例迎慰碧蹄驛, 司台引余同坐設酒待之, 臨出曰, 俺到藩京, 將有新處分, 余先行啓之, 天使至郊, 上迎詔于慕華館,

世傳本	草本
	行下馬宴于南別宮, 還宮, 夜幾半, 獨召臣對, 多慰諭不能盡載, 又諭曰予久知有此, 明朝見天使, 將請遜位世子, 與卿相見, 只今日, 玆召卿訣, 因呼內官酌酒與臣曰, 以此爲別, 臣不覺失聲, 啓曰, 天朝不過激勵須有爲耳, 豈有他意, 願勿過慮, 明日上詣南別宮少御門內西別室, 又召臣對, 少頃會天使于正廳, 當宴, 上出袖中親書帖授. (以下折斷失了)

　右四件の記事本文の對比によりて、いかに世傳本と草本との間に、著大なる差異ありやを觀收し得るであらうと思ふ。

　草本の現形に就て考へるに、この草本が、西厓の手訂なりしことは、彼の序文が、彼によりて、表紙內面に認められてゐるので判る。本文には、その門下など代筆と認むべき個處は少ないが、大部分は親筆である。たゞ惜むべきは、序文の後半が失はれ、本文の首十數葉は、切り去られ、今は四月一三日の條より溯ることを得ない。草本は、不分卷である。そしてその內容は、大體に於て一八卷本や單本に見ゆる第一卷二の記事であり、錄後雜記は、たゞ雜祿として直ちにその記事に附せられてあるから、一八卷本よりは、單本の方が、寧ろ草本に近い形式を具備すといつてよいのである。

　而して、余が前節に指摘した総督府蔵不分卷本は、何日のこ

ろにか、右草本に就きて本文を謄寫したものであるに違ひない
けれども、たゞその注意を缺きしためか、遺漏少からざりし
ことを認める。

八．

　既に、世傳の一八卷と草本との記事上の差異を認めたる以
上、この草本が、西厓の最後の底稿たりしか否やは、更めて考
料せざるを得ないのである。鄭經世(愚伏)によりて、天啓七年七
月中書かれた西厓行狀には、平生詩文，失於兵火，今有文集十卷，
愼終錄，喪禮考證，永慕錄，懲毖錄等書藏於家とあり、當時、懲毖
錄の存在は、明白である。しかし、その書が、今、河回世家文
書中に見ゆる草本懲毖錄なりしや否やは、判らない。余は、前
に西厓年譜に、懲毖錄の記事の收められてゐないことを指摘し
て、それは、未定稿なりしため、わざと探錄せなんだものか
との疑ひを述べて置いたが、もしさうとすれば、年譜の作成
は、鄭の行狀より以前になされたものかも知れない。而して鄭
の行狀作成時、卽ち天啓七年代には、西厓後人の手で、立派な懲
毖錄が出來てゐたかも知れないのである。いづれにしても、
河回柳氏より、新たに西厓手訂の底稿を更めて提供せられない
限り、今の草本は、彼の手訂本と視做すべく、その世傳本に
は、西厓卒逝以後の、幾多事情が手傳つてゐるものとしか思は
れない。

鄭經世のものした行狀に、西厓文集を十卷としてあるに關はらず、現行本が二十卷になつてゐることすら、多少の疑ひを抱かずにはいられぬのであるが、通行本西厓集と十八卷本懲毖錄とを比較するときは、十八卷本が文集編次以後の者たることは、懲毖錄に收められてゐる芹曝集及び辰巳錄は、西厓集に採錄された、殘部を收めたものであるといふ一事で、明かにせられるのである。今、芹曝集につきて一二の例を示せば左のごとし。

劄
論遼東咨兼陳事宜劄　　　　　壬辰六月在義州
見本集
陳時務劄　　　　　　　　　　壬辰十一月在定州
陳事務劄　　　　　　　　　　癸巳十二月1
陳事務劄　　　　　　　　　　甲午
措置沿江屯堡劄　　　　　　　乙未
陳措置防守事宜兼辭職劄　　　丁酉
已上五篇幷見本集

右文件中の本集とは西厓集を指すのである。よりて察するに、西厓集には、崇禎癸酉四月の李敏求序と、同年暮春張顯光の跋文があるから、一八卷本懲毖錄は、西厓集編次には溯らない。この歲は、西厓卒逝後二五年、仁祖王十一年[1]に相當する。

十八卷本と限らず、上下二卷單本（貝原本を含む）でも、その内容を仔細に檢すれば、前に述べた西厓卒逝後の政治的事情の、記事上に働いてゐることは、やがで否定されない。

もともと十八卷の最後に附せられてある錄後雜記[2]は、卷首懲毖錄本文に直接して置かるべき性質であり、單本のそれのごとき形式順序をとるのが、至當である。而して、これら本文を補證すべく、狀, 啓, 文移は附載せられて可いのであるが、十八卷本は、なぜにかこの當然の順序を無視してゐる嫌ひがある、尤も世傳本に冠するところの西厓自序に依りて視れば、十八卷の編次は、正當であるといへるが、しかし余をして言はしむれば、西厓自序の本文は、草本自筆にのみ窺はれ、而もその後半を失つたから、十八卷本所載の自序全文が、悉く西厓自筆に一致すとは、明言しがたいのである。今西厓自序本文の、編次に關係ある部分を見るに左の文字がある。

乃於閑中, 粗述其耳目所逮者, 自壬辰至于戊戌總若干言, 因狀啓疏箚文移及雜錄, 附其後, 雖無可觀者, 亦皆當日事迹, 故不能去.

右の　狀啓疏箚文移及雜錄とは、芹曝集. 辰巳錄. 軍門謄錄をいい、その雜錄とは、亂後雜錄を指すものと思はれるが、もし、

---

1 『서애집』은 인조11년(1633년) 간행되었는데, 원문에는 '仁祖王廿一(인조왕21년)'으로 잘못되어 있다.
2 징비록 18권본의 마지막에 붙어있는 것은 '錄後雜記'이나 원문에는 '亂後雜記'로 잘못되어 있다.

さうとすれば、悉く内容に一致せない、而して一八巻本でも、單本でも、草本のごとく雜錄とは稱せず、錄後雜記と題し、本文の補遺といつた形式である。余は、序文の本文は、

乃於閑中粗述其耳目所逮者，自壬辰至于戊戌總若干言，雖無可觀者，亦皆當日事迹，故不能去(下略)と是正し、その 因狀啓疏箚文移及雜錄，附其後の十餘字は、削除したいのである。かの河回世家文書中の　芹曝集．辰巳錄及び軍門謄錄を見ても、各々單行本たるべき體裁を具し、之を割裂して西厓集及び懲毖錄に挿入することの、故人の遺志であるとは、信ぜられない。

九．

懲毖錄本文に働きかけてゐる政治的事情の主なるものは、世傳本と草本との本文對比を試みた條に指摘せる、建儲繋人心の一節であらう。本記事は、いふまでもなく、柳成龍はじめ當時の大臣等が、宣祖に迫まりて、光海君を世子に推立てた顛末であるが、光海君は、人も知るごとく、即位後、西人の陰謀にて廢置の非命に終はつた不遇の君である。光海君を終始推立したのは、大北一派であるから、南人たちは、反目こそすれ、大北全滅の後に至り、尚ほこれらの紀事を留め置くといふことは、百害あるも、一利はあるまい。たゞこの記事が世傳の懲毖錄より削除されつゝも、西厓集に残存したのは、西厓集の編次即ち崇禎初年にては、光海君在位時代の德望は失はれず、仁祖の左右

とて亦た一概にこれら事實を拒否し得なかつたからであらうと思ふ。光海君その人の政治振りについては、從來世上の見解は、寧ろ誤解に近いものである、さうまでゝ無いとしても、その美點は、醜悪方面に累せられ、一概に昏朝の誹議を得たのであるから、光海君在位時の德望を云々しても、遽かに諒解がたいに決まつてゐやう。しかし、仁祖實錄を翻して、一九年八月條を讀むと、左の記事がある。

光海君卒于濟州圍○六十七，上，輟朝三日，李時昉爲濟州牧使，卽掊鎖開門，斂殯以禮，朝議皆以爲非，而識者是之，光海之自喬桐遷濟州也，有詩曰，風吹飛雨過城頭，瘴氣薰陰百尺樓，滄海怒濤來薄暮，碧山愁色帶淸秋，歸心厭見王孫草，客夢頻驚帝子洲，故國存亡消息斷，烟波江上臥孤舟，聞者悲之.

勝利者が廢王を叙するの記事としては、頗る興味あるものではあるまいか。前に草本の記事として指摘せる聰明好學といふやうなことや、大臣等に推戴せられて、世子となつたなどいふことは、光海君の聲望が、必しも、後人に價値せられたごとき不德では無いといふことを物語つてゐるのであらう。西厓集は、實に、仁祖末年代に編次せられたのであつた。王と艱苦を同くした人々の文集に、此等の記事を見ることは、不思議はあるまい。余は、むしろ建儲記事の有無を以て、世傳本懲毖錄編次の年代を推定し得べしとしたいのである。

翻つて、宣祖の行事に就て考ふるに、草本懲毖錄は、亦たかなり

露骨に描寫してゐると思ふ、これも前に指摘した<u>行人司行人司憲</u>の條であるが、世傳本には、削除されてゐる。西厓集には、この記事を見るけれども、草本の直筆には及ばない。河回世家文書の亂後雜録（二）に、左の記事が見ゆる。

壬辰之變, 賊入京城, 車駕西巡, 至明年癸巳四月, 都城始復, 其年十月車駕還都, 公私盧舍宮闕, 蕩然一空, 圖書典章文物, 擧爲灰燼無餘,, 一日間閣, 忽得短屛, 各書絶句一首於其上, 凡六疊, 余在備邊司, 與諸僚傳觀之, 識者皆知爲明廟御筆以留外未安, 遂啓請入內, 其絶句不知何人所作, 而皆喪亂後懷古之詩, 亦可怪也.

其一, 楚王辛苦戰無功, 國敗城荒覇業空, 惟有青春花上露, 至今猶泣細腰宮.
其二, 茫茫春草沒章華, 因笑靈王昔好奢, 臺土未乾簫管絶, 可憐身死野人家.
其三, 吳王恃覇棄雄才, 貪向姑蘇醉綠醅, 不覺錢塘江上月, 一宵西送越兵來.
其四, 楚國城池颯已空, 陽臺雲雨去無蹤, 何人更有襄王夢, 寂寂巫山十二重.
其五, 襄王不用直臣籌, 放逐南來澤國秋, 自向波間葬魚腹, 楚人徒倚濟山舟.
其六, 魯公城闕已丘墟, 荒草無由認玉除, 因笑臧孫才智少, 東門鐘皷祀鷄鴟.
　　傳曰至誠前知, 豈其然乎.

明廟とは、明宗をいひ、宣祖の父王であるから、もしこの屛書にして、王の親筆であるとしたら、その詩は、宣祖代に喪亂あるべきを豫知し、之を戒めたものであると解しても可い。そんなことのあり得べきでないにきまつてゐるけれども、備邊司堂上たちは、之を明廟御筆としたところに、皮肉な意義があらう。この記事は、西厓集に收めてゐるが、亂後雜録の本文最後に<u>傳曰至誠前知,豈其然乎</u>と認めた西厓親書十字を、なぜに

か抹殺した。

　世傳本と草本との間に横はる記事の繁簡増減、及び編纂次第の不整等諸事項は、今一々述べることを省略するが、たゞ草本十二月經略楊鎬等蔚山城攻圍の條に、

　或曰　島山無水, 出汲城外, 經理令金應瑞率<u>降倭</u>伏泉傍, 連夜擒百餘人, 皆飢餓僅屬聲氣。（下略）

とあるを、世傳本には、

　島山無水, 賊毎夜出汲城外, 經理令金應瑞率<u>勇士</u>伏泉傍, 連夜擒百餘人, 皆飢餓, 僅屬聲氣。（下略）

とし、その<u>降倭</u>二字をば<u>勇士</u>に改めた。しかし、島山城の汲水兵を捕獲したものの<u>勇士</u>ではなく、<u>降倭</u>なりしことは、西厓の馳啓賊窟形止及軍兵死狀(世傳本辰巳錄)に、晦日, 夜, 令金應瑞率<u>降倭</u>, 伏兵於城外井泉之傍, 捉得 倭人之出汲者十餘人とあり、草本記事を否認しがたいのである。世傳本は，何故に<u>降倭</u>の二字を改めたのであらう。文祿慶長役を通じて降倭は、主要の役割を演じ、それら事實に關しての當時の記録文書は、今も多數發見し得る。もし諱むところありてのことであるとせば、かなり後世のことでなければならない、余は、孝宗朝以後の事相であると思ふ。

十.

　朝鮮総督府朝鮮史編修會が、河回柳氏より、借り入れた記録

文書中、懲毖錄草本の構成に交渉ありと認め得べき主なる史料は、左のごとし。

　　一、亂後雜錄 二册
　　二、大統曆 西厓具注 七册
　　三、芹曝集草本 二册
　　四、辰巳錄草本 三册
　　五、軍門謄錄草本 一册
　　六、雲巖叢錄草本 一册
　　七、政院傳敎 二册
　　八、唐將書帖 二帖等(以上)

　西厓の外交上の思想を述べることは、本論の主なる目的では無いが、試みにその一般をいへば、本書劈頭に、日本國王源氏立國於洪武初, 與我修隣好, 殆二百年, 其初我國亦嘗遣使修慶弔禮, 申叔舟以書狀往來, 卽其一也, 後叔舟臨卒, 成宗問欲言, 叔舟對曰願國家毋與日本失和, 成廟感其言, 命副提學李亨元, 書狀官金訴修睦到對馬島, 使臣以風水驚疑得疾, 上書言狀, 成廟命致書幣於島主而回, 自是不復遣使每其國信使至, 依禮接待而已といい,日本との隣交は、その先輩申淑舟の遺言であり、それを忠實奉行することは、國策の宜しさを得るものであると解してゐることは、彼が、時流に一頭地を抜いてゐた點であらう。故に彼は、秀吉の最初の使者と信ぜらるゝ橘康廣に對しても,次の使者宗義智に對しても、

回書を急付するを得策としたのである。天正一八年(宣祖二三)秀吉に聚樂に謁した二人の使者は、もとより、彼西厓の主論によりて實現した。萬歷二十三四年の間、明国は交戰に倦み、策士沈維敬を派して、所謂覊縻手段を講じたことがある。その際、主和を要求した朝鮮の領袖は、外ならず、成渾(牛溪)と彼との二人であつた。彼は、爲に宋人秦檜に比せられ、主戰論の彈劾に浴せしこと一再ではなかつたのである。彼の晩年の失意不遇は、そこに禍するものが多い。.

　西厓その人の性格の、歷史趣味に富んでゐたことは、前に表出した行狀に記載せる帝王紀年錄一書で知らゝであらう。年譜によるに、本書は檀君箕子以來、朝鮮志那の帝王紀年であるとのことだ。亂後雜錄には、東國藝文志と題し、朝鮮古來の著述を列記し、略ぼ彼の前代に及んだものがあるが、未定稿とはいへ、注目すべき試みとすべきであらう。世家文書中の、大統曆具注は、懲毖錄構成に關して、最も大切なる役目を負ふたものに違ひない。余は、是に於て彼の半面には、居然、史家の風格と用意とを具備せしこと、並に南人間に、從來多くの著書を出したことは、彼の師たりし退溪李滉の感化に與からとはいへ、亦た彼(西厓)に負うことの著大なるを信じたいのである。
(完)

　　　　　　　　　　　　　　　　　　稻葉岩吉

追記

本論文起草後，增正交隣志より、左の記事を得たから追記することゝした。

禁條

肅宗 38년 壬辰定書籍潛賣之禁。

領議政徐宗泰所啓, 頃因校理吳命恒所達, 今番信使見我國書籍多入倭國, 書籍之禁, 素無定制, 而若非商譯潛賣倭人, 何從而得之乎, 懲毖錄 亦入去云, 此等之書, 豈可使倭人見之乎, 皆當一禁, 而至若聞漫文集卜筮等書, 及中朝書籍, 不必一例禁斷, 自今定式, 如史乘及文集, 一切嚴禁, 犯賣者, 以潛商律論, 何如, 上曰, 當初元無書籍之禁, 故有此流入之弊, 途中原書册外, 國乘文籍, 幷爲嚴禁, 且令邊臣, 一一搜檢, 如何現發者, 啓聞, 後從其輕重, 禀旨勘罪。

肅宗三八年は、我正德二年に相當し、前一年將軍德川家宜就職につき、朝鮮信使一行は、差遣された。禁條は、この際の視察復命によつたものである。

원문자료 3

『草本懲毖錄』解説

朝鮮史編修會
『朝鮮史料叢刊』第十一『草本懲毖錄』解説(pp. 1-7), 昭和十一年(1936) 三月

#본문 중 밑줄 친 부분은 필자의 강조

　　懲毖錄は、朝鮮宣祖朝の人、柳成龍（字は而見、西厓と號す）の著す所、その生涯に於いて體驗せる最大の事變たる壬辰．丁酉の戰役に關して記述したものであるが、夙にその子孫により、條定刊行せられ、また重刊もあつて廣く世に流布し、且つ我が國にも傳來普及し、既に元禄八年には、書肆の手により京都に於いて重刻せらるるに至つてゐる。而して著者の自らの纂輯せる草本は、その宗家に世傳寶蔵せられて今日に至り、現に慶尚北道安東郡豊山面河回洞なる柳承佑氏の襲蔵に係る。ここに景印刊行するところは、實にこの草本に據つたものである。原本は、概ね著者の自筆—表紙裏の序が柳成龍の筆蹟たることは疑ひ無く、本文の大部分はこれと一致する—にして、間、人をして筆寫せしめたものもあり、紙背には略ぼ、表面の記事に相當

する個處に補遺を追記し、また詩文の稿を筆錄したものも尠くない。表紙は□爛甚しく、微かに後人の書ける'懲毖錄'の題名を讀み得るに過ぎず、また卷首凡そ一三葉は截去せられ、以下九十葉が現存してゐる。いま之を景印するに當たつては、先づ通じて本文を收め、續いて紙背を撮錄したが、紙背の文字にして本文に關係なく、また後人の漫筆に係るものは、多少これを省略することにした。而して本書各葉の原本に於ける表裏の關係は、次に表示する通りであるが、また本書には記事各條の別を明かにするため、その序次を通記標示し、且つ各條に題名を假設して目次に示し、記事間表裏の關係をも附記して置いた。

　　　　一
　　　二　　九二
　　　三　　九三
　　　四　　九四
　　　五　　九五
　　　六　　九六
　　　七　　九七
　　八．九
　　一〇　　九八
一一．一二
　　一三　　九九
一四一〇〇

一五	一〇一
	一〇二
	(原本一〇二、一〇三は紙片に筆録して裏面に添付せられ、斷闕がある。また一五左裏面にも筆録あり、今略した。)
	一〇三
〃	〃
〃	〃
〃	〃
六九	一二九
	一三〇
七〇-九一	(原本、七七裏面に筆録あり、今略した。)

　以上によつて、本書を通覽すれば、略ぼ草本懲毖録の原態を髣髴し得ると信ずるが、これを刊本懲毖録と對照すると、各條記事の内容は勿論、その排列に至るまで、甚しい出入がある。殊に朝鮮刊本にも數種あり、且つその體裁によつて二種の系統に分たれる。一は一六卷本であり、一つは二卷本である。いづれも卷首に懲毖録の由來を叙した同文の序が收められてゐる―二卷本には'懲毖録序'と題があり、一六卷本にはそれがない―が、相互の關係や刊行の顛末．年代等について知るべき序跋の類は一切見出し得ないばかりでなく、未だこれを記した文獻は全く見當らない。同じく柳氏家藏に、成龍の孫元之の筆削補訂ある西厓年譜草記をはじめ、年譜の稿本數種を存するが、懲毖

録著述の事に及んだものはなく、門人鄭經世(愚伏と號す)の所撰の 行狀に「平生詩文, 失於兵火, 今有文集十卷, 愼終錄, 喪禮考證, 永慕錄, 懲毖錄等書。藏於家」とあるのが、唯一といつて宜しい。先づ草本.刊本の關係を知るために、最も相異のある一六刊本の目次を擧げてみると次の如くである。

卷一・卷二(題名なく、草本の〈雜錄〉の部分を除いた全部に相當する。)
卷三　　　　　　芹曝集(劄・啓辭)
卷四・卷五　　　芹曝集(啓辭)
卷六ー卷十四　　辰巳錄(狀啓)

卷十五　　　　　軍門謄錄(文移)
卷十六　　　　　軍門謄錄(文移)
　　　　　　　　錄後雜記(草本の〈雜錄〉に相當する。)

而して二卷本は、この十六卷本の卷一.卷二に當リ、最後に卷十六の〈錄後雜記を收めてゐるが、分卷に相異あり、卷端には「懲毖錄卷之一.二」と題し、板心には「懲毖錄上・下」を以て示してある。

さて刊本懲毖錄十六卷本に收められた芹曝集.辰巳錄.軍門謄錄の三者は、何故なる由來のものかを尋ねると、いづれも同名の書が柳氏家藏本の中に見出され、或は柳成龍の題跋を有し、或はその手訂の跡を存するが、それは決して原本のままに、こ

こに錄せられてゐるのではない。軍門謄錄の原本－本叢刊第三として既に景印刊行した－は、元來一冊で分卷はなく、柳成龍自ら、その四道體察使たりし時の啓草及び文移の類を、殘存するに隨ひ、年次を逐つて收拾謄錄せしめたもので、その由來は自筆題文によつて明かであるが、刊本懲毖錄所收は、その文移だけを便宜題名を附して收錄し、啓草は芹曝集の卷に、狀啓は辰巳錄の卷に合取し、また節略修正の加へられたものが尠くない(本叢刊第三軍門謄錄目次及び解說參照)。また、芹曝集原本は二冊から成り、逐年啓辭・箚子の草を收錄し、一は宣祖壬辰年より乙未年に亙り、一は甲午年より戊戌年に亙つてをり、その書名は、策を獻じ疏箚を上つたものを存錄するの意から附せられたものに相違ないが、刊本懲毖錄所收は、箚と啓辭との目を分つて排列を改め、軍門謄錄の啓草を合し、また題名のみを舉げ、本文を略して「見本集」と標示したに過ぎないものが頗る多い。なほ辰巳錄の原本は三冊より成り、表紙の記載によれば、第一册には「書狀、三十四、自壬辰六月、止十月」 (書狀下の數字は、その數であるが、本册だけは、截去された部分が多い。) 第二册には「書狀、五十八、自壬辰十一月、止癸巳五月」、第三册には「書狀、十九、自癸巳五月、止丁酉十二月」とある。また、第一册卷首に、壬辰より戊戌に亙る、柳成龍の經歷するところを略記してあるのは、本書がその間に於ける狀啓を謄錄するの意であらうが、軍門謄錄相當の年時の如きは全く略して、重複を避けてある。刊本懲毖錄所收は、或は順序を改め、或はただ題名を舉げ、本

文を略して、「見本集」と記したものもある。かくの如く、刊本の軍門謄録・芹曝集及び辰巳録を柳成龍の編録手訂した原本と對照して見ると、改竄の迹が著しく、殆んど當初の體を備へてゐない。元來三書の原本が、各獨立した目的の為に集録せられてゐることは疑ひないから、かかる類聚改編は、著者の本旨を没却してゐるかの観があり、殊に三書と草本懲毖録とを一書に結集すべき趣旨は、全く見出し得ないのである。是に於いて注意せられるのは、刊本に「見本集」として原文を省略してあるものの尠くないことである。いふまでもなく、西厓集に収められたるの故を以て、重複を嫌うたのに由るもの、從つて刊本懲毖録として諸書を類聚改編したのは、西厓集の編纂刊行に伴ふものでなげればならぬ。

そこで西厓集を檢すると、全二十卷から成り、卷首には崇禎癸酉四月李敏求の序があり、卷尾には崇禎壬申九月李埈の跋及び崇禎癸酉暮春張顯光の跋があり、これらによると、柳成龍の季子袗（當時陜川群守）の編纂するところで、明の崇禎癸酉即ち朝鮮仁祖十一年に刊行されたことが知られる。而して懲毖録の刊行については、的確なる記述を闕くが、英祖朝の人李宜顯が、戊申（英祖四年）流調の間に記せる雲陽漫録（陶谷集所収）に次のやうな記事がある。

柳西厓成龍。記壬辰事。名曰懲毖録。又雜記兵亂時事。今在集中。其文集及懲毖録。久未鋟梓。仁祖朝。其外孫趙壽益按嶺南。西厓姓孫在

安東。托其刊行。諾之取見。

而して趙壽益が嶺南監司の任に在つたのは、仁祖二十五年丁亥九月八日、前監司睦性善の沒後を承け、翌年二月十四日に李曼の任命に至るまでであるから、この記事に誤りがなければ、凡そこの頃、懲毖錄が初めて刊行されたわけである。ただ既に文集は十餘年前に刊行されてゐるから、「文集及懲毖錄。久未鋟梓」とあるのは當らないが、本條の記事は、懲毖錄の批評が主であるから、その書の上梓に至る事情については、これを認めて差支あるまい。いづれにしても、文集先づ刊せられ、後ち懲毖錄の印せられたことは疑ひない。またここにいふ姓孫は、恐らくかの年譜草記の修補等を行つた柳元之であらう。

然らば、初めて刊行されたのは、十六卷本か二卷本か、これ亦た記錄されたものがない。兩書を比較すると、上記の通り、次のやうな全く同文の序が收められてゐる。(ただ二卷本には、首に「懲毖錄序」と題してある)

懲毖錄者何．記亂後事也．其在亂前者．往往亦記．所以本其始也．嗚呼壬辰之禍慘矣．浹旬之間．三都失守．八方瓦解．乘輿播越．(草本、車駕西狩) 其得有今日天也．亦由祖宗仁厚之澤．固結於民．而思漢之心未已．聖上事大之誠．感動皇極．而存邢之師屢出．不然則殆矣．詩曰．予其懲而毖後患．此懲 (○草本、以下闕) 毖錄所以作也．若余者．以無似受國重任於流離板蕩之際．危不持顚不扶．罪死無赦．尙視息田畒間．苟延性命．豈非寬典．

憂悸稍定. 每念前日事. 未嘗不惶愧靡容. 乃於閑中. 粗述其耳目所逮者. 自壬辰至于戊戌. 總若干言. <u>因以狀啓・疏箚・文移及雜錄. 附其後</u>. 雖無可觀者. 亦皆當日事蹟. 故不能去. 旣以寓畎畝惓惓願忠之意. 又以著愚臣報國無狀之罪云.

　この序文に「因以狀啓・疏箚・文移及雜錄。附其後」とあるのは、いふまでもなく、十六卷本の編次について示したもので、二卷本にはただ雜錄（錄後雜記）が附せられてゐるのみであるから、内容と合わない。故にこれは、もと十六卷本に附せられたもので、二卷本刊行に際してそのまま取用し、「懲毖錄序」と標記して収めたものに相違あるまい。また、その他の體裁の上からも、二卷本の方が晩出であらうことが察せられる。(但し、十六卷本には新舊二種の板があるが、新本は單なる復刻に過ぎない。)　而して、二卷本の刊行せられた所以は、恐らく十六卷本に類聚合錄せられた芹曝集・辰巳錄・軍門謄錄を刪去して、懲毖錄そのものの原態に近づけたものに外ならないであらう。それは、草本懲毖錄が本文を列書した後に續けて、刊本の「錄後雜記」に相當する「雜錄」を收め、體裁上決してその間に、芹曝集以下三書の如き文書集の挿入さるべきではないからである。ただ惜むらくは、草本の卷首に、著者自ら題した序文の後半を闕き、これを明證し得ないことである。

　次に、再び草本懲毖錄と刊本（草本相當の部分）とを比較對照すると、先づ第一に、各條の分合、排列の變改があり、第二には

記事の内容に改刪省略が甚だしい。いま本書の目次には、草本各條の下に、刊本（二巻本）各條に加へた序次を注記して、その第一の相異を示して置いたが、第二については、殆ど各條に於いて見出され、枚擧に遑がない。而して改竄の迹の最も著しい例二三を擧げれば、「九、建儲之請、以光海君爲嗣」條の如きは、單に「大臣請建儲。以繫人心。從之」の一行を存するのみであり、「一三、車駕西巡、駐于平壤」條より以下宣祖西巡して義州に駐するまでの各條は、內容排列共に甚しく改められ、「二五、車駕駐于義州、明遣祖承訓來援、攻平壤而退」條は、數條に分割せられ、「三〇、清正入咸鏡道」條は、全く排置の序次が更められ、「四六・四八・五〇・五二」の李舜臣に關する諸條は、頗る刪修が加へられ、「五四、明水兵都督陳璘來」條は、「五二」に合せられ、「六一・七〇」兩條の明使司憲來れる記事は僅かに「十二月。天使行人司行人司憲來」の一行を以てし、また刊本には、京畿監司の戰死（四〇）敵諜金順良の捕獲（四六）等草本に見えない數條が加へられてをり（草本卷首の戴去せられてゐる部分凡そ八條は別として）、草本に見える「一五、李山海配竄」條、「六五、宗廟・社稷之災變」條、「六六、元均之功罪」條、「六八、記靖陵事」條の如きは收められてゐない。通じてこれを見るに、草本に於いて最も力を效されてゐる紀事の排列.體裁について、刊本には全くその用意が沒却せられてゐる。

　柳成龍が、いかに本書の著作に苦心を費やしたかは、同じく柳氏家藏に係る柳成龍自筆の亂後雜錄を參照すれば、よくこ

れを了解することが出來る。亂後雜錄は、既に本叢刊第九として景印刊行したが、その主要なる部分は、明かに本書の初稿と認められ、その第一册卷端には、著者自ら次の如く題してゐる。

亂後雜錄
亂後雜錄者何. 記壬辰以後事也. 嗚呼壬辰之禍, 極矣. 國之得有今日, 天也. 詩曰 予其懲, 以毖後患 夫懲前所以毖後, 鑑古所以圖今 遂以身歷而耳聞者. (目 見雜而耳聞所及) 略 記一二成敗之跡. 以寓山野悁悁之意云. 其不係於壬辰而亦記者, (推本) 亂之所由也. 詩曰 福生有基 禍生有胎 嗚呼悲也 夫覽者詳之.

これを上掲の懲毖錄序文と對照すれば、その趣旨全く相一致してゐる。また第一册の內容にも、亦た相應するものが多く、始め亂後雜錄の名で書き始められ、後ちその目的とするところを擧げて書名とし、懲毖錄の稱を與へたものと考へられるが、兩書の相當記事を對比し、各條の序次は勿論、文章に至るまで、その推敲の迹を辿れば、著者の苦心經營を察し得て餘りある(亂後雜錄の詳細については、本叢刊第九解說參照)。刊本懲毖錄にあつては、寧ろ亂後雜錄の記事から轉引し、爲に成稿に近い草本懲毖錄の特色を失った場合も尠くない。

次には、懲毖錄の撰せられた年代であるが、年譜は勿論、著者の隨錄、その大統曆に具注せる日記などにも全く所見がない。柳成龍が論劾をうけて、久しきに亙るその政治的生涯を畢

へ、遂に郷貫豊山の河回に歸居したのは宣祖三十二年であった。後ち職牒を還給せられ、また豊原府院君に復し、扈聖二等功臣に列したが、終に再び朝廷に立たず、宣祖四十年丁未五月六日、六十六歳を以てその家に卒するまで、八年有餘に亙る失意不遇の晩年は、主として多事多難なりしその生涯の回顧と著述とに過された。或は先師退溪李滉の年譜を撰し、或は帝王紀年錄を作り、愼終錄・永慕錄・喪禮考證等の書を編し、或は自ら撰するところの詩文を集めて成書と爲し、また、年來その參與畫策した所に關係ある文獻の整理に力め、承政院の傳敎を成貼し、明將の手柬類を整理し、或は芹曝集・辰巳錄を編集し、軍門謄錄を作り、終には、これらを史料として亂後雜錄を著し、更に刪訂して草本懲毖錄をも撰つたのである。實に本書こそは、柳成龍が、晩年の精力を傾倒した著述の一つであつたことは疑ひない。亂後雜錄は、その第二册に錄された、「詩敎說」が、年譜によると、宣祖三十七年の撰であるから、略ぼ筆錄の年代が察せられ、草本懲毖錄に至つては、裏面「六五、宗廟・社稷之災變」條についで錄せられた「種松」と題する一篇の詩が、その年代をわずかに纔かに推せしめるに過ぎない。この詩は、いま序と合わせて西厓集卷二に收められてゐる。即ち、

種松幷序

二十九日. 令子弟及齊僧數輩. 種松凌波臺西三四十株 余嘗讀樂天種松詩云 如何年四十 種此數寸枝 得見成陰否 人生七十稀 今余年六十三而始種

此可自笑 偶作數句語爲戲.
劚土北山下 種松西巖(岩)角 土覆不盈簣 松短不盈尺 離披亂石間 各帶傷根色(羅列秧初挿) 得地縱爽塏(凱) 滋身少潤澤 遲遲雨露濡(恩) 颯颯霜風急 老夫强好事 傍(旁)人笑(咲)其拙 如何老大年(年六十) 養此難成物 陰(蔭)成固不望 封植知誰力 昂霄會千載 留與鸞鳳(皇)宿.

　柳成龍が年六十三に達したのは、宣祖三十七年甲辰に相當し、大統暦に具注した彼の日錄には、是歲正月二十九日條に「種松凌波壑西」と記され、この詩序とよく符合してゐる。その松を凌波台西に植ゑたるは、白樂天の詩意に倣ひ、感慨殊に深いものであつた。從つて本書は、既にこの時一應完成してをり、折りに觸れてこれを披見し、補遺を試みつつあつた際で、隨感の詩篇をも、亦た間、紙背の餘白に筆錄してゐたことが知られるのである。故に、柳成龍故山退居の後五年に足らずで、またその卒去の數年前、即ち、宣祖三十六～七年の交には、本書の稿が成つてゐたことは疑ひない。
　本書の內容について之を見れば、行文流暢にして紀事要を簡し、且つ識力あり、前後七年に亙る日鮮明三國交涉の經緯と戰局の推移とを明快に描出して餘蘊なく、壬辰・丁酉の戰役を叙したる書は多いが、本書の右に出づるものは、恐らく稀であらう。蓋し著者は、戰役の間、終始一貫、國家の樞機に參與し、中外に出入して難局を處した體驗に基づき、自ら整理し筆錄したる豐富な史料を驅使し、京華の風塵に遠ざかつて、徐に

成敗の跡を省察し、往年縱横の吏才、今は轉じて史筆に傾倒せられ、想を錬り稿を構ふること幾度、終にこの書を成したのである。山野に退居し、窮乏に處しつつも、尚ほ懲前毖後の國策を強調した著者の面目は、本書に於いて躍如たるの慨がある。

　但し、かの刊本懲毖録については、全く別個に考へられねばならない。刊本は、黨爭漸く激甚となり、政治・社會各般の情勢一變したる後、これに應ぜんがため、後人の改修出版するところに係り、その兎角の批評あることも亦たここに由來するものといはねばならない。本書卷首十數葉が截去せられ、原序の後半を缺けるが如きも、今日に於いて刊本の稿本について、その片鱗だに之を見出し得ざるが如きも、亦た同樣の疑雲に蔽はれるものではあるまいか。

　最後に、刊本懲毖録は、夙に我が國にも傳來して、文禄慶長の戰役に關する朝鮮側の史料として重視せられてゐたことは、著名であるが、その傳來については、明かにせられてゐない。その對州藩を經由したことは疑ひなからうが、何時何故にして傳へられたかは、なほ知るに由ない。然しながら、我が元禄元年戊辰(朝鮮肅宗十四年)九月己亥の序があり、同六年に出版せられた西峯散人松下見林の異稱日本傳に引用せられてゐることは注意せられねばならぬ。なほついで元禄八年乙亥(肅宗二十一年)正月には、京都の書肆大和屋伊兵衛によつて單行本として開板せられた。

　その刊本は、四卷四册より成り、卷首には、柳成龍自序の外

に、貝原篤信が出版者の喝によつて序を加えて居り、また一葉の朝鮮地圖が添へられてゐる。これを朝鮮刊本と比べると、二卷本の上下を各二卷に分つたものである。また異稱日本傳も、同じく二卷本から引いてあるから、當時我が國に傳はつてゐたのは、二卷本の懲毖録であつたらうことは疑ひない。故に仁祖朝の末に初めて刊本懲毖録が世に出でてより、恐らく間もない頃に、我が國にも傳來し、遂に肅宗朝中期には重刻せられて廣く普及してゐたのである。而して後ち肅宗三十八年(正德二年)に、この前年我が國に使した通信使趙泰億等の一行の復命によつて、懲毖録の傳來してゐることを知つた鮮廷では、書物の輸出に關して厳重なる制限を立て、志那書籍を除き、朝鮮の歴史及び文集の類などについて、これを禁止するに至つたことも、有名な事實である。而も懲毖録は、我が國に於いては、重刻の後、更に諸書に引用せられることも尠くなかつた。殊に、對州藩の如きは「朝鮮向肝要之書物」として重視し、寛政八年(朝鮮正祖二十年)に、眞文役佐佐木惠吉(源迪)をして懲毖録国字解二卷を作らしめ、朝鮮方に備置させた程である。また朝鮮に於いては、數種の板本があつて廣く讀まれ、壬辰.丁酉の事を論ずる者は、必ずこれに及ぶのを常とした。然るにかくの如く内外に普及した懲毖録は、ただ幾多の改刪を加へられた刊本のみを以て知られ、その原態は、未だ嘗て世に示されたことはなかつた。いま本會が豊山柳氏宗家の好意により、その世傳に係る草本懲毖録を景印し、著者柳成龍筆録の原本を刊行し得たことは、寔に欣

快とするところである。その久しく埋没されてゐた光彩は初めて發揮せられ、宣祖朝を中心として、朝鮮史研究上多大の寄與を爲すことは、信じて疑はない。

昭和十一年三月　朝鮮史編修會

원문자료 4

柳成竜家の壬辰・丁酉倭乱史料

中村栄孝

『日鮮関係史の研究』〈中〉(pp. 511-546), 吉川弘文館, 昭和四十四年(1969)

#본문 중 밑줄 친 부분은 필자의 강조

一 柳成竜の生涯と宗孫家の文献伝承

　柳成竜は、宣祖壬辰・丁酉倭乱の大立者である。まず、その略歴をたどってみよう。かれは、字を而見, 号を西厓といい、慶尚道豊山の人で、監司柳仲郢(号は立岩、一五一五—七三)の子として、中宗三十七年壬寅(天文一一・一五四二)十月に生まれた。幼にして学問を志し、業を李滉(退渓)に受け、明宗二十一年丙寅(永禄九・一五六六)に登第して、承文院権知副正字に選補され、それいらい、中外を累歴し、宣祖十七年甲申(天正一二・一五八四)には、礼曹判書となり、東・西分党の時勢に、東人として主要の立場を占めた。同二十二年己丑(天正十七・一五八九)に、鄭汝立(東人)の獄がおこり、鄭澈(西人)が治罪にあたり、前後三年にわたって、

獄事がくりかえされたが、そのあいだに右議政の地位につき、同二十四年辛卯に、鄭澈が斥けられると、左議政にのぼり、禹性伝らとともに、南人勢力の中心人物になった。

　これよりさき、朝鮮政府は、宣祖二十年丁亥（天正一五・一五八七）に、豊臣秀吉の指令にもとづく対馬からの交渉をうけ、数次の折衝をかさねた結果、日本に通信使を派遣したが、秀吉は、国内の統一に成功すると、中国(明)の征服をくわだて、二十五年壬辰(文禄元・一五九二)の四月には、ついに大挙して朝鮮に出兵してきた。そこで、柳成竜は、とくに兵曹判書を兼ねて軍務を総括し、都体察使となって、防禦の対策をこらした。宣祖の北遷に扈従し、途中で領議政に昇任されたが辞退し、平壌に駐留しているさい豊原府院君に封じられ、ついで義州に着いて行在を定めた。やがて平安道都体察使となり、明提督李如松が援軍をひきいて到着すると、安州で会見し、戦略を論じて、意気投合した。これから、明軍と共同作戦を進め、まず平壌の日本軍を撃退して、ここを奪いかえし、翌二十六年癸巳正月に、忠清・全羅・慶尚三南の都体察使となり、とくに兵器・糧食の調達と輸送に力をつくした。明軍は、京城を目ざして進撃したが、碧蹄の戦いに大敗し、ここに日・明講和の交渉がひらかれた。朝鮮政府は、和議について強硬に反対していたが、明軍は、三月に、竜山の停戦協定を妥結して、日本軍を撤退させ、京城の収復に成功した。やがて、十月、宣祖は還都し、柳成竜は領議政になって国政統轄の最高責任をになうこととなった。

日・明講和の条件は、主として封貢が論じられ、明経略顧養謙は、朝鮮から日本のためにこれを請願させようとした。宣祖は、もとより和議をきらい、朝議は決しなかったが、成渾（牛渓）らが、その利点を主張し、柳成竜も、これを支持して、柳永慶らの反対論をおさえ、ついに朝鮮は、その請願の手続きをとり、明の冊封使が、日本に渡航した。しかし、秀吉は自己の提示した条件、とくに割地の要求が無視されたので、実力をもって希望の達成を期することを決意し、宣祖三十年丁酉のはじめ、ふたたび戦端が開かれた。柳成竜は、同二十八年乙未十月から京畿・黄海・平安・咸鏡四道都体察使を兼ね、忠清・全羅・慶尚・江原四道都体察使を兼ねた右議政李元翼と、南北呼応して、兵制の再建と隊卒の訓錬に精力をかたむけていたが、戦乱の再発いらい、東奔西走、席の温まるいとまさえなく、中外にわたって難局に処し、画策するところが多かった。

　ところが、同三十一年戊戌（慶長三・一五九八）になって、兼都体察使を辞し、丁応泰の経略楊鎬誣奏事件に関する弁誣の使命を辞避して、北人から弾劾され、かつて和議を主張したことについても、論難を被り、十月には、領議政をやめて府院君に封じられ、つづいて十二月には、官職を削奪されるにいたった。そこで、翌年、本貫の地である河隈（慶尚北道安東郡豊川面河回洞）に退居したが、のち職牒を還給され、また豊原府院君に復し、扈聖二等功臣（宣祖の北遷にしたがい、行在にあって国王の護衛と国勢の挽回に献身した功労による）に列して、召命も下ったが、ついに、ふ

たたび朝廷に立たず、不遇の晩年は、主として著述のためにささげられた。あるいは『退渓年譜』を撰し、『帝王紀年録』を作り、また、年来の経歴に関する文献の整理につとめ、『乱後雑録』を書き、『懲毖録』を草し、詩文の稿をも集成している。かくて、宣祖四十年丁未(慶長一二・一六〇七)五月六日、河隈において、六十六歳で卒した。後ち、仁祖朝のはじめ、文忠と贈諡された。

　柳成竜の宗孫家は、いま慶尚北道安東郡豊川面河回洞にある。ここは、もと安東大都護府の属県である豊山の管内、近ごろ豊川面が、豊山面から分置され、河回洞は洛東江の北岸に位置した集落である。豊山の柳氏一門は、成竜以前から、ここに世居して、今日にいたった名家である。柳成竜が日記を具注した『大統暦』(一〇冊)、承政院の伝教を貼装した『政院伝数』(二冊)、明将の手柬類を貼装した『唐将書帖』(二冊)、明の提督李如松自筆の『唐将詩画帖』(一冊)、訓錬都監創設期の都体察使状啓・文移を筆録させた『軍門謄録』(一冊)、献策の上箚・啓辞を集録した『芹曝集』(二冊)、報告の状啓を集録した『辰巳録』(三冊)、壬辰・丁酉乱の始末を記述した『乱後雑録』(二冊)や『懲毖録』(一冊)の草本、『雲巌雑録』(一冊)などをはじめ文稿の類は、みな後孫家に継承宝蔵されて、現在にいたった。なお、このほかに、柳成竜の『扈聖功臣賞勲教書』(『朝鮮史料集真』第三輯所収写真参照)をはじめ、古文書類の原本も、その数は、少なくない。しかも、柳成竜の子孫は、まず『西厓先生文集』(三〇巻一〇冊)や『懲毖録』(十六巻六冊)を編集し、さらに『西厓別集』(四巻二冊)などを次々に

編集して刊行し、かつ年譜についても、『年譜草記』(一冊)・同(四冊)から、『西厓先生年譜』(一冊)・同(四冊)と改修し、ついに刊本『西厓先生年譜』(四巻二冊)を作って、柳成竜の伝記を整備されてきた(『朝鮮史料集真』第三輯三、西厓年譜草は、『年譜草記』四冊本の写真である)。

　さて、柳成竜の著述が、日本人の関心をひくようになったのは、かなり古いことである。十七世紀の中ごろには、朝鮮から経・史の典籍が輸入され、『懲毖録』の刊本も伝わっていた。その末期には、日本の学者が、その著述に収録し、また、複刻本が刊行されて、ひろく読まれていった。おそらく、日本の朝鮮出兵に関し、国内では、戦争物語的記述が一般であったさい、全戦局を見通した卓抜な史筆が、高く評価された結果であろう。ところが、十八世紀のはじめに日本をおとずれた朝鮮の通信使は、『懲毖録』などが普及しているのを見て、帰国後、政府に進言して、経学以外の書が日本に流出するのを防ぐため、倭人に対する書籍禁売の令を立てている。歴史書によって、みだりに国情の伝わることをきらったのであるが、ことさら『懲毖録』に着目したのは、壬辰・丁酉乱を主題としているために、格別の配慮があったのである（本書下、「三．江戸時代の日朝関係」、参照）。

　二十世紀のはじめになって、朝鮮古書刊行会が『朝鮮群書大系』として多数の朝鮮典籍を活版で続刊したことは、いちじるしく注目をひいたが、大正の初年、その一冊として、『懲毖録』

の通行本（十六巻八冊）が刊行されている。この前後から、柳成竜後孫家に継承された文献類について、その存在が、日本人のあいだにも知られているようであるが、その経緯については、明らかでない。そして、この柳氏家蔵文献の史料価値を学界に提唱されたのは、稲葉岩吉博士であった。博士は、大正十年秋、はじめて河回洞をおとずれて、これら文献を見たが、大正十二年に朝鮮史編纂委員会（後ち大正十四年に、官制ができて、朝鮮史編修会となった。本書下、別編「五　朝鮮史の編修と朝鮮史料の蒐集」、参照）が設立されて、朝鮮総督府に招かれ、委員となって編集事業を主宰することになると、同じ委員会の洪憙・栢原昌三両委員の出張調査を経て、その大部分を借入れ、事業初頭の展示会において公開し、機会あるごとに、その史料の重要性を強調し、また、「草本懲毖録に就て」（『史学』第六巻第一号、昭和二年三月）を発表して、これを学界に報告した。そのなかで、

> 余の足跡を河回に印したのは、今より五年前のことであるが、その百余戸に近かい紺碧の瓦色は、見るからに静寂そのものを想はしめた、彼れ（○柳成竜）の故宅や、その祠堂や、さては生時遊覧の水榭亭台は、今も易はらない、百余戸中柳氏以外の人々は、幾何もゐないから、河回といへば直に柳氏に解し得べしとは、当時面事務所での直話であった。総督府は、先に、西厓後孫の厚意により家伝文書を借入れたが、余は、かりに、それらをば河回柳氏世家文書と名づけてゐる。

と述べている。また、同じ文中に、

余は、大正八年秋間をもつて、河回柳氏を訪問した際、その祠堂に謁し、客庁にては、多くの家伝古文書古記録を見ることを得た。‥‥‥当時図らず、これら書類中より、西厓手筆と信ぜるる草本懲毖録一部を見たのである。旅行先でもあり、世伝本のそれと一一対校することも叶はず、ただ余の記憶を辿りて、草本は、世伝本と、いたく出入することに注意したのであるが、借入手続を終へた後に至りて、親しく対比するに、果して記憶の誤らざること、並にこの草本と称するものの本質を考料し得た。

といっている。さらに、後年『稲葉博士還暦記念 満鮮史論叢』(昭和十三年六月刊)に、「予が満鮮史研究過程」を寄せたさいに、次のように述べている。

大正十年秋、わたくしは中枢院の嘱託を受けて、京城に入り、帰途、慶尚北道なる安東郡河回の柳承佑氏宅を訪問したことがある。わたくしの地方旧閥訪問はこれが皮きりでもあり、別に史料採訪に成案があつたわけではなく、専ら、西厓の故宅のいかなるかを知らんとしたまでであつたから、致祭文一章を綴り、且つ粗羞を携へて之に赴いたが、致祭文は懲毖録に対する少年時代からの感想を述べたものであつたやうに思ふ。‥‥‥この河回訪問は、後の半島史料採訪上に自信と契機とを与へたものであることは疑はない、而してこの事業は、同僚の熱心なる支持によりて、逐次発展し、かれがごとき成果を収めたものである。仍ほわたくしは、

昭和十一年夏をもつて、第二次の河回訪問を実行し、祠堂に謁し、父老とともに、満庭の梨花を観賞した。恐らくは、これが最後の訪問であつて、やがて、終生の思出となるのであろう。

　筆者は、大正十五年、学窓を出て、朝鮮史編修会に赴任し、地方採訪史料の調査と、李氏朝鮮の太祖より宣祖にいたる時代の編修とを担当し、ただちに博士から柳氏家蔵史料について教示をうけた。ところが、間もなく、柳承佑氏ら西厓後孫数氏の来訪をうけ、先世事蹟精査の希望をいれて、『李朝実録』閲覧の便宜をはかったことがある。柳氏門中の人びとと相知るはじめであった。諸氏は、数ヵ月にわたり、連日、記事の抜萃をつづけたが、思いもかけぬ障害がおこった。某日、筆者は、事務担当の朝鮮出身中枢院書記官から、『実録』閲覧承認中止の要請をうけた。理由は、当時、まだ朝鮮社会には、四色派閥の因襲がのこり、『実録』の公開は、たがいに秘事を探って、紛争をまねくおそれがあり、自由な閲覧はみとめないのが、総督府の方針であるということであった。しかし、筆者は経験あさく、世情に通じないための過失として、責任を問われなかった。この年、かような条件のもとにありながら、京城帝国大学では、小田省吾教授の慎重な計画にもとづいて、『李朝実録』の二十六部限定景印がはじまった。今日から思えば、まことに感慨無量である。
　その後、昭和七年から、朝鮮史編修会において、筆者の企画

によって、『朝鮮史料叢刊』の刊行がはじまったさい、柳氏家蔵史料中の主要なものを加え、第三『軍門謄録』（昭和八年刊）、第四『唐将書帖・唐将詩画帖』（同九年刊）、第五『政院伝教』（同上）、第九『乱後雑録』（同十一年刊）、第十『鎮管官兵編伍冊殘卷』（同上）、第十一『草本懲毖録』（同上）を順次景印刊行し、出版史料二十種の中核となし得たことは、ひとり筆者のよろこびにとどまらなかった。ただ、遺憾なことに、すべて壬辰・丁酉の乱に関する史料であることが理由になって、頒布について制限が指示された。その間、筆者は昭和十年二月、慶尚北道北部一帯の旧家を歴訪したさい、はじめて河回洞の柳承佑氏家をおとずれ、先輩諸氏の調査を補ない、『史料叢刊』の解説に参取することができた。時は、旧暦の正月にあたり、地方独特の新年行事などにも巡りあい、久しく遺宝に親しんだ柳成竜の故宅に、いにしえをしのぶ機会にめぐまれたのである。李滉（号は退渓）の陶山書院をおとずれ、金涌（号は雲川、一五五七－一六二〇）の『雲川扈従日記』原本を見たのも、この採訪旅行のときであった。

　なお、最後に、柳氏襲蔵の古文献については、昭和八年に、宝物に指定されて、その保存が保障されたことを記るさねばならない。この年八月、「朝鮮宝物古蹟名勝天然記念物保存令」が公布されて、日本内地に先だって、文化財の保存に関して統一的な法律ができたが、その機会に、筆者は、第一回の宝物指定に、これを加えることを提唱し、審議委員の黒板勝美・池内宏両博士らの支持をえて、実現したのである。当時、いっぱん

の理解では、考古学的出土品や美術工芸品にのみ関心がひか
れ、文献については、わずかに全羅南道の松広寺に所蔵される
高麗版経典一部だけが取りあげられたにすぎないときに、まっ
たくユニークな事例であった。しかし、その史料価値からい
えば、宝物第一号にふさわしいことは、とくにいうまでもあ
るまい。今日、韓国政府も、これら文献を国宝に指定して保存
に万全を期している。

二 『具注大統暦』と『政院伝教』

柳成竜は、退官後、自家に保存されていた古文書の類を整理
することをひとつの生きがいにしていたように思われる。し
かも、その関心は、壬辰・丁酉の戦乱期に集中されていること
は疑いない。王命の伝達をうけた承政院の文書を成帖したもの
が『政院伝教』二冊であり、中国から出動してきた明軍諸将か
ら受けた書状の類を成帖したものが『唐将書帖』二冊である。
また、京畿・黄海・平安・咸鏡四道の都体察使在任中の状啓・文
移などを筆録させたものが『軍門謄録』一冊である。さらに、
時務を論じ、政策を献じた啓草の類を集録して『芹曝集』二冊を
つくり、戦局の中枢にあって、軍政と戦略の指導にあたり、そ
の実情を報告した状啓の類を集めて『辰巳録』三冊を編成し
た。しかも、このような文献整理から、進んで戦乱の由来す
るところを究め、体系ある歴史の叙述を志し、まず『乱後雑録』

二冊を草し、『雲厳雑録』一冊を録し、進んで『懲毖録』の稿を起こし、その草本について推敲をつづけていた。これらの原本は、さいわい、後孫家に伝存して宝蔵されている。と同時に、これまで、後孫諸家の手によって、祖先の著録を保存し、顕彰する意図から、『西厓先生文集』二十巻、『西厓先生別集』が編集され、また、柳成竜生前の諸草本を改編して『懲毖録』十六巻がつくられ、いずれも刊行流布している。ただ、『懲毖録』の改編にいたっては、今日、原本諸書に比べてみると、著者自身の志とは、すこぶる径庭があった。

　いま、『懲毖録』の草本を見ると、それは、なお完成した決定稿ではないが、その体系的構成がすぐれ、行文が明快で要をつくしており、よく著者の識見を示していることはもちろん、とくに記事の正確さにおいても比類がない。これは、著者が、資料の整備に、十全の用意を払っていたことを思えば、まさに当然ともいえるであろう。そして、後孫諸家に、柳成竜が、日常の経歴を具注した『大統暦』を伝えているのを見るに及んでは、それが、決して偶然ではないことを知るのである。柳成竜具注の『大統暦』は、今日、万暦二十二年甲午(宣祖二七・文禄三・一五九四)にはじまり、同三十五年丁未(宣祖四〇・慶長一二・一六〇七)、かれの没年にいたるあいだで、己亥から壬寅の四冊を欠く、十冊十ヵ年分が、後孫柳承佑・柳時一両氏家に襲蔵されている。『大統暦』は、いうまでもなく明朝制規の暦書で、朝鮮は、明の正朔を奉じ、毎年頒暦の例にしたがって百本

の賜給をうけ、政府で複刊して官衙と官人に頒賜したものである。暦本に日記を具注する慣習は、日本古代の官人にもあったが、朝鮮にも普及している。柳成竜が『大統暦』に具注した記事は、かならずしも詳細ではない。壬辰・癸巳の戦時、兵馬倥偬のさい、あるいは具注のいとまがなかったのか、該当の暦本を見出せないが、甲午年いらい終戦にいたる五ヵ年および没年以前の五冊が伝存し、日本冊封正使李宗城が、釜山の日本営中から脱出して、京城にたどり着いた前後のこと（巻首、図版八・『朝鮮史料集真』第三輯所収写真、参照）など、重要な事実の日時を的確に知り得るものも少なくない。晩年に史筆を進めるにあたって、記述の正確を期するために拠りどころとなったことは疑いない。また、生涯にわたって、日記の具注を通じて、史的事実に対する識見の洗練されるところが多かったにちがいない。

さて、はじめに述べた文献整理のなかで、柳成竜の身辺に、もっとも密接したものは『政院伝教』である。壬辰・丁酉の戦乱期に、承政院から王命を伝達された文書そのままを貼装したもので、整理のさい、原文書が割裂されはしたが、その型態は看得できる。乾・坤二冊、収録された文書は、すべて七十七通、序次は不同であるが、万暦二十年(宣祖二五・文禄元・一五九二)七月十四日付から、同三十五年(宣祖四〇・慶長一二・一六〇七)二月初七日付までを含んでいる。柳成竜が、中外の要職に在り、行政に軍事に執掌していた時代のものが大部分を占め、一部故山退居の後に及び、その史料としての価値は、きわめて大きい。

『朝鮮史料叢刊』第五として、景印刊行されたゆえんであるが、本書所収の伝教を年代順に排列すると、万暦二十年＝宣祖二十五年七月から翌年六月までの四十八通、および同二十五年＝宣祖三十年二月から翌年二月までの二十通が、その主要部分になっている（『史料叢刊』に、文書の編年目次が附録されている）。

柳成竜は、宣祖二十五年に壬辰の乱がおこると、国王の北遷に扈従し、やがて豊原府院君として、出でて軍務を統轄したが、国王の信任あつく、明軍の来援するころからは、もっぱら軍略上の連絡に任じ、糧餉の調達や輸送の中枢をにぎって活動した。それがため、十二月には平安道、翌年正月には忠清・全羅・慶尚三道の都体察使になっている。壬辰十二月に、明軍が大挙出動され、提督李如松が来てからは、これと行動をともにし、平壌の大勝によって日本軍を撃退し、翌年正月二十五日に碧蹄の戦いに敗れて、いったん軍容をたてなおし、四月になって停戦の協定が成立し、日本軍が撤退したのち、京城の収復がおこなわれるまで、諸軍の統制と軍律の維持、明・朝鮮両軍作戦の調整、糧運の遂行、日・明軍の講和停戦に対する監視などに、柳成竜が果たした役割は、きわめて大きかった。その間、行在とのあいだにおこなわれた文書の往復は、『宣祖実録』の所見だけでも、おどろくばかり多数にのぼっている。柳成竜から発した馳啓（急報の状啓）の類は、『芹曝集』や『辰巳録』によって見ることができ、また、かれがうけた伝教は、『政院伝教』所収の原文書四十八通があり、いずれも『宣祖実録』の記事

を補うものを含んでいる。

　その後、宣祖三十年に丁酉の乱が起こったころ、柳成竜は、領相であったが、京畿・黄海・平安・咸鏡四道都体察使を兼ねて、諸軍の節制に任じ、軍備の再建と精兵の錬成に努力を集中していた（宣祖二十八年乙未冬いらいのことで、その関係の啓草・文移の類を筆録した『軍門謄録』があり、『政院伝教』坤に、万歴二十四年二月十六日付、賜符諭書がある）。その年八月からは、日本軍の北進が開始され、慶尚・全羅・忠清三道を席巻して、京畿にせまった。柳成竜は、政府の首班として軍国の大事を処断し、再度明軍の来援によって、危急を脱することができた。年末には、明・朝鮮の連合軍は、大挙して日本軍を追撃し、ついにふたたび反撃する機会を与えなかった。この間における伝教中二十通が、『政院伝教』に、原文書のまま伝わっているのである。なお、万歴三十二年＝宣祖三十七年以後の五通は、柳成竜が、扈聖功臣に列せられたのち、国王が会盟に招いたさいの関係文書である。そうして、『政院伝教』二冊は、いずれの史料よりも、壬辰・丁酉乱中における柳成竜の地位を如実に物語っている。

　本書に収められた文書には、柳成竜の事蹟であることを離れても、『宣祖実録』の記事とあわせ見て、あるいは、それ自身から、重要な事実が挙げられるが、その一例を示しておこう。

　　都体察使豊原府院君　開拆　　　同　副　承　旨　李(好閔)(押)
　　天将与倭賊。講和已定。不勝痛泣。頃日下送諜書。急急潜布京城。

多般指揮。俾賊得知。

另行奇謀。毋失事機。頃聞金千鎰。遣李尽(盡)□(忠)称名者。出入賊中事。甚可駭。

□(設)使天将講和。猶且力争不已。豈可先自遣人。有若乞和者然哉。卿其尤加痛禁事。有旨。

　　　　　万歴二十一年(○宣祖二六、一五九三) 三月二十五日

　　宣祖二十六年癸巳三月は、日・明両軍のあいだに講和交渉の進展したときである。もともと、両軍は、去年はじめて平壌で接触したさいから、和・戦両面の構えが、つづいてきた。その後、平壌方面の小西行長のほか、咸鏡道方面の加藤清正も、講和交渉をひらいていたが、この月、京城に集結してから、小西も加藤も、竜山江の朝鮮水軍に対し、講和の打診をはじめた。朝鮮政府は、柳成竜から、その報告を得て、議論が沸騰した。明軍は、碧蹄の敗戦いらい、とかく消極的であったが、朝鮮は、あくまで進撃征討することを要請しつづけてきたのである。京城で日本軍から交渉のあったころ、宣祖は、粛川の行在で、提督李如松を迎え、決意を表明して、「小邦臣民。於倭賊。有万世必報之讐。抵死而已。不可与和。」 と称し、李如松は、「平壌之戦。俺已進攻。今豈欲与之講和。」と答えて、経略宋応昌に、そのことを報じ、後続軍が到着すれば進攻すべきことを約している。宣祖は、同時に諜文をつくり、明の大軍が来援することを誇大に宣伝し、平行長・平義智・玄蘇らが、すでに平壌に

あって沈惟敬と密約し、内応を画策していると述べ、人を京城に潜入させて、日本軍の陣中に遺棄することを命じた。ところが、一方、京城方面では、十三日に、義兵将倡義使金千鎰が、京畿水使らと議し、城中の倭情を探るため、守門将李藎忠という者を派遣したところ、臨海君および従臣らの書状をえてかえり、日本軍に講和の意志があることを報じた。この事が、柳成竜から馳啓されると、宣祖は、大いにいかり、十六日、体察使に対して憤懣の意を表し、講和の説をなす者は、ただちに斬罪に処せよと命じた。しかし、現地では、すでに、この前日、沈惟敬が、竜山におもむいて小西行長らと会見し、停戦の協定が成立していた。このような情勢のなかで、三月二十五日の文書は伝達されたのである。『宣祖実録』の記事は、まことによく照応しているが、この伝教は収録されていない。

三 『唐将書帖』と『唐将詩画帖』

豊山の柳成竜宗孫家所蔵の『唐将書帖』乾・坤二冊および『唐将詩画帖』一冊は、古来もっとも著名である。唐将とは、壬辰・丁酉の乱に、朝鮮救援のために派遣されて来た中国(明)の諸将で、『書帖』は、これら諸将から柳成竜に送った四十二通の書簡類、『詩画帖』は、明の提督李如松が、柳成竜に贈った扇面の画と詩を、それぞれ貼装したものである。そして、別に、後世正祖王が、両書を取覧したさいに賜わった御製題文と、時の領中枢府事蔡

済恭が、供覧の始末を記るした一文とが、一帖に収めて添えられている。(『朝鮮史料叢刊』第四として『唐将書帖』と『唐将詩画帖』は、コロタイプ版で景印され、正祖の題文と蔡済恭の記文は、その解説に収録されている)。

万暦壬辰後二百二年甲寅＝正祖十八年(一七九四)八月の御製題文は次のようなものである。

御製題文忠公柳成竜家蔵皇朝諸將書画。

皇朝諸将書帖二巻・画帖一巻。与故相文忠公柳成竜。往復贈遺者也。其尺幅淋漓之間。委曲情欵。渾無畦畛。往往多劳人長者之風。而至論戦守之機宜。封貢之便否。才德之推訝。忠義之激勧。又所謂可与可語者語。而非可人人得也。蓋即此而故相之所以為故相。今猶可想見。豈直曰旧蹟之珍翫而已哉。抑予之起感於故相者特有之。風気日漓。人才逓降。趨舍指湊。一皆為虚文所束縛。而凡経世大典礼楽兵農之事。儲峙胸中。倒篋而出。如故相者何人哉。嘗取見其遺集。思欲采掇。而措諸実用。則近畿列邑養兵一万之説。暗契於壮営之新制。而営之設施規模。拠依而彌綸之者為多。華城之築。所以計丈数。揣高卑。程土物。百堵済蠱。九衢咸秩。而衆心成城。鼛鼓不勝者。亦無不於故相之遺策夥頼之。夫身用於当時。則帷幄之謀。足以傾華人之心。言垂於後世。則擬議之略。至今為国家之利。河山如故。典刑無遠。而流韵余烈。使人喟然而起九京之思者。此豈目睫之論飛蓬之問所能致哉。伝曰。不厚其棟。不能任重。重莫如国。棟莫如才。倘故相之無愧色焉。於乎希矣。

万暦壬辰後二百二年甲寅八月書。

また、同じときの蔡済恭の記文は、次のごとくである。

十八年春。上命銀台近臣。賜祭于柳文忠公。教曰。嶺南号称鄒魯。
如有古蹟之可備覽観者。持以來。及其復命。賫皇朝諸将当万暦壬辰
与文忠往復書画帖以進。上覧之。尤有所曠感文忠。親製雲漢宸篇。書
其後以還。何其盛也。嗚呼。人於両間。一或知遇於人。便属人世奇事。
況厳而師門。尊而君父。遠而天下之人。又遠而後嗣王之世世所称人世
奇事。其可以一人之身。咸萃而兼有之乎。若文忠方其少也。初拝退陶
先正。先正驚曰。此子天所生。卒以心学単伝。上而遇宣廟之聖。躬
克左右。終成隻手擎天之勲。遠而博皇朝諸将傾心推服。書牘啣尾。不
啻若紵衣縞帶之契。此固千古罕有。今乃於二百年之後。又遭主上殿下。
追念公有大勲労於国家。曰篤不忘。恨不同時。凡於礼楽兵農大施措。
惟文忠遺策。是效是程。慨然有九京之思。以至宸翰昭回。奨諭隆重。
此非独文忠一人之栄。垂之簡策。孰不仰我聖上継述宣祖志事之達孝矣乎。
昔殷宗追思昔先正保衡。若曰佑我烈祖。格于皇天。百世之下。読是書者。
不覚感歎。我聖上今日之事。臣則以為。罔俾高宗専美於古昔也。猗
歟休哉。上既命臣書御製。又命臣跋御製文後。臣悸恐不敢辞。謹書之
如此。
万暦壬辰後四甲寅。聖上十八年中秋節。大匡輔国崇祿大夫領中枢府事
臣蔡済恭。拝手稽首以進。

蔡済恭によれば、正祖が、この年の春、銀台(承政院)の近臣を西厓の後孫柳宗春家に派遣し、文忠公柳成竜に致祭せしめたとき、両帖を進めて上覧に供したという。『正祖実録』(巻三九)や『日省録』・『承政院日記』によれば、王は、去年いらい計画してい

る水原の華城造営について、柳成竜当時の築城方略を見て推称し、この年二月二十八日乙亥に、その宗孫の新及第柳相祚を典籍に単付（三望を挙げず、単望で選任する）し、かつ賜祭がおこなわれたことがわかる。また、承旨李益運が、致祭のため、嶺南に使いした途次、王命によって、旧家の文籍を採訪したが、その結果、玉山渓亭奉蔵の「仁宗御札」一本、故参判金功家蔵の明神宗宣賜の『大学衍義』、故賛成権機袖蔵の『近思録』、明提督李如松および東征諸人と柳成竜との「往復書牘」・「扇面詩画帖」、「高麗祭酒禹倬紅牌」、「日本太学士陶国興書牘」一本などの由緒ある文献をたずさえかえった。これに対して、正祖は、それぞれの縁起来歴を記るさせ、みずからも題文を作って、原本とともに返還させた。その事は、『正祖実録(巻四〇)をはじめ、『承政院日記』(八月三十日条)や『日省録』(六月二十日・八月三十日条)に見えている。装幀は、あるいは、そのさいのものであろうか。ただ、『詩画帖』には、表紙に、題簽「唐将詩画帖」と墨書し、「丙寅(純祖六、一八〇六)三月改粧」と標記されている。いずれにせよ、装幀のために、その内容が、かえって旧様を失い、あるいは取捨が加えられたことが、ないものであろうか。『詩画帖』の字面に、多くの加墨が見られるのも、遺憾である。

　柳成竜は、戦役のはじめに、兵曹判書として軍務を総括し、やがて領相にのぼり、京畿・黄海・平安・咸鏡四道都体察を拝し、その離任にいたるまで、前後七ヵ年、国事に鞅掌しない日はなかった。したがって、その接触した唐将は、上下各層にわ

たって、親しく応酬をかさねた。かれは、学問に深く、文章が堪能であっただけでなく、事務に通じている。そして、前に述べたように、その経歴するところを、細大となく記るして『具注大統暦』数冊にのこし、『政院伝教』や『唐将書帖』のごとき、文書の保存にも意をそそいで、忘れなかった。

『唐将書帖』乾・坤二冊に収められている諸将の氏名（カッコ内の数字は、文書通数）は、次のとおりである。

[乾]　王必廸(五)・鄭徳(二)・劉綖(二)・呉惟忠(一)・駱尚志(二)・陳寅(一)・沈惟敬(一)・[姓名不詳(三)]

[坤]　王必廸(二)・鄭徳(一)・張六三(一)・徐文(一)・駱尚志(一)・胡沢(一)・戚金(四)・呉惟林(一)・李化龍(一)・謝隆(一)

[姓名不詳(二)]

『書帖』　所収は、書簡四十二通のほか、乾冊のはじめに、万暦二十二年（宣祖二七・一五九四）正月十四日付、兵部標下練兵千総邵応忠・同原委平壌管糧委官董元二人連署の上啓写し、坤冊のおわりに、割付の零細な断簡がある。姓名未詳が、わりあい多いのは、当時の風習で、書面に自署せず、別に名片を添え、「名別具」とか、「名不具」とことわってあり、名片を佚したものである（文書の末尾に後人が、劉総兵・駱参将など、名を書きいれたものもある）。

『唐将詩画帖』は、もと扇一対の両面に書かれたのを改粧したもので、料紙は泥撒金、画面の一半は、すでに失われており、

残る一半には水墨で竹をえがき、右端下に朱印(文は不明)一顆があり、詩面の左端「春日、仰城松」と自署し、「李如松」の方印を加えてあって、表裏書画ともに、明提督李如松の筆である。この扇面の由来は、『懲毖録』の李如松来援の記事に、安州で会見して軍議を終わったのち、贈られたことを録している。すなわち、次のとおりである(『草本懲毖録』より引用したので、通行刊本と相異がある)。

至是。兵至安州。下営於城外三処。旌旗器械。整粛如神。日暮。余請見提督(李如松)。袖平壤地図。指示形勢。兵所従入之路。提督傾聴。以朱筆誌其処。且云。倭但恃鳥銃。我用大炮。皆五六里。賊何可当也。余既退。提督於扇面題詩。寄余云。「提兵星夜渡江干。為說三韓国未安。明主日懸旌節報。微臣夜釈酒杯歓。春来殺(斗)気心(逾)猶壮。此去妖氛骨已寒。談笑(咲)敢言非勝算。夢中常憶跨征鞍。」(扇面には、「　」のなかの詩に、「春日、仰城松(印)」の一行を加え、字面は傍記のようになっている)

李如松は、宣祖二十五年壬辰(万暦二〇・文禄元・一五九二)十二月二十五日に、鴨緑江を渡って朝鮮にはいり、義州の義順館に着し、さっそく竜湾館にいたって宣祖と会見した。そして、二十八日の暁に、義州を発して南行し、翌年正月三日に、安州に到着して、城外三処に下営した。都体察使柳成竜は、これを迎え、日暮、李如松に招かれて会見し、軍議をこらした(『宣祖実録』

巻三四、二十六年正月癸亥条、工曹判書韓応寅・漢城府判尹李徳馨馳啓)。

　柳成竜は、袖中より平壤の地図を出し、その形勢と兵馬進入の路を指示した。李如松は、これを傾聴し、朱筆で地図に記入し、かついった、敵は、ただ鳥銃を恃むのみである、われは大炮を用い、みな五〜六里を過ぎる、賊はどうして当たれようやと。このとき、李如松は、扇面に詩を題して柳成竜に贈ったのである。

　李如松は、字は子茂、号は仰城、明の遼東鉄嶺衛の人、李成梁の長子、その先祖は、もと朝鮮より内附し、鉄嶺衛に世居したといわれる(『明史』巻二三八、李成梁伝。和田清「清の太祖と李成梁との関係」＝『稲葉博士還暦記念満鮮史論叢』・『東亞史論藪』所収・参照)。その伝は、『明史』巻二三八、李成梁伝に付載されているが、朝鮮の文献では、簡単ながら要をえているので、申欽の『象村集』(巻五六) 所収「天朝詔使将臣先後去来姓名記」に見えるものを挙げると、次のごとくである。

　　李提督名如松。字□□。号仰城。遼東鉄嶺衛人。或言其先即我国理山郡人。父成梁。
　　累戰功。為広寧摠兵。封寧遠伯。夷虜讋服。辺氓設生祠以慕之。世比之郭汾陽。
　　如松弟如柏。如樟。如梅。俱官総兵。如楨錦衣衛事。門戸之盛。冠於一世。壬辰以欽差提督薊遼保定山東等処防海禦倭軍務摠兵中軍都督府都督同知出來。十二月二十五日。渡江。癸巳正月。攻平壤克之。進向

京城。遇賊於碧蹄。与戰不利。遂無進勦之意。癸巳十月。班師。提督容貌魁傑。宇量寛洪。行軍臨陣。鈐束得宜。所過皆便之。以平壤功。陞為太子太保・左都督。

　さて、『詩画帖』は、ここに略述したように、『李朝実録』や『草本懲毖録』と対照して、明提督李如松と柳成竜の初度会見、しかも、重要な行軍の戦略決定とも、密接な関連があり、戦局の展開から見ても、きわめて意義深い史料であることが判明し、また、これによって、題詩転写の誤りを正すこともできた。次に『書帖』乾・坤両冊にいたっては、時代からいっても、内容からいっても、記録の欠を補ない、あるいは確証を寄与するものが少なくない。ことに、作戦の計画や軍の動静、兵器・糧餉の需給や輸送、内外諸部隊間の協和統制、あるいは講和交渉の推移、さらに民心の動向などをめぐって、さまざまの問題が示唆され、ことさら、朝鮮政府の明軍に対する応酬の機微にふれることもできる。おおむね、具体的・実務的な内容をもつ文書が多く、しぜん史料価値の豊かなものが少なくない。もっとも、その受取り者の地位と人物とをおもえば、当然のことではあろう。なかには、儀礼的文辞をこえて、柳成竜を敬重したものもあって、壬辰・丁酉の国家的危機にさいし、かれに対する内外の期待と、果たした役割が、いかに大きかったかを察しることができる。

　そこで、『書帖』から、書簡二通を挙げてみよう。柳成竜の

事業にかかわりの深い人物の書状が何通かあるが、次の副総兵戚金のものも、その一つである（『朝鮮史料叢刊』第四解説、二八頁参照）。

別來抵莒(慶尚北道漆谷郡)。細察行長(小西)情形。無他。止是要求封貢。至于和親二字。乃倭奴狡詐。設出一端言語難我。欲沈遊撃(惟敬)居功。恐別人分其功耳。今行長有書來。謂表已在熊川營內。即与沈矣。沿海倭奴。有暫過釜山奇別。不穀昨有書示行長云。朝鮮受我天朝正朔。乃喫緊東藩。是必爭之国也。雖調兵百万。征討百年。必要朝鮮安枕。而天朝方肯息肩。汝万勿忘想我天朝棄朝鮮而不救也。以具表之後。万不可再縱一倭上岸。搶虜殺害朝鮮之人。方保封貢得成。否則徒躭日時。致神京台省有言封貢不准。是汝枉費一番心力。慎思々々。行長已允。令不穀差二人。守伴彼營。不許縱倭生事作歹。沈遊撃取表。不日可至大丘。表一來。則不穀即還帰矣。南方一応事。経略已置属之劉君(副総兵劉綎)矣。貴国君相。善承之是望。明歳四月中。天使可至釜山。封関白。或川兵。至彼時撤之。第要貴国首先開鉱鑄分。
以通交易。以養民生。其次修城。造火器。練兵。裁冗員。省刑罰。薄税斂。以養元々。以図報復。此賢相之事也。恃在知愛。乃爾瑣々。冗中草々。不尽欲言。

　　　　　　　　　　　　　　　知生戚金拜具.
　　　　　　　　　　　　　　　十二月廿七日寄

李漢陰(德馨)。若至王京。望為致念想之意。

この書状は、その内容から推して、万暦二十一年(宣祖二六・一五九三)のものであろう。宣祖は、この年十月に京城にかえっ

て戦局がいちおうの段落をつげたが、閏十一月に明使司憲が来て、復国還都を機として、皇帝の勅諭が伝達された。明廷の朝鮮批判が伝聞され、国王内禅の決意まで表明され、一方、日・明和議の進行に対して、朝鮮の不満は深まった。しかも、小西行長と明将劉綎の授受した文書を内偵した結果、日本の要求は、割地・和親・封王・准貢・降印・蟒竜衣・衝天冠の七事にあるといった諜報もはいった。戚金は副総兵、そのころ、賛画劉黄裳作の釜山碑銘をもたらして京城に来た。明軍の日本兵撃退の記念碑を立てようというのである。やがて、かれは、慶尚道におもむいて、星州の八莒に着し、講和条件の情報などを柳成竜に報じたのが本状である。八莒には、当時、劉綎が駐留していた。柳成竜は、このころ、とくに明廷の信頼があつく、司憲は、かれに国事専管を勧告したほどである（『宣祖実録』巻四三、二十六年十月―巻四六、同年十二月の諸条、参照）。

　戚金は、山東省登州衛の人、戚継光の同宗と自称し、柳成竜は、その子といっている。この年の正月に、欽差統領嘉湖蘇松調兵遊撃将軍として、歩兵一千を領して出来し、にわかに征倭副総兵にのぼり、翌年正月には、回去したという。かれは、南兵の統領であったことはいうまでもない。かれの持参した戚継光の『紀効新書』は、李徳馨の関心をひき、これに禦倭の法は『新書』によるべきことを勧告し、柳成竜は、この書を借覧して、訓練都監の練兵に採用し、唐教師を招いて実習訓練に当たらせ、これを定制化したことは見のがせない。倭寇防禦のため立

案し、浙兵の訓練に成功した『紀効新書』が、朝鮮再建軍の強化訓練要綱として採用されたのである（『象村集』巻五六、天朝詔使将臣先後去来姓名記・『懲毖録』巻三、芹曝集 啓辞、進紀効新書啓＝癸巳四月二十九日、在海州、参照）。

次に、参将駱尚志書状のなかから一通を挙げておこう。

近因倭奴畏威効順。譲還朝鮮。退回日本。蓋亦良心所發。悔過遷善之大端也。既而送還爾国儲君。幷被擄居民。及剃髪為倭者。一々還之。是亦□□之意也。今聞貴国之人。欲同倭奴往日本者何也。恐彼反恠無情。謝□不殺之恩。有言同去之説。又恐爾国法度森厳。帰則槩付法曹者有之。是皆処之無可奈何耳。為今之計。理宜与諸公各部臣議之。何不將計就計。宥其既往之愆。原其来帰之意。早々出令宣諭曰。汝等各軍民人等。被倭所擄者。皆出不得已之意。内豈有不念汝祖宗墳墓。与夫父母・兄弟・子姪・妻妾・子女之属哉。我知汝等進退両難。特此宣諭。早々出來。既知征戦之法。我今正欲臥薪嘗胆。以図報復。□(或)將倭巣出來之人一万数千有余。立一大元帥統之。定立頭目。教習武芸。修整器械。以一教十。以十教百。以百教千。以千教万。務成精兵。雖倭奴有復來之念。我有精兵待之。法曰。弗恃不来。恃吾有以待之。何如々々。軍務紛々。草々布達。此亦富国強兵之道。百姓安堵。居民楽業。豈不美哉。

駱參將

この文書については、日付が不明であるが、その内容から見ると、すでに日本軍の撤退が進行しているさいであり、かつ、まだ、二王子の逕還されていない時期であるから、宣祖二十六年癸巳（万暦二一・文禄二・一五九三）の六月前後と考えられ、しかも精兵訓練のことに関係がふかい。そこで、『草本懲毖録』雑録中の癸巳六月にかけた訓練都監条と対照して考えてみよう。

　　癸巳六月。余病臥漢城墨寺洞。一日。天将駱参将尚志。訪余于臥次。問病甚勤。因言。朝鮮方微弱。而賊猶在境。錬兵禦敵。最為急務。乗此天兵未回。学習教錬之法。以一教十。以十教百。則数年間。皆成精錬之卒。可以守国。余感其言。卽馳啓于行在。因使余所帯卒韓士立。招募京中。得七十余人。往駱公処。請教。駱撥帳下暁陣法者十人。日夜教習槍劍筤筅等技。既而余下南方。其事旋廢。上見状啓。下備辺司。令別設都監訓錬。以尹相斗諏寿。領其事。其年九月。余自南召赴行在。迎駕於海州。扈従還都。至延安。更命余代領都監。時都城饑甚。余請発唐粟米一千石。日人給二升。応募者四集。・・・・・・（『草本懲毖録』八九裏一九〇表。刊本とは異同がある。）

　このころ、忠清・全羅・慶尚三道都体察使であった柳成竜は、明軍の京城進駐と行をともにして、収復後の措置を進めていた。参将駱尚志も京城にいて、かれと接触する機会が多く、緊急の軍務を勧告するところが多かった。この文書も、その一つであろう。おおまかに、『宣祖実録』の記事をたどってみると、二十六年六月には、本状の内容に関連がある事実が少なく

ない。十日の慶尚左監司韓孝純報告では、日本軍が撤帰したあとに朝鮮被擄人の倭形に変作した者が海上に遺棄されているといい、十四日には、留都の大臣に令して、附賊生還者に対し、陥賊の律を寛大にして、人心の安定をはからせ、七月二十二日には、小西行長が臨海君珒・順和君玨の二王子および従臣たちを解放し、かれらは釜山を出発した。秀吉の提示した日本側に責任のある講和条件が実行されたわけである。八月十日には、提督李如松は、兵を撤して京城を発し、遼東に向かった。ちょうど、二王子らが、京城に到着した日である。二十二日には、訓練都監創設の議が熟して事目ができた。この日には、順倭の人二万余名の海上に留まる者の招諭を総兵劉綎に懇請し、九月九日になると、釜山などの日本軍占領地域に投入している人民を榜諭招出する措置を講じている。また、訓練都監の運営については、十月六日に、郎庁李自海を駱尚志の営に派遣して、『紀効新書』の教習をうけさせたこともあった。このような背景との関連を考えて、この文書を見たばあい、その意義が、すこぶる重要であることが理解できるであろう。

四 「軍門謄録」と『鎮管官兵編伍冊』残巻

　柳成竜は、宣祖二十八年乙未（万暦二三・文禄四・一五九五）十月十三日、領議政として首相の地位にありながら、命をうけて京畿・黄海・平安・咸鏡四道都体察使を兼ね、副使兵曹判書李徳馨

とともに、すでに忠清・全羅・慶尚・江原四道都体察使の任を帯していた右議政李元翼と、南北相応じて、軍務の統制と兵卒の教練とに当たった。

　さきに、宣祖二十六年冬、王の京城還幸をむかえると、柳成竜は、ただちに軍備の回復を計画し、まず明の参将駱尚志の意を体し、中国南部出身の浙兵を唐教師として、朝鮮軍の隊卒を教習し、精兵を養成することを建議し、これがため訓錬都監の設置を見るにいたり、つづいて、軍制の再建をめざして、翌年には、鎮管の旧制を修復することを主張し、ついに三月二十九日に、その実施が決定された。いずれも、壬辰兵乱の跡にかんがみた応急の策であったが、鎮管の制は、李氏朝鮮の初期から行なわれた常備軍の体制で、各道の軍兵は、みな鎮管に分属し、事変があれば、鎮管属邑の兵を統率し、主将の号令を聞き、一鎮が利を失うことがあっても、他鎮が、しだいに厳兵堅守し、靡然として奔潰するという弊はなかった。然るに、時代がくだるにしたがい、軍制はくずれ、明宗十年乙卯（一五五五）の倭変後に、応変のため、分軍の法に改めて巡辺使・防禦使などに散属させ、いわゆる「制勝方略」を立て、鎮管の制は、まったく空名に帰するにいたった。宣祖二十四年辛卯（天正一九・一五九一）、豊臣秀吉入明の嚮導となるのを拒絶し、日本軍来襲のおそれが大きくなったとき、備辺司が鎮管制の修復を建策したが、慶尚監司金睟の反対で取りやめになり、壬辰の変がおこって、その欠陥を露呈し、ここに、ふたたび鎮管の旧制を再建す

る方策がとられたのである。国事多端のさいに、首相と右相が、四道都体察使を兼ね、中外に往来して苦心経営にあたったのは、政府の統制下に国内の統一を回復し、軍制を再建して精兵を養い、戦備を拡充することが、最大の急務と考えられたからにちがいない。

柳成竜は、宣祖三十一年戊戌（万暦二六・慶長三・一五九八）春まで、三ヵ年あまりにわたって、領議政兼四道都体祭使の任にあった。かれは、退職後に、庁吏方秀に命じて、その在任中に発した啓草や文移を集めて筆録させ、これに『軍門謄録』と命名した。その内容は、宣祖二十八年乙未十月から、翌二十九年丙申十二月まで、一ヵ年あまりにわたるもの、収録するところは、任期前半の関係にかぎられ、全文書の三分の一にすぎないが、鎮管制による軍備の再編成と、隊卒の訓練に関して、もっとも詳細な史料ということができる。『朝鮮史料叢刊』第三は、この原本を景印したものである。原本の表紙は、磨損していて、外題の「軍」・「謄」二字と、「啓草、文移」の標記とが見えるだけであるが、内表紙に記るされた「軍門謄録」の題名および「啓草、文移」の標記をはじめ、まま文書につけた題名などが、柳成竜の自筆で書かれている。ことに、巻の首尾には、次のごとく題している。巻首のは、

　　乙未。余以首相承命。兼京畿・黄海・平安・咸鏡都体察使之任。戊戌（〇戊戌の誤り）春。辞逓。其局亦罷。凡啓草及文移。令庁吏方秀謄出。

> 名曰軍門謄録。其散落未收者。又三之二。予以駑劣。当国事艱危。兼職内外。無一事裨補。徒然去位。辱聖主知遇。今看是録。憮然自愧。因志数語於巻端。使覽者知余之罪云。

とあって、本書の由来を記るし、かつ、往時を回顧して覽者の感慨を期待している。そして、巻尾のは、

> 数年経営。只成無用之空言。去者如斯。来者復然。千古万古。増志士之一慨。今年自家雪裏凍死。
> 未知明年甚人喫大椀不托耳。

とあって、時勢の不競を慨し、宋時の俚諺にことよせて、自家の境涯を歎じている。いずれも、晩年に党争の犠牲になって故山に退居し、閑居無聊、記録の整理をこころみていたさいに所感を録したものである。

　『軍門謄録』の内容は、後人が編次した『懲毖録』刊本の一部に収録されて世に流布している。すなわち、十六巻六冊本の第十五・第十六の両巻にあてられたが、甚だしい変改をうけている。刊本は、原本に比べてみると、まったく体裁が改められ、日付による編次を廃し、ただ文移の主なものだけを採って新たに題名をつけ、他は啓辞とともに省き去り、しかも収載したものも、すべて吏読を削り、文辞に刪修を加えてある。その啓辞の類は、主なものが、同じく『懲毖録』刊本の巻三から巻五に

わたって収められた『芹曝集』(これも、恣意の改編により、まったく原容を失っている)および『西厓文集』巻八、啓辞の部に収録されているにもせよ、刊本によっては、原本内容の全貌は、推測することすらできない。したがって、柳成竜が『軍門謄録』を編録した趣意は、後人によって没却されていたと称しても過言ではない。しかし、すでに刊本の流布によって、日・明の講和がひとまず成立しようという重要な時機の朝鮮政治・軍事情勢、およびその統制の重責をになっている柳成竜の画策とその実施に関して、基本的史料と目されていたのである。したがって、原本の公開に接しては、流布本の闕を補うだけにとどまらず、いっそう豊富な内容を原態のままに見ることができたわけである。

『軍門謄録』の原本には、刊本に採録されなかった部分に、北辺国境の警備に関する重要な記事もあり、ひいては満州の建州衛関係にも貴重な史料があり、当時、しだいに勃興の気勢を示してきたヌルハチ＝老乙可赤(後ちの清太祖)との交渉なども散見している。しかも、都体察使本来の使命として、壬辰戦後における朝鮮兵制の改革、ないし軍備の再建をめざして行なった措置について、啓草・文移など、文書そのままに、具体的に知ることができるので、もっとも基本的であり、比類のない史料であることはいうまでもない。柳成竜は、都体察使の任につくと、まず、鎮管の制を確立する基礎として、兵籍台帳の整備を、第一着手に実行している。これよりさき、すでに御史李時

発らを派遣して、訓練都監の分付にしたがい、鎮管の制によって練兵を実施していた例にならい、その軍案を下して様式見本とし、諸軍の編成を登録して急報させることにした。これは、まず京畿・黄海両道からはじめ、つづいて平安・咸鏡両道に及ぼした。このとき示された部隊編成の方針や、これにもとづく訓練の要綱などは、本書の内容によって、詳しく解明された。しかも、さいわい、平安道の一部ではあるが、このさい作成された帳簿が、今日柳氏家に伝わっていることが、朝鮮史編修会の調査によって知られたのである。『朝鮮史料叢刊』第十として景印された『鎮管官兵編伍册残巻』が、すなわちそれである。

　この『官兵編伍册残巻』は二册であるが、もと宣祖二十九年（万暦二四・文禄五・一五九六）の平安道鎮管官兵編伍册十一册の残巻であることは、その本文の首尾にある題名および署押と、表紙に読みとれる「平安道」、「四月(?)十日査」、「共十一」の墨書とによってわかる。その本文は、一册は各葉の順序が動かされていないが、一册は乱されていて、いずれも切り開いて、紙背に柳成竜の筆跡で『乱後雑録』の草案が書かれており、まま本文にも重書され、しかも、表紙には、各册とも「乱後雑録」と標記されている。二册の残欠本が保存されたのは、この筆録があったことによるであろう。一册には、巻首に「万暦二十四年　月　日、亀城鎮管官兵編伍册」とあり、巻尾に「嘉善大夫平安道観察使兼兵馬水軍節度使平壤府尹巡察使尹(押)」とあり、他の一册には「万暦二十四年五月　日、寧辺府鎮管官兵編伍册」とあり、また巻末に

「通徳郎行寧辺大都護府判官寧辺鎮兵馬節制都尉沈(押)」、「嘉善大夫平安道観察使兼兵馬水軍節度使平壤府尹巡察使尹(押)」とあって、これらは、宣祖二十九年に、平安道巡察使尹承吉から提出された諸鎮管の官兵編伍冊であることを示している。そして、当時は、柳成竜が四道都体察使として在任したのであるから、その命令にもとづいて作成し、提出されたものである。

当時、平安道には、辺防の必要から六鎮管が置かれ、その数は、他道よりも多く、また所属の諸邑は、平壤が七、寧辺が四、安州が四、義州が三、成川が十、亀城が二であった。そして、鎮管下の隊卒編成の体制は、ほぼ戚継光の『紀効新書』に見える束伍の法によったもので、

　分軍之法。依紀効新書。而稍加増損。一営統五司。司有把総。一司統五哨。哨有官。一哨統三旗。旗有旗総。一旗統三隊。隊有隊総。一隊并火兵十一人。此其大綱也。然其間。又有活法。不可拘泥。

と、原則が示されている。しかも、その選抜および練兵の便宜については、あるいは、

　使各官四大面各村。別定謹慎有心計勤幹可任之人。設為哨官。使之自拓旗。隊総。仍於村里地勢便近之処。立武場。毎於農隙閑暇之時。随便練習。

といい、あるいは、

> 練兵之事。使之自択旗総。旗総定隊総。隊総抄軍。如是等々自沢。而編成行伍之後。観其能否。賞罰連坐。以次而上。故事不煩。而成効易矣。

といい、あるいは、

> 近日道以知委練兵事目段。至爲簡易。欲使邑求其面。面求其里。里求其村。村求其人。
> 分其村落多少。裁定濶狹。沢出哨官。哨官既出。而随便抄出見在丁壮之軍。使之各在其処。
> 設場練習。無往來道路之弊。無坐食糧餉之費。民情必所便宜。數日之間。可以成籍。

といっているので、その要領は明らかであろう。このようにして、軍卒は択ばれ、隊伍は編成されるのであって、また、その砲殺手には、正軍・公私賤に論なく、混合成隊する例となっていることは、とくに重要な意義がある。

鎮管の制によって練兵するに、編隊の方針は上述のごとくで、その姓名を記載して、「隊伍册」とか、「編伍册」とか、「束伍册」とか、「練兵花名册」ともよばれる帳簿ができるのであるが、さらに各兵の容貌・年歳などを記載した別册が用意され、

これは「容貌冊」とよばれた。これらの名称は、『紀効新書』と多少概念を異にしているが、いずれも『新書』に掲載されている形式にならったもの、用紙は訓錬都監から印刷して配付したのである。そして、現存する「編伍冊」によれば、ここにいう編伍の組織を仔細に知ることができる。用紙の匡郭に、墨書のものもあり、寧辺府鎮管の編伍冊のように、印刷で板心に「編伍」と標出されたものもあることは、注目される。柳氏家には、ほかに「容貌冊」の断簡(『朝鮮史料集真』第二輯、図版二二「束伍成冊」は、これである。ただし、『紀効新書』の例をそのままに命名したため、名称を誤っている)をも蔵していて、当時における軍籍の一様式が見られる。

　次に、この平安道の『鎮管官兵編伍冊』が作成された時期は、前に記るしたように、巻首の題名その他によれば、宣祖二十九年四月および五月の間であり、前年末に命じられた編伍成冊が、ここにいたって成功したわけであるが、その間、たびたび督励を経たことは、『軍門謄録』所収の都体察使から巡察使や兵使その他にあてた文移によって知られる。このように遷延をまぬかれなかったのは、要するに、守令に、事の緊急さを深究しない者があり、哨官に択ばれたものに、あるいはその真意を解せず、括軍赴防の召集と考えて、規避謀免する者があり、あるいは事務に暗く、束伍の法を理解しない者のあったことが原因である。また、一面よく成就したのは、建議者である柳成竜が、熱誠こめて反復督励し、中外に奔走して、趣旨の徹底に

力めたことによるものであったろう。

　偶然のことから、平安道の鎮管官兵編伍冊の残巻が伝わり、『軍門勝録』に見る兵制の改革、軍備の拡充について、その基礎となる編隊成冊の片鱗を見ることができたのは幸いであった。『編伍冊』の内容を通して、官軍再編の基盤になった朝鮮社会の構成についても、示唆されるところが多い。

五 「懲毖録」草本と「乱後雑録」

　柳成竜は、宣祖三十一年(万暦二六・慶長三・一五九八)、官を退いて故郷にかえってから、四十年（一六〇七）に卒するまで、晩年をもっぱら著述にすごした。とくに、かれが力をそそいだのは、壬辰・丁酉の往時を回顧して、家蔵の古文書・記録を整理し、戦乱の惨禍を偲んで、その体験と聞見を筆録することであった。そして、『乱後雑録』二冊が、まず作られ、さらに構成を更めて『懲毖録』(草本) 一冊ができた。子孫は、やがて『西厓文集』二十巻を編集し、ついで『懲毖録』十六巻の増修をおこなって、これを刊行している。後者は、さらに『草本』該当の二巻本も刊行された。いずれも、十七世紀の中ごろ、仁祖朝のことであった。ちょうど、そのころ、朝鮮典籍は、たびたび対馬との貿易を通して、日本に流布していったが、『懲毖録』刊本は、かなりはやく伝わっている。そして、元禄八年　(粛宗二一・一六九五)　には、京都の書肆の手によって重刻されるにい

たった。したがって、日本では、文禄・慶長の役に関する名著の故であろうか、かなりひろく普及し、このころ作られた、さまざまの朝鮮戦記物語の類に、絶好の資料を提供していたようである。正徳二年（粛宗三八・一七一二）には、通信使の報告により、『懲毖録』の普及が問題となり、日本に対する書籍の輸出を統制して、朝鮮撰書の通商を禁止するような事態もおこっている。

『懲毖録』草本は、おおむね著者の自筆―表紙裏の「序」が、疑いなく、柳成竜の筆蹟であって、本文の大部分は、これと一致する―である。まま別人の筆写もあり、紙背には、ほぼ表面の記事に相当する個所に補遺が追記され、また詩文の稿を筆録したところも少なくない。表紙は、破損がはなはだしくて、微かに後人の書いた「懲毖録」という題名が読み得るにすぎず、また巻首のおよそ十三葉は切りすてられ、九十葉が現存している。景印本には、まず通じて本文を収め、つづいて紙背を撮録してある（紙背の文字で、本文に関係なく、また後人の漫筆に過ぎないものは、多少省略されている。景印各葉の、原本における裏表の関係は、解説に対照表があり、また記事各条件の別を明らかにするため、その序次を通記標示し、かつ各序に題名を仮設して目次に示し、記事間表裏の関係をも付記してある。したがって、ほぼ「草本」の原態をうかがうことができる）。「草本」を「刊本」と対照すると、各条の記事の内容はもちろん、排列にいたるまで、いちじるしく出入りがある。ことに朝鮮刊本にも数種があり、かつ体裁によって、十六巻本および二巻本の二系統に分けられる。いずれも、巻首に

『懲毖録』の由来をのべた同文の序がある—二巻本には「懲毖録序」という題があり、十六巻本にはない—が、相互の関係や刊行の年代などについて知るべき手がかりがなく、これを記るした文献も、まったく見あたらない。同じ柳氏家蔵に、柳成竜の孫の元之（号は 拙齊、一五九八—一六七四）が筆削補訂した『西厓年譜草記』をはじめ年譜の稿本が、数種現存するが、『懲毖録』の著述について何ら伝えていない。門人鄭経世（号は 愚伏、一五六三—一六三三）の作った「行状」（『西厓先生年譜』下所収）に「平生詩文。失於兵火。今有文集十巻・慎終録・喪礼考証・永恭録・懲毖録等書。蔵於家」とあるのが、唯一といわれる。まず「草本」と「刊本」の関係を知るために、もっとも相異のある十六巻本の内容構成を挙げると、次のごとくである。

巻一・巻二（題名なく『草本』の「雑録」の部分を除いた全部に相当する）
巻三　　　　　芹曝集（劄・啓辞）
巻四・巻五　　芹曝集（啓辞）
巻六—巻十四　辰巳録（状啓）
巻十五　　　　軍門謄録（文移）
巻十六　　　　軍門謄録（文移）
　　　　　　　録後雑記（『草本』の「雑録」に相当する）

そして、二巻本は、十六巻本の巻一・巻二に当たり、最後に巻十六の「録後雑記」を収めているが、分巻に相異があり、巻

端には「懲毖録巻之一・二」と題し、板心には「懲毖録上・下」で示してある。

　さて刊本『懲毖録』十六巻本に収められた『芹曝集』・『辰巳録』・『軍門謄録』の三者は、いずれも同名の写本が柳氏家蔵本のなかに見出され、あるいは柳成竜の題・跋があり、あるいはその手訂のあとがある。しかし、それは決して原本のまま収録されているのではない。『軍門謄録』原本は、元来、一冊で不分巻、啓草および文移の類を、残存するにしたがい、年次をおって集録してあるが、刊本は、その文移だけを便宜題名をつけて収録し、啓草は『芹曝集』の巻に、状啓は『辰巳録』の巻に合収し、また節略や修正の加えられたのが少なくない。また、『芹曝集』原本は二冊から成り、年をおって啓辞・劄子の草を収録し、一は宣祖壬辰年より乙未年にわたり、一は甲午年より戊戌年にわたっており、その書名は、策を献じ疏劄を上ったものを存録する意味からつけられたものにちがいないが、刊本は、劄と啓辞との目を分けて排列を改め、『軍門謄録』の啓草を合し、また題名のみを挙げ、本文を略して「見本集」と標示したものが多い。なお『辰巳録』原本は三冊から成り、表紙の記載によれば、第一冊には「書状、三十四、自壬辰六月、止十月」（「書状」の下の数字は、その数であるが、本冊だけは切りすてられた部分が多い）、第二冊には「書状、五十八、自壬辰十一月、止癸巳五月」、第三冊には「書状、十九、自癸巳五月、止丁酉十二月」とある。また、第一冊の巻首に、壬辰より戊戌にわたる、柳成竜の経歴を略記したのは、本書

が、その間における状啓を収録するの意であろうが、『軍門謄録』相当の年時のごときは、まったく略して、重複を避けてある。刊本は、あるいは順序を改め、あるいはただ題名を挙げて本文を略し、「見本集」と記るしたものもある。このように、刊本の『軍門謄録』・『芹曝集』および『辰巳録』を柳成竜の編録した原本と対照すると、改竄のあとが著しく、ほとんど当初の体を備えていない。元来、三書の原本が、それぞれ独立した目的のために集録されたことは疑いないから、かかる類集改編は、著者の本旨を没却している観があり、ことに三書と草本の『懲毖録』とを一書に結集すべき趣旨は、まったく見出し得ない。そこで、注目されるのは、刊本に、「見本集」として原文を省略したものが少なくない点である。いうまでもなく、『西厓文集』に収められたので、重複をきらったものにちがいない。したがって『懲毖録』の刊本として諸書を類集改編したのは、『西厓文集』の編修刊行に関連があることはたしかであろう。

『西厓文集』は、全二十巻、巻首に崇禎六年癸酉(仁祖一一・寛永一〇・一六三三)四月辛未(十日)、李敏求の序があり、巻尾には崇禎五年壬申(仁祖一〇・一六三二)九月辛未(九月には該当干支はない)李埈(号は蒼石。一五五八 ― 一六三四)の跋および崇禎癸酉暮春(三月)、張顕光(号は旅軒、一五五三 ― 一六三七)の跋があり、これらによると、柳成竜の季子袗(当時陝川郡守)の編集するところで、仁祖十一年(一六三三)に刊行されたことが知られる。そうして、『懲毖録』の刊行については、的確な記録はないが、ただ英祖朝

の人李宜顯 (号は陶谷、一六六八 ― 一七四五) が、戊申 (英祖四・一七二八) 流謫の間に記るした「雲陽漫録」(『陶谷集』所収)に、次のような記事がある。

> 柳西厓成龍。記壬辰事。各曰懲毖録。又雜記兵乱時事。今在集中。其文集及懲毖録。久未鋟梓。仁祖朝。其外孫趙壽益。按嶺南。西厓姓孫在安東。托其刊行。諾之取見。……

趙寿益が嶺南監司の任に在ったのは、仁祖二十五年丁亥 (一六四七) 九月八日に、前監司睦性善の没後を承け、翌年二月十四日に李曼と交替するまでであるから、この記事に誤りがなければ、およそこのころ、『懲毖録』が、はじめて刊行されたわけである。ただ、『文集』は、すでに十余年前の刊行であるから、「文集及懲毖録。久未鋟梓」とあるのは当らないが、しばらく、この記事を『懲毖録』の上梓にいたる事情にかけて理解すると、まず『文集』が刊行され、後ち『懲毖録』が印刷されたとみとめられるのではなかろうか。ここにいう姓孫は、おそらく『年譜草記』の修補などを行なった柳元之 (号は 拙齊。一五九八 ― 一六七四) であって、『文集』の刊行にも関係があったと考えられる。

　そこで、はじめて刊行された『懲毖録』は、十六巻本か二巻本か、これも記録されたものがない。両書を比較すると、前に述べたとおり、次のような同文の序が収められている(二巻本は、首に「懲毖録序」と題してある)。

懲毖錄者何。記乱後事也。其在乱前者。往往亦記。所以本其始也。鳴呼壬辰之禍慘矣。浹旬之間。三都失守。八方瓦鮮。乗輿播越(○上の四字、『草本』は、車駕西狩に作る)。其得有今日天也。亦由祖宗仁厚之沢。固結於民。而思漢之心未已。聖上事大之誠。感動皇極。而存邢之師屢出。不然則殆矣。詩曰。予其懲而毖後患。此懲(○『草本』は、下文闕佚)。毖錄所以作也。若余者。以無似受国重任於流離板蕩之際。危不持顛不扶。罪死無赦。尚視息田畝間。苟延性命。豈非寬典。憂悸稍定。每念前日事。未嘗不惶愧靡容。乃於閑中。粗述其耳目所逮者。自壬辰至于戊戌。総若干言。<u>因以狀啓。疏箚。文移及雑錄。附其後。雖無可觀者。</u>亦皆当日事迹。故不能去。既以寓畎畝惓惓願忠之意。又以著愚臣報国無狀之罪云。

　この序文に「因以狀啓・疏箚・文移及雜錄。附其後」とあるのは、いうまでもなく、十六巻本の編次について示したもので、二巻本は「雜錄」(「錄後雜記」)だけであるから、内容と合わない。これは、もと十六巻本に附けられたもので、二巻本刊行のさいに、そのまま流用し、「懲毖錄序」と標記して収めたものにちがいない。また、その他体裁のうえから見ても、二巻本の方が晩出のように考えられる(ただし、十六巻本には、新・旧二種の板があるが、新本は単なる複刻にすぎない)。そして、二巻本が刊行された理由は、おそらく十六巻本に類集合錄された「芹曝集」・「辰巳錄」・「軍門謄錄」をのぞいて、『懲毖錄』そのものの原態に近づけるためであったろう。それは、『草本懲毖錄』の構成を見ると、本文を列書した後につづけて、刊本の「錄後雜記」に相当する「雜錄」

を収め、体裁上、決してそのあいだに、「芹曝集」 など三者のような文書集が挿入されるべきではないからである。ただ、惜しむらくは、『草本』の巻首に、著者みずから題した序文の後半を闕き、これを明証しえない。あるいは、そのことに関連して、序文後半が故意に切り去られたかとさえ考えられる。

　次に、ふたたび『懲毖録』草本と刊本(もちろん、『草本』相当の部分)とを比較対照すると、まず第一に、各条の分合や排列の変改があり、第二には、記事の内容に改刪省略が甚だしい。『朝鮮史料叢刊』本の目次には、「草本」各条下に、刊本(二巻本)各条との対照を注記して、第一の点が示されているが、第二点は、ほとんど各条に見出されて、枚挙にいとまがない。その改竄のもっとも著しい例二～三を挙げると、「(九)建儲之請、以光海君為嗣」条のごときは、単に「大臣請建儲。以繋人心。従之」の一行を存するのみ(稲葉岩吉、前掲論文、参照。一九―二〇頁に両者を対照してある)、「(一三)車駕西巡、駐于平壌」条より以下、宣祖が西巡して義州に駐するまでの各条は、内容も排列も、甚だしく改められ(同上、二十一―二十四頁、参照)、「(二五)車駕駐于義州、明遣祖承訓来援、攻平壌而退」 条は、数条に分割され、「(三〇)清正入咸鏡道」条は、まったく排置の序次が更められ、「(四六)・(四八)・(五〇)・(五二)」の李舜臣に関する諸条は、すこぶる 刪修が加えられ、「(五四)明水兵都督陳璘来」条は、「(五二)」に合せられ、「(六一)・(七〇)」両条の明使司憲が来た記事は、わずかに「十二月。天使行人司行人司憲来」の一行に省略し(同上、二五―二六頁、参照。)、

また刊本には、京畿監司の戦死や、敵諜金順良の捕獲など、『草本』に見えない数ヵ条が加えられており（『草本』巻首の切りすてられている部分に相当する八条は別として）、『草本』に見える「(一五)李山海配竄」条、「(六五)宗廟・社稷之災変」条、「(六六)元均之功罪」条、「(六八)記靖陵事」条のごときは、収録されていない。通じてこれを見ると、『草本』において、もっとも力を効された紀事の排列や体裁について、刊本では、まったくその用意が没却されている。

　柳成竜が、いかに『懲毖録』の著作に苦心を費やしたかは、同じ柳氏家蔵の柳成竜自筆『乱後雑録』を参照すれば、よく了解することができる。『朝鮮史料叢刊』第九として景印刊行され、その主要な部分は、明らかに『懲毖録』の初稿とみとめられる。その第一冊巻端の副紙には、著者みずから、筆録の趣旨を示して、次のように題してある。

　　乱後雑録

　　乱後雑録者何。記壬辰以後事也。嗚呼壬辰之禍極矣。国之得有今日天也。詩曰。予其懲以毖後患。夫懲前所以毖後、鑑古所以図今。遂以身歴而耳聞者。（目　見雑以耳聞所及）略　記一二成敗之跡。以寓山野惓々之意云。其不係於壬辰而亦記者。（推本）乱之所由也。詩曰。福生有基。禍生有胎。嗚呼悲也。夫覧者詳之。（左旁に点があるのは、原本に塗抹してあることを示す）

これを前掲の『懲毖録』序文と対照すれば、その趣旨が完全に一致している。また第一冊の内容にも、相応するものが多く、最初に『乱後雑録』の名で書きはじめ、後では、その目的とするところを書名とし、『懲毖録』の称を与えたものと考えられる。両書の相当記事を対比し、各条の序次はもちろん、行文や用字まで、その推敲のあとをたどってみると、著者の苦心経営を察しえて余りがある。刊本の『懲毖録』では、むしろ『乱後雑録』の記事から転引したために、成稿に近い『草本懲毖録』の特色を失ったばあいも少なくない。

　『乱後雑録』は、原冊数が不明で、現に二冊を存し、いずれも、宣祖二十九年(万暦二四・一五九六)の平安道鎮管官兵編伍冊の廃冊を切り開いて紙背に筆録され、まま原文と重書し、また、表紙も、もとのまま襲用して、「乱後雑録」と題し、別に冊次は示されていない。『朝鮮史料叢刊』では、巻首題文があるのを第一冊としてある。本書は、巻首の題文によって明らかなように、壬辰の兵禍を回顧し、みずから目見耳聞の及ぶところから、壬辰以後成敗の跡を記るし、さらに、壬辰の事でなくとも、禍乱の由来を明らかにすべきものをも録し、もって後患を毖しむの意を寓したものである。壬辰以後にかかわらない記事としては、単に明宗・宣祖の時にかぎらず、あるいは鮮初いらいの名賢伝を諸書より抜萃し、あるいは節義の士を挙げてその伝を収め、あるいは「東国芸文志」を録するなど、その時代の由来するところを寓せんとしたものと解される。

本書は、一見、もと随録に成ることは明らかで、したがって、著者みずから、その内容の一部を修補して『懲毖録』や『雲巌雑録』など、他の著述に収録したものもあり、また後人が、その詩文集である『西厓文集』・『西厓別集』などに収めたものもあるが、原本のまま流伝したことはない。いま、これら諸書について、本書と対応すべき主なものを挙げると、まず第一冊には、『懲毖録』と相応ずるものが多いが、まま『西厓文集』に収録したものもあり、巻十六雑著の「記癸巳冬司天使事」・「記臨津淨橋事」・「浄土僧殺賊」・「莫佐里坪」・「訓錬都監」・「記聞」、および『同別集』巻四雑著の「諫官」・「鳥嶺築城」・「倭善守城」などは、その例である。また、第二冊には、『西厓文集』に録されたものが少なくない。すなわち巻一詩の「朝天行」、巻十五雑著の「詩教説」・「周公負成王朝諸侯弁」・「寧越聞杜鵑聲　声」・「南秋江記事有誤」・「記明廟御筆」、巻十六雑著の「揀閲軍器」・「記聞」、および『別集』巻四雑著の「諸葛誕」・「趙伯由」・「李曄」・「記丁丑恭懿王大妃服議」・「記連帯瓜」などが、その例である。これらは、主なものを挙げたにすぎないが、刊本の文を『乱後雑録』の原文と対照すれば、その異同の甚だしいものが、かなり多い。しかも、第一冊の靖陵の事を記るした一条などは、『草本　懲毖録』にも、『雲巌雑録』にも収めてあるが、内容の詳しいこと、本書に及ぶものなく、第二冊の「東国芸文志」・「沈惟敬伝」・「李好閔陳奏の行に聖賢画像の将来を嘱した顛末」のごとき、みな特色のある記事として見のがすことはできない。

次には、ふたたび『懲毖録』にたちかえって、その著作年代を考えてみることにしよう。年譜はもちろん、著者自身の随録や『具注大統暦』の日記などに、何らの所見もない。柳成竜が論劾をうけて、久しきにわたる政治的生涯をおわり、郷里豊山の河回に帰居したのは、宣祖三十二年己亥（万暦二七・慶長四・一五九九）であった。後ち職牒を還給され、豊原府院君に復し、扈聖二等功臣に列したが、ついにふたたび朝廷に立たず、宣祖四十年丁未（一六〇七）五月六日に、六十六歳で、その家に卒するまで、八年有余にわたる失意不遇の晩年は、主として多事多難であった生涯の回顧と著述とに時を過ごした。あるいは先師李滉の『退渓年譜』を撰し、あるいは『帝王紀年録』を作り、『慎終録』・『永慕録』・『喪礼考証』などの書を編し、あるいは自撰の詩文を集めて成書となし、また、年来参画した国事に関する文献の整理に力めて、承政院の伝教や明将の手束類を成貼し、『軍門謄録』を作り、『芹曝集』・『辰巳録』を編集し、ついには、これらを史料として『乱後雑録』を著わし、さらに刪訂して『草本懲毖録』をも撰したのである。実に『懲毖録』こそは、柳成竜が、晩年の精力を傾倒した著述の一つであったことは疑いない。『乱後雑録』は、その第二冊に録された「詩教説」が、『年譜』によると、宣祖三十七年（一六〇四）の撰であるから、ほぼ筆録の年代が察しられる。そして、『草本懲毖録』は、裏面「（六五）宗廟・社稷之災変」条についで録された、「種松」と題する一篇の詩（『史料叢刊』本一〇七―八頁）が、その年代をわずかに推測させるにすぎない。

この詩は、次のように、序と合わせて『西厓文集』巻二(大東文化研究院刊本、四三頁)に収められている(旁注は、自筆『草本』によって記入したものである)。

種松幷序

二十九日。子弟及齋僧數輩。種松凌波台西三四十条。余嘗読樂天種松詩云。如何年四十。種此数寸枝。得見成陰否。人生七十稀。今余年六十三。而始種此。可自笑。偶作数句語爲戯。

劚土北山下。種松西巖(岩)角。土覆不盈簣。松短不盈尺。離披乱石間。各帶傷根色(羅列秧初挿)。得地縱爽塏(凱)。滋身少潤沢。遅遅雨露濡(恩)。颯颯霜風急。老夫強好事。傍(旁)人笑(哢)其拙。如何老大年(年六十) 養此難成物。陰(蔭)成固不望。封植知誰力。昂霄会千載。留与鸞鳳(皇)宿。

柳成竜が年六十三に達したのは、宣祖三十七年甲辰(一六〇四)に相当し、『具注大統暦』に見えるかれの日録には、この年の正月二十九日条に「種松凌波墪西」と記るされ、この詩序とよく符合している。松を凌波台西に植えたのは、白楽天の詩意にならい、感慨ことに深いものであった。したがって、本書は、すでにこの時、いちおう完成していて、折りにふれてこれを披見し、補遺をこころみつつあったさいで、随感の詩篇をも、時々、紙背の余白に筆録していたことが知られるのである。それゆえ、柳成竜が、故山退居後、五年足らずで、またその卒去

の数年前、すなわち宣祖三十六～七年の交には、『懲毖録』の稿ができていたことは疑いない。

　さて、『懲毖録』の内容について見ると、行文は流暢で、紀事は要をとらえ、かつ識力がゆたかで、錯綜した戦局の推移を明快に描出して余蘊がない。壬辰・丁酉の戦役を叙した史書は多いが、その右に出るものは稀であろう。けだし著者は、戦役の間、終始一貫、国家の枢機に参与し、中外に出入して難局に処した体験にもとづき、みずから整理し筆録した豊富な史料を駆使し、京華の風塵に遠ざかって、おもむろに成敗の跡を省察し、往年縦横の相才は、転じて史筆に傾倒され、想を練り稿を構えること幾たび、ついにこの書を成したのである。山野に退居し、窮乏に処しながらも、なお懲前毖後の国策を強調した著者の面目は、この一書において躍如たるの慨がある。

　しかし、かの刊本『懲毖録』については、まったく別個に考えられねばならない。刊本は、党争が、ようやく激甚になり、政治・社会各般の情勢が一変した後ち、これに応ずるため、後人が改修して出版したものである。『草本』巻首の十数葉が切りとられ、かつ原序の後半を欠いているようなことも、今日において刊本の稿本が、その片鱗をも残していないことも、また同様の疑雲におおわれている(稲葉岩吉、前掲論文、三一—三四頁参照)。

　最後に、『懲毖録』が、はやく日本にも流布して、文禄・慶長の戦役に関する朝鮮側の史料として重視されていたことは、すで

に述べたとおりであるが、その伝来については、なお明らかになっていない。おそらく対州藩を経由したことは疑いないが、その時期も、また、どのようにして伝えられたか、まったく知るに由ない。しかしながら、元禄元年戊辰(粛宗一四・一六八八)九月己亥(三十日)の序があり、同六年に京都で出版された松下秀明(別名は慶、通称は見林、号は西峰山人、一六三七 ― 一七〇三)の『異称日本伝』に引用されていることは注目しなければならぬ。ついで、元禄八年乙亥(粛宗二一・一六九五)正月には、京都の書肆大和屋伊兵衛によって単行本として開板された。その刊本は、四巻四冊、巻首には、柳成竜自序のほかに、筑前黒田藩儒貝原篤信(号は益軒、一六三〇 ― 一七一四)が出版者の依頼によって序を加えており、また朝鮮各道の州府郡県の名称と朝鮮地図とが添えられている。これを朝鮮刊本と比べると、二巻本の上・下を各二巻に分けたものである。『異称日本伝』所収も、同じく二巻本からの引用であるから、当時日本に伝わっていたのは、二巻本にちがいない。仁祖朝の末に、はじめて刊本の『懲毖録』が世に出てから、間もないころに、日本にも伝来し、粛宗朝の中期には重刻されたのである。そして、後ち粛宗三十八年(正徳二・一七一二)に、この前年日本に来た通信使趙泰億らの一行による復命で、『懲毖録』の流布しているのを知った朝鮮政府は、領議政徐宗泰の啓により、書物の輸出に関して厳重な制限を立て、中国の書籍を除き、朝鮮の歴史および文集類の輸出を禁止するにいたった(『粛宗実録』巻五一、三十八年四月甲戌・五月壬寅条。『承政

院日記』同年四月二十二日・五月二十日条。『備辺司謄録』粛宗壬辰年四月二十四日・五月二十二日・二十四日条。『増正交隣志』巻四、禁条、粛宗三十八年条。本書下「四 朝鮮の日本通信使と大阪」の「二 通信使の見た大阪」5 都市文化、参照)。しかも『懲毖録』は、重刻の後、さらに諸書に引用されることも少なくなかった。ことに、対州藩では「朝鮮向肝要之書物」として重視し、寛政八年(正祖二〇・一七九六)に、真文役佐々木恵吉(源迪)に『懲毖録国字解』二巻を作らせて、朝鮮方に備えつけたほどである。このように内外に普及していた『懲毖録』が、豊山柳氏宗家の好意により、著者筆録の原本にもとづいて、その世伝にかかる数々の貴重文献とともに公刊されたことは、宣祖朝を中心とする朝鮮史の研究にとって、まことに重大な寄与であった。

[追記] 柳成竜後孫家の宝蔵する壬辰・丁酉倭乱関係の史料のなかで、主なものは、朝鮮史編修会で景印刊行されている。『朝鮮史料叢刊』第三『軍門謄録』(昭和八年十一月)、第四『唐将書帖・唐将詩画帖』(同九年五月)、第五『政院伝教』(同上)、第九『乱後雑録』(同十一年三月)、第十『鎮管官兵編伍册残巻』(同上)、第十一『草本懲毖録』(同上)があり、また、『朝鮮史料集真』上・下(同十年三月・同十一年三月)にも写真が収録され、『朝鮮史』(主として第四編第九巻・第十巻)(同十二年二月・三月)の図版に採取されている。本編は、これら史料の由緒と概観を紹介するために草したもの、第一―三節は、このたび新たに稿をおこしたが、第四・五節は、おおむね、『朝鮮史料叢刊』および『朝鮮史料集真』の解説として執筆した旧稿にもとづい

て、改稿したものである。当時、『朝鮮史料叢刊』は、総督政治下にあって、頒布範囲が限定されていた関係から、普及の目的が十分に達成されていなかったことと思われる。なお、『史料叢刊』のばあい、『唐将書帖』と『唐将詩画帖』の解説は、稲葉修史官の執筆、『草本懲毖録』の解説は、稲葉修史官との共同執筆であったが、このたびは、すべて筆者の見解で統一し、ことに引証については、不適当なものを削除または換置し、あるいは増補し、全体としては、史料の性格が理解できるように、つとめて内容の引例紹介を多くした。しかし、往年にくらべて、手もとの文献が足りないため、意を悉くしえず、不備が多いことは遺憾である。

(昭和四十年五月、改稿)

원문자료 5

歴史家としての西厓・柳成龍
（講演手記）

末松保和
『朝鮮學報』第百十輯(pp. 1-19), 昭和五十九年(1984)

#본문 중 밑줄 친 부분은 필자의 강조.

（一）

　久しぶりに本大会に参加して,この講演をいたす機会をあたえられましたことを幸福に存じます。話の題名を「歴史家としての西厓柳成龍」といたしまたについて、まずその端緒となりましたのは一九七九年(昭和五四年)に平凡社から「東洋文庫」の一冊(三五七)として出版された『懲毖録』であります。この本は関西学院大学講師の朴鐘鳴氏が日本語に訳して詳しい註釈を加えたものです。三百頁余のうち、約半分が訳文で、他の半分が註にあてられています。いかに詳しい註解であるかがおわかりでしょう。註は主として地名・人名・官名・事項についてのものですが、一般の読者にとってはこの註がなげれば、読む興

味は半減するでしょう。察しますに、朴氏が本文の訳についやした時間よりも、註を書くためについやした時間のほうが、より多かったのではないかと思います。

　立ちかえて本文の日本語訳を読みますと、これまでの数種の日本語訳本とくらべて、最も忠実正確に原文をたどり、わかりやすい現代語訳に成功していると思います。実ははじめ私はこの訳註本を『朝鮮学報』に紹介しようと筆をとりました。と申すのは『朝鮮学報』は、最近、新刊書や論文の批評・紹介がすくないのです。これは季刊の雑誌としては一つの大きな欠点だという世評がありますから、それを受けて紹介文をこころみようとしたのです。ところが途中から、原著者西厓柳成龍について、詳しく知りたいと考えるようになり、その勉強の一端が、今日の私の題目となったような次第であります。

(二)

　次に申しますのは、今日の私の話に関連する従来の研究の経過をたどってみることであり、経過というよりも私の話のよりどころと申すほうが当たっているかもしれません。かかる意味での回想を少しばかり申しますと、かつて　朝鮮史編修会が、『朝鮮史』の編修と並行して刊行いたしました『朝鮮史料双刊』は一九三二年(昭和七年)刊行の『高麗史節要』をその第一とし、一九四四年(昭和一九年)刊行の『通文館志』を第二十一としますが、

そのうち柳西厓関係のものは左の六種に及んでいます。

　　　第三 軍門謄録　　　　　　一帙一冊 解説六頁、目次二十頁
　　　　　　　　　　　　　　　　(一九三三)
　　　第四 唐将書画帖　　　　　一帙三冊 解説・釈文五十四頁
　　　　　　　　　　　　　　　　(一九三四)
　　　第五 政院伝教　　　　　　一帙三冊 解説・釈文・目次四十二頁
　　　　　　　　　　　　　　　　(一九三四)
　　　第九 乱後雑録　　　　　　一帙二冊 解説六頁(一九三六)
　　　第十 鎮管官兵編伍冊残巻　 一帙二冊 解説六頁(一九三六)
　　　第十一 草本懲毖録　　　　 一帙一冊 解説十四頁(一九三六)

　『朝鮮史料双刊』の刊行についでは稲葉岩吉・洪熹・中村栄孝三修史官を中心とし、其他多数関係者の熱意努力がみとめられなげればなりません。就中、稲葉修史官の〈史勘〉と、中村修史官の〈文献考証〉とが注目されます。ご存知のかたも多いと思いますが、稲葉氏は内藤湖南博士に私淑し、内藤湖南の学風の一端を継承して、新しい問題提起と新史料の開発に特殊の才能を発揮されましたし、中村氏は早くから文献の厳密な考証に、すぐれた才能を示されたのでした。『朝鮮史料双刊』にはすべて詳細な解説をつけてありますが、大部分は中村氏の執筆に成るものです。
　さて柳西厓関係の上記六種の史料のうち、しいて軽重をつ

けるとすれば、最後の『草本懲毖録』を第一にあげねばなりますまい。この草本のことを学界に紹介した最初の論文は、三田史学会の雑誌『史学』第六巻第一号にのせた稲葉氏の〈草本懲毖録に就て〉であり、それは一九二七年（昭和二年）三月のことであります。稲葉氏はこれより四年前、一九二三年（大正一二年）（?）の秋、はじめて柳西厓の古宅を訪問して、いわゆる草本懲毖録のみならず、其他豊富に伝存する柳西厓関係の史料を実見する機会にめぐまれ、帰任後、改めてそれらの史料を朝鮮史編修会に借用する工作を重ねた結果、宗孫柳承佑氏の許諾を得て、詳密に検討することができるようになりました。その最初の報告が、さきにあげました『史学』にのせた論文であります。稲葉氏は一九三六年（昭和十一年）の夏二度目の柳家訪問をされ、柳西厓の祠堂に致祭されました。私が察するところ、柳西厓関係の史料六種の最終の『草本懲毖録』の出版がこの年三月の日付となっていることと併せ考えまして、稲葉氏の致祭は、その報告を意味してのものではなかったかと思われます。その前年（昭和十年）二月、中村氏も柳家を訪れて居られます。同氏が後年、一九六九年（昭和四四年）に出版された大著『日鮮関係史の研究』（中）に収録された一編〈柳成龍家の壬申・丁酉倭乱史料〉は、『史料双刊』の解説を総合補訂して、新しくまとめられたものであります。私が柳家を訪れましたのは、ずっとあとの昭和一九年（一九四四年）の春のことでありました。

　あれから四十年の歳月が流れましたが、一九四五年の「解放」

は、新時代の到来を告げました。新時代はその精神的中心として文純公退渓李滉と、忠武公李舜臣を大きく浮かび上がらせました。同時に、その両者に関係深い文忠公西厓柳成龍の研究も、新時代の脚光をあびることになります。その第一は、一九七八年に社団法人柳西厓先生記念事業会が結成され、西厓関係の文献の出版、研究論文の発刊が始められたことであります。文献の出版には後孫の柳時溥氏が主として当てられ、すでに『西厓先生遺稿』二冊が刊行され、前冊には〈西厓先生年譜・行状・祭文・挽章〉、後冊には〈軍門謄録・官兵編伍冊・官兵容貌冊〉が収められています。それと併合して不定期の『西厓研究』が刊行されることになり、すでに第一輯は一九七八年に、第二輯はその翌年に出ています。そこに収められた論文・史料は、姜周鎮氏の〈西厓遺事について〉、崔永禧氏の〈柳西厓先生伝〉・〈人間柳成龍〉、許善道氏の〈西厓柳成龍先生と壬辰倭乱の克服〉、宋鏡燮氏の〈西厓先生の基本思想〉・〈西厓先生の陽明学批判〉、李樹健氏の〈西厓柳成龍の社会経済観〉、柳時秀氏の〈柳祖訊の上訴に対する西厓先生の回答〉・〈蒼石李埈撰西厓柳先生行状〉の現代語訳、李家源氏の〈西厓柳成龍先生小伝〉等々、いずれも現在の韓国における西厓研究の動向と水準を示すものであります。

　私の今日の話は、先の稲葉・中村両氏の解説・論文と、『西厓研究』の諸氏の論文に加えるものはほとんどありません。この点、前もっておことわりいたしておきます。なお私が新たに西厓研究を思い立ち、入門の報告としてこの話をいたすことができ

るにいたりましたのは、ソウル在留の森田芳夫教授のご斡旋により、西厓十三代の後孫柳時溥氏の格別絶対な御厚意を得、さらに延世大学校の閔泳珪教授、誠庵古書博物館長趙炳舜氏の御教示をたまわったおかげであることを銘記して深謝の意を表します。

(三)

　柳西厓は一五四二年（壬寅十月初一日）に生れ、一六〇七年（丁未五月戊辰六日）に没しました。その六十六年に及ぶ生涯を、私は試案として、左の四期にわかちたいと思います。

　　第一期 及第出身以前（一～二十五歳）（一五四二～一五六六）
　　第二期 壬辰乱以前　（二十五～五十一歳）（一五六六～一五九二）
　　第三期 壬辰乱中　　（五十一～五十七歳）（一五九二～一五九八）
　　第四期 退官以後　　（五十七～六十六歳）（一五九八～一六〇七）

　第一期はいわば修業修学の時代であります。この期について特記すべきことは、一五六二年、西厓二一歳の秋九月に陶山に李退渓の門人となったことでありましょう。時に李退渓は六十二歳、その学問的本拠たる陶山書堂ができた翌々年のことでありました。四年ののち西厓は出身、官途につき、さらに四年ののち、一五七〇年退渓は没しましたから、時間的に考えれば、退渓の教えを受ける機会は、さほど多くはなかったことにな

ります。けれども思想的に大成した退渓に、直接師事することが、出来たことは西厓の思想・学問の上で、一生を支配するほどの恵沢であったと申してよいかと思います。

　次の第二期、在官時代の大半を占める期間は、承文院権知副正字をふりだしとして、以後二十五年間に、中央の要職を歴任、左議政にまで昇りました。外からみれば、順調な昇進の一途をたどったものと申せましょうが、内からみればその二十五年間の官途は、平坦なものではありませんでした。

　ご存知のごとく、この二十五年間は、李氏朝鮮朝の政治・思想史上に最も重大な問題とされる「東西分党」の成立期に相当するからであります。どの年表をみても、宣祖八年乙亥（一五七五年）の条に「東西党論起る」というような標記があります。そしてそれから一六年の後、宣祖二十四年辛卯（一五九一年）の条に「南北党論起る」とありますが、いずれもメルク・マール的な紀年にとどまるでしょう。げんに右の乙亥（一五七五）より、三年前（一五七二）に没した、かつての領相李浚慶の臨終の遺箚の一条に「朋党の私を破らんことを請う」とあったことが、有名であり、後日の大問題となったことは改めて言うまでもありませんし、またそれより三年前（一五六九）に、暫く辞任を許されて帰郷する李退渓が、宣祖王にお別れの言葉として申したところは、李浚慶の遺箚に匹敵する深い意味を持つものと思われます。その中に「士林の禍は廃朝（燕山君）の戊午（一四九八）、甲子（一五〇四）より起る」とし、「私が言うにしのびないこの既往のことを申しあげるのは、

将来の大戒となしたいからであります」と、きわめて遠まわしに時勢に対する意見をのべています（『退渓先生年譜』巻二の分注）。退渓はその翌年（一五七〇）七十歳を以て逝きました。西厓が出身して、四年を経た二十九歳の暮れのことであります。

　西厓の第二期が、「東西」から「南北」へと、分党の成立期に相当したことは確かであります。後世、西厓は東人の中枢の一人であったとされていますが、当の西厓自身は、東西分党の<u>一段上の次元</u>に立って、冷厳な眼で分党の事態を受けとめていたようであります。西厓の生前も死後も区別なしに、西厓を論ずることは、大きな誤りをおかすことになると思います。それにしても西厓の第二期は、分党の進行と相並行する四半世紀でありました。その激動の中で、左議政の重職についた直後、外難壬辰乱が起り、西厓の職責は一変しました。壬辰すなわち一五九二年をもって、西厓の生涯の第二期と第三期とを分つ所以であります。

　第三期は壬辰乱の七年間であり、其間の推移は私が改めて、申すに及ばぬ周知の事実ですが、乱がおこるとすぐに、左議政をもって都体察使兼兵曹判書を命ぜられ、政兵両務を總括することになりました。

　そしてその後、事態の推移によって、或は平安道都体察使、或は湖西湖南嶺南三道都体察使、或は京畿黄海平安咸鏡道都体察使と転じます。その間、正規の職は、癸巳（一五九三）十月以後、領議政となって終乱時、戊戌（一五九八）十月に至りました。しか

も西厓の対処画策するところは常に前向きの姿勢、建設的経略に終始しています。要するにこの期の西厓は、動乱対処の最高指導者としての職任に、全勢力を傾注したと言うべきです。それにもかかわらず、ようやく辞職を許されて、故山に引退するまでの前後の事情、政治の情況は、あまりにも複雑で、ここに詳しく申す余裕がありません。

　第四期の引退後の八年は、外からみれば、失意の時代であったように見られますが、西厓自身には、為し得るところはすべて為したという安堵の八年ではなかったかと推察されます。そしてその八年を西厓は無為に過ごさなかった、第三期までの五十七年間の総決算ともみなされる著作、史料の整理に充当したのでありました。

(四)

　私どもが歴史上の人物を考える場合、いろいろの考え方があり、観察の視点も多く設定されることは申すまでもありません。さしずめ柳西厓については、「政治家としての」、また「軍略家としての」、また「朱子学者としての」、また「外交官としての」等々、多方面の把えかたが許されるでしょう。今日の私の話は、その中の一つの面からのもの「歴史家としての」柳西厓にふれてみようとするものです。

　しからばその「歴史家」とはいかなる意味かと問われると

思いますが、通俗的に説明いたしますと、私は、歴史家とよばれる人は、次の三つの条件のうち、すくなくとも一つをもっておれば、その人は歴史家といってよい、二つ、さらに三つを備えておれば申し分ないと考えています。

（一）史料の蒐集・整理・批判
（二）史書の述作
（三）史観の確立

　柳西厓は任官の翌年、すなわち二六歳の四月、芸文館検閲兼春秋館記事官を授けられ、さらに、二九歳の三月には弘文館副修撰知製教兼経筵検討官春秋館記事官となり、三十八歳の四月には承政院同副承旨知製教兼経筵参賛官春秋館修撰官、四十三歳の八月には礼曹判書兼同知経筵春秋館事弘文館提学、四十七歳の十月には刑曹判書兼芸文館提学兼弘文館大提学芸文館大提学知経筵春秋館成均館事となったことが『西厓年譜』に見えます。これは春秋館関係の役職についた、とびとびの抜書ですから、不安全な指摘にとどまりますが、それらをつないでみれば、春秋館の最下位の記事官（正九品〜正六品）から修撰官（正三品）を経て、同知事（従二品）、最上位の知事（正二品）までを経験しております。実際の編修事務に、どこまで従事したかはわかりませんが、少なくとも二十代の記事官、三十代の修撰官時代は、内外の各司、各部局から集まる月々年々の記録の整理にたずさわり、それら

は後日その当時の實録の編修されるときの根本史料として用意されたにちがいありませんから、私が試みに設定した第一条件たる「史料の蒐集・整理・批判」については豊富な試練を経験していたとされましょう。

　次の第二条件「史書の述作」については、私は代表作として次の三書をあげたいと思います。すなわち第一に『退渓先生年譜』、第二に『終天永慕録』、第三に『懲毖録』であります。(三書とも古く公刊されています)

　西厓は、退渓没後、早くよりその文集の編修に関係しており、特に一五八七年の頃にはだいぶ進行したようでありますが、五年の後に突発した壬申乱によって中絶、完成して出版を終ったのは乱後二年、一六〇〇年でありました。そこで引き続いて年譜制作の議が起こり、西厓は同門の人々のすすめに従って『退渓先生年譜』三巻の最後の仕上げをして跋文を書いています。ちなみに今日、『退渓先生文集』は、本集四九巻、別集一巻、外集一巻、続集八巻、それにこの年譜三巻が加えられて全集の体をなしています。

　第二の『終天永慕録』は、先父の企画した〈家譜〉、先兄の着手した〈世系録〉がいずれも未完に終ったので、その遺志をついで、壬寅(一六〇二)に着手し、四年の後ち丙午(一六〇六)四月に成ったもの、すなわち豊山柳氏の家譜世系録であります。

　第三の『懲毖録』については、言うべきことがあまりに多いので、改めて次節で申します。

さて歴史家の第三の条件とした、「史観」と申すのは、唯物史観とか、皇国史観とかいう、その史観であります。しからば、西厓の持っていた史観はいかなる史観であったでしょうか。私はためらうことなくそれは朱子哲学の中の史観であったと申し得ると思います。

　朱子学の中の歴史観は、極めて重大な問題で、また私ごときものが軽々に説き得るところでありません。私はただ朱子に『資治通鑑綱目』五十九巻の編述のあることを指摘するのみであります。『朱子行状』を書いた門人黄幹は、その終わりのところに「先生は君を愛し国を憂うるにおいて、老いても忘れなかった。通鑑綱目は僅かに編を成すにとどまったが、毎に修補に及ぶを得ないことを恨みとされた」という意味の一節をしるしています。一般には、朱子は通鑑綱目の「凡例」を手定したにとどまり、本文は弟子（趙師淵ら）によって完結されたといわれていますが、すくなくともその企画と大方針は朱子の樹立したものであることは信じてよかろうと思います。司馬光の『資治通鑑』二百九十四巻に対し、綱目は五十九巻であります。両書は詳と略との問題で把えるべきでないことはいうまでもありません。根本は史観の問題にあります。そのことについては、すでに諸説のあるところですが、朱子が『通鑑綱目』を企画したのは、遠く孔子の学問の中に『春秋』があるのを重視し、その『春秋』の思想を続ぐことにあったという指摘に従いたいと思います。そして「綱目」すなわち「綱」と「目」との分立の形体は『春秋』の正文

と伝(特に左氏伝)との関係に暗示されたものであるという説を傾聴いたします。『通鑑綱目』の思想史的研究はしばらく措いて、その歴史叙述の形式、すなわち「綱文」と「目文」との対立、分立の形式は、中国史学史上の一新機軸とされましょう。中国の歴史叙述の形式として、編年体と紀伝体と記事本末体と、この三者をあげることは常識となっていますが、私は「綱目体」をも併せ認めるべきではないかと考えるものであります。西厓の歴史叙述の代表作としての『懲毖録』は『通鑑綱目』の史観と綱目体の叙述を具体化していると思います。

(五)

　歴史家としての西厓の述作の代表として『懲毖録』をあげることは、何人にも異論ないところでありましょう。しかしこの書物については、いろいろの問題点があります。次にその二、三を逐一申してみることにいたします。

　1) 刊本の問題。『懲毖録』の存在については刊本『西厓先生年譜』に付けられた鄭経世の〈行状〉に見えるのが最も古い記述です。この〈行状〉は天啓七年(一六二七)に書かれたもので、西厓没後一九年の述作です。それに「いま家に蔵するところ、文集十巻・慎終録・喪礼考証・永慕録・懲毖録等の書あり」とあるのがそれです。文集十巻は二十巻の誤記であろうという説がありますが、右の〈行状〉は『西厓先生文集』二十巻の編修された崇貞六年(一六三

三)より六年も前のものでありますから、一概に誤記とは断言できません。とにかく『懲毖録』のはじめて刊行された年代については、中村栄孝教授の詳細な考証によって、一六四七．八年(西厓没後四〇年)のころ、西厓の外孫にあたる慶尚道監察使趙寿益が、宗孫(柳原之?)の請託にこたえて刊行したものらしいということが知られています。ところが従来流布の『懲毖録』には二巻本と一六巻本と二種の刊本があり、趙寿益による刊本が、そのいずれであったか、これまた断言できません。

　右の刊行からはるか後世のことになりますが、一七九四年のころに徐有榘が著録した『鏤板考』に〈其本有二、在安東者二巻、在龍宮者十六巻、附以狀啓文移。安東屛山書院蔵、印紙二牒六張。龍宮県蔵(〈刊〉)、印紙十一牒十五張〉と見えまして、二種類の刊本のいわれは、古いものです。

　ところが最近、第三の刊本があることが知られるにいたりました。前二者はいずれも木版本ですが、この第三本は木活字本であり、内容は一六巻本と一致し、ただ序文を別掲せず、第一巻の本文冒頭に二字さげとし、第一巻のみで二巻本の全部、一六巻本の第一、第二巻がおさめられています。

　ちなみにこの木活字本の第一巻と第二巻(芹曝集全文)はソウルの誠庵文庫にあり、第一巻と第三巻(辰巳録の一)、第四巻(辰巳録の二)は延世大学校中央図書館にあります。私は木活字本はもと八巻から成っていたかと推定するものでありますが、三者を比較すれば、別表のようになります。

別表

一六巻本	二巻本	木活本
(前付)　(序)	序	
巻之一	巻之一	巻之一
巻之二	巻之二	
巻之三　芹曝集		
巻之四　　同		巻之二
巻之五　　同		
巻之六　辰巳録		巻之三
巻之七　　同		
巻之八　　同		巻之四
巻之九　　同		
巻之十　　同		。
巻十一　　同		。
巻十二　　同		。
巻十三　　同		。
巻十四　　同		?
巻十五　軍門謄録		
巻十六　　同		
(後付)録後雑記	録後雑記	

　2）刊本と自筆稿本。『懲毖録』について新しい問題を投じたのは、大正末期（一九二五年頃）にいたって、西厓の宗孫柳承佑氏が、三百年来宝蔵し来った西厓編著の文献を、ほとんど全部公開されたことであります。この結果の第一は、『懲毖録』の西厓

自筆稿本の出現であり、第二は従来一六巻本を構成していた〈芹曝集〉、〈辰巳録〉、〈軍門謄録〉の三者が、それぞれ独立した形態の写本として出現したことであります。この二つの事実によって、従来問題となっていた二巻本と一六巻本の両存の由来が解決されたかといいますと、事はさほど簡単にかたづけるわけにはまいりません。

　まず新出の西厓自筆の『懲毖録』について申しますと、それは木版二巻本と大体一致しておることからして、二巻本の存在理由がわかります。史料として自筆本は絶対的構成を認めねばなりませんから、稲葉．中村両氏の所論は正しいと思います。けれども新出の自筆本には二つの欠点があります。その一つは、現在、自筆本は序文（一葉）の裏半葉と、本文のはじめ十数葉（十三葉？）が破り去られていることです。刊本（二巻本も十六巻本も同じ）　では序文の後半部も本文のはじめ十数葉に相当する部分（約三千二百字）　も存します。欠点のその二は、自筆本が最終決定稿とは考えられないことです。いわば未定稿であることです。したがって、自筆本と刊本との相違出入の批判において、私どもは〈自筆本至上主義〉に徹底することには危険を覚え、疑問をいだかざるを得ません。上記の巻首の欠失は、いつ、なにひとによって、そしてなにゆえに生じたものであるか。解釈はいろいろにこころみられるでしょう。この点、今後研究の余地が大いにあるとせねばなりません。

3)『芹曝集』と『辰巳録』と『軍門謄録』と。三者が、それぞれ独立のものであったことを立証する写本が出現したことについて申しますに、まず第一の『芹曝集』写本二冊であります。芹曝とは献芹と同義で、〈野人の微衷〉を意味する普通の熟語であり、この命名にも西厓の本心がうかがわれます。それを名とする写本二冊は、かの自筆本『懲毖録』の未定稿と異なり、一応、清書された稿本と認められ、第一冊（上）は〈壬辰（一五九二）五月初二日在開城府〉と注記された〈請遣申硈守京城及暁論四方合力勦賊啓〉からはじまり、〈乙未（一五九五）正月〉の〈措置沿江屯堡箚〉にいたる三三通の啓・箚を収め、第二冊（下）は〈甲午（一五九四）冬〉の〈進軍国機務十条并序〉からはじまり、〈戊戌（一五九八）十月初三日〉の〈辞職箚子〉に及ぶ十八通、上下合わせて五十一通の上奏文から成り立っています。最後に、西厓直筆の所懐を加筆してあることからしても、このまとまった上下二冊は、西厓認定の成書としてよいかと思われます。ところが右の二巻とは別に『芹曝集』の写本断巻が伝えられてあり、それによれば『西厓文集』編纂の初期のある段階においては、『芹曝集』の全文をそのまま文集に収めようとしたのであろうと察せられます。しかし文集編輯の最後の段階においては、『芹曝集』の中の主要なもの凡そ二八通をえらびとって、文集の〈箚〉・〈啓辞〉の中に収めるにとどまりました。

第二に、『辰巳録』写本三冊は、表紙の記載によって第一冊は〈書状三十四、自壬辰六月止十月〉、第二冊は〈書状五十八、自

壬辰十一月止癸巳五月〉。第三冊は〈書状十九、自癸巳五月止丁酉一二月〉とあり、都合、書状百十一通から成っていたことがわかりますが、現存の第一冊は裁切多く、わずかに五通（十一葉）ばかりが残り、第二冊は旧のままに近く五十七通（七十九葉）を存し、第三冊は旧のまま一九通（三十八葉）を存し、且つ最後に西厓自筆の後書もありますから、今は不完本となっているとはいえ、表紙記載の規模であったことは確認すべきでしょう。ところが、この三冊の写本のほかに二種の写本の断巻が存在し、その一種は、上述の『芹曝集』の場合と同じく、『西厓文集』編纂の初期の段階においては、文集の中のものとして全文を採録する予定であったかのごとく考えしめるものであり、第二種の断巻は、大体において、十六巻本の『辰巳録』に近いものであります。（これを〈拾遺写本〉と称していたらしい）。そして文集編輯の最終段階においては、『辰巳録』の中の主要なものおよそ二十二通をえらび取って、文集の〈書状〉の中に収めています。

　次に独立の一書として出現した『軍門謄録』（写本一冊）について申します。これは前二者とはことなって、首尾完備した一冊であり、書名および形態からすれば、西厓の私著というよりも、むしろ官府の記録そのもののごとく見られますが、真実はやはり西厓の個人的抜粋書と考えるべきでありましょう。ところが『西厓文集』編輯の最終段階においては、この〈謄録〉の中から四通をえらび取って、文集の〈啓辞〉の中に収めています。『謄録』の割裂された第一の事実です。次には『懲毖録』十六巻

本の編成にあたって、『芹曝集』・『辰巳録』に関連するものは、またえらび取ってそれぞれに移し入れたものが多いのみでなく、重要視されなかった百通に近いものが取り去られました。

かようにこの『軍門謄録』は、保存状態は最も良好なものであったにもかかわらず、従来その名において知られたもの、すなわち一六巻本『懲毖録』の一部分として出刊されたものは四十四通の移文にとどまります。うらがえしていえば、原写本『軍門謄録』が世に出たことの意義がいかに多大であるかがわかりましょう。

右のとおり、十六巻本の大部分を占める三書 (芹曝集・辰巳録・軍門謄録) は、元来の各々独立した写本と対比すれば、著しい変改を受けた後人の編纂物といわねばなりませんが、三書相助け合って『懲毖録』の裏づけをなしていることは否定できません。十六巻本の『懲毖録』の編成者が、<u>なにびと</u>であったかは、全くわかりませんが、私はその大胆な、しかも合理的な編成を<u>肯定</u>するものであります。そしてその編成が<u>いつ</u>なされたかもわかりませんが、『西厓先生文集』の本集編輯に引きつづいての、或は併行しての時期であったろうと想定するものであります。かくて十六巻本は西厓の没後、門人の編成にちがいありませんが、『懲毖録』の本旨を大成具現したものにほかならぬと申し得るかと思います。

4) 解放以後の『懲毖録』。西厓関係の諸史料、なかんずく自

筆稿本『懲毖録』が、『草本懲毖録』と命名されて景印出版されてから十年、一九四五年の〈解放〉という新時代の到来は、『懲毖録』にとっても新時代の到来を意味しました。

　まず一九五八年、ソウルの成均館大学校の大東文化研究院は、木板本『西厓文集』(本集二十巻、別集四巻、年譜三巻)に『懲毖録』(十六巻)を加え合冊として刊行しました。つづいて一九六〇年から翌年にかけて釜山大学校の韓日文化研究所が、李載浩教授訳注の『懲毖録』(一六巻本)上下二冊を刊行しました。本書は先ず原文を段落ごとに揚げ、それを現代語に訳して、註を加え、上冊(二七九頁)は第一・第二両巻、下冊(七四六頁)は第三巻以下第一六巻までと〈録後雑記〉であります。同じ年に平壌でも科学院古典研究室から、一六巻本の現代語訳上下二冊が出版されました。こちらは上冊下冊の分量をそろえるため、上冊は第一巻から第八巻まで、下冊は第九巻から第一六巻までと〈録後雑記〉とから成っていますが、はじめに現代語訳(最後に註釈を付す)三二九頁をかかげ、それに原文(一三七頁)を併せかかげています。下冊は訳文二八〇頁、原文一二二頁です。

　以後、ソウルにおいては二巻本の現代語訳が、私のみるを得たもののみでも、李民樹.南晩星.金鍾権三氏三様に出版されています。この事実は『懲毖録』が史書として、文学書として、思想書として、総じて〈民族の書〉として、西厓の精神が、南北を問わず、現代に生きていることを物語っているにほかならぬと思います。

(六)

　周知のとおり『懲毖録』が日本に渡った最も古い証拠は、元禄元年（一六八八）の序があり、奥付に〈元禄六歴、癸酉八月一六日、摂州北の御堂前、書肆毛利田庄太郎開板〉として出版された『異称日本伝』(松下見林著)に引用されている事実です。おそらく二巻本からの引用と思われますが、『懲毖録』の記事のうち、直接日本兵の行動にかかわりある部分は、のがさず扱っていますから、その総量は原本の約半分に及ぶ分量です。

　右の出版の翌々年、元禄八年（一六九五）正月、〈京二条通、大和屋伊兵衛写版〉として、四巻四分冊（四巻一冊本もある）、返り点．送り仮名を付けて、二巻本全文が出版されました。巻首貝原篤信(益軒)の序をつけていますが、その序に〈用兵に五あり、義兵．応兵．貪兵．驕兵．忿兵。豊臣氏の兵は貪兵にして驕兵を兼ねたものなり〉と指摘します。そして〈この書は前車をみて後車をいましめるのを本旨として書かれたもので、記事簡要、辞を為すこと質実である〉という寸評とともに〈朝鮮戦伐のことを談ずるものは、本書を以て的拠と為すべく、其他、朝鮮征伐記のごときは国字を以て書かれているが、以て佐証と為すに足り、二書はまことに実録と称すべきである〉ともいって、日本史料の価値に言及していることは注意すべき点であります。やがてここにいう〈二書〉を対比した著述があらわれるからです。貝原の批評は低調ながら、客観性を持っていると考え

られないでしょうか。

　思いますに元禄初年といえば、『懲毖録』が出版されたから約五〇年を経過したころです。壬辰乱関係の朝鮮の同時代史料は多いのですが、出版されたものとしては、本書が最初でほとんど唯一であったろうと推定されますから、そのことが日本に伝えられた第一の因縁であり、しかもその内容が簡にして要を得たる点で、これにまさるものなしと認められたのが、日本板出版の理由であったでしょう。

　その後約百年、寛政八年（一七九六）にいったて、対州藩では、朝鮮関係事務をとる役人（朝鮮方）の参考のために『懲毖録国字解』（二巻）をつくらせ、その訳にあたったのは真文役佐々木恵吉でありました。しかしこの『国字解』は公刊されませんでしたから、これを覧ることのできた人は、きわめて限られた範囲内の人々であったと思われます。今日、伝存の写本も、大正末期に対馬の宗家文書が朝鮮総督府に買い取られ、朝鮮史編修会の所管に帰したとき、その中に入っていた一部のみです。中村栄孝教授はそれを覧て、上述の論文ではじめて紹介されたわけです。宗家文書は今、ソウルの国史編纂委員会に引きつがれていますから、もしかしたら同委員会に現存するかも知れませんが、私はまだ実見しておりませず、それがどの程度の国訳であるかについては申し述べることができません。のみならず、その訳述年代が寛政八年であると決定した次第．事情を知りたいと思います。というのは、この書に出発した次の書物との関係に

問題があるからであります。次にあげられる書物というのは、対州藩の朝鮮方山崎尚長の『両国壬辰実記』(写本五巻)であります。この書には詳しい凡例がつけてありまして、そのはじめに〈朝鮮ノ事蹟ト日本ノ記録セルモノトヲ牽合セ件々ヲ参考シテ輯録セルモノナリ〉といい、次に〈朝鮮ノ事蹟柳成龍カ著述ノ懲毖録ヲ対州の儒員某和解セル有リ今次予在韓中ニ朝鮮板ノ懲毖録ヲ熟読シ証書ヲ以テ前儒ノ和解ヲ妄リニ添削ヲナスモノ多シ〉といい、また〈懲毖録ノ文段ニ我ニ用ナキモノハ省略セリ又巻ノ始端柳成龍述言ト書載セルハ同書成龍カ序ニ粗述其耳目所逮者自壬辰至戊戌総若干言ト云ヘルに本ツケリ〉ともいっています。〈対州の儒員某和解セル有リ〉というのは、前述の佐々木恵吉の『懲毖録国字解』を指すものと思いますが、ここにちょっとこまったことは、本書(『両国壬辰実記』)の末尾に

　　於朝鮮国慶尚道東莱郡釜山鎮
　　一代官 山崎尚長撰
　　時
　　本朝寛政八年丙辰薄月
　　朝鮮乾隆六十一年

という奥付けがあることです。寛政八年はさきの『国字解』のできた年で、この奥付けを信ずれば、『壬辰実記』に先行した『国字解』と、成立年代が重複してしまいます。しかも寛政八年

のころに山崎尚長が釜山に勤務したことは事実のようでありますから、一概に『壬辰実記』の奥付を疑ふことはできません。また凡例に〈巻ノ始端〉云云というのは本書の各巻のはじめには

両国壬辰実記巻之一
　朝鮮 柳成龍 述言和解
　対州 山崎尚長 参考合輯

と記して『懲毖録』の権威を認めながら、本文は四十二段に分けて、各段は〈日本〉文献を先記し、それに対応して〈朝鮮〉文献＝懲毖録の記述を後掲しています。この『実記』は内閣文庫に写本二部を存するのみで、他に伝存するを知りません。さきに揚げました巻末の奥付も、その一部にはありますが、他の一部にはそれを缺いていることが気にかかります。しかし今、仮に寛政八年（一七九六）の著作としておきますと、それから約六十年を経過した嘉永七年（一八五四）のころに至って、部分的に修正を加えたものが出版されています。しかし、書名は一変して『正実朝鮮征討始末記』となりました。出版に際しては、朝川同斎の序（嘉永七年三月付）、黒川春村の序（嘉永六年九月付）、対州講官川士纓の序（文政十一年夏日）をつけて体裁を整え、『実記』の首巻一冊を別冊としたことは変わりませんが、本文は『実記』の全5巻を八巻に分けて、項目にも二、三の変更があります。当時、『実記』の著者山崎尚長はすでになく、その著作は対州の村

一善の所蔵に帰していたらしく、〈村氏蔵版〉、〈東都書物問屋、誠格堂発行〉として第四巻までが出版されています。第五巻以下は未完に終わったようです。ここに注意されるのは、山崎の原書の各巻の巻首に明記されていた〈朝鮮 柳成龍 述言和解〉の一行は、影も形もなくなり、『両国壬辰実記』が『正実朝鮮征討始末記』と改題されたことです。

明治になってからは、明治九年（一八七六）二月に、長内良太郎・鈴木実共訳の『朝鮮柳氏懲毖録対訳』が出版されました。ただし全四分冊の予定のところ、最初の一巻が国会図書館にあるのが知られているのみで、二巻以下については不明です。（桜井義之氏、『朝鮮研究文献誌』 四七頁）。全四分冊の予定から考えると、恐らくは元禄の日本板四巻に拠ったのでしょう。この明治九年二月という刊行年次は、その前年九月の軍艦雲揚号事件に端を発して江華島条約締結（朝鮮開港）にいたる時局を背景として理解すべきでしょ。

次にあげられるのは,明治二七年（一八九四）七月発行（蒼龍窟）の山口扇訳述の『朝鮮懲毖録』一冊です。元禄の日本板に拠ったものと認められ、正確な訳ではありませんが、先出の『朝鮮征討始末記』などの影響は受けていないようで、ところどころに自分（山口）の所感をさしはさんでいます。本書の訳述出版の動機については、その題言の冒頭に 〈懲毖録刻将成らんとす、客偶々蒼龍窟（山口の書斎）を訪ねて曰く、韓山の風雲今や方に急なり、我が邦人の事に留意するもの亦蓋し此書に因りて以て大いに警

発する所あらん〉云云とある一節によって明らかであります。このような観点は庚戌〈併合〉(一九一〇) 以後にも持ち越され、明治四十四年 (一九一一) 二月発刊の奥田直毅著『続日韓古蹟』に付けて『懲毖録』原文がそのまま載せられています (桜井氏前掲書一六一頁)。以後の記述.抄録など (青柳綱太郎. 高橋晋一朗等々) については一々列挙することを省いたします。

　これを要するに、日本における『懲毖録』は、一六九五年の日本板翻刻から出発して一九一〇年に至る二百年、其間、幾度か国字訳が重ねられたこと上述の通りですが、『懲毖録』 の本旨からは次第に遠去かり、柳西厓の著述の真意については殆ど理解されなかったのみならず、日本兵. 日本軍の武勇談の裏付けとして、逆用したと申すべきであります。壬辰乱に対する研究、歴史的批判の一端として『懲毖録』を日本人がいかに受け止めたか、いかに理解したか、はたまた誤解したかを反省することの重要性は改めて言うを要せぬところでしょう。〈懲毖〉すなわち〈過去に懲りて未来を毖しむ〉 ことが要請されるのは日本人です。日本人こそ『懲毖録』を書かねばならぬと思います。皆様はいかが御考えになられますか。

『징비록』 관련 발굴자료집
근·현대 영국·일본인 역사가들이 본 『징비록』

발행일   2020년 9월 20일 초판 1쇄 발행
지은이   이종각
펴낸이   류한경
펴낸곳   한스북스
출판등록   제301-2011-205호(2011년 11월 15일)
주소   04627 서울시 중구 퇴계로 32길 24, 예장빌딩 301호
전화   02) 3273-1247

ⓒ이종각 2020
ISBN 979-11-87317-07-4 (03910)

책값은 뒤표지에 있습니다. 잘못된 책은 구입하신 곳에서 교환해드립니다.